중국어
어휘의
달인이
되는 법

중국어 어휘의 달인이 되는 법 · HSK 1~4급

저자 | 한민이
초판 1쇄 발행 | 2015년 8월 18일
초판 5쇄 발행 | 2021년 4월 15일

발행인 | 박효상
편집장 | 김현
편집 | 김설아
디자인 | 이연진
마케팅 | 이태호, 이전희
관리 | 김태옥

교정 및 조판 | 양정희, 안빛

종이 | 월드페이퍼
인쇄 · 제본 | 현문자현

출판등록 | 제10-1835호
발행처 | 사람in
주소 | 04034 서울시 마포구 양화로11길 14-10(서교동) 3F
전화 | 02) 338-3555(代)   팩스 | 02) 338-3545
E-mail | saramin@netsgo.com
Homepage | www.saramin.com

∷ 책값은 뒤표지에 있습니다.
∷ 파본은 바꾸어 드립니다.

ⓒ 한민이 2015
ISBN 978-89-6049-562-3 14720
       978-89-6049-561-6 (set)

우아한 지적만보, 기민한 실사구시   **사람in**

중국어 어휘의 달인이 되는 법

한민이 지음

사람in

머리말

도깨비방망이 같은 단어장을 만나다

우리끼리 솔직히 말해서, 중국어 단어 공부 하다 보면 궁금한 게 참 많잖아요. 가령 어떤 단어가 나오면 그 단어와 관련된 성어(成语)나 헐후어(歇后语), 관용어(惯用语)도 알았으면 좋겠고, 예문에 인명이 나오면 누군지 궁금하고, 지명이 나오면 어딘지 알고 싶고요. 또 비슷한 단어가 나오면 어떻게 다른지 당장 비교해 보고 싶은 마음이 생기기도 하지요.

그런데 막상 이런 의문들을 해결하고자 생각하면 도무지 어떤 자료를 어떻게 찾아야 할지 막막할 때가 많습니다. 뭐든 척척 알려줄 것 같은 유명 포털 사이트의 중국어 사전 검색창에 알고 싶은 단어를 쳐 봐도 시큰둥한 대답만 듣기 일쑤고요. 그래서 이 사전 저 사전 펼쳐 놓고 학구열을 불태우다 보면 몇 단어 공부하는 데 몇 시간 훌쩍 지나 있는 경험 한 번쯤 다 해 보셨지요?

필자 역시 그런 경험이 수없이 많기에 문득 이런 생각을 해 봤어요. 동화 속의 도깨비방망이가 조화를 부리는 것 같은 중국어 단어장이 있으면 얼마나 좋을까? 동화에서는 "금 나와라 뚝딱! 은 나와라 뚝딱!" 하고 외치면 금은보화가 쏟아졌지만, 중국어 단어와 씨름 중인 우리 앞에 단어 공부를 쉽고 효율적으로 할 수 있는 그런 단어장이 뚝딱! 하고 나와 준다면, 중국어 학습자들이 공감하는 '이런저런 불편함'을 덜어 주고, 중국어 학습욕을 맘껏 채워 줄 수 있지 않을까? 하는 생각이요.

그 후로 4년이 지난 오늘, 드디어 필자와 사람in 출판사의 중국어팀이 정성 들여 준비한 〈중국어 어휘의 달인이 되는 법〉이 중국어 학습자들을 찾아뵙게 되어 몹시 감사하고 기쁩니다.

〈중국어 어휘의 달인이 되는 법(HSK 1~4급 / 5급 / 6급)〉은 HSK 5,000 단어를 기본 단어로 하되, BCT(商务汉语考试) 단어와 이합사(离合词)는 별도로 표시하였고, 개별 단어와 관련된 다양한 표현은 책을 펴는 순간 한눈에 볼 수 있도록 같이 모아 놓았답니다. 예문은 최대한 쉽고 재미있는 표현을 썼으며, 필요에 따라 적절한 보충 설명을 곁들여 학습자들의 이해를 돕고자 했습니다.

더불어 5000 단어에 해당하는 모든 예문에 한어병음을 표기해 학습자들이 시간을 절약할 수 있도록 배려했습니다.

〈중국어 어휘의 달인이 되는 법〉은 오랜 시간 준비한 만큼, 몇 번의 퇴고를 거쳐 가장 유용한 자료를 담고자 정성을 다했습니다. 모쪼록 〈중국어 어휘의 달인이 되는 법〉이 중국어 학습자들의 좋은 친구가 되어 가려운 곳을 시원하게 긁어 주고, 여러분의 어휘력 향상에 도깨비방망이 같은 도움을 주었으면 좋겠습니다. 〈중국어 어휘의 달인이 되는 법〉과 친구가 되어 주신 독자님들 참 고맙습니다.

2015년 한민이

* 방대한 분량과 쉽지 않은 작업임에도 저를 믿고 선뜻 출판을 허락해 주신 사람in의 박효상 대표님께 진심으로 감사드리고, 몇 년을 저와 함께 동행해 주신 양정희 편집자님, 안빛 편집자님, 단어 수집과 교정에 도움을 주신 张玲玲 선생님 그리고 표지와 내지를 멋지게 꾸며 주신 디자인팀에도 고마운 마음 전합니다.

중국어 어휘의 달인이 되는 법

중국어 공부를 하는 학습자라면 누구나 단어의 달인이 되고 싶으시겠지요. 사실 중국어를 잘하기 위해서는 꾸준한 노력밖에 없다는 것을 우리 모두가 잘 알고 있긴 하지만, 그래도 〈중국어 어휘의 달인이 되는 법〉과 친구가 되어 주신 분들을 위해, 중국어 어휘의 달인이 되고 나아가 고수가 될 수 있는 몇 가지 방법에 대해 알려 드립니다.

첫째, 중국어 단어를 외울 때는 한자, 발음, 성조를 함께 외워야 합니다. 즉, '中国'이라는 단어를 외울 때, 中国이라는 한자와 'Zhong은 1성이고, guo는 2성이다'까지를 확실하게 외워야 단어를 외웠다고 할 수 있다는 것입니다. 한자는 아는데 발음이나 성조를 잘못 읽으면 실제 회화에서 상대방이 알아듣지 못하기 때문입니다.

둘째, 단어를 외울 때는 묶음으로 외우는 것이 좋습니다. 예를 들면, 去(간다)를 외울 때, '去(가다)'만 외우는 게 아니라, '我们去(우리는 간다)[주어+去]' 혹은 '一起去(같이 간다)[부사어+去]', '我们一起去(우리는 같이 간다)[주어+부사어+去]'처럼 묶음과 문장으로 외우는 것이지요. 이렇게 공부하면, 단어를 외우는 동시에 중국어 문장에 대한 이해와 분석 능력도 향상되어 회화 실력이 부쩍부쩍 늘게 됩니다.

셋째, 단어의 성격을 분석하는 것입니다. 쉽게 말해 '帅(멋지다, 잘생기다)'는 용모를 표현하는 단어이고, '飞机(비행기)'는 교통수단이고, '喝(마시다)'는 음료와 같이 쓰이고, '办公室(사무실)'는 회사 관련 용어로 쓰이겠지요. 이런 식으로 외우고자 하는 단어의 성격을 파악하면 그 단어를 정확히 쓸 수 있기 때문에 실수를 줄이고, 똑똑한 중국어를 구사할 수 있습니다.

넷째, 관련 표현을 정리해 보는 것입니다. '苹果(사과)'라는 단어가 나오면, 吃苹果(사과를 먹다), 买苹果(사과를 사다), 苹果汁(사과즙), 一斤苹果(사과 한 근) 등 '苹果'로 만들 수 있는 연관 단어를 이것저것 만들어 보는 것이지요. 이렇게 하다 보면 자신도 모르게 어느새 어휘력 대마왕으로 등극하게 되지요.

이상과 같이 중국어 단어의 달인으로 갈 수 있는 방법 몇 가지를 알려 드렸는데요. 의외로 너무 간단해서 쉽게 달인이 될 것 같은 자신감이 팍팍! 생기시지요? 중국어 어휘의 달인이 되는 비결은 결코 멀리 있거나 옆에 있는 친구만 아는 것이 아니라, 바로 자신의 학습 습관에 달려 있다는 사실을 꼭 기억해 주세요!

이 책의 구성과 특징

1. HSK 단계별 시험 대비

HSK 1~4급, 5급, 6급 필수 어휘 5,000개를 제시해 HSK나 BCT 시험 대비는 물론 실생활에서의 회화 실력까지 키울 수 있다. 표제어에 유의어, 반의어, 참고어 등을 추가해 어휘의 폭을 넓혔다.

2. 실용적인 예문과 다양한 관련 표현

자세한 어휘 풀이에 중국의 역사·문화·경제 상식을 녹여 넣은 실용적인 예문을 더했다. 보충 단어, 관련 표현을 추가해 표현할 수 있는 범위를 넓혔으며, 시험과 직결된 문장은 물론 실생활에서 자주 쓰이는 예문으로 실생활과 시험 준비에 모두 활용이 가능하다.

3. 풍부한 어휘와 자세한 설명

표현의 폭을 넓혀 주는 관용어, 속담, 사자성어, 헐후어 등을 함께 익힐 수 있으며, 헷갈리기 쉬운 단어를 비교 설명해 문장에서의 쓰임을 알려 준다. BCT에 해당하는 어휘를 따로 표시해 한 번 더 확인할 수 있도록 했다.

4. 꼼꼼한 원어민 녹음과 듣기 횟수 체크 박스

표제어와 예문은 물론 관련 표현과 보충 단어까지 원어민 발음으로 모두 들어볼 수 있다. 표제어에 듣기 횟수를 표기하는 체크 박스를 추가해 횟수를 체크하며 학습할 수 있도록 효율성을 더했다.

이 책의 표기방식

1. 중국어의 인명, 지명

학습자의 편의를 고려해 외래어 표기법에 따르지 않고, 중국어에서 발음 나는 대로 표기했다.(예: 元 위엔 / 天津 티엔진)

2. 기호 표시 체계

기호	품사	문장 성분 및 기타
유의 유의어 반의 반의어 참고 참고어	명 명사 동 동사 형 형용사 부 부사 양 양사 접 접속사	성 성어 보 보어 관용 관용어 헐후 헐후어 속담 속담

3. 한어 병음 표기 예외 규칙

한어 병음은 중국의 〈한어 병음 정사법〉 기본 규칙에 따라 표기하였으나, 몇 가지 예외를 두었다.

- '一'와 '不'는 변조로 표기했다.
- 사자 성어는 모두 띄어 쓴다.
- 결과 보어, 방향 보어, 가능 보어는 모두 붙여 쓴다.
  (예: **建成** jiànchéng / **看清楚** kànqīngchu / **听得懂** tīngdedǒng)
- 이 책은 회화 발음에 도움이 되도록, 실생활 회화에서 사용하는 발음대로 표기하여, 방향 보어와 복합 방향 보어 등을 경성으로 표시했다.
  (예: **上去** shàngqu / **下来** xiàlai / **走进来** zǒujinlai)

목차

머리말
중국어 어휘의 달인이 되는 법
이 책의 구성과 특징
이 책의 표기 방식

기초를 튼튼하게
[HSK 1~3급] 어휘 600

명사	1급	014
2급	036
3급	052

대명사	1급	087
2급	092
3급	093

형용사	1급	094
2급	100
3급	109

조동사	1급	123
2급	126
3급	128

동사	1급	130
2급	148
3급	165

부사	1급	195
2급	199
3급	207

| 전치사 | 2급 | 214 |
| 3급 | 217 |

접속사	1급	223
2급	224
3급	225

가뿐하게 활용하기
[HSK 4급] 어휘 600

양사	1급	228
	2급	231
	3급	233
수사	1급	239
	2급	243
	3급	245
조사	1급	247
	2급	251
	3급	255
감탄사	1급	259

명사	262
대명사	323
형용사	326
조동사	356
동사	357
부사	431
전치사	448
접속사	452
양사	461
수사	465
조사	466

기초를 튼튼하게

명사 1급

0001 爸爸 bàba 아빠 유의 爹 diē

我最喜欢我爸爸。
Wǒ zuì xǐhuan wǒ bàba.
나는 우리 아빠가 가장 좋아요.

[보충 단어 - 가족]

妈妈 māma 엄마 / 哥哥 gēge 오빠, 형 / 姐姐 jiějie 언니, 누나 / 弟弟 dìdi 남동생 / 妹妹 mèimei 여동생 / 爷爷 yéye 할아버지 / 奶奶 nǎinai 할머니 / 叔叔 shūshu 삼촌 / 姑姑 gūgu 고모 / 姥爷 lǎoye 외할아버지 / 姥姥 lǎolao 외할머니 / 舅舅 jiùjiu 외삼촌 / 姨 yí 이모

0002 杯子 bēizi 잔, 컵

这个杯子很好看。
Zhège bēizi hěn hǎokàn.
이 컵 예쁘네요.

0003 北京 Běijīng 베이징

我哥哥在北京。
Wǒ gēge zài Běijīng.
우리 오빠는 베이징에 있어요.

[보충 단어 - 도시]

上海 Shànghǎi 상하이 / 深圳 Shēnzhèn 선전 / 天津 Tiānjīn 티엔진 / 青岛 Qīngdǎo 칭다오 / 香港 Xiānggǎng 시앙강(홍콩) / 重庆 Chóngqìng 충칭 / 成都 Chéngdū 청두

0004 菜 cài 요리, 야채, 반찬

我想吃中国菜。
Wǒ xiǎng chī zhōngguócài.
난 중국 요리가 먹고 싶어요.

妈妈去买菜了。
Māma qù mǎi cài le.
엄마는 장 보러 가셨어요.

[보충 단어 - 요리]

中国菜 zhōngguócài 중국 요리 / **韩国菜** hánguócài 한국 요리 / **西餐** xīcān 양식 / **日本料理** rìběn liàolǐ 일본 요리

0005 茶 chá 차

他不喜欢喝茶，喜欢喝咖啡。
Tā bù xǐhuan hē chá, xǐhuan hē kāfēi.
그는 차 마시는 걸 싫어하고, 커피 마시는 걸 좋아해요.

[보충 단어 - 음료]

牛奶 niúnǎi 우유 / **咖啡** kāfēi 커피 / **水** shuǐ 물 / **可乐** kělè 콜라 / **奶茶** nǎichá 밀크티 / **果汁** guǒzhī 과일 주스 / **矿泉水** kuàngquánshuǐ 생수 / **绿茶** lǜchá 녹차 / **红茶** hóngchá 홍차 / **普洱茶** pǔ'ěrchá 보이차 / **铁观音** tiěguānyīn 철관음차 / **饮料** yǐnliào 음료수 / **茉莉花茶** mòlìhuāchá 재스민차 / **龙井茶** lóngjǐngchá 용정차

> tip 차를 마실 때는 겨울에는 몸을 따뜻하게 하는 화차(花茶) 종류를, 여름에는 몸을 시원하게 하는 녹차(绿茶) 종류를 마시는 것이 좋다.

0006 出租车 chūzūchē 택시 유의 出租汽车 chūzūqìchē

我们坐出租车去吧。
Wǒmen zuò chūzūchē qù ba.
우리 택시 타고 가요.

0007 点 diǎn 시, 규정된 시간

我晚上九点睡觉。
Wǒ wǎnshang jiǔ diǎn shuìjiào.
나는 밤 9시에 잠을 자요.

到点了，走吧！
Dào diǎn le, zǒu ba!
시간이 됐네요, 가시죠!

🔵 주문하다, (고개를) 끄덕이다, 대조하다, 불을 붙이다

我们点了六个菜。
Wǒmen diǎnle liù ge cài.
우리는 요리를 6가지 시켰어요.

他点了点头。
Tā diǎnle diǎntóu.
그는 고개를 끄덕였다.

老师在点名。
Lǎoshī zài diǎnmíng.
선생님께서 출석을 부르고 계신다.

天黑了，点灯吧。
Tiān hēi le, diǎndēng ba.
날이 어두워졌네요, 불을 켜죠.

🔵 약간, 조금 유의 些 xiē

▶부정 양사로 '양적인 것'을 나타내며, 회화에서는 '点儿'로 쓰인다. 수사 '一', '半'과 결합할 수 있으며 '一'는 생략되기도 한다.

你想喝点儿什么？
Nǐ xiǎng hē diǎnr shénme?
뭘 마시겠어요?

今天一点儿也不冷。
Jīntiān yìdiǎnr yě bù lěng.
오늘은 하나도 안 추워요.

他对女人没有半点儿兴趣。
Tā duì nǔrén méiyǒu bàndiǎnr xìngqù.
그 사람은 여자한테 조금도 관심이 없어요.

[보충 단어 - 시간 단위]

分 fēn 분 / 秒 miǎo 초 / 刻 kè 15분 / 半 bàn 반, 30분

0008 电脑 diànnǎo 컴퓨터 [BCT1]

前天哥哥买了一台电脑。
Qiántiān gēge mǎile yì tái diànnǎo.
그저께 오빠는 컴퓨터를 한 대 샀어.

[보충 단어 - 전자 제품]

电视 diànshì 텔레비전 / 冰箱 bīngxiāng 냉장고 / 照相机 zhàoxiàngjī 사진기, 카메라 / 空调 kōngtiáo 에어컨 / 洗衣机 xǐyījī 세탁기 / 吸尘器 xīchénqì 청소기 / 电风扇 diànfēngshàn 선풍기 / 数码相机 shùmǎ xiàngjī 디지털카메라 / 吹风机 chuīfēngjī 드라이기 / 微波炉 wēibōlú 전자레인지 / 电饭锅 diànfànguō 전기 밥솥

0009 电视 diànshì 텔레비전

我们在看电视呢。
Wǒmen zài kàn diànshì ne.
우리는 TV를 보고 있어.

0010 电影 diànyǐng 영화

我们看中国电影吧。
Wǒmen kàn zhōngguó diànyǐng ba.
우리 중국 영화 보자.

[보충 단어 - 영화의 종류]

贺岁片 hèsuìpiàn 신년 특집 영화 / 恐怖片 kǒngbùpiàn 공포 영화 / 爱情片 àiqíngpiàn 멜로 영화 / 纪录片 jìlùpiàn 다큐멘터리 / 武侠片 wǔxiápiàn 무협 영화 / 色情片 sèqíngpiàn 에로 영화 / 搞笑片 gǎoxiàopiàn 오락 영화 /

好莱坞 hǎoláiwù 할리우드 / 电影插曲 diànyǐng chāqǔ 영화 OST / 试映会 shìyìnghuì 시사회 / 拍电影 pāidiànyǐng 영화를 찍다

0011 东西 dōngxi 것, 물건, 사물, 물품

▶ 일반적인 사물을 총칭하며, 사람에게 쓸 경우 욕으로 사용된다.

我们买了很多东西。
Wǒmen mǎile hěn duō dōngxi.
우리는 많은 물건을 샀어요.

你这个人真不是东西!
Nǐ zhège rén zhēn bú shì dōngxi!
넌 말이지 사람도 아냐!

[단어] 不是东西 bú shì dōngxi 관용 쓸모없는 인간(놈), 사람도 아니다

어법 - 多가 관형어가 될 때

多는 단독으로 관형어가 될 수 없기 때문에, 앞에 '很'이나 '好'를 반드시 동반한다.

这儿有多人。Zhèr yǒu duō rén. (X)
这儿有很多人。Zhèr yǒu hěn duō rén. (O) 여기에 많은 사람이 있어요.

0012 儿子 érzi 아들 참고 女儿 nǚ'ér 딸

他儿子今年两岁。
Tā érzi jīnnián liǎng suì.
그의 아들은 올해 두 살이다.

[보충 단어 - 형제자매]

兄弟姐妹 xiōndì jiěmèi 형제자매 / 老大 lǎodà 맏이 / 老二 lǎo'èr 둘째 / 老小 lǎoxiǎo 막내 / 大姐 dàjiě 큰언니 / 三姐 sānjiě 셋째 언니 / 独生子 dúshēngzǐ 외동아들 / 独生女 dúshēngnǚ 외동딸

0013 饭店 fàndiàn 호텔 유의 酒店 jiǔdiàn, 宾馆 bīnguǎn

他们住哪个饭店?
Tāmen zhù nǎge fàndiàn?
그들은 어느 호텔에 머무나요?

▶ 식당 유의 饭馆 fànguǎn

今天晚上我们去饭店吃吧。
Jīntiān wǎnshang wǒmen qù fàndiàn chī ba.
오늘 밤에는 우리 식당에 가서 먹어요.

0014 飞机 fēijī 비행기

爸爸坐飞机去北京。
Bàba zuò fēijī qù Běijīng.
아빠는 비행기를 타고 베이징에 가신다.

[보충 단어 - 교통수단]

(坐)出租车 (zuò) chūzūchē 택시 / (坐)公共汽车(=公交车) (zuò) gōnggòng qìchē 시내버스 / (坐)船 (zuò) chuán 배 / (骑)自行车 (qí) zìxíngchē 자전거 / (坐)地铁 (zuò) dìtiě 지하철 / (骑)摩托车 (qí) mótuōchē 오토바이 / (坐)火车 (zuò) huǒchē 기차 / (坐)卡车 (zuò) kǎchē 트럭

* ( ) 안에 쓰인 동사는 해당 교통수단을 '타다'라고 표현할 때 함께 사용되는 동사이다.

0015 分钟 fēnzhōng 분 유의 分 fēn

▶ 주로 시간 보어로 많이 쓴다.

坐出租车需要二十分钟。
Zuò chūzūchē xūyào èrshí fēnzhōng.
택시 타면 20분 걸려요.

我们还得等四十分钟。
Wǒmen hái děi děng sìshí fēnzhōng.
우리는 40분 더 기다려야 해요.

0016 狗 gǒu 개 참고 小狗 xiǎo gǒu 강아지

我想买一只狗。
Wǒ xiǎng mǎi yì zhī gǒu.
나는 개 한 마리를 사고 싶어요.

[보충 단어 - 동물]

猫 māo 고양이 / 马 mǎ 말 / 鸟 niǎo 새 / 老鼠 lǎoshǔ 쥐 / 牛 niú 소 / 老虎 lǎohǔ 호랑이 / 兔子 tùzi 토끼 / 龙 lóng 용 / 蛇 shé 뱀 / 羊 yáng 양 / 猴 hóu 원숭이 / 鸡 jī 닭 / 鸭子 yāzi 오리 / 熊猫 xióngmāo 판다 / 猪 zhū 돼지

0017 汉语 Hànyǔ 중국어 참고 汉语热 hànyǔrè 중국어 학습 열풍(중국어 붐)

你们都学汉语吗?
Nǐmen dōu xué Hànyǔ ma?
너희들 모두 중국어 배우니?

[보충 단어 - 언어]

英语 Yīngyǔ 영어 / 日语 Rìyǔ 일어 / 德语 Déyǔ 독일어 / 法语 Fǎyǔ 프랑스어 / 西班牙语 Xībānyáyǔ 스페인어 / 韩语 Hányǔ 한국어

0018 号 hào 번호, 일(날짜)

我住在五号楼302房间。
Wǒ zhù zài wǔ hào lóu sān líng èr fángjiān.
나는 5동 302호에 살아요.

我们要坐地铁3号线。
Wǒmen yào zuò dìtiě sān hào xiàn.
우리는 지하철 3호선을 타려고 해요.

六月三号是我的生日。
Liù yuè sān hào shì wǒ de shēngrì.
6월 3일은 내 생일이에요.

后面 hòumiàn 뒤, 뒤쪽

医院在银行后面。
Yīyuàn zài yínháng hòumiàn.
병원은 은행 뒤쪽에 있어요.

坐在我后面的那个男生是我哥哥。
Zuòzài wǒ hòumiàn de nàge nánshēng shì wǒ gēge.
내 뒤에 앉아 있는 그 남학생은 우리 오빠예요.

 家 jiā 집

我在家看书。
Wǒ zài jiā kàn shū.
나는 집에서 책을 보고 있어.

양 가정이나 기업을 셀 때 씀.

我们一家人去饭馆吃饭。
Wǒmen yì jiā rén qù fànguǎn chīfàn.
우리 가족은 식당으로 외식하러 가요.

那里有一家医院。
Nàli yǒu yì jiā yīyuàn.
저기에 병원이 있어요.

접미 전문가나 어떤 신분을 나타낼 때 씀.

小说家 xiǎoshuōjiā 소설가
画家 huàjiā 화가
厂家 chǎngjiā 공장

관련 표현

家家有本难念的经 jiājiā yǒu běn nán niàn de jīng **관용** 각 가정마다 나름의 문제와 어려움이 있게 마련이다.

 今天 jīntiān 오늘

今天下午我去朋友家。
Jīntiān xiàwǔ wǒ qù péngyou jiā.
오늘 오후에 나는 친구 집에 가요.

[보충 단어]

明天 míngtiān 내일 / 昨天 zuótiān 어제 / 前天 qiántiān 그저께 / 后天 hòutiān 모레

0022 老师 lǎoshī 선생님 유의 教师 jiàoshī 참고 教师节 jiàoshījié 스승의 날 ☐☐☐

我们的老师很好。
Wǒmen de lǎoshī hěn hǎo.
우리 선생님은 참 좋으시다.

[보충 단어 - 직업 1]

医生(=大夫) yīshēng(=dàifu) 의사 / 公司职员 gōngsī zhíyuán 회사원 / 律师 lǜshī 변호사 / 家庭主妇 jiātíng zhǔfù 가정주부 / 司机 sījī 운전기사 / 画家 huàjiā 화가 / 明星 míngxīng 유명 연예인

0023 里 lǐ 안 유의 里边 lǐbian, 里面 lǐmiàn ☐☐☐

那个商店里人很多。
Nàge shāngdiàn li rén hěn duō.
그 상점에는 사람이 많아요.

[보충 단어 - 방위사]

前面 qiánmiàn 앞(앞쪽) / 后面 hòumiàn 뒤(뒤쪽) / 旁边 pángbiān 옆(옆쪽) / 左边 zuǒbian 왼쪽 / 右边 yòubian 오른쪽 / 附近 fùjìn 부근 / 中间 zhōngjiān 중간 / 上 shàng 위 / 下 xià 아래 / 对面 duìmiàn 맞은편

0024 妈妈 māma 엄마 유의 娘 niáng, 母亲 mǔqīn ☐☐☐

这是我妈妈给我买的。
Zhè shì wǒ māma gěi wǒ mǎi de.
이것은 우리 엄마가 저에게 사 주신 거예요.

0025 猫 māo 고양이

这只猫非常可爱。
Zhè zhī māo fēicháng kě'ài.
이 고양이 정말 귀엽다.

0026 米饭 mǐfàn 밥

我吃米饭，你吃什么?
Wǒ chī mǐfàn, nǐ chī shénme?
난 밥 먹을 건데, 넌 뭐 먹을래?

[보충 단어 - 식사]

早饭 zǎofàn 아침(밥) / **午饭** wǔfàn 점심(밥) / **晚饭** wǎnfàn 저녁(밥) / **粥** zhōu 죽 / **点心** diǎnxin 간식 / **面条** miàntiáo 국수 / **面包** miànbāo 빵

0027 名字 míngzi 이름 참고 名片 míngpiàn 명함

他叫什么名字?
Tā jiào shénme míngzi?
저 사람 이름이 뭐예요?

 중국 문화 - 이름(小名과 大名)

중국인은 보통 이름을 두 개 가지고 있는데, 하나는 아명(小名 xiǎomíng)이고 하나는 호적상에 올라가는 정식 이름(大名 dàmíng)이다. 나이와 상관없이 집에서는 보통 '아명'으로 부르는 경우가 많다. 참고로 중국에서는 부부, 고부간, 직장 동료 사이에서도 직접 이름을 부르는 경우가 많다.

0028 明天 míngtiān 내일

明天他也来这儿吗?
Míngtiān tā yě lái zhèr ma?
내일 그 사람도 여기 오나요?

0029 年 nián 해, 년

一年有十二个月。
Yì nián yǒu shí'èr ge yuè.
1년은 열두 달입니다.

今年是哪一年?
Jīnnián shì nǎ yì nián?
올해는 몇 년도인가요?

관련 표현

年年有余 nián nián yǒu yú 해마다 풍요롭길 바랍니다, 매년 여유 있게 지내길 바랍니다
一年到头 yì nián dào tóu 관용 일 년 내내, 일 년 동안

0030 女儿 nǚ'ér 딸 참고 儿子 érzi 아들

我有两个女儿。
Wǒ yǒu liǎng ge nǚ'ér.
나는 딸이 둘 있어요.

0031 朋友 péngyou 친구

我有很多朋友。
Wǒ yǒu hěn duō péngyou.
난 친구가 많아요.

관련 표현

哥们儿 gēmenr 아주 친한 친구를 가리킴, 주로 남성들 사이에서 쓰는 말
铁哥们儿 tiěgēmenr 친형제만큼이나 친한 사이
有朋自远方来，不亦乐乎! Yǒu péng zì yuǎnfāng lái, bú yì lè hū!
[논어] 친구가 먼 곳에서 찾아오니 이 또한 기쁘지 아니한가!
青梅竹马 qīng méi zhú mǎ 성 죽마고우

0032 苹果 píngguǒ 사과

我每天早上吃一个苹果。
Wǒ měitiān zǎoshang chī yí ge píngguǒ.
나는 매일 아침 사과를 하나씩 먹어요.

0033 钱 qián 돈

你有没有钱?
Nǐ yǒu méiyǒu qián?
너 돈 있어?

一百块钱能买到什么?
Yìbǎi kuài qián néng mǎidào shénme?
100위엔으로 뭘 살 수 있어요?

관련 표현

赚钱 zhuànqián 돈을 벌다
挣钱 zhèngqián 돈을 벌다
攒钱 zǎnqián 돈을 모으다
花钱 huāqián 돈을 쓰다
一分钱,一分货 yì fēn qián, yì fēn huò 관용 싼 게 비지떡
见钱眼开 jiàn qián yǎn kāi 성 돈을 보고는 눈을 크게 뜨다, 재물을 탐하다

0034 前面 qiánmiàn 앞, 앞쪽

我们公司前面有一个快餐厅。
Wǒmen gōngsī qiánmiàn yǒu yí ge kuàicāntīng.
우리 회사 앞에는 패스트푸드점이 하나 있어요.

0035 人 rén 사람

我是韩国人。
Wǒ shì Hánguórén.
저는 한국인입니다.

관련 표현

人山人海 rén shān rén hǎi 성 모인 사람이 대단히 많다, 인산인해

商店 shāngdiàn 상점 [BCT1]

我去商店买衣服。
Wǒ qù shāngdiàn mǎi yīfu.
나는 상점으로 옷을 사러 가요.

[보충 단어 - 기관과 상점]

市政府 shìzhèngfǔ 시청 / **医院** yīyuàn 병원 / **银行** yínháng 은행 / **邮局** yóujú 우체국 / **超市** chāoshì 슈퍼마켓 / **网吧** wǎngbā PC방 / **酒吧** jiǔbā 술집 / **咖啡厅** kāfēitīng 카페 / **餐厅** cāntīng 식당 / **电影院** diànyǐngyuàn 극장 / **文具店** wénjùdiàn 문구점 / **鞋店** xiédiàn 신발 가게 / **面包店** miànbāodiàn 베이커리 / **服装店** fúzhuāngdiàn 옷 가게 / **美发厅** měifàtīng 미용실 / **百货商店** bǎihuò shāngdiàn 백화점 / **健身房** jiànshēnfáng 헬스 클럽

 上 shàng 위, ~ 위에, 상등급 유의 上边 shàngbian, 上面 shàngmiàn

桌子上有一个杯子。
Zhuōzi shàng yǒu yí ge bēizi.
탁자 위에 컵이 하나 있어요.

他是我的上级。
Tā shì wǒ de shàngjí.
저분은 저의 상사입니다.

🟢(높은 곳·높은 이상을 향해) 오르다, 도달하다, 전진하다

请上车，我们快要出发了。
Qǐng shàng chē, wǒmen kuàiyào chūfā le.
차에 타세요. 우리는 곧 출발합니다.

你上哪儿去?
Nǐ shàng nǎr qù?
너 어디 가니?

同学们，今天的课上完了。
Tóngxuémen, jīntiān de kè shàngwán le.
여러분, 오늘 수업을 마치겠습니다.

▶ [보어] 어떤 결과가 있거나 목적에 다다랐음을 나타냄.

我爱上了他。
Wǒ àishàngle ta.
나는 그를 사랑하게 되었다.

我朋友考上了北京大学。
Wǒ péngyou kǎoshàngle Běijīng Dàxué.
내 친구는 베이징 대학에 붙었다.

어법 – 방위사의 주의 사항

1. 방위사가 관형어로 쓰일 때는 반드시 '的'를 동반한다.
右边的包是我的。 Yòubian de bāo shì wǒ de. 오른쪽에 있는 가방은 내 것이에요.

2. 장소 + [里边 / 上边]일 때는 '边'을 생략한다.
办公室里 bàngōngshì li 사무실 안 / **桌子上** zhuōzi shang 책상 위

0038 上午 shàngwǔ 오전

昨天上午我爷爷来北京了。
Zuótiān shàngwǔ wǒ yéye lái Běijīng le.
어제 오전에 우리 할아버지께서 베이징에 오셨어.

[보충 단어 - 시간사 1]

早上 zǎoshang 아침 / **中午** zhōngwǔ 정오, 점심 / **下午** xiàwǔ 오후 / **晚上** wǎnshang 저녁 / **半夜** bànyè 한밤중

0039 时候 shíhou 때, 시각, 무렵

你什么时候来韩国?
Nǐ shénme shíhou lái Hánguó?
넌 언제 한국에 오니?

관련 표현

什么时候 shénme shíhou 언제 / **…的时候** …de shíhou ~할 때
不是时候 bú shì shíhou 관용 때가 아니다

0040 书 shū 책 ☐☐☐

这是王老师的书。
Zhè shì Wáng lǎoshī de shū.
이것은 왕 선생님의 책이야.

관련 표현

书呆子 shūdāizi 책벌레 / 书店 shūdiàn 서점 / 书包 shūbāo 책가방
四书五经 Sì Shū Wǔ Jīng 사서오경

0041 水 shuǐ 물 ☐☐☐

来，喝杯水吧。
Lái, hē bēi shuǐ ba.
자, 물 한 잔 마셔요.

관련 표현

倒水 dào shuǐ 물을 따르다 / 打水 dǎ shuǐ 물을 긷다 / 停水 tíng shuǐ 단수되다
烧水 shāo shuǐ 물을 끓이다 / 浇水 jiāo shuǐ (화초에) 물을 주다
水货 shuǐhuò 밀수품 [BCT2] / 打水漂儿 dǎ shuǐpiāor 관용 (돈만) 날리다, 낭비하다

0042 水果 shuǐguǒ 과일 참고 蔬菜 shūcài 야채 ☐☐☐

我去买些水果。
Wǒ qù mǎi xiē shuǐguǒ.
내가 가서 과일 좀 사올게요.

[보충 단어 - 과일]

苹果 píngguǒ 사과 / 西瓜 xīguā 수박 / 香蕉 xiāngjiāo 바나나 / 梨 lí 배 /
葡萄 pútao 포도 / 草莓 cǎoméi 딸기 / 桃 táo 복숭아 / 西红柿 xīhóngshì
토마토 / 柿子 shìzi 감 / 橘子 júzi 귤

중국 문화 - 과일에 얽힌 금기 사항

중국에서는 연인들끼리 배를 나누어 먹지 않는데, 이유는 '배를 나누다(分梨 fēn lí)'와 '헤어지다(分离 fēnlí)'의 발음이 같기 때문이다.

0043 天气 tiānqì 날씨 참고 天气预报 tiānqì yùbào 일기 예보

天气真好，我们出去走一走吧。
Tiānqì zhēn hǎo, wǒmen chūqu zǒu yi zǒu ba.
날씨 정말 좋다. 우리 나가서 좀 걷자.

[보충 단어 - 날씨]

冷 lěng 춥다 / 晴 qíng 맑다 / 雪 xuě 눈 / 阴 yīn 흐리다 / 云 yún 구름(끼다) / 凉快 liángkuai 시원하다 / 热 rè 덥다 / 刮风 guāfēng 바람이 불다 / 雾 wù 안개(끼다) / 下雨 xiàyǔ 비가 오다 / 打雷 dǎléi 천둥치다 / 彩虹 cǎihóng 무지개 / 暖和 nuǎnhuo 따뜻하다

tip 바람이 많이 불고, 비가 많이 오고, 안개가 많이 끼었다고 표현할 때는 형용사 '大'를 쓴다.
刮大风 guā dà fēng / 下大雨 xià dà yǔ / 雾大 wù dà

0044 同学 tóngxué 학우 참고 同屋 tóngwū 룸메이트

他是我的同班同学，我非常喜欢他。
Tā shì wǒ de tóngbān tóngxué, wǒ fēicháng xǐhuan tā.
저 애는 나와 같은 반 친구인데, 나는 저 애를 아주 좋아해.

0045 下 xià 아래, 다음 유의 下边 xiàbian, 下面 xiàmiàn

椅子下边有你的书。
Yǐzi xiàbian yǒu nǐ de shū.
의자 밑에 네 책이 있어.

下星期我去买电脑。
Xià xīngqī wǒ qù mǎi diànnǎo.
다음 주에 나는 컴퓨터를 사러 가.

동 내려오다, (비가) 내리다, 명령을 하달하다, 퇴장하다, 결정하다, (알을) 낳다

你看，下雨了。
Nǐ kàn, xiàyǔ le.
봐봐, 비가 와.

姐姐，爸爸叫你下来。
Jiějie, bàba jiào nǐ xiàlai.
언니, 아빠가 내려오래.

将军，快下命令吧!
Jiāngjūn, kuài xià mìnglìng ba!
장군님, 어서 명령을 내려 주십시오!

[단어] **将军** jiāngjūn 장군, 장성

他爸爸下岗了。
Tā bàba xiàgǎng le.
그 친구 아버님이 실직하셨어.

[단어] **下岗** xiàgǎng 실직하다, 퇴직하다

我下了决定，不为钱工作。
Wǒ xiàle juédìng, bú wèi qián gōngzuò.
나는 돈을 위해 일하지 않겠다고 결심했어.

前天我家的母鸡下了一个蛋。
Qiántiān wǒ jiā de mǔjī xiàle yí ge dàn.
그저께 우리 집 암탉이 알을 하나 낳았어.

▶ [보어] 동사 뒤에 쓰여 수용할 수 있음을 나타냄(주로 得, 不와 함께 씀).

这个房间很大，可以坐得下十个人。
Zhège fángjiān hěn dà, kěyǐ zuòdexià shí ge rén.
이 방은 커서, 열 명이 앉을 수 있어요.

这是我的礼物，请收下!
Zhè shì wǒ de lǐwù, qǐng shōuxià!
이건 제 선물이에요. 받아 주세요.

▶ [고정구] 在⋯下 zài⋯xià ~하에

在老师的帮助下，他很快学会了写字。
Zài lǎoshī de bāngzhù xià, tā hěn kuài xuéhuìle xiězì.
선생님의 도움으로 그 애는 아주 빨리 글자를 쓸 수 있게 되었다.

양 번, 회(동작의 횟수를 나타냄.)

他打了我三下。
Tā dǎle wǒ sān xià.
그가 나를 세 대 때렸다.

0046 下午 xiàwǔ 오후 참고 上午 shàngwǔ 오전

明天下午我去你们公司。
Míngtiān xiàwǔ wǒ qù nǐmen gōngsī.
내일 오후에 내가 너희 회사로 갈게.

0047 先生 xiānsheng 선생님, 신사(성인 남성에 대한 경칭)

王先生，请喝茶。
Wáng xiānsheng, qǐng hē chá.
왕 선생님, 차 드세요.

> **先生 vs 老师 vs 师傅**
>
> 先生은 일반 남성을 가리키고, 老师는 선생님을 말한다. 师傅는 전통 사회에서는 '사부님'으로 쓰였으나, 오늘날에는 '아저씨'라는 통칭으로 쓰인다.
>
> **记者先生，坐这儿吧。** Jìzhě xiānsheng, zuò zhèr ba. 기자님, 여기 앉으세요.
> **许老师，您来了?** Xǔ lǎoshī, nín lái le? 허 선생님, 오셨어요?
> **师傅，这个怎么卖?** Shīfu, zhè ge zěnme mài? 아저씨, 이거 어떻게 해요?

0048 现在 xiànzài 현재 유의 目前 mùqián
참고 过去 guòqù 과거, 未来 wèilái 미래

你现在去学校吗?
Nǐ xiànzài qù xuéxiào ma?
너 지금 학교에 가니?

0049 小姐 xiǎojiě 아가씨

李小姐，你来了?
Lǐ xiǎojiě, nǐ lái le?
미스 리, 왔어요?

어법 - 특수한 성조 변화

小姐 xiǎojiě, 老虎 lǎohǔ, 等等 děngděng은 실제 회화에 쓰일 때 '2성 + 경성'으로 읽어 준다.

0050 星期 xīngqī 주

A：今天星期几？ 오늘은 무슨 요일인가요?
Jīntiān xīngqī jǐ?

B：今天星期五。 오늘은 금요일이에요.
Jīntiān xīngqīwǔ.

[보충 단어 - 주]

上(个)星期 shàng (ge) xīngqī 지난주

这(个)星期 zhè (ge) xīngqī 이번 주

下(个)星期 xià (ge) xīngqī 다음 주

[보충 단어 - 요일]

월	화	수	목	금	토	일
星期一 Xīngqīyī	星期二 Xīngqī'èr	星期三 Xīngqīsān	星期四 Xīngqīsì	星期五 Xīngqīwǔ	星期六 Xīngqīliù	星期天(日) Xīngqītiān(rì)
周一 Zhōuyī	周二 Zhōu'èr	周三 Zhōusān	周四 Zhōusì	周五 Zhōuwǔ	周六 Zhōuliù	周日 Zhōurì
礼拜一 Lǐbàiyī	礼拜二 Lǐbài'èr	礼拜三 Lǐbàisān	礼拜四 Lǐbàisì	礼拜五 Lǐbàiwǔ	礼拜六 Lǐbàiliù	礼拜天(日) Lǐbàitiān(rì)

0051 学生 xuésheng 학생

他们都是学生。
Tāmen dōu shì xuésheng.
그들은 모두 학생이에요.

[보충 단어 - 학생]

小学生 xiǎoxuéshēng 초등학생 / **初中生** chūzhōngshēng 중학생 / **高中生** gāozhōngshēng 고등학생 / **大学生** dàxuéshēng 대학생 / **研究生** yánjiūshēng 대학원생 / **留学生** liúxuéshēng 유학생 / **三好学生** sān hǎo xuéshēng 모범 학생 / **尖子生** jiānzishēng 최우수 학생

0052 学校 xuéxiào 학교

这是我们学校。
Zhè shì wǒmen xuéxiào.
이곳은 우리 학교입니다.

[보충 단어 - 교육 기관]

幼儿园 yòu'éryuán 유치원 / 小学 xiǎoxué 초등학교 / 初中 chūzhōng 중학교 / 高中 gāozhōng 고등학교 / 大学 dàxué 대학교 / 研究生院 yánjiūshēngyuàn 대학원

0053 衣服 yīfu 옷 유의 衣裳 yīshang

这是我妹妹的衣服。
Zhè shì wǒ mèimei de yīfu.
이건 내 여동생 옷이야.

[보충 단어 - 옷]

衬衫 chènshān 셔츠 / 裙子 qúnzi 치마 / 裤子 kùzi 바지 / T恤衫 T xùshān 티셔츠 / 连衣裙 liányīqún 원피스 / 大衣 dàyī 코트 / 风衣 fēngyī 트렌치 코트 / 袜子 wàzi 양말 / 丝袜 sīwà 스타킹 / 短裤 duǎnkù 반바지 / 牛仔裤 niúzǎikù 청바지 / 运动服 yùndòngfú 운동복 / 休闲服 xiūxiánfú 캐주얼 / 西服 xīfú 양복 / 睡衣 shuìyī 잠옷

0054 医生 yīshēng 의사 유의 大夫 dàifu

他爷爷和叔叔都是医生。
Tā yéye hé shūshu dōu shì yīshēng.
그의 할아버지와 삼촌은 모두 의사 선생님이야.

0055 医院 yīyuàn 병원

明天我妈妈去医院看病。
Míngtiān wǒ māma qù yīyuàn kànbìng.
내일 우리 엄마는 병원으로 진찰 받으러 가셔.

[보충 단어 - 병원]

挂号 guàhào 접수하다 / 看病 kànbìng 진찰하다 / 开药 kāiyào 처방전을 쓰다 / 做手术 zuò shǒushù 수술하다 / 住院 zhùyuàn 입원하다 / 出院 chūyuàn 퇴원하다

0056 椅子 yǐzi 의자

房间里有一张桌子和一把椅子。
Fángjiān li yǒu yì zhāng zhuōzi hé yì bǎ yǐzi.
방에는 책상 하나와 의자 하나가 있다.

0057 月 yuè 달

今天几月几号?
Jīntiān jǐ yuè jǐ hào?
오늘 몇 월 며칠이야?

0058 中国 Zhōngguó 중국

我弟弟在中国上高中。
Wǒ dìdi zài Zhōngguó shàng gāozhōng.
내 동생은 중국에서 고등학교에 다니고 있어.

🌏 중국 문화 - 중국

중국의 정식 이름은 中华人民共和国 Zhōnghuá rénmín gònghéguó이다. 1949년 10월 1일에 마오쩌둥(毛泽东 Máo Zédōng)과 혁명 1세대를 주축으로 수립되었다. 중공은 '中国共产党 Zhōngguó gòngchǎndǎng(중국 공산당)'을 줄여서 부른 말이다. 중국은 사회주의 국가이며, 960만㎢라는 넓은 땅에서 56개 민족이 살고 있다.

[보충 단어 – 국가]

韩国 Hánguó 한국 / **日本** Rìběn 일본 / **美国** Měiguó 미국 / **英国** Yīngguó 영국 / **法国** Fǎguó 프랑스 / **德国** Déguó 독일 / **西班牙** Xībānyá 스페인 / **巴西** Bāxī 브라질 / **俄罗斯** Éluósī 러시아 / **意大利** Yìdàlì 이탈리아 / **加拿大** Jiānádà 캐나다 / **澳大利亚** Àodàlìyà 오스트레일리아

0059 中午 zhōngwǔ 점심

我奶奶每天中午睡午觉。
Wǒ nǎinai měitiān zhōngwǔ shuì wǔjiào.
우리 할머니는 매일 점심 때 낮잠을 주무신다.

0060 桌子 zhuōzi 탁자, 책상

桌子上有几本书。
Zhuōzi shang yǒu jǐ běn shū.
책상 위에 책 몇 권이 있다.

0061 字 zì 글씨 [참고] 汉字 Hànzì 한자

我看书，他写字。
Wǒ kàn shū, tā xiě zì.
나는 책을 보고, 그는 글자를 쓴다.

관련 표현

说半个不字 shuō bàn ge bú zì [관용] 반대하다

0062 昨天 zuótiān 어제

他们是昨天晚上到的。
Tāmen shì zuótiān wǎnshang dào de.
그들은 어젯밤에 도착했다.

명사 2급

0001 报纸 bàozhǐ 신문 참고 杂志 zázhì 잡지

我爸爸每天看报纸。
Wǒ bàba měitiān kàn bàozhǐ.
우리 아빠는 매일 신문을 보신다.

0002 宾馆 bīnguǎn 호텔 유의 饭店 fàndiàn, 酒店 jiǔdiàn

这是一家五星级宾馆。
Zhè shì yì jiā wǔ xīngjí bīnguǎn.
이곳은 5성급 호텔입니다.

tip 중국에서는 호텔 급수를 별로 표시하는데, 5성급이 가장 좋은 호텔이다.

[보충 단어 - 호텔]

入住 rùzhù 체크인 / 退房 tuìfáng 체크아웃 / 房卡 fángkǎ 룸카드 / 标准间 biāozhǔnjiān 스탠다드룸 / 豪华间 háohuájiān 스위트룸 / 商务中心 shāngwù zhōngxīn 비즈니스 센터 / 押金 yājīn 보증금, 계약금

0003 弟弟 dìdi 남동생

我弟弟特别爱吃面条。
Wǒ dìdi tèbié ài chī miàntiáo.
내 동생은 국수를 정말 잘 먹어.

0004 房间 fángjiān 방 유의 屋子 wūzi

他的房间很干净。
Tā de fángjiān hěn gānjìng.
그의 방은 깨끗하다.

어법 - 비교문에 쓰이는 부사

비교문에는 부사 '还'와 '更'을 쓴다. '还'는 반드시 비교 대상을 동반해야 하고, '更'은 단독으로 비교의 의미를 나타낸다.

这个比那个还好看。 Zhège bǐ nàge hái hǎokàn. 이것이 저것보다 더 예뻐요.
这个更便宜。 Zhège gèng piányi. 이것이 훨씬 싸요.

0005 服务员 fúwùyuán 종업원 [BCT1]

服务员，我们要点菜。
Fúwùyuán, wǒmen yào diǎn cài.
아가씨, 주문할게요.

[보충 단어 - 직업 2]

播音员 bōyīnyuán 아나운서 / **售货员** shòuhuòyuán 판매원 / **记者** jìzhě 기자 / **美发师** měifàshī 미용사 / **美容师** měiróngshī 피부 관리사 / **摄影师** shèyǐngshī 촬영 기사 / **空姐** kōngjiě 스튜어디스 / **主持人** zhǔchírén MC / **秘书** mìshū 비서 / **翻译** fānyì 통역가(번역가) / **导游** dǎoyóu 여행 가이드 / **厂长** chǎngzhǎng 공장장

0006 哥哥 gēge 오빠, 형

哥哥，妈妈叫你快下来吃饭。
Gēge, māma jiào nǐ kuài xiàlai chīfàn.
오빠, 엄마가 빨리 내려와서 밥 먹으래.

0007 公共汽车 gōnggòng qìchē 시내버스 유의 公交车 gōngjiāochē

我们坐公共汽车去还是坐出租车去?
Wǒmen zuò gōnggòng qìchē qù háishi zuò chūzūchē qù?
우리 시내버스 타고 가요 아니면 택시 타고 가요?

 일상 회화에서는 公交车가 더 많이 사용되고 있다.

어법 - 선택 의문문

접속사 还是를 써서 묻는 의문문을 선택 의문문이라 한다. 선택 의문문에서는 반드시 하나를 선택해 준다.

0008 公司 gōngsī 회사 [BCT1] 참고 **单位** dānwèi 회사, 企业 qǐyè 기업

这个公司非常大。
Zhège gōngsī fēicháng dà.
이 회사는 아주 커요.

[보충 단어 - 직장 생활]

上班 shàngbān 출근하다 / **下班** xiàbān 퇴근하다 / **加班** jiābān 잔업하다 / **请假** qǐngjià 휴가 내다 / **工作** gōngzuò 일하다 / **辞职** cízhí 사직하다 / **应聘** yìngpìn 입사 지원하다 / **招聘** zhāopìn 채용하다 / **面试** miànshì 면접 / **月薪** yuèxīn 월급 / **年薪** niánxīn 연봉 / **跳槽** tiàocáo 이직하다

0009 孩子 háizi 아이 반의 **大人** dàrén 성인, 어른

这个孩子胖胖的真可爱。
Zhège háizi pàngpāng de zhēn kě'ài.
이 아이는 통통한 게 정말 귀여워.

어법 - 형용사 중첩

1음절 형용사 중첩 시, 중첩되는 부분의 단어는 1성으로 읽어 준다.

慢慢 mànmān 천천히 / **好好** hǎohāo 잘, 제대로

0010 火车站 huǒchēzhàn 기차역

他们三点半去火车站。
Tāmen sān diǎn bàn qù huǒchēzhàn.
그들은 3시 반에 기차역으로 갈 거예요.

[보충 단어 - 기차]

月台 yuètái 플랫폼 / **月台票** yuètáipiào 역 입장권 / **车厢** chēxiāng 객실 /

卧铺 wòpù 일반 침대칸 / 软卧 ruǎnwò 4인 1실의 일등 침대석 / 硬座 yìngzuò 일반석 / 餐车 cānchē 식당칸 / 补票 bǔpiào 기차에 오른 후에 표를 다시 끊거나 연장하다

0011 机场 jīchǎng 공항

我们去机场接爷爷、奶奶。
Wǒmen qù jīchǎng jiē yéye、nǎinai.
우리는 공항으로 할아버지, 할머니를 마중 가요.

관련 표현

北京首都国际机场 Běijīng Shǒudū guójì jīchǎng 베이징 수도 국제공항
上海虹桥国际机场 Shànghǎi Hóngqiáo guójì jīchǎng 상하이 훙치아오 국제공항
上海浦东国际机场 Shànghǎi Pǔdōng guójì jīchǎng 상하이 푸동 국제공항
机场班车 jīchǎng bānchē 공항 리무진

0012 鸡蛋 jīdàn 계란

鸡蛋多少钱一斤?
Jīdàn duōshao qián yì jīn?
계란 한 근에 얼마예요?

0013 教室 jiàoshì 교실 유의 课堂 kètáng

教室里有十三个学生。
Jiàoshì li yǒu shísān ge xuésheng.
교실에 13명의 학생이 있다.

0014 姐姐 jiějie 언니, 누나

我姐姐会说法语。
Wǒ jiějie huì shuō Fǎyǔ.
우리 언니는 프랑스어를 할 줄 안다.

0015 咖啡 kāfēi 커피

我喝摩卡咖啡。
Wǒ hē mókǎ kāfēi.
난 모카 커피 마실래요.

[보충 단어 - 커피]

维也纳咖啡 wéiyěnà kāfēi 비엔나 커피 / 拿铁咖啡 nátiě kāfēi 카페라떼 / 浓咖啡 nóngkāfēi 에스프레소 / 马琪雅朵 mǎqíyǎduǒ 마키아토 / 卡布其诺 kǎbùqínuò 카푸치노 / 爱尔兰咖啡 ài'ěrlán kāfēi 아이리시 커피 / 咖啡厅 kāfēitīng, 咖啡馆 kāfēiguǎn 카페

0016 考试 kǎoshì 시험

今天下午有考试。
Jīntiān xiàwǔ yǒu kǎoshì.
오늘 오후에 시험이 있어요.

⑤ 시험 보다

下星期就要考试了，你准备得怎么样?
Xià xīngqī jiùyào kǎoshì le, nǐ zhǔnbèi de zěnmeyàng?
다음 주에 시험인데, 준비는 어때?

[보충 단어 - 시험]

期中考试 qīzhōng kǎoshì 중간고사 / 期末考试 qīmò kǎoshì 기말고사 / 作弊 zuòbì 커닝 / 补考 재시험 bǔkǎo / 准考证 zhǔnkǎozhèng 수험표 / 监考教师 jiānkǎo jiàoshī 시험 감독 교사 / 托福考试 tuōfú kǎoshì 토플 시험 / 汉语水平考试(HSK) Hànyǔ Shuǐpíng Kǎoshì 중국어 능력 시험 / 英语六级考试 yīngyǔ liùjí kǎoshì 영어 6급 시험, College English Test-6(CET-6)

0017 课 kè 과목

今天下午你有课吗?
Jīntiān xiàwǔ nǐ yǒu kè ma?
오늘 오후에 너 수업 있어?

明天你上什么课?
Míngtiān nǐ shàng shénme kè?
내일 너 무슨 수업 들어?

0018 路 lù 길, 차 번호

别走这条路了，不好走。
Bié zǒu zhè tiáo lù le, bù hǎozǒu.
이 길로 가지 마세요, 길이 안 좋아요.

二十七路公交车到火车站吗?
Èrshíqī lù gōngjiāochē dào huǒchēzhàn ma?
27번 버스는 기차역에 가나요?

관련 표현

大路货 dàlùhuò 관용 보급형 상품, 대중 소비품
有路子 yǒu lùzi 관용 방법이 있다, 연고가 있다

0019 妹妹 mèimei 여동생

她是你妹妹吧?
Tā shì nǐ mèimei ba?
쟤 네 동생이지?

0020 门 mén 문

我们从哪个门出去?
Wǒmen cóng nǎge mén chūqu?
우리 어느 문으로 나가죠?

양 과목

这次考试要考几门课?
Zhè cì kǎoshì yào kǎo jǐ mén kè?
이번 시험은 몇 과목 보나요?

面条 miàntiáo 국수 참고 **方便面** fāngbiànmiàn 라면
意大利面 yìdàlìmiàn 스파게티

你做的面条真好吃。
Nǐ zuò de miàntiáo zhēn hǎochī.
네가 만든 국수 정말 맛있어.

 牛奶 niúnǎi 우유

中午我只喝了一杯牛奶。
Zhōngwǔ wǒ zhǐ hēle yì bēi niúnǎi.
점심 때 나는 우유 한 잔만 마셨어.

旁边 pángbiān 옆, 근처

我家旁边有一个很大的超市。
Wǒ jiā pángbiān yǒu yí ge hěn dà de chāoshì.
우리 집 옆에 아주 큰 슈퍼마켓이 있어.

票 piào 표

小姐,给我们两张大人票。
Xiǎojiě, gěi wǒmen liǎng zhāng dàrén piào.
아가씨, 어른 표 두 장 주세요.

🔎 **관련 표현**

打保票 dǎ bǎopiào 관용 장담하다, 확신하다

[보충 단어 - 표]

门票 ménpiào 입장권 / **火车票** huǒchēpiào 기차표 / **机票** jīpiào 항공권 /
股票 gǔpiào 주식 / **船票** chuánpiào 승선표 / **电影票** diànyǐngpiào 영화표 /
车票 chēpiào 차표 / **邮票** yóupiào 우표

0025 妻子 qīzi 아내 [유의] 老婆 lǎopo, 太太 tàitai, 爱人 àiren

他为他妻子买了一个包。
Tā wèi tā qīzi mǎile yí ge bāo.
그는 아내를 위해 가방을 하나 샀다.

0026 铅笔 qiānbǐ 연필

小学一年级到三年级要用铅笔。
Xiǎoxué yì niánjí dào sān niǎnjí yào yòng qiānbǐ.
초등학교 1학년에서 3학년까지는 연필을 써야 해요.

[보충 단어 - 필기구]

笔 bǐ 붓, 펜 / 钢笔 gāngbǐ 만년필 / 圆珠笔 yuánzhūbǐ 볼펜 / 自动铅笔 zìdòng qiānbǐ 샤프 펜슬 / 荧光笔 yíngguāngbǐ 형광펜

0027 去年 qùnián 작년

去年我去过一次美国。
Qùnián wǒ qùguo yí cì Měiguó.
작년에 나는 미국에 한 번 갔었어.

[보충 단어 - 시간사 2]

前年 qiánnián 재작년 / 今年 jīnnián 올해 / 明年 míngnián 내년 / 后年 hòunián 내후년

0028 日 rì 일

▶ 회화에서는 '号'를 쓴다.

后天是七月五日。
Hòutiān shì qī yuè wǔ rì.
모레는 7월 5일이다.

0029 身体 shēntǐ 신체, 몸

我爸爸、妈妈身体很好。
Wǒ bàba, māma shēntǐ hěn hǎo.
우리 아빠, 엄마는 건강하세요.

0030 生日 shēngrì 생일

今天是你的生日，这是我的礼物。
Jīntiān shì nǐ de shēngrì, zhè shì wǒ de lǐwù.
오늘이 네 생일이잖아, 이건 내 선물이야.

중국 문화 - 생일

1. 중국에서는 생일에 '장수하라'는 뜻을 담은 음식인 '长寿面 chángshòumiàn'을 먹는다. 장수면을 먹을 때는 절대 끊어서 먹으면 안 된다.
2. 생일을 맞은 사람은 케이크의 불을 끄기 전에 잠시 눈을 감고 소원을 비는데, 이 의식을 '许愿 xǔyuàn'이라고 한다.

0031 时间 shíjiān 시간 참고 黄金时间 huángjīn shíjiān 황금 시간대

星期天你有没有时间?
Xīngqītiān nǐ yǒu méiyǒu shíjiān?
일요일에 너 시간 있어?

어법 - 정반 의문문

형용사나 동사를 '긍정형 + 부정형' 형식으로 만들어 묻는 의문문을 말한다. 대답할 때는 긍정, 부정 또는 제3의 대답으로 할 수 있다.

A : **你喝不喝牛奶?** Nǐ hē bu hē niúnǎi? 너 우유 마실 거니?
B₁ : **我喝牛奶。** Wǒ hē niúnǎi. 우유 마실게.
B₂ : **我不喝牛奶。** Wǒ bù hē niúnǎi. 우유 안 마실래.
B₃ : **我喝水。** Wǒ hē shuǐ. 난 물 마실래.

0032 事情 shìqing 일 유의 事(儿) shì(r)

这件事情很简单，你就别担心了。
Zhè jiàn shìqing hěn jiǎndān, nǐ jiù bié dānxīn le.
이 일은 간단하니 넌 걱정하지 마.

0033 手表 shǒubiǎo 손목시계 참고 钟 zhōng 탁상시계, 闹钟 nàozhōng 알람 시계, 挂钟 guàzhōng 벽시계

我的手表坏了，想买一块新的。
Wǒ de shǒubiǎo huài le, xiǎng mǎi yí kuài xīn de.
내 손목시계가 고장 났어, 새것으로 사고 싶어.

0034 手机 shǒujī 휴대 전화 참고 智能手机 zhìnéng shǒujī 스마트폰

你换了手机吧？真好看。
Nǐ huànle shǒujī ba? Zhēn hǎokàn.
너 휴대 전화 바꿨지? 정말 예쁘다.

0035 题 tí 문제 유의 问题 wèntí

我已经出题了，你们好好儿复习吧。
Wǒ yǐjing chū tí le, nǐmen hǎohāor fùxí ba.
나는 벌써 시험 문제를 냈으니, 여러분들은 열심히 복습하세요.

0036 外 wài 밖 유의 外边 wàibian, 外面 wàimiàn

他在门外等了你一个小时。
Tā zài mén wài děngle nǐ yí ge xiǎoshí.
그 사람 문밖에서 너를 한 시간 동안 기다렸어.

관련 표현

里外不是人 lǐ wài bú shì rén 관용 여기저기서 다 욕을 먹다, 양측 모두에게 원망(욕)을 사다(듣다)

天外有天 tiān wài yǒu tiān 성 뛰는 놈 위에 나는 놈 있다, 최고라고 여겼던 경계 위에 한층 더 높은 경계가 있다

0037 晚上 wǎnshang 저녁, 밤

昨天晚上下雨了。
Zuótiān wǎnshang xiàyǔ le.
어젯밤에 비가 왔어.

> 관련 표현

一天到晚 yì tiān dào wǎn 관용 온종일, 하루 종일

0038 问题 wèntí 문제

你有什么问题，马上就告诉我。
Nǐ yǒu shénme wèntí, mǎshàng jiù gàosu wǒ.
무슨 문제가 있으면, 바로 나한테 얘기해.

> 관련 표현

成问题 chéng wèntí 관용 문제가 되다, 곤란하다
(반의 不成问题 bù chéng wèntí 문제가 되지 않다, 어렵지 않다)

没问题! Méi wèntí! 관용 문제없어!

0039 西瓜 xīguā 수박

今天太热了，我很想吃西瓜。
Jīntiān tài rè le, wǒ hěn xiǎng chī xīguā.
오늘 너무 더워서, 수박이 정말 먹고 싶어.

0040 小时 xiǎoshí 시간 유의 钟头 zhōngtóu

我看了三个小时电视。
Wǒ kànle sān ge xiǎoshí diànshì.
나는 TV를 세 시간 동안 봤어.

小时 vs 钟头

小时와 钟头 모두 시간 보어로 사용할 수 있는데, 小时는 시간 뒤의 양사 '个'를 생략할 수 있지만, 钟头는 양사 '个'를 반드시 써야 한다.

三个小时 sān ge xiǎoshí (O) / 三小时 sān xiǎoshí (O)
三钟头 sān zhōngtóu (X) / 三个钟头 sān ge zhōngtóu (O)

어법 - 시간 보어의 주의 사항

1. 인칭 대명사 목적어의 위치에 주의한다.

   她找了你半个小时。 Tā zhǎole nǐ bàn ge xiǎoshí.

   그녀가 널 30분 동안 찾았어.

2. 현재까지 계속되는 동작을 표현할 때도 쓴다.

   他看了三个小时书了。 Tā kànle sān ge xiǎoshí shū le.

   그는 책을 3시간째 보고 있어.

3. 규칙적인 행동을 표현할 때는 '了'를 쓰지 않는다.

   我姐姐每天睡五个小时。 Wǒ jiějie měitiān shuì wǔ ge xiǎoshí.

   우리 언니는 매일 5시간씩 잠을 자.

0041 **雪** xuě 눈

昨天下了很大的雪。
Zuótiān xiàle hěn dà de xuě.
어제는 눈이 아주 많이 내렸다.

[보충 단어 - 눈]

瑞雪 ruìxuě 상서로운 눈, 때맞추어 내리는 눈 / **残雪** cánxuě 다 녹지 않은 눈 /
雪人 xuěrén 눈사람 / **鹅毛大雪** émáo dàxuě 거위 털처럼 가볍게 흩날리는 함박눈

0042 **颜色** yánsè 색

你的裙子颜色很好看，在哪儿买的呢？
Nǐ de qúnzi yánsè hěn hǎokàn, zài nǎr mǎi de ne?
네 치마 색상이 참 예쁘다, 어디서 산 거야?

관련 표현

清一色 qīngyísè 관용 한결같다, 획일적이다

五颜六色 wǔ yán liù sè 성 색깔이 아롱다롱 다양하다, 여러 가지 빛깔

0043 眼睛 yǎnjing 눈 ☐☐☐

我妹妹的眼睛非常大。
Wǒ mèimei de yǎnjing fēicháng dà.
내 여동생의 눈은 무척이나 커.

[보충 단어 - 인체]

头 tóu 머리 / 耳朵 ěrduo 귀 / 鼻子 bízi 코 / 腿 tuǐ 다리 / 脚 jiǎo 발 / 脖子 bózi 목 / 嘴 zuǐ 입 / 胸 xiōng 가슴 / 肩(膀) jiān(bǎng) 어깨 / 肚子 dùzi 배 / 腰 yāo 허리 / 手 shǒu 손 / 膝盖 xīgài 무릎

0044 羊肉 yángròu 양고기 ☐☐☐

我爱吃羊肉，不知你喜不喜欢吃。
Wǒ ài chī yángròu, bù zhī nǐ xǐ bu xǐhuan chī.
난 양고기를 즐기는데, 넌 좋아하는지 안 좋아하는지 모르겠네.

[보충 단어 - 고기]

猪肉 zhūròu 돼지고기 / 牛肉 niúròu 소고기 / 鸡肉 jīròu 닭고기

🟢 어법 - 음절의 생략

2음절 형용사나 동사(조동사)로 정반 의문문을 만들 때, 말을 더 매끄럽게 하기 위해 단어를 축약해서 쓰기도 한다.

好看不好看 hǎokàn bu hǎokàn ⇒ **好不好看** hǎo bu hǎokàn
喜欢不喜欢 xǐhuan bu xǐhuan ⇒ **喜不喜欢** xǐ bu xǐhuan
可以不可以 kěyǐ bu kěyǐ ⇒ **可不可以** kě bu kěyǐ

0045 药 yào 약 ☐☐☐

▶ '약을 먹는다'고 할 때는 물약, 알약 상관없이 모두 동사 '吃'를 쓴다.

你感冒了？快吃点儿药。
Nǐ gǎnmào le? Kuài chī diǎnr yào.
너 감기 걸렸어? 얼른 약 좀 먹어.

관련 표현

不可救药 bù kě jiù yào 〈성〉 병이 심해서 치료할 방법이 없다, 손을 쓸 수가 없다

0046 意思 yìsi 의미, 생각(뜻), 선물에 담긴 마음, (어떤 일의) 기미, 재미

这个汉字的意思很多。
Zhège Hànzì de yìsi hěn duō.
이 한자의 뜻은 많다.

刚才他说的是什么意思?
Gāngcái tā shuō de shì shénme yìsi?
방금 전에 그가 말한 게 무슨 뜻이야?

这是我的一点儿意思，请收下!
Zhè shì wǒ de yìdiǎnr yìsi, qǐng shōuxià!
이건 저의 작은 성의입니다, 받아 주세요!

已经三月了，还没有暖和起来的意思。
Yǐjing sān yuè le, hái méiyou nuǎnhuoqilai de yìsi.
이미 3월인데, 아직 따뜻해질 기미가 안 보이네.

这部电影很有意思。
Zhè bù diànyǐng hěn yǒuyìsi.
이 영화 아주 재미있어.

0047 右边 yòubian 오른쪽

银行在学校右边。
Yínháng zài xuéxiào yòubian.
은행은 학교 오른쪽에 있다.

0048 鱼 yú 생선, 물고기 참고 **钓鱼** diàoyú 낚시하다

今天晚上吃鱼还是吃肉?
Jīntiān wǎnshang chī yú háishi chī ròu?
오늘 밤에 생선 요리 먹을래 아니면 고기 요리 먹을래?

관련 표현

如鱼得水 rú yú dé shuǐ (성) 물고기가 물을 만난 것 같다, 의기투합하는 사람을 얻다, 자신에게 적합한 환경을 찾다

大鱼大肉 dà yú dà ròu (관용) 진수성찬, 풍성한 요리

[보충 단어 - 생선]

蛤蜊 gélí 대합 / **虾** xiā 새우 / **左口鱼** zuǒkǒuyú 광어 / **带鱼** dàiyú 갈치 / **龙虾** lóngxiā 바닷가재, 로브스터 / **螃蟹** pángxiè 게 / **章鱼** zhāngyú 문어 / **鱿鱼** yóuyú 오징어 / **三文鱼** sānwényú 연어 / **鲤鱼** lǐyú 잉어

중국 문화 - 생선과 관련된 풍습

1. 중국에서는 생선 요리가 나오면 주빈이나 집안의 가장 쪽으로 생선 머리가 향하도록 놓고, 생선 앞면을 다 먹은 후에는 뒤집지 않고 가시를 발라 낸 후에 나머지 부분을 먹는다.
2. '鱼 yú(물고기)'는 여유롭다는 뜻의 '余 yú'와 발음이 같아 중국인들은 신년 선물로 물고기 모양의 마스코트를 많이 선물하는데, 이는 年年有余 niánnián yǒu yú(해마다 풍요롭다)를 기원하는 것이다. 또한 설에는 鲤鱼 lǐyú(잉어)를 먹는데, 이 또한 鲤 lǐ와 利 lì(이익)와 발음이 같기 때문에 잘살기를 소망하는 마음에서 비롯된 것이다.

0049 早上 zǎoshang 아침

星期天早上我去你那儿。
Xīngqītiān zǎoshang wǒ qù nǐ nàr.
일요일 아침에 내가 너한테 갈게.

어법 - 사람의 장소화

동사 去, 在 뒤에는 항상 장소 목적어가 동반되는데, 이들 동사 뒤에 사람을 나타내는 명사나 대명사가 올 때는 뒤에 这儿/那儿을 붙여 장소 목적어로 바꿀 수 있다.

我去你。 Wǒ qù nǐ. (X)
我去你那儿。 Wǒ qù nǐ nàr. (O) 내가 너한테 갈게.

你的书在我。 Nǐ de shū zài wǒ. (X)
你的书在我这儿。 Nǐ de shū zài wǒ zhèr. (O) 네 책 나한테 있어.

0050 丈夫 zhàngfu 남편 유의 老公 lǎogōng

这位是金老师的丈夫。
Zhè wèi shì Jīn lǎoshī de zhàngfu.
이 분은 김 선생님의 남편이세요.

▶ zhàngfū 성인 남자, 대장부

男子汉大丈夫
Nánzǐhàn dàzhàngfū
사내대장부

0051 左边 zuǒbian 왼쪽, 왼편

我觉得左边的那条裤子好看。
Wǒ juéde zuǒbian de nà tiáo kùzi hǎokàn.
내가 보기엔 왼쪽에 있는 저 바지가 예뻐.

0001 阿姨 āyí 아주머니, 이모

王阿姨非常热情地说话。
Wáng āyí fēicháng rèqíng de shuōhuà.
왕 아주머니는 아주 다정하게 말씀하신다.

0002 爱好 àihào 취미

我弟弟的爱好是画画。
Wǒ dìdi de àihào shì huàhuà.
내 동생의 취미는 그림 그리기야.

[보충 단어 – 취미]

看书 kànshū 독서 / 看电影 kàn diànyǐng 영화 감상 / 爬山 páshān 등산 / 画画 huàhuà 그림 그리기 / 钓鱼 diàoyú 낚시 / 逛街 guàngjiē 쇼핑 / 下棋 xiàqí 바둑 두기 / 养花 yǎnghuā 꽃 키우기 / 书法 shūfǎ 서예 / 唱歌 chànggē 노래하기 / 听音乐 tīng yīnyuè 음악 감상 / 跳舞 tiàowǔ 댄스 / 写文章 xiě wénzhāng 글쓰기 / 做菜 zuòcài 요리하기 / 网上购物 wǎngshàng gòuwù 인터넷 쇼핑

tip 嗜好 shìhào는 사회적으로 안 좋다고 여기는 취미를 말하며 다음과 같은 것이 있다.
喝酒 hē jiǔ 술 마시기 / 抽烟 chōuyān 담배 피우기 / 吸毒 xīdú 마약 복용

0003 班 bān 반, 조 참고 班主任 bānzhǔrèn 담임 선생님

你们班有多少同学?
Nǐmen bān yǒu duōshao tóngxué?
너희 반에는 급우들이 몇 명이니?

0004 办法 bànfǎ 방법 유의 方法 fāngfǎ, 主意 zhǔyi

我们要想个办法解决这个问题。
Wǒmen yào xiǎng ge bànfǎ jiějué zhège wèntí.
우리는 방법을 찾아내서 이 문제를 해결해야 해.

0005 办公室 bàngōngshì 사무실

我的办公室在四楼。
Wǒ de bàngōngshì zài sì lóu.
내 사무실은 4층에 있어.

0006 包 bāo 가방, 보따리, 봉지

他的包是在百货商店买的。
Tā de bāo shì zài bǎihuò shāngdiàn mǎi de.
그 애 가방은 백화점에서 산 거야.

양 포, 갑, 봉지, 꾸러미, 포대

师傅，给我一包中华烟。
Shīfu, gěi wǒ yì bāo Zhōnghuá yān.
아저씨, 중화 담배 한 갑 주세요.

> tip 중화(中华) 담배는 중국 비즈니스에서 빼놓을 수 없는 담배다. 영업 사원이라면 본인이 직접 피우지는 않아도, 가방 안에 항상 이 담배를 휴대하고 다닐 정도로 비즈니스의 필수품이라고 할 수 있다. 가격은 원화 만 원 정도다.

동 싸다, 책임지다

今天晚上包饺子吃吧。
Jīntiān wǎnshang bāo jiǎozi chī ba.
오늘 저녁 때 만두 빚어 먹자.

放心，你的事我来包了。
Fàngxīn, nǐ de shì wǒ lái bāo le.
안심해, 네 일을 내가 처리해 줄게.

0007 北方 běifāng 북방 반의 南方 nánfāng

冬天北方比南方冷。
Dōngtiān běifāng bǐ nánfāng lěng.
겨울에는 북방이 남방보다 춥다.

0008 鼻子 bízi 코

他的鼻子像西方人一样高。
Tā de bízi xiàng xīfāng rén yíyàng gāo.
그의 코는 서양 사람처럼 높다.

관련 표현

有鼻子有眼 yǒu bízi yǒu yǎn 관용 보지 않은 것을 생생하게 묘사하다

0009 笔记本 bǐjìběn 노트, 수첩, 노트북 컴퓨터의 약칭

我在笔记本上写上了我的电话号码。
Wǒ zài bǐjìběn shang xiěshàngle wǒ de diànhuà hàomǎ.
내가 노트에 내 전화번호를 적어 놓았어.

现在笔记本电脑的品牌真是五花八门。
Xiànzài bǐjìběn diànnǎo de pǐnpái zhēnshi wǔ huā bā mén.
요즘 노트북 컴퓨터 브랜드가 정말 많아.

[단어] 品牌 pǐnpái 브랜드 / 五花八门 wǔ huā bā mén 성 다양하다

0010 冰箱 bīngxiāng 냉장고

你把这些水果放在冰箱里，好吗?
Nǐ bǎ zhèxiē shuǐguǒ fàngzài bīngxiāng li, hǎo ma?
이 과일들을 냉장고에 넣어 놓을래?

0011 菜单 càidān 메뉴판 유의 菜谱 càipǔ

服务员，拿菜单来，好吗?
Fúwùyuán, ná càidān lái, hǎo ma?
아가씨, 메뉴판 좀 갖다 주시겠어요?

0012 草 cǎo 풀 참고 草地 cǎodì 풀밭, 草原 cǎoyuán 초원

两头牛在一起吃草。
Liǎng tóu niú zàiyìqǐ chī cǎo.
소 두 마리가 같이 풀을 먹고 있다.

🐻 관련 표현

草草了事 cǎo cǎo liǎo shì 성 일을 대충 하고 끝내다

0013 超市 chāoshì 슈퍼마켓 참고 大卖场 dàmàichǎng 대형 할인 마트

我家离超市很近，买东西很方便。
Wǒ jiā lí chāoshì hěn jìn, mǎi dōngxi hěn fāngbiàn.
우리 집은 슈퍼마켓과 가까워서 물건 사기가 편해.

0014 衬衫 chènshān 와이셔츠, 블라우스

这件衬衫不错，你试试看。
Zhè jiàn chènshān búcuò, nǐ shìshi kàn.
이 셔츠 괜찮은데, 한번 입어 봐.

0015 成绩 chéngjì 성적

听说，这次考试特别难，你的成绩怎么样?
Tīngshuō, zhè cì kǎoshì tèbié nán, nǐ de chéngjì zěnmeyàng?
듣자하니, 이번 시험이 특히 어려웠다던데, 네 성적은 어떠니?

0016 城市 chéngshì 도시 참고 乡下 xiāngxia 시골, 农村 nóngcūn 농촌

你到过中国的哪些城市?
Nǐ dàoguo Zhōngguó de nǎxiē chéngshì?
너는 중국의 어느 도시에 가 봤니?

0017 船 chuán 배

他打算坐船去日本。
Tā dǎsuan zuò chuán qù Rìběn.
그는 배를 타고 일본에 갈 계획이다.

0018 春 chūn 봄

一年有四季，春、夏、秋、冬，每个季节有三个月。
Yì nián yǒu sì jì, chūn、xià、qiū、dōng, měi ge jìjié yǒu sān ge yuè.
1년은 4계절로 봄, 여름, 가을, 겨울이 있고, 매 계절마다 3개월씩이다.

春天是我最喜欢的季节。
Chūntiān shì wǒ zuì xǐhuan de jìjié.
봄은 내가 가장 좋아하는 계절이다.

[보충 단어 - 계절]

夏 xià 여름 / 秋 qiū 가을 / 冬 dōng 겨울

tip 일상 회화에서는 '春天 chūntiān(봄), 夏天 xiàtiān(여름), 秋天 qiūtiān(가을), 冬天 dōngtiān(겨울)'을 많이 쓴다.

0019 词典 cídiǎn 사전 유의 字典 zìdiǎn

今天爸爸给我买了一本词典。
Jīntiān bàba gěi wǒ mǎile yì běn cídiǎn.
오늘 아빠가 나에게 사전을 한 권 사주셨다.

0020 蛋糕 dàngāo 케이크 참고 蜡烛 làzhú 초

你买的蛋糕真好吃，我想再吃一块。
Nǐ mǎi de dàngāo zhēn hǎochī, wǒ xiǎng zài chī yí kuài.
네가 산 케이크 정말 맛있다. 나 한 조각 더 먹고 싶어.

0021 灯 dēng 등

房间里没有灯，什么都看不见。
Fángjiān li méiyǒu dēng, shénme dōu kànbujiàn.
방에 등이 없어서 아무것도 보이지 않는다.

관련 표현

万家灯火 wàn jiā dēng huǒ 성 집집마다 등을 켜다, 불야성을 이루다

[보충 단어 - 등]

吊灯 diàodēng 샹들리에 / **荧光灯** yíngguāngdēng 형광등 / **台灯** táidēng 스탠드 / **节能灯** jiénéngdēng 절전등 / **路灯** lùdēng 가로등 / **灯泡** dēngpào 전구

0022 地方 dìfang 곳(장소), 부분, 점

你是从哪个地方来的?
Nǐ shì cóng nǎge dìfang lái de?
너는 어디에서 왔니?

小姐，这是什么地方?
Xiǎojiě, zhè shì shénme dìfang?
아가씨, 여기가 어디죠?

你有什么不懂的地方就问我吧。
Nǐ yǒu shénme bù dǒng de dìfang jiù wèn wǒ ba.
이해 안 되는 부분이 있으면 저한테 물어보세요.

명 dìfāng 지방, 현지

他要去别的地方工作。
Tā yào qù bié de dìfāng gōngzuò.
그는 다른 지방에 가서 일하려 한다.

관련 표현

不是地方 bú shì dìfang 관용 잘못 왔다, 장소가 적절하지 않다

0023 地铁 dìtiě 지하철 참고 地铁站 dìtiězhàn 지하철역

我坐地铁上下班，你呢？
Wǒ zuò dìtiě shàngxiàbān, nǐ ne?
저는 전철을 타고 출퇴근해요, 당신은요?

0024 地图 dìtú 지도

你们去旅游的时候带地图吧，这样很方便。
Nǐmen qù lǚyóu de shíhou dài dìtú ba, zhèyàng hěn fāngbiàn.
너희들 여행갈 때 지도를 챙겨 가, 그럼 편해.

0025 电梯 diàntī 엘리베이터 참고 扶梯 fútī 에스컬레이터

你坐电梯上去吧，我走着上去。
Nǐ zuò diàntī shàngqu ba, wǒ zǒuzhe shàngqu.
넌 엘리베이터 타고 올라가, 난 걸어 올라갈게.

0026 电子邮件 diànzǐ yóujiàn 전자 우편, 이메일(E-mail)
유의 伊妹儿 yīmèir

我给你发了电子邮件，你快打开看看。
Wǒ gěi nǐ fāle diànzǐ yóujiàn, nǐ kuài dǎkāi kànkan.
내가 너한테 이메일 보냈으니, 빨리 열어 봐.

어법 - 동사 중첩

1음절 동사 중첩 시, 중첩되는 두 번째 동사는 경성으로 읽는다.
听听 tīngting / 说说 shuōshuo

0027 东 dōng 동, 동쪽 유의 东边 dōngbian

从这儿往东走，走十分钟就到车站。
Cóng zhèr wǎng dōng zǒu, zǒu shí fēnzhōng jiù dào chēzhàn.
여기서 동쪽으로 가세요, 10분 걸어가면 정류장에 도착해요.

관련 표현

东山再起 dōng shān zài qǐ 〈성〉 동산에서 재기하다, 세력을 잃었다가 다시 재기하다

> tip 东晋 Dōngjìn(동진 A.D. 317~420) 시대에 谢安 Xiè Ān이 관직에서 물러나 东山 Dōngshān에 은거하다가 40세가 넘어서 다시 관직에 나선 데서 유래하였다.

[보충 단어 - 방향]

南 nán 남, **南边** nánbian 남쪽 / **西** xī 서, **西边** xībian 서쪽 / **北** běi 북, **北边** běibian 북쪽

> tip 중국에서는 방위를 말할 때 주로 '东-南-西-北'로 말한다.

0028 冬 dōng 겨울 〈유의〉 冬天 dōngtiān

我想去台湾过冬。
Wǒ xiǎng qù Táiwān guò dōng.
나는 대만에 가서 겨울을 보내고 싶어.

0029 动物 dòngwù 동물 〈참고〉 动物园 dòngwùyuán 동물원

孩子们都喜欢去动物园看动物。
Háizimen dōu xǐhuan qù dòngwùyuán kàn dòngwù.
아이들은 모두 동물원에 가서 동물 보는 것을 좋아한다.

0030 耳朵 ěrduo 귀

人有两只耳朵一张嘴，就是为了多听少说话。
Rén yǒu liǎng zhī ěrduo yì zhāng zuǐ, jiù shì wèile duō tīng shǎo shuōhuà.
사람한테 귀가 두 개이고 입이 하나인 것은, 많이 듣고 적게 말하기 위함이다.

관련 표현

当耳旁风 dāng ěrpángfēng 〈관용〉 다른 사람의 의견을 귀담아듣지 않다, 마이동풍

0031 附近 fùjìn 부근 유의 周围 zhōuwéi

阿姨，这儿附近有地铁站吗?
Āyí, zhèr fùjìn yǒu dìtiězhàn ma?
아주머니, 이 근처에 지하철역이 있나요?

0032 感冒 gǎnmào 감기 유의 着凉 zháoliáng

你的感冒好了没有?
Nǐ de gǎnmào hǎo le méiyou?
네 감기는 나아졌니?

동 감기에 걸리다

天气冷了，小心感冒。
Tiānqì lěng le, xiǎoxīn gǎnmào.
날씨가 추워졌으니, 감기 조심하세요.

[보충 단어 - 일상적인 병]

发烧 fāshāo 열이 나다 / 流鼻涕 liú bítì 콧물이 흐르다 / 咳嗽 késou 기침이 나다 / 头疼 tóuténg 두통 / 腹泻 fùxiè 설사 / 胃痛 wèitòng 위통 / 牙痛 yátòng 치통 / 便秘 biànmì 변비 / 肚子痛 dùzitòng 복통

0033 刚才 gāngcái 지금, 막 유의 刚 gāng

刚才你妈妈打电话来说，叫你回家吃饭。
Gāngcái nǐ māma dǎ diànhuà lái shuō, jiào nǐ huíjiā chīfàn.
방금 전에 너희 엄마가 전화하셨는데, 너더러 집에 와서 밥 먹으래.

0034 个子 gèzi 키, 체격, 몸집

他个子不高，但长得很帅。
Tā gèzi bù gāo, dàn zhǎng de hěn shuài.
그는 키는 크지 않지만, 잘생겼다.

0035 公园 gōngyuán 공원

▶ 회화에 쓰일 때는 주로 '公园儿 gōngyuánr'로 읽는다.

他喜欢去公园休息。
Tā xǐhuan qù gōngyuán xiūxi.
그는 공원으로 쉬러 가는 걸 좋아한다.

0036 故事 gùshi 이야기

小时候，奶奶经常给我们讲故事听。
Xiǎoshíhou, nǎinai jīngcháng gěi wǒmen jiǎng gùshi tīng.
어릴 때, 할머니는 자주 우리에게 이야기를 들려 주셨다.

0037 关系 guānxi 관계, 사이

他们两个人的关系很好。
Tāmen liǎng ge rén de guānxi hěn hǎo.
그 두 사람은 사이가 좋아.

我跟他一点儿关系都没有。
Wǒ gēn tā yìdiǎnr guānxi dōu méiyou.
나는 그 사람과 전혀 관계가 없어요.

관련 표현

搞关系 gǎo guānxi 관계를 맺다

拉关系 lā guānxi 연줄을 대다

没关系 méi guānxi 괜찮다, 상관없다

0038 国家 guójiā 국가 참고 国旗 guóqí 국기

你觉得哪个国家最好？
Nǐ juéde nǎge guójiā zuìhǎo?
너는 어느 나라가 가장 좋은 것 같니?

0039 过去 guòqù 과거

那已经是过去的事情了。
Nà yǐjing shì guòqù de shìqing le.
그건 이미 과거의 일이야.

过去我们见过几次。
Guòqù wǒmen jiànguo jǐ cì.
과거에 우린 몇 번 만났었어.

⑧guòqu 지나가다, 건너가다

过去的，就让它过去吧。
Guòqù de, jiù ràng tā guòqu ba.
지난 일은 잊어버리기로 하자.

▶[보어] 동사 뒤에 쓰여 방향 보어와 가능 보어로 쓰임.

那个餐厅离这儿不远，可以走过去。
Nàge cāntīng lí zhèr bù yuǎn, kěyǐ zǒuguoqu.
그 식당은 여기서 멀지 않아, 걸어갈 수 있어.

这还算说得过去。
Zhè hái suàn shuōdeguòqù.
이렇게 하면 그런대로 무난하네.

[단어] 说得过去 shuō de guòqù 관용 그런대로 괜찮다, 무난하다

0040 黑板 hēibǎn 칠판 참고 白板 báibǎn 화이트 보드

谁在黑板上写字了?
Shéi zài hēibǎn shang xiě zì le?
누가 칠판에 글씨를 썼니?

0041 后来 hòulái 나중, 그 다음 유의 以后 yǐhòu

他在成都住了一年，后来到大理去了。
Tā zài Chéngdū zhùle yì nián, hòulái dào Dàlǐ qù le.
그는 청두에서 1년 살다가, 나중에 따리로 갔어요.

后来，我终于明白了什么是爱。
Hòulái, wǒ zhōngyú míngbaile shénme shì ài.
그후, 나는 마침내 무엇이 사랑인지 알았어.

后来 vs 以后

后来는 과거의 어떤 시간 이후의 시간을 말하고, 以后는 앞으로 다가올 미래의 시간을 말한다.

他们俩大吵了一架，后来和好了。 그 둘은 크게 한판 싸웠는데, 나중에 화해했다.
Tāmen liǎ dà chǎole yí jià, hòulái héhǎo le.

谁都不知道以后会怎么样。 아무도 앞으로 어떻게 될지 모른다.
Shéi dōu bù zhīdào yǐhòu huì zěnmeyàng.

0042 护照 hùzhào 여권 [BCT1] 참고 签证 qiānzhèng 비자(visa)

要出国，得先办护照。
Yào chūguó, děi xiān bàn hùzhào.
출국하려면, 먼저 여권을 만들어야 해.

0043 花 huā 꽃

你比花还漂亮。
Nǐ bǐ huā hái piàoliang.
네가 꽃보다 더 예뻐.

你喜欢什么花?
Nǐ xǐhuan shénme huā?
너는 무슨 꽃을 좋아하니?

[보충 단어 - 꽃]

荷花 héhuā 연꽃 / 兰花 lánhuā 난초 / 玫瑰花 méiguīhuā 장미꽃 / 百合花 bǎihéhuā 백합꽃 / 菊花 júhuā 국화 / 梅花 méihuā 매화 / 桃花 táohuā 복숭아꽃 / 樱花 yīnghuā 벚꽃 / 插花 chāhuā 꽃꽂이하다

관련 표현

花花公子 huāhuā gōngzǐ 플레이보이, 바람둥이
五花八门 wǔ huā bā mén 성 각양각색, 형형색색

0044 环境 huánjìng 환경 [BCT1]

这个学校的学习环境很好。
Zhège xuéxiào de xuéxí huánjìng hěn hǎo.
이 학교는 학습 환경이 좋다.

都说这个城市的环境不错。
Dōu shuō zhège chéngshì de huánjìng búcuò.
다들 이 도시의 환경이 괜찮다고 한다.

0045 黄河 Huáng Hé 황하

从我姥姥家往北走大概四公里就是黄河。
Cóng wǒ lǎolao jiā wǎng běi zǒu dàgài sì gōnglǐ jiù shì Huáng Hé.
우리 외할머니 댁에서 북쪽으로 4km만 걸어가면 황허야.

> **tip** 黄河(Yellow River) : 전체 길이 546km, 유역 면적 약 79.5만㎢, 세계에서 다섯 번째로 긴 강이며, 중국에서는 창지앙(长江, 양쯔강) 다음으로 길다.

0046 会议 huìyì 회의 [BCT1]

下午三点开工作会议。
Xiàwǔ sān diǎn kāi gōngzuò huìyì.
오후 3시에 업무 회의가 열립니다.

[보충 단어 - 회의]

大会 dàhuì 전체 회의, 총회 / **年会** niánhuì 연례 회의 / **常会** chánghuì
(= **例会** lìhuì) 정기 회의 / **座谈会** zuòtánhuì 좌담회 / **碰头会** pèngtóuhuì
미팅, 면담 / **茶话会** cháhuàhuì 다과회 / **片儿会** piànrhuì 지구별 임시 회의

0047 机会 jīhuì 기회

请不要错过好机会，这样的机会真是很难遇到！
Qǐng búyào cuòguo hǎo jīhuì, zhèyàng de jīhuì zhēn shì hěn nán yùdào!
좋은 기회를 놓치지 마세요. 이런 기회는 정말이지 만나기 힘들어요.

🍀 관련 표현

机不可失，时不再来 jī bù kě shī, shí bú zài lái ㉑ 좋은 기회는 놓치면 다시는 오지 않는다

0048 季节 jìjié 계절 참고 雨季 yǔjì 장마철, 换季 huànjì 환절기

五月是季节的女王。
Wǔ yuè shì jìjié de nǚwáng.
오월은 계절의 여왕이다.

0049 角 jiǎo 모서리, 뿔

这张桌子有四个角。
Zhè zhāng zhuōzi yǒu sì ge jiǎo.
이 책상은 모서리가 4개 있다.

牛有两个角，犀牛只有一个角。
Niú yǒu liǎng ge jiǎo, xīniú zhǐyǒu yí ge jiǎo.
소는 뿔이 두 개이고, 코뿔소는 뿔이 하나야.

㉙ 화폐의 단위로 1元의 1/10

▶ '毛'와 같으며 주로 문어체에 쓴다.

这些一共是三十七元五角。
Zhèxiē yígòng shì sānshíqī yuán wǔ jiǎo.
이것들은 모두 합쳐 37위엔 5지아오입니다.

0050 脚 jiǎo 발

他的手和脚都很大。
Tā de shǒu hé jiǎo dōu hěn dà.
그의 손과 발은 다 크다.

🍀 관련 표현

手忙脚乱 shǒu máng jiǎo luàn ㉑ 일처리에 두서가 없다, 갈팡질팡하다

四脚朝天 sì jiǎo cháo tiān ㉑ 뒤로 벌렁 나자빠지다, 쩔쩔매다

0051 街道 jiēdào 거리

街道两旁种的都是法国梧桐。
Jiēdào liǎngpáng zhòng de dōu shì Fǎguó wútóng.
거리 양쪽에 심어져 있는 것은 모두 플라타너스야.

[단어] 法国梧桐 fǎguó wútóng 플라타너스

tip 플라타너스 거리 – 上海淮海路 Shànghǎi Huáihǎilù : 상하이는 근대에 들어서면서 열강 8국의 침입을 받게 되는데, 淮海路 Huáihǎilù는 프랑스의 조계지였다. 덕분에 그 시절의 플라타너스(法国梧桐 Fǎguówútóng)가 지금까지 남아, 한여름 이글거리는 햇빛을 막아 주고 더없이 아름다운 정취를 그려 낸다.

0052 节目 jiémù 프로그램

"爸爸去哪儿"这个节目很好看。
"Bàba qù nǎr" zhè ge jiémù hěn hǎokàn.
〈아빠 어디가〉 이 프로그램 재미있어.

0053 节日 jiérì 명절, 축제일 참고 公休日 gōngxiūrì 공휴일

春节是中国的传统节日，也是中国最重要的节日。
Chūnjié shì Zhōngguó de chuántǒng jiérì, yě shì Zhōngguó zuì zhòngyào de jiérì.
설은 중국의 전통 명절이면서 중국의 가장 중요한 명절이기도 하다.

[보충 단어 – 중국의 명절]

元旦 Yuándàn 원단 / 春节 Chūnjié 설 / 清明节 Qīngmíngjié 한식 / 端午节 Duānwǔjié 단오 / 中秋节 Zhōngqiūjié 추석 / 五一劳动节 Wǔ Yī Láodòngjié 노동절 / 十一国庆节 Shí Yī Guóqìngjié 건국 기념일

0054 经理 jīnglǐ 사장, 매니저, 팀장 BCT1

张经理不在公司，您打他手机，好吗?
Zhāng jīnglǐ bú zài gōngsī, nín dǎ tā shǒujī, hǎo ma?
장 사장님은 회사에 안 계세요, 사장님 휴대 전화로 연락하시겠어요?

他是销售部经理。
Tā shì xiāoshòubù jīnglǐ.
그는 영업부 부장이다.

[보충 단어 - 직업 3]

总经理 zǒngjīnglǐ 최고 경영자 / **老板** lǎobǎn (사유 기업) 경영자 / **演员** yǎnyuán 배우 / **运动员** yùndòngyuán 운동선수 / **会计** kuàijì 회계사 / **警察** jǐngchá 경찰 / **工程师** gōngchéngshī 엔지니어 / **厨师** chúshī 요리사 / **服装设计师** fúzhuāng shèjìshī 의상 디자이너 / **教授** jiàoshòu 교수

중국 문화 - 书记(공산당·청년단 등 각급 조직의 책임자)

중국 비즈니스 중에 '书记 shūji'라고 쓰여 있는 명함을 받는다면 잘 보관해야 한다. 중국은 사회주의 국가이므로 당원의 사상적 지도를 맡고 있는 '书记'의 힘이 아주 크기 때문이다. 중국인들이 '关系 guānxi'를 중시한다는 얘기는 많이 들어 보았을 것이다. '书记'와 친해 놓는 것이 '关系'를 만드는 좋은 기회가 될 수 있다.

0055 句子 jùzi 문장

老师让我们每天写一百个句子。
Lǎoshī ràng wǒmen měitiān xiě yìbǎi ge jùzi.
선생님은 우리에게 매일 문장을 100개씩 쓰라고 하신다.

0056 客人 kèrén 손님 유의 顾客 gùkè 고객

客人下午三点到机场，你就两点出发吧。
Kèrén xiàwǔ sān diǎn dào jīchǎng, nǐ jiù liǎng diǎn chūfā ba.
손님이 오후 3시에 공항에 도착하시니까, 자네는 2시에 출발하면 되겠어.

0057 空调 kōngtiáo 에어컨

今天不那么热，不用开空调了。
Jīntiān bú nàme rè, búyòng kāi kōngtiáo le.
오늘은 그렇게 덥지 않으니, 에어컨을 켤 필요가 없겠어.

口 kǒu 입

我说话说得口都干了。
Wǒ shuōhuà shuō de kǒu dōu gān le.
난 말을 너무 많이 해서 입까지 다 말랐어.

再喝一口吧，你喝得太少了。
Zài hē yì kǒu ba, nǐ hē de tài shǎo le.
한 잔 더 마셔, 자네 너무 조금 마셨어.

접미 -구 **참고** 入口 rùkǒu 입구 / 门口 ménkǒu 입구, 현관 / 出口 chūkǒu 출구

你下地铁后，就从三号出口出来。
Nǐ xià dìtiě hòu, jiù cóng sān hào chūkǒu chūlai.
너는 지하철에서 내린 후에 3번 출구로 나오면 돼.

양 식구

A: **你家有几口人？**　　　B: **我家有三口人。**
　Nǐ jiā yǒu jǐ kǒu rén?　　　Wǒ jiā yǒu sān kǒu rén.
　식구가 몇 명이에요?　　　우리는 세 식구예요.

양사 마리, 개

▶ 돼지, 우물, 솥 등에 쓴다. 가축 중에는 돼지에만 쓴다.

猪 zhū 돼지 / 井 jǐng 우물 / 锅 guō 솥

他家养着三口猪。
Tā jiā yǎngzhe sān kǒu zhū.
쟤네 집에선 돼지를 세 마리 키워.

我买了一口锅。
Wǒ mǎile yì kǒu guō.
나는 냄비를 하나 샀어.

관련 표현

口气 kǒuqì 말투 / **口才** kǒucái 입담 / **口头禅** kǒutóuchán 입버릇

一口气 yìkǒuqì **관용** 단숨에, 단번에

松了一口气 sōngle yìkǒuqì **관용** 한시름 놓다, 한숨 돌리다

口是心非 kǒu shì xīn fēi **성** 말로는 찬성하나 속으로는 반대하다, 겉과 속이 다르다

良药苦口 liáng yào kǔ kǒu **성** 좋은 약은 입에 쓰다

心服口服 xīn fú kǒu fú **성** 진심으로 신복(信服)하다

有口难言 yǒu kǒu nán yán **성** 말하기 거북하다

0059 裤子 kùzi 바지

这条裤子太贵了，可不可以便宜点儿？
Zhè tiáo kùzi tài guì le, kě bu kěyǐ piányi diǎnr?
이 바지 너무 비싸요. 조금 깎아 주실 수 있나요?

[보충 단어 - 바지]

直筒裤 zhítǒngkù 일자 바지 / **喇叭裤** lǎbakù 나팔 바지 / **背带裤** bēidàikù 멜빵 바지 / **热裤** rèkù 핫팬츠 / **七分裤** qīfēnkù 7부 바지 / **短裤** duǎnkù 반바지 / **紧身裤** jǐnshēnkù 스키니진 / **牛仔裤** niúzǎikù 청바지

0060 筷子 kuàizi 젓가락 참고 勺 sháo 숟가락

中国人吃饭，一般用筷子。
Zhōngguórén chīfàn, yìbān yòng kuàizi.
중국인은 밥 먹을 때 보통 젓가락을 사용해요.

 중국 문화 - 젓가락

중국인들은 젓가락으로 식사를 하고, 숟가락은 국 종류를 먹을 때에만 사용한다. 중국인과 식사할 때는 젓가락으로 밥그릇을 두들기면 안 되는데, 이유는 젓가락으로 밥그릇을 두들기면 "오늘 반찬이 왜 이래, 맘에 안 들어!"라는 뜻이라고 한다. 또 하나 주의할 점은 밥그릇에 젓가락을 꽂아 놓아도 안 되는데, 그건 바로 제사상을 연상시키기 때문이다.

0061 礼物 lǐwù 선물 참고 礼品 lǐpǐn 선물, 赠品 zèngpǐn 경품

圣诞节快乐！这是我给你做的礼物。
Shèngdànjié kuàilè! Zhè shì wǒ gěi nǐ zuò de lǐwù.
메리 크리스마스! 이건 내가 널 위해 만든 선물이야.

0062 历史 lìshǐ 역사

中国有五千年的历史。
Zhōngguó yǒu wǔqiān nián de lìshǐ.
중국은 5천 년의 역사를 가지고 있다.

0063 脸 liǎn 얼굴 유의 脸蛋 liǎndàn

她的脸像红苹果。
Tā de liǎn xiàng hóng píngguǒ.
그녀의 얼굴은 빨간 사과 같아.

관련 표현

鼻子不是鼻子，脸不是脸 bízi bú shì bízi, liǎn bú shì liǎn 관용 무척 노하고 있다, 화를 많이 내다

给…脸色看 gěi…liǎnsè kàn 관용 ~에게 불쾌한 표정을 짓다, ~에게 싫은 내색을 보이다

跟…红过脸 gēn…hóngguo liǎn 관용 ~와 말다툼하다, ~에게 싫은 소리 하다

拉长脸 lācháng liǎn 관용 (화가 나서) 얼굴이 붉으락푸르락하다, 얼굴 표정이 굳어 있다

0064 邻居 línjū 이웃 유의 隔壁 gébì

金阿姨是新搬来的邻居。
Jīn āyí shì xīn bānlái de línjū.
김씨 아주머니는 새로 이사 오신 이웃이다.

0065 楼 lóu 건물, 층

我家住一楼，夏天有点儿热。
Wǒ jiā zhù yì lóu, xiàtiān yǒudiǎnr rè.
우린 1층에 살아서, 여름엔 좀 더워요.

你说的是东边的楼还是西边的楼？
Nǐ shuō de shì dōngbian de lóu háishi xībian de lóu?
당신이 말한 게 동쪽 건물이에요, 서쪽 건물이에요?

관련 표현

楼上 lóushàng 위층 / **上楼** shàng lóu 위층으로 올라가다

0066 马 mǎ 말

爸爸、妈妈和我都属龙，弟弟属马。
Bàba、māma hé wǒ dōu shǔ lóng, dìdi shǔ mǎ.
아빠, 엄마와 나는 다 용띠고, 동생은 말띠다.

🐵 관련 표현

马大哈 mǎdàhā 관용 덜렁이, 건성꾼

马屁精 mǎpìjīng 관용 아첨쟁이, 아부꾼

拍马屁 pāimǎpì 관용 아부하다, 아첨하다

下马威 xiàmǎwēi 관용 처음에 본때를 보이다, 군기를 잡다

千军万马 qiān jūn wàn mǎ 성 천군만마, 용맹스러운 군대와 드높은 기세

0067 帽子 màozi 모자

同学们都带着帽子去参加棒球比赛。
Tóngxuémen dōu dàizhe màozi qù cānjiā bàngqiú bǐsài.
같은 반 친구들은 모두 모자를 쓰고 야구 시합에 참가했다.

🐵 관련 표현

戴高帽子 dài gāo màozi 관용 비행기를 태우다, 치켜세우다

西瓜皮做帽子 — 滑头滑脑 xīguā pí zuò màozi — huá tóu huá nǎo 헐후
수박 껍질로 모자를 만들다 — 반질반질거리다 : 교활하다, 약삭빠르다, 능청스럽다.

0068 米 mǐ 쌀 참고 米饭 mǐfàn (쌀로 지은) 밥

他一顿饭吃三碗米饭，真能吃。
Tā yí dùn fàn chī sān wǎn mǐfàn, zhēn néng chī.
그는 한 끼에 밥을 세 그릇이나 먹어, 정말 잘 먹는다니까.

▶ 미터(M) 참고 毫米 háomǐ 밀리미터(mm), 厘米 límǐ 센티미터(cm)

我可以游五百米，你呢？
Wǒ kěyǐ yóu wǔbǎi mǐ, nǐ ne?
난 수영해서 500미터 갈 수 있어, 너는?

0069 面包 miànbāo 빵 참고 饼干 bǐnggān 과자, 点心 diǎnxin 간식

我中午吃了两个面包，可是还想吃。
Wǒ zhōngwǔ chīle liǎng ge miànbāo, kěshì hái xiǎng chī.
나는 점심에 빵 두 개를 먹었는데, 또 먹고 싶어.

0070 奶奶 nǎinai 할머니

爷爷、奶奶特别疼我爱我。
Yéye、nǎinai tèbié téng wǒ ài wǒ.
할아버지, 할머니는 날 무척 아끼고 사랑하신다.

0071 南 nán 남, 남쪽 유의 南边 nánbian

再往南走一会儿就是你说的中山公园。
Zài wǎng nán zǒu yíhuìr jiù shì nǐ shuō de Zhōngshān gōngyuán.
남쪽으로 조금만 더 가면, 바로 네가 말한 중산 공원에 도착해.

0072 年级 niánjí 학년

我弟弟上小学三年级。
Wǒ dìdi shàng xiǎoxué sān niánjí.
내 동생은 초등학교 3학년이야.

0073 鸟 niǎo 새

如果我是一只鸟,我要飞到你那儿去。
Rúguǒ wǒ shì yì zhī niǎo, wǒ yào fēidào nǐ nàr qù.
만약에 내가 새라면, 너에게로 날아가고 싶어.

0074 盘子 pánzi 접시, 쟁반 참고 碗 wǎn 그릇

小姐,给我们换盘子,好吗?
Xiǎojiě, gěi wǒmen huàn pánzi, hǎo ma?
아가씨, 접시 좀 바꿔 주시겠어요?

0075 皮鞋 píxié 구두

这双皮鞋穿着很舒服。
Zhè shuāng píxié chuānzhe hěn shūfu.
이 구두는 신고 있으면 편하다.

[보충 단어 - 신발]

高跟鞋 gāogēnxié 하이힐 / **运动鞋** yùndòngxié 운동화 / **拖鞋** tuōxié 슬리퍼 / **凉鞋** liángxié 샌들 / **长筒靴** chángtǒngxuē 부츠 / **胶鞋** jiāoxié 스니커즈 / **布鞋** bùxié 헝겊으로 만든 신

0076 啤酒 píjiǔ 맥주 참고 生啤 shēngpí, 扎啤 zhāpí 생맥주

喜欢喝啤酒的人可以去看看青岛国际啤酒节。
Xǐhuan hē píjiǔ de rén kěyǐ qù kànkan Qīngdǎo guójì píjiǔjié.
맥주 마시는 걸 좋아하는 사람은 칭다오 국제 맥주 축제에 가 보면 됩니다.

[보충 단어 - 술]

白酒 báijiǔ 고량주(중국의 일반적인 술) / **茅台酒** máotáijiǔ 마오타이주 / **葡萄酒** pútaojiǔ 와인 / **黄酒** huángjiǔ 황주

중국 문화 - 青岛国际啤酒节(칭다오 국제 맥주 축제)

칭다오 국제 맥주 축제(青岛国际啤酒节 Qīngdǎo guójì píjiǔjié)는 1991년에 시작되어, 매년 8월 둘째 주에 시작해 16일 동안 열린다. 칭다오(청도) 맥주가 맛이 좋은 이유는, 칭다오가 예전에 독일의 조계지여서 독일의 기술로 맥주 제조를 시작했기 때문이다.

0077 瓶子 píngzi 병

这些瓶子数量都对吗？
Zhèxiē píngzi shùliàng dōu duì ma?
이 병들 수량이 모두 맞나요?

0078 秋 qiū 가을 유의 秋天 qiūtiān

2008年秋，我们结婚了。
Èr líng líng bā nián qiū, wǒmen jiéhūn le.
2008년 가을에 우리는 결혼했어요.

🍂 관련 표현

秋老虎 qiūlǎohǔ 초가을의 무더위, 인디언 서머(Indian summer)
多事之秋 duō shì zhī qiū 성 다사다난한 시기, 불안하고 혼란한 정국
秋高气爽 qiū gāo qì shuǎng 성 가을 하늘은 높고 날씨는 상쾌하다

0079 裙子 qúnzi 치마

你穿裙子更好看。
Nǐ chuān qúnzi gèng hǎokàn.
너는 치마 입는 게 훨씬 예뻐.

[보충 단어 – 치마]

直裙 zhíqún 스트레이트 스커트 / **斜裙** xiéqún 플레어 스커트 / **节裙** jiéqún 티어 스커트 / **超短裙** chāoduǎnqún 미니 스커트 / **连衣裙** liányīqún 원피스

0080 伞 sǎn 우산

要下雨了，你带伞没有？
Yào xiàyǔ le, nǐ dài sǎn méiyou?
비가 오겠어, 너 우산 가져왔어?

> **tip** 우산은 '흩어지다'라는 뜻의 '散 sǎn'과 발음이 같아 중국 연인들 사이에서는 '금기 선물'로 여겨진다. 우산을 선물하면 '이별'을 뜻한다는 것이다. 우리나라 연인이 '신발' 선물을 하지 않는 것과 비슷하다.

0081 声音 shēngyīn 소리, 목소리 참고 噪音 zàoyīn 소음

他的声音太大了，坐在旁边的人都能听到。
Tā de shēngyīn tài dà le, zuò zài pángbiān de rén dōu néng tīngdào.
그의 목소리는 너무 커서, 옆에 앉은 사람까지 다 들을 수 있어.

来，听听秋风的声音。
Lái, tīngting qiūfēng de shēngyīn.
자, 가을바람 소리를 들어 보렴.

0082 世界 shìjiè 세계

我希望能有机会到世界各地去走一走、看一看。
Wǒ xīwàng néng yǒu jīhuì dào shìjiè gèdì qù zǒu yi zǒu、kàn yi kàn.
나는 세계 각지를 돌아다니며 둘러볼 수 있는 기회가 있었으면 좋겠어.

我想了解一下她的精神世界。
Wǒ xiǎng liǎojiě yíxià tā de jīngsén shìjiè.
나는 그녀의 정신 세계를 알고 싶어.

관련 표현

花花世界 huā huā shì jiè 《성》 번화한 도시, 유흥가, 인간 세상, 속세
闻名世界 wén míng shì jiè 《성》 세계에 이름을 날리다

0083 叔叔 shūshu 삼촌, 작은아버지

我叔叔下个月从美国回来。
Wǒ shūshu xià ge yuè cóng Měiguó huílai.
우리 삼촌은 다음 달에 미국에서 돌아오셔.

명 아저씨

▶ 보통 아버지 친구나 아버지보다 약간 더 젊은 성인 남자를 부를 때 쓴다.

宋叔叔,您来了,快进来吧。
Sòng shūshu, nín lái le, kuài jìnlai ba.
송씨 아저씨 오셨어요. 어서 들어오세요.

警察叔叔,我妈妈不见了。
Jǐngchá shūshu, wǒ māma bú jiàn le.
경찰 아저씨, 우리 엄마가 안 보여요.

0084 树 shù 나무

昨天小姨送了我们一棵非常漂亮的圣诞树。
Zuótiān xiǎoyí sòngle wǒmen yì kē fēicháng piàoliang de shèngdànshù.
어제 막내 이모가 아주 예쁜 크리스마스 트리를 선물해 주었다.

0085 数学 shùxué 수학

他除了数学成绩差，其他课的成绩都很好。
Tā chúle shùxué chéngjì chà, qítā kè de chéngjì dōu hěn hǎo.
그 애는 수학 성적만 빼고, 다른 과목의 성적은 다 좋다.

[보충 단어 - 대입 학력고사 과목]

语文 yǔwén 국어 / **英语** yīngyǔ 영어 / **政治** zhèngzhì 정치 / **历史** lìshǐ 역사 / **地理** dìlǐ 지리

tip 중국의 대입 학력고사는 7월에 치러지고, 대학 입학은 9월에 한다.

0086 水平 shuǐpíng 수준, 실력 [유의] 水准 shuǐzhǔn

最近你的汉语水平提高了很多。
Zuìjìn nǐ de Hànyǔ shuǐpíng tígāole hěn duō.
요즘 네 중국어 실력이 많이 좋아졌구나.

관련 표현

生活水平 shēnghuó shuǐpíng 생활 수준
文化水平 wénhuà shuǐpíng 문화 수준

0087 司机 sījī 운전기사

这位是我们公司的司机。
Zhè wèi shì wǒmen gōngsī de sījī.
이 분은 우리 회사 운전기사 님이세요.

0088 太阳 tàiyáng 태양 [참고] 月亮 yuèliang 달, 星星 xīngxing 별

你看，雨停了，太阳出来了。
Nǐ kàn, yǔ tíng le, tàiyáng chūlai le.
봐, 비가 그치고 해가 나왔어.

관련 표현

太阳从西边出来 tàiyáng cóng xībian chūlai [관용] '해가 서쪽에서 뜨겠네'라는 뜻으로, 믿기 어려운 일이 발생했을 때 '놀라움과 의아함'의 어감을 실어 사용함

0089 体育 tǐyù 체육 참고 体育馆 tǐyùguǎn 체육관

今天下午我们有体育课。
Jīntiān xiàwǔ wǒmen yǒu tǐyù kè.
오늘 오후에 우리는 체육 수업이 있다.

0090 同事 tóngshì 동료

小王是新来的同事，大家多照顾他吧。
Xiǎo wáng shì xīn lái de tóngshì, dàjiā duō zhàogù tā ba.
왕 군은 새로 입사한 동료니까, 다들 잘 좀 보살펴 줘요.

0091 头发 tóufa 머리카락

我们不需要天天洗头发。
Wǒmen bù xūyào tiāntiān xǐ tóufa.
우리는 매일 머리를 감을 필요가 없다.

[보충 단어 - 미용 관련]

洗发水 xǐfàshuǐ 샴푸 / 烫发 tàngfà 파마하다 / 洗发 xǐfà 머리를 감다 / 吹风 chuīfēng 드라이하다 / 染发 rǎnfà 염색하다

0092 图书馆 túshūguǎn 도서관 참고 阅览室 yuèlǎnshì 열람실

我想去图书馆借书，你去不去？
Wǒ xiǎng qù túshūguǎn jiè shū, nǐ qù bu qù?
나 도서관으로 책 빌리러 갈 건데, 너 갈래?

관련 표현

还书 huán shū 도서를 반납하다
借书 jiè shū 도서를 대출하다
借书证 jièshū zhèng 대출증
网上借阅 wǎngshàng jièyuè 인터넷 도서 대출

0093 腿 tuǐ 다리

她的腿又细又长。
Tā de tuǐ yòu xì yòu cháng.
그녀의 다리는 길고 가늘다.

[단어] 细 xì 가늘다

桌子的左腿比右腿短。
Zhuōzi de zuǒ tuǐ bǐ yòu tuǐ duǎn.
책상 왼쪽 다리가 오른쪽 다리보다 짧아.

0094 文化 wénhuà 문화, 교양, 지식

虽然中国和韩国很近，可是两国的文化不一样。
Suīrán Zhōngguó hé Hánguó hěn jìn, kěshì liǎngguó de wénhuà bù yíyàng.
비록 중국과 한국이 가깝기는 하지만 양국의 문화는 다르다.

你是文化人，怎么跟他们比呢?
Nǐ shì wénhuàrén, zěnme gēn tāmen bǐ ne?
넌 배운 사람인데, 어떻게 그들과 비교하겠니?

0095 西 xī 서, 서양 참고 西边 xībian 서쪽

我们从马路北面往西开。
Wǒmen cóng mǎlù běimiàn wǎng xī kāi.
우리는 도로 북쪽에서 서쪽으로 차를 몰고 있어요.

我女朋友爱吃西餐。
Wǒ nǚpéngyou ài chī xīcān.
내 여자 친구는 양식을 좋아해요.

0096 习惯 xíguàn 습관 참고 毛病 máobìng 결점, 단점

没想到，他的坏习惯很多啊。
Méi xiǎngdào, tā de huài xíguàn hěn duō a.
뜻밖이야, 그 친구 나쁜 습관이 많아.

동 익숙해지다, 적응하다

第一次到北京的时候，我什么都不习惯。
Dìyī cì dào Běijīng de shíhou, wǒ shénme dōu bù xíguàn.
처음 베이징에 갔을 때, 난 그 무엇에도 적응이 안 되더라고.

어법 - 결과 보어의 부정형

결과 보어의 부정형은 [(还) 부정 부사 没 + 동사 + 결과 보어]

没想到, 他也回去了。 뜻밖이네, 그 사람도 돌아가다니.
Méi xiǎngdào, tā yě huíqu le.

这本书我还没看完呢。 이 책은 아직 다 못 봤어.
Zhè běn shū wǒ hái méi kànwán ne.

tip 결과 보어 부정형 vs 가능 보어 부정형 vs 정도 보어 부정형

没吃饱 méi chībǎo	吃不饱 chībubǎo	吃得不饱 chī de bù bǎo
배불리 못 먹었다	배불리 먹을 수 없다	배부르지 않다

0097 洗手间 xǐshǒujiān 화장실 **유의** 卫生间 wèishēngjiān, 厕所 cèsuǒ

先生，洗手间在二楼，请上去。
Xiānsheng, xǐshǒujiān zài èr lóu, qǐng shàngqu.
손님, 화장실은 2층에 있습니다. 올라가세요.

tip 화장실에 간다고 상대방에게 양해를 구할 때 중국인들은 '上一号 shàng yí hào'와 '我去方便一下 wǒ qù fāngbiàn yíxià'를 많이 쓴다.

0098 夏 xià 여름 **유의** 夏天 xiàtiān

昆明已经是初夏了，我穿着短袖衫上班。
Kūnmíng yǐjing shì chūxià le, wǒ chuānzhe duǎnxiùshān shàngbān.
쿤밍은 이미 초여름이야. 나는 반소매 셔츠를 입고 출근하고 있어.

0099 先 xiān 이전, 예전, 앞전

我在先，你在后。
Wǒ zài xiān, nǐ zài hòu.
내가 먼저이고, 네가 나중이야.

🔵 먼저, 잠시 반의 后 hòu

▶ '先⋯然后再' 형식으로 자주 쓴다.

你先说吧，你有什么事？
Nǐ xiān shuō ba, nǐ yǒu shénme shì?
너 먼저 얘기해, 무슨 일인데?

你应该先烧水，然后再放鸡蛋。
Nǐ yīnggāi xiān shāoshuǐ, ránhòu zài fàng jīdàn.
넌 당연히 물을 먼저 끓이고 나서 계란을 넣어야 한다.

我们先不说这个，换个别的吧。
Wǒmen xiān bù shuō zhège, huàn ge bié de ba.
우리 잠시 이 얘기는 접어 두고, 다른 얘기하자.

관련 표현

先小人，后君子 xiān xiǎorén, hòu jūnzǐ 속담 '협상을 할 때는 아주 세세한 것까지 치밀하게 따지고, 일단 결정된 후에는 충실히 이행한다'라는 뜻의 속담으로, 중국 비즈니스에서 꼭 알아야 할 필수 용어다.

先睹为快 xiān dǔ wéi kuài 성 (작품을) 먼저 보아서 기쁘다

先见之明 xiān jiàn zhī míng 성 선견지명

先人后己 xiān rén hòu jǐ 성 자기보다 남을 먼저 생각하다

先入为主 xiān rù wéi zhǔ 성 선입관에 사로잡히다

0100 香蕉 xiāngjiāo 바나나

这里的香蕉真的是超便宜。
Zhèli de xiāngjiāo zhēn de shì chāo piányi.
이곳의 바나나는 정말이지 엄청 싸요.

0101 校长 xiàozhǎng 교장

这所学校的校长是一位美国人。
Zhè suǒ xuéxiào de xiàozhǎng shì yí wèi Měiguórén.
이 학교의 교장 선생님은 미국인이다.

0102 新闻 xīnwén (매스컴의) 뉴스, 새소식

很多中国人都要看晚上七点的新闻。
Hěn duō Zhōngguórén dōu yào kàn wǎnshang qī diǎn de xīnwén.
많은 중국인들이 저녁 7시 뉴스를 시청한다.

你们在说什么新闻呢?
Nǐmen zài shuō shénme xīnwén ne?
너희들 무슨 뉴스거리에 대해 얘기하고 있니?

0103 信用卡 xìnyòngkǎ 신용카드 [BCT2]

这里可以使用信用卡。
Zhèli kěyǐ shǐyòng xìnyòngkǎ.
이곳에서는 카드를 사용할 수 있습니다.

0104 行李箱 xínglixiāng 여행용 가방

我想买一个带轮子的行李箱。
Wǒ xiǎng mǎi yí ge dài lúnzi de xínglixiāng.
난 바퀴 달린 여행 가방을 사고 싶어.

[단어] 轮子 lúnzi 바퀴

0105 熊猫 xióngmāo 판다 大熊猫 dàxióngmāo, 猫熊 māoxióng

熊猫吃竹子的样子真可爱。
Xióngmāo chī zhúzi de yàngzi zhēn kě'ài.
판다가 대나무를 먹는 모습은 정말 귀여워.

0106 爷爷 yéye 할아버지 참고 奶奶 nǎinai 할머니

我爷爷以前是高中老师。
Wǒ yéye yǐqián shì gāozhōng lǎoshī.
우리 할아버지는 예전에 고등학교 선생님이셨어.

0107 一会儿 yíhuìr 잠시(동안)

▶시간 보어에 많이 쓴다.

我刚才睡了一会儿，现在不累了。
Wǒ gāngcái shuìle yíhuìr, xiànzài bú lèi le.
방금 전에 눈을 좀 붙였더니, 지금은 피곤하지 않아요.

부 금방, 바로

他一会儿就回来。
Tā yíhuìr jiù huílai.
그는 금방 돌아와요.

你们先吃吧，我一会儿就到。
Nǐmen xiān chī ba, wǒ yíhuìr jiù dào.
너희들 먼저 먹어. 나는 금방 도착할 거야.

▶[고정구] 一会儿…一会儿… yíhuìr…yíhuìr… ~하다가 ~하다가

今天我身体不舒服，一会儿冷一会儿热。
Jīntiān wǒ shēntǐ bù shūfu, yíhuìr lěng yíhuìr rè.
오늘 내가 몸이 안 좋아, 추웠다 더웠다 그러네.

他们俩一会儿好一会儿坏。
Tāmen liǎ yíhuìr hǎo yíhuìr huài.
그들은 사이가 좋았다 나빴다 해.

관련 표현

一时半会儿 yìshí bànhuìr **관용** 잠깐 동안, 금방

0108 一边 yìbiān 한편, 한쪽

我们把工作的事情先放到一边吧。
Wǒmen bǎ gōngzuò de shìqing xiān fàngdào yìbiān ba.
우리 일 얘기는 우선 접어 두죠.

부 ~하면서

▶주로 병렬 복문에 쓰여 두 가지 동작이 동시에 진행됨을 표현한다.

我弟弟一边吃饭，一边看书。
Wǒ dìdi yìbiān chīfàn, yìbiān kànshū.
내 동생은 밥을 먹으면서, 책을 본다.

爸爸一边看报纸，一边喝红茶。
Bàba yìbiān kàn bàozhǐ, yìbiān hē hóngchá.
아빠는 신문을 보면서, 홍차를 드신다.

[고정구] '边 A 边 B' 형식으로 쓰기도 하는데, 이때 'A, B'는 주로 1음절 동사가 많다.

边看边跳
biān kàn biān tiào
보면서 춤추다

边吃边说
biān chī biān shuō
먹으면서 말하다

0109 以前 yǐqián 이전 반의 **以后** yǐhòu 이후

我以前见过他几次面。
Wǒ yǐqián jiànguo tā jǐ cì miàn.
나는 전에 그 사람을 몇 번 만났어요.

他以前是公司职员，现在是美发师了。
Tā yǐqián shì gōngsī zhíyuán, xiànzài shì měifàshī le.
그는 전에는 회사원이었는데, 지금은 헤어 디자이너예요.

어법 - 동작의 경험과 인칭 대명사 목적어 위치

주어 + 동사 + 过 + 인칭 대명사 + 동량 보어
我看过他一次。 Wǒ kànguo tā yí cì. 나는 그를 한 번 봤어요.

0110 音乐 yīnyuè 음악 참고 **音乐会** yīnyuèhuì 음악회
古典音乐 gǔdiǎn yīnyuè 클래식 음악

我妈妈喜欢听着音乐喝茶。
Wǒ māma xǐhuan tīngzhe yīnyuè hē chá.
우리 엄마는 음악 들으며 차 마시는 걸 좋아하세요.

0111 银行 yínháng 은행 참고 **自动提款机** zìdòng tíkuǎnjī 현금 자동 지급기

我下午去一趟银行取款。
Wǒ xiàwǔ qù yí tàng yínháng qǔkuǎn.
난 오후에 은행에 가서 돈 좀 찾으려고 해.

[보충 단어 - 은행]

存款 cúnkuǎn 저금하다 / **取款** qǔkuǎn 인출하다 / **贷款** dàikuǎn 대출하다 / **存折** cúnzhé 통장 / **开账户** kāi zhànghù 계좌를 개설하다 / **帐号** zhànghào 계좌 번호

0112 饮料 yǐnliào 음료수

口渴的时候喝哪种饮料最好?
Kǒu kě de shíhou hē nǎ zhǒng yǐnliào zuìhǎo?
목 마를 때 어떤 음료수를 마시는 게 가장 좋아요?

0113 游戏 yóuxì 오락, 게임

我的大儿子特别喜欢玩游戏。
Wǒ de dà érzi tèbié xǐhuan wánr yóuxì.
우리 큰애는 특히 게임을 좋아해요.

0114 月亮 yuèliang 달 유의 月球 yuèqiú 달나라, 달

今晚的月亮特别亮。
Jīn wǎn de yuèliang tèbié liàng.
오늘 밤의 달님은 유난히 밝구나.

tip 嫦娥 cháng'é(항아) : 월궁(月宫)에 산다는 신화 속의 신녀

0115 照片 zhàopiàn 사진 유의 相片 xiàngpiàn
참고 照相馆 zhàoxiàngguǎn 사진관

我们这次去上海照了很多照片。
Wǒmen zhè cì qù Shànghǎi zhàole hěn duō zhàopiàn.
우리는 이번에 상하이에 가서 사진을 많이 찍었어.

0116 照相机 zhàoxiàngjī 카메라 참고 数码相机 shùmǎ xiàngjī 디지털카메라

记得带上你的照相机!
Jìde dàishang nǐ de zhàoxiàngjī!
네 카메라 가져오는 거 기억해!

0117 中间 zhōngjiān 중간

我坐他旁边，你坐中间吧。
Wǒ zuò tā pángbiān, nǐ zuò zhōngjiān ba.
내가 쟤 옆에 앉을 테니까, 넌 중간에 앉아.

0118 中文 Zhōngwén 중국의 언어와 문자

▶특히, 한족의 언어와 문자를 가리킨다.

听说他的中文水平很高，现在已经能看懂中文说明书了。
Tīngshuō tā de Zhōngwén shuǐpíng hěn gāo, xiànzài yǐjing néng kàndǒng Zhōngwén shuōmíngshū le.
듣기에 그의 중국어 수준이 높아서, 지금 벌써 중문 설명서를 볼 수 있대.

0119 周末 zhōumò 주말 참고 双休日 shuāngxiūrì 토·일 이틀 연휴

这个周末你打算做什么?
Zhège zhōumò nǐ dǎsuan zuò shénme?
이번 주말에 넌 뭐 할 생각이야?

0120 自行车 zìxíngchē 자전거

我每天骑自行车去学校。
Wǒ měitiān qí zìxíngchē qù xuéxiào.
나는 매일 자전거를 타고 학교에 가.

0121 嘴 zuǐ 입

这两天累得嘴里的皮都破了。
Zhè liǎngtiān lèi de zuǐ li de pí dōu pò le.
요즘 피곤해서 입안이 다 헐었어.

有的人心口不一，嘴上说的和心想的不一样。
Yǒu de rén xīn kǒu bù yī, zuǐ shang shuō de hé xīnxiǎng de bù yíyàng.
어떤 사람은 겉과 속이 달라, 입으로 말한 것과 마음속으로 생각하는 것이 다르다.

[단어] 心口不一 xīn kǒu bù yī 성 겉과 속이 다르다

0122 最后 zuìhòu 최후

同学们，今天我给你们上最后一堂课。
Tóngxuémen, jīntiān wǒ gěi nǐmen shàng zuìhòu yì táng kè.
학우들, 오늘 나는 제군들에게 마지막 수업을 하게 되었네.

0123 最近 zuìjìn 최근 유의 这两天 zhè liǎngtiān

好久不见，最近过得好吗?
Hǎojiǔ bújiàn, zuìjìn guò de hǎo ma?
오랜만이네요, 요즘 잘 지내세요?

어법 - 정도 보어 주의 사항

1. 得는 반드시 동사나 형용사 뒤에 위치한다.

他唱歌得很好。 Tā chànggē de hěn hǎo. (X)
他唱歌唱得很好。 Tā chànggē chàng de hěn hǎo. (O) 그는 노래를 잘 부른다.

2. 정도 보어를 쓰는 문장을 부정할 때는 조사 '得' 뒤의 정도 보어를 부정형으로 만든다.

他跑得很快。 Tā pǎo de hěn kuài. 그는 빨리 달린다.
⇒ **他跑得不快。** Tā pǎo de bú kuài. 그는 빨리 달리지 못한다.

0124 作业 zuòyè 숙제, 작업

我不做完作业，就不吃晚饭。
Wǒ bú zuòwán zuòyè, jiù bù chī wǎnfàn.
나는 숙제를 다 못하면 저녁을 먹지 않을 거야.

作业太多了，一个月完不成。
Zuòyè tài duō le, yí ge yuè wánbuchéng.
작업량이 너무 많아 한 달 안에 끝낼 수 없어.

대명사 1급

0001 多少 duōshao 얼마

▶10 이상의 수나 전화번호 등을 물을 때 사용하며, 명사를 수식할 때 양사는 생략 가능하다.

这个多少钱?
Zhège duōshao qián?
이거 얼마죠?

你有多少(本)书?
Nǐ yǒu duōshao (běn) shū?
넌 책을 얼마나 가지고 있어?

他的手机号码是多少?
Tā de shǒujī hàomǎ shì duōshao?
그 친구 휴대 전화 번호가 어떻게 돼?

▶…多少, …多少

你要多少我给你多少。
Nǐ yào duōshao wǒ gěi nǐ duōshao.
네가 원하는 만큼 내가 줄게.

🖣 duōshǎo 다소, 약간

这件事我多少知道点儿。
Zhè jiàn shì wǒ duōshǎo zhīdào diǎnr.
이 일에 대해서 내가 조금 알아.

0002 几 jǐ 몇

▶10 이하의 작은 수를 묻거나 불확실한 수를 말할 때 사용하며, 명사를 수식할 때는 양사를 동반한다.

你有几个妹妹?
Nǐ yǒu jǐ ge mèimei?
넌 여동생이 몇 명이야?

他买了几件衣服。
Tā mǎile jǐ jiàn yīfu.
그 사람은 옷을 몇 벌 샀어요.

我只花了十几块钱。
Wǒ zhǐ huāle shí jǐ kuài qián.
나는 십몇 위엔밖에 안 썼어.

▶ 十(십), 百(백), 千(천), 万(만), 亿(억)과 결합해 수량을 물어본다.

他三十几岁?
Tā sānshí jǐ suì?
저 친구 서른 몇 살이야?

一共有几百个人?
Yígòng yǒu jǐ bǎi ge rén?
모두 몇 백 명이나 되요?

▶ '没有(不) + 几 + 명사' 형식으로 써서 수량이 많지 않음을 표현한다.

我跟他没说过几句话。
Wǒ gēn tā méi shuōguo jǐ jù huà.
난 그 사람이랑 몇 마디 안 나눠 봤어요.

0003 哪 nǎ 어느

他是哪国人?
Tā shì nǎ guó rén?
그는 어느 나라 사람이에요?

0004 哪儿 nǎr 어디

你妈妈在哪儿?
Nǐ māma zài nǎr?
너희 엄마는 어디 계세?

관련 표현

哪儿啊! Nǎr a! 관용 절대 아니야!

0005 那 nà 그, 저, 저것 반의 这 zhè 이, 이것

那不是她的衣服，是我的衣服。
Nà bú shì tā de yīfu, shì wǒ de yīfu.
저건 그녀의 옷이 아니라, 제 옷이에요.

0006 你 nǐ 너 유의 您 nín

你吃饭了吗?
Nǐ chīfànle ma?
식사 하셨어요?

0007 谁 shéi, shuí 누구

这是谁的书?
Zhè shì shéi de shū?
이건 누구 책이죠?

관련 표현

谁跟谁呀！ Shéi gēn shéi ya! 관용 우리가 누구냐! 우리가 어떤 사이냐!

谁怕谁呀！ Shéi pà shéi ya! 관용 누가 무서워한데!

0008 什么 shénme 무엇

那是什么?
Nà shì shénme?
저건 뭐야?

0009 他 tā 그, 그 사람

他是我朋友。
Tā shì wǒ péngyou.
그 애는 내 친구야.

0010 她 tā 그녀

她和弟弟一起去学校。
Tā hé dìdi yìqǐ qù xuéxiào.
그녀는 동생이랑 같이 학교에 간다.

0011 我 wǒ 나

我是高中生，我姐姐是大学生。
Wǒ shì gāozhōngshēng, wǒ jiějie shì dàxuéshēng.
나는 고등학생이고, 우리 언니는 대학생이다.

관련 표현

我是谁呀！ Wǒ shì shéi ya! 관용 내가 누구냐!

0012 我们 wǒmen 우리 유의 咱们 zánmen

我们都看电影。
Wǒmen dōu kàn diànyǐng.
우리 모두 영화를 봐요.

어법 - 인칭 대명사

	1인칭	2인칭	3인칭		
단수형	我 나	你 너 您 당신	他 그	她 그녀	它 그것
복수형	我们 우리들	你们 너희들	他们 그들	她们 그녀들	它们 그것들

0013 这 zhè 이, 이것 반의 那 nà 그, 저, 저것

这是他的。
Zhè shì tā de.
이건 저 사람 거예요.

这个人是谁?
Zhège rén shì shéi?
이 사람은 누구죠?

0014 怎么 zěnme 어떻게

我们怎么去公园?
Wǒmen zěnme qù gōngyuán?
우리 어떻게 공원에 가요?

관련 표현

怎么也得… zěnme yě děi… 관용 어쨌든 적어도 ~하다, 아무리 못해도 ~하다

0015 怎么样 zěnmeyàng 어떠한가

这件衣服怎么样?
Zhè jiàn yīfu zěnmeyàng?
이 옷 어때?

관련 표현

不怎么样 bù zěnmeyàng 관용 그리 좋지 않다, 보통이다

0001 大家 dàjiā 모두, 여러분

大家好！我是从韩国来的留学生。
Dàjiā hǎo! Wǒ shì cóng Hánguó lái de liúxuéshēng.
여러분 안녕하세요! 저는 한국에서 온 유학생입니다.

0002 每 měi 매

▶每가 들어가는 문장에는 복수를 나타내는 부사 '都'를 같이 쓴다.

我每个星期六都去爬山。
Wǒ měi ge xīngqīliù dōu qù páshān.
저는 매주 토요일마다 등산하러 가요.

0003 您 nín 당신(你의 경어)

爷爷，您也吃点儿吧。
Yéye, nín yě chī diǎnr ba.
할아버지도 좀 드세요.

0004 它 tā 그것

这个饼干坏了，把它扔了吧。
Zhège bǐnggān huài le, bǎ tā rēngle ba.
이 과자 상했어, 이거 버리자.

0005 为什么 wèishénme 왜 유의 干吗 gànmá

大家都要去，你为什么不去？
Dàjiā dōu yào qù, nǐ wèishénme bú qù?
다들 간다는데, 넌 왜 안 가니?

대명사 3급

0001 别人 biérén 다른 사람

对不起，我不知道，你问别人吧。
Duìbuqǐ, wǒ bù zhīdào, nǐ wèn biérén ba.
미안해요, 저는 모르니까 다른 사람한테 물어보세요.

0002 其他 qítā 기타 참고 其它 qítā 기타

除了他，其他同学我都不认识。
Chúle tā, qítā tóngxué wǒ dōu bú rènshi.
그 친구 빼고, 다른 친구들은 다 몰라요.

张老师一个人坐在前边，其他人都站着。
Zhāng lǎoshī yí ge rén zuòzài qiánbian, qítā rén dōu zhànzhe.
장 선생님 혼자 앞쪽에 앉아 계시고, 다른 사람들은 다 서 있어요.

0003 自己 zìjǐ 스스로, 자신

还是你自己去吧，我就不去了。
Háishi nǐ zìjǐ qù ba, wǒ jiù bú qù le.
그냥 너 혼자 가, 난 안 갈래.

我自己都不知道我是谁。
Wǒ zìjǐ dōu bù zhīdào wǒ shì shéi.
나 자신도 내가 누구인지 모르겠어요.

형용사 1급

0001 大 dà 크다, 나이가 많다 반의 小 xiǎo 작다, 나이가 적다
참고 大小 dàxiǎo 사이즈, 크기

这个西瓜太大了。
Zhège xīguā tài dà le.
이 수박은 너무 크다.

他比你大六岁。
Tā bǐ nǐ dà liù suì.
그 사람이 너보다 여섯 살 많아.

▶[강조] 시간, 절기 등의 앞에 쓰여 강조를 나타냄.

大热天的，穿这么多干吗？
Dà rètiān de, chuān zhème duō gànmá?
푹푹 찌는 날, 왜 이렇게 많이 입었어?

今天是大年初一。
Jīntiān shì dànián chūyī.
오늘은 음력 1월 1일이에요.

▶[서열] 첫째를 나타냄.

大姐去年结婚了。
Dàjiě qùnián jiéhūn le.
큰언니는 작년에 결혼했어요.

🅑 대단히, 몹시

他是个大忙人。
Tā shì ge dàmángrén.
그 사람은 아주 바쁜 사람이야.

刚才我妹妹大哭了一场。
Gāngcái wǒ mèimei dà kūle yì chǎng.
방금 전에 내 여동생이 한바탕 울었다.

관련 표현

没大没小 méi dà méi xiǎo 〈성〉 위아래가 없다, 버릇이 없다

没有什么大不了的 méiyou shénme dàbuliǎo de 〈관용〉 별것 아니다, 별 대단한 것도 없다

0002 多 duō 많다 〈반의〉 少 shǎo 적다

▶多는 단독으로 관형어로 쓰일 수 없기 때문에, 반드시 앞에 '好'나 '很' 등을 동반한다.

我姐姐的衣服很多。
Wǒ jiějie de yīfu hěn duō.
우리 언니의 옷은 많다.

菜很多，你多吃点儿。
Cài hěn duō, nǐ duō chī diǎnr.
음식이 많으니, 많이들 드세요.

▶[보어] 차이가 많이 나고, 정도가 지나침을 표현함.

你比以前漂亮多了。
Nǐ bǐ yǐqián piàoliang duō le.
너 전보다 많이 예뻐졌다.

不好意思，我喝多了。
Bùhǎoyìsi, wǒ hēduō le.
미안해요, 제가 많이 마셨네요.

〈동〉 초과하다(원래 있어야 할 수량보다 많아졌을 때 씀.)

啊，怎么多了两个人?
Á, zěnme duōle liǎng ge rén?
아, 어떻게 두 사람이 늘었지?

〈부〉 얼마나(나이, 키, 몸무게 등을 물을 때 씀.)

你今年多大?
Nǐ jīnnián duō dà?
넌 올해 몇 살이니?

你弟弟多高?
Nǐ dìdi duō gāo?
네 동생은 키가 어떻게 되니?

🔁 개수로 쓰여 '가량'의 뜻을 나타냄.

他来韩国一年多了。
Tā lái Hánguó yì nián duō le.
그가 한국에 온 지 일 년이 좀 넘었다.

我们买了二十多斤肉。
Wǒmen mǎile èrshí duō jīn ròu.
우리는 고기를 20여 근 샀다.

🔁 아무리(조건 복문에 쓰임.)

不管多远，我也要去。
Bùguǎn duō yuǎn, wǒ yě yào qù.
아무리 멀지라도, 난 갈 거야.

0003 高兴 gāoxìng 기쁘다, 즐겁다 유의 开心 kāixīn

今天我们都很高兴。
Jīntiān wǒmen dōu hěn gāoxìng.
오늘 우리는 모두 즐겁다.

李总，认识您很高兴。
Lǐ zǒng, rènshi nín hěn gāoxìng.
이 사장님, 뵙게 되어 반갑습니다.

 관련 표현

高高兴兴上班，平平安安回家
gāogāo xìngxìng shàngbān, píngpíng ānān huíjiā
[표어] 중국 거리에서 자주 볼 수 있는 표어로, '즐거운 마음으로 출근했다가 무사히 퇴근하자'라는 뜻이다.

0004 好 hǎo 좋다, 친하다, 건강하다 반의 坏 huài 나쁘다

这个商店的水果很好。
Zhège shāngdiàn de shuǐguǒ hěn hǎo.
이 가게의 과일은 좋아요.

我们是好朋友。
Wǒmen shì hǎo péngyou.
우리는 친한 친구예요.

他们身体很好。
Tāmen shēntǐ hěn hǎo.
그들은 건강해요.

▶[보어] ~을 완성하다

我吃好了，谢谢您。
Wǒ chīhǎo le, xièxie nín.
잘 먹었습니다. 고맙습니다.

▶[好 + 동사] ~하기에 좋다

这件事好办。
Zhè jiàn shì hǎobàn.
이 일은 처리하기 쉽다.

🔵 너무, 많이

今天好累啊!
Jīntiān hǎo lèi a!
오늘 너무 피곤해요!

好几天没吃饭，我快饿死了。
Hǎo jǐ tiān méi chīfàn, wǒ kuài èsǐ le.
여러 날 밥을 못 먹었더니, 배고파 죽을 것 같아.

▶초기 학습자들은 好와 喜欢을 혼용하는 경우가 많으니 주의가 필요하다.

我好韩老师。 Wǒ hǎo Hán lǎoshī. (X)

我喜欢韩老师。 Wǒ xǐhuan Hán lǎoshī. (O) 나는 한 선생님이 좋아.

🔵 관련 표현

好家伙 hǎojiāhuo 그것 참! 허! 우와! 아!

好说歹说 hǎo shuō dǎi shuō （관용） 입이 닳도록 설득하다, 온갖 방법을 써서 설득하다

好汉不提当年勇 hǎohàn bù tí dāngnián yǒng （속담） 사내대장부는 자신의 과거를 자랑하지 않는다

好马不吃回头草 hǎomǎ bù chī huítóucǎo （속담） 좋은 말은 머리를 돌려 자기가 밟고 온 풀을 먹지 않는다, 사나이는 지난 일에 연연하지 않는다

0005 冷 lěng 춥다 반의 热 rè 덥다

外边很冷，你不要出去了。
Wàibian hěn lěng, nǐ búyào chūqu le.
밖이 추우니까, 넌 나가지 마.

0006 漂亮 piàoliang 예쁘다 유의 美丽 měilì

我妹妹非常漂亮。
Wǒ mèimei fēicháng piàoliang.
내 여동생은 아주 예쁘다.

0007 热 rè 덥다 반의 冷 lěng 춥다

今天怎么这么热啊！
Jīntiān zěnme zhème rè a!
오늘 왜 이렇게 더운 거야!

0008 少 shǎo 적다 반의 多 duō 많다

爱学习的人很少。
Ài xuéxí de rén hěn shǎo.
공부를 좋아하는 사람은 아주 적다.

晚上少吃点儿。
Wǎnshang shǎo chī diǎnr.
밤에는 적게 먹어야 해.

동 부족하다, 잃어버리다

现在少两张票，我们不能进去。
Xiànzài shǎo liǎng zhāng piào, wǒmen bù néng jìnqu.
지금 표 두 장이 부족해서, 우리는 못 들어가요.

0009 小 xiǎo 작다, 나이가 어리다 반의 **大** dà 크다, 나이가 많다

这件衣服有点儿小。
Zhè jiàn yīfu yǒudiǎnr xiǎo.
이 옷은 조금 작네요.

我女朋友比我小九岁。
Wǒ nǚpéngyou bǐ wǒ xiǎo jiǔ suì.
내 여자 친구는 나보다 아홉 살이 어려요.

▶[접두] 군, 양 : 성씨 앞에 써서 Miss, Mr나 본인보다 나이가 어린 사람을 가리킴.

小韩，你是不是感冒了？
Xiǎo Hán, nǐ shì bu shì gǎnmào le?
한 군, 자네 감기 걸렸나?

小高，你也跟我们一起去吧。
Xiǎo Gāo, nǐ yě gēn wǒmen yìqǐ qù ba.
고 군, 자네도 우리랑 같이 가자고.

형용사 2급

0001 白 bái 희다

奶奶的头发都白了。
Nǎinai de tóufa dōu bái le.
할머니의 머리카락이 다 세었다.

明天就穿黑衬衫和白裤子吧。
Míngtiān jiù chuān hēi chènshān hé bái kùzi ba.
내일은 까만 셔츠에 흰 바지를 입자고.

형 순수하다, 깨끗하다

吃药时，一定要喝白开水。
Chī yào shí, yídìng yào hē báikāishuǐ.
약을 먹을 때는 꼭 끓여서 식힌 물을 마셔야 해.

부 공짜로

他不想白吃白住。
Tā bù xiǎng bái chī bái zhù.
그는 공짜로 먹고 자고 싶지 않았다.

부 헛되이, 공연히

这几天都白忙了。
Zhè jǐ tiān dōu bái máng le.
요 며칠, 괜히 헛수고만 했네.

관련 표현

白手起家 bái shǒu qǐ jiā **성** 자수성가하다

[보충 단어 - 색깔]

黑 hēi 검다 / 绿 lǜ 푸르다 / 黄 huáng 노랗다 / 蓝 lán 파랗다 / 红 hóng 붉다 / 白色 báisè 흰색 / 红色 hóngsè 빨간색 / 黑色 hēisè 검은색 / 绿色 lǜsè 녹색 / 黄色 huángsè 노란색 / 粉色 fěnsè 분홍색 / 紫色 zǐsè 자주색, 보라색 / 蓝色 lánsè 파란색

0002 长 cháng 길다 반의 短 duǎn 짧다 참고 长短 chángduǎn 길이

夏天白天很长，冬天夜晚很长。
Xiàtiān báitiān hěn cháng, dōngtiān yèwǎn hěn cháng.
여름에는 낮이 길고, 겨울에는 밤이 길다.

[단어] **白天** báitiān 낮 / **夜晚** yèwǎn 밤

명 길이, 장점

这条鱼长一米。
Zhè tiáo yú cháng yì mǐ.
이 물고기는 길이가 1미터다.

其实他长处很多。
Qíshí tā chángchù hěn duō.
사실 그는 장점이 많아요.

🗣 **관련 표현**

长命百岁 cháng mìng bǎi suì **성** 백수를 누리다(축원의 말로 쓰임)
长命富贵 cháng mìng fù guì **성** 부귀장수(주로 어린아이에게 많이 쓰임)
长生不老 cháng shēng bù lǎo **성** 불로장생하다, 늙지 않고 오래오래 살다
好景不长 hǎo jǐng bù cháng **성** 좋은 날은 오래가지 않는다, 화무십일홍

0003 错 cuò 틀리다, 잘못하다 유의 错误 cuòwù 반의 对 duì 맞다

对不起，我错了。
Duìbuqǐ, wǒ cuò le.
죄송해요, 제가 틀렸어요.

명 잘못, 착오

这是谁的错？
Zhè shì shéi de cuò?
이건 누구 잘못이죠?

0004 对 duì 맞다 반의 错 cuò 틀리다

你说得很对，我也同意。
Nǐ shuō de hěn duì, wǒ yě tóngyì.
네 말이 맞아, 나도 찬성이야.

1-3급 형용사 **101**

他是你哥哥，对不对？
Tā shì nǐ gēge, duì bu duì?
저 사람 네 형 맞지?

양 주로 쌍으로 된 것에 쓰임.

一对男女
Yí duì nánnǚ
남녀 한 쌍

一对可爱的熊猫
Yí duì kě'ài de xióngmāo
귀여운 판다 한 쌍

▶[보어] 다른 동사 뒤에서 보어로 쓰임.

恭喜你，答对了。
Gōngxǐ nǐ, dáduì le.
축하합니다, 맞추셨습니다.

관련 표현

不对劲儿 búduìjìnr **관용** 평소 같지 않다, 이상하다

0005 **高** gāo 높다, 키가 크다 **반의** **低** dī 낮다, **矮** ǎi 키가 작다

这个楼很高。
Zhège lóu hěn gāo.
이 건물은 높다.

姐姐高，妹妹矮。
Jiějie gāo, mèimei ǎi.
언니는 키가 크고, 동생은 키가 작다.

관련 표현

见个高低 jiàn ge gāodī **관용** 비교해 보다, 우열을 가리다

0006 **贵** guì 비싸다 **반의** **便宜** piányi 싸다

这个太贵了，我买不起。
Zhège tài guì le, wǒ mǎibuqǐ.
이거 너무 비싸요, 난 못 사요.

贵也没关系，我买!
Guì yě méi guānxi, wǒ mǎi!
비싸도 괜찮아요, 살게요.

명 지위가 높다 **반의** 贱 jiàn 천하다. 지위가 낮다

贵族 guìzú 귀족

贵宾 guìbīn 귀빈

▶[경어] 상대방과 관련 있는 것을 높여 부르는 말.

请问，您贵姓?
Qǐng wèn, nín guì xìng?
실례지만, 성씨가 어떻게 되시나요?

很高兴有机会和贵公司合作。
Hěn gāoxìng yǒu jīhuì hé guì gōngsī hézuò.
귀사와 거래할 수 있는 기회가 되어 기쁩니다.

명 贵州(Guìzhōu)의 약칭

0007 好吃 hǎochī 맛있다

我妈妈做的菜特别好吃。
Wǒ māma zuò de cài tèbié hǎochī.
우리 엄마가 만드신 음식은 아주 맛있다.

관련 표현

好看 hǎokàn 보기 좋다 / 好听 hǎotīng 듣기 좋다 / 好做 hǎo zuò 하기 좋다

0008 黑 hēi 검다, 어둡다

她的眼睛又黑又亮。
Tā de yǎnjing yòu hēi yòu liàng.
그녀의 눈은 검고 반짝인다.

天黑了，我们快回家吧。
Tiān hēi le, wǒmen kuài huíjiā ba.
날이 어두워졌어요, 우리 얼른 집에 돌아가요.

0009 红 hóng 붉다 □□□

这个苹果很红，看起来好吃。
Zhège píngguǒ hěn hóng, kànqilai hǎochī.
이 사과는 빨간 게 맛있어 보여요.

형 사업이 잘 되다, 인기 있다

祝大家生意红红火火！
Zhù dàjiā shēngyi hónghóng huǒhuǒ!
여러분의 사업이 번창하길 기원합니다.

她现在已经成了大红人。
Tā xiànzài yǐjing chéngle dà hóngrén.
그녀는 현재 이미 인기 스타가 되었다.

🙂 중국 문화 - 색의 비밀

중국만큼 빨간색을 환영하는 나라가 또 있을까? 중국인들은 빨간색을 길한 색이라 여겨, 좋은 일에는 모두 빨간색을 쓰는데, 심지어 축의금 봉투까지 빨간색으로 사용한다.

0010 近 jìn 가깝다 반의 远 yuǎn 멀다 □□□

公司离我家很近。
Gōngsī lí wǒ jiā hěn jìn.
회사는 우리 집에서 가깝다.

🙂 관련 표현

不近人情 bú jìn rén qíng **성** 도리에 맞지 않다, 인지상정에 어긋나다
平易近人 píng yì jìn rén **성** 붙임성이 좋다, 사귀기 좋다

0011 快 kuài 빠르다 반의 慢 màn 느리다 □□□

我弟弟跑得很快。
Wǒ dìdi pǎo de hěn kuài.
내 동생은 빨리 달린다.

부 급히, 곧, 빨리

你快过来吧，大家都在等你。
Nǐ kuài guòlai ba, dàjiā dōu zài děng nǐ.
빨리 와, 다들 널 기다리고 있잖아.

형 민첩하다, (칼, 가위 등이) 잘 들다, (성격이) 솔직하다

他脑子很快。
Tā nǎozi hěn kuài.
그는 머리가 잘 돌아간다.

这把刀不快，换别的吧。
Zhè bǎ dāo bú kuài, huàn bié de ba.
이 칼은 안 들어요. 다른 걸로 바꿔 주세요.

她是心直口快的人。
Tā shì xīn zhí kǒu kuài de rén.
그녀는 직설적인 사람이다.

[단어] 心直口快 xīn zhí kǒu kuài 성 거침없이 말하다

▶[임박태] 곧 ~할 것이다. '快(要)…了' 형식으로 어떤 일이 곧 일어날 것임을 표현한다.

他的病快好了。
Tā de bìng kuài hǎo le.
그의 병은 곧 나을 거야.

快中秋节了。
Kuài Zhōngqiūjié le.
곧 추석이네.

0012 快乐 kuàilè 즐겁다 유의 愉快 yúkuài

跟他们在一起我觉得非常快乐！
Gēn tāmen zàiyìqǐ wǒ juéde fēicháng kuàilè!
그들과 같이 있으면 아주 즐거워요.

祝你生日快乐！
Zhù nǐ shēngrì kuàilè!
생일 축하해요!

관련 표현

节日快乐！ Jiérì kuàilè! 명절 잘 보내세요!

新年快乐！ Xīnnián kuàilè! 새해 복 많이 받으세요!

周末快乐！ Zhōumò kuàilè! 주말 잘 보내세요!

0013 累 lèi 피곤하다

你累了？先去睡吧。
Nǐ lèi le? Xiān qù shuì ba.
피곤하니? 먼저 가서 자.

最近我工作太累了。
Zuìjìn wǒ gōngzuò tài lèi le.
요즘 나는 일이 너무 피곤해.

0014 慢 màn 느리다 반의 快 kuài 빠르다

他做什么事情都很慢。
Tā zuò shénme shìqing dōu hěn màn.
그 사람은 무슨 일을 하든 느려 터져.

A: 请慢走!
Qǐng màn zǒu!
살펴가세요.

B: 留步，留步!
Liú bù, liú bù!
나오지 마세요.

0015 忙 máng 바쁘다

我今天非常忙，没有时间吃午饭。
Wǒ jīntiān fēicháng máng, méiyǒu shíjiān chī wǔfàn.
나는 오늘 너무 바빠서 점심 먹을 시간이 없었어.

어법 - 没有를 쓰는 연동문

주어 + 没有(제1 동사) + 목적어 + 동사(제2 동사) : ~할 ~이 없다
我没有书看。 Wǒ méiyǒu shū kàn. 나는 볼 책이 없다.

0016 男 nán 남성의, 남자의

这个小男孩儿喜欢吃鱼。
Zhège xiǎo nánháir xǐhuan chī yú.
이 꼬마는 생선을 잘 먹는다.

명 남성, 아들

他有一男一女。
Tā yǒu yì nán yì nǚ.
그에게는 아들 하나와 딸 하나가 있어요.

男女平等
Nánnǚ píngděng
남녀평등

0017 女 nǚ 여성의, 여자의

我们学校女老师很多。
Wǒmen xuéxiào nǚ lǎoshī hěn duō.
우리 학교는 여선생님이 많으시다.

명 여성, 딸

男女老少
Nánnǚ lǎoshào
남녀노소

0018 便宜 piányi 저렴하다

반의 贵 guì 비싸다 **참고** 便宜货 piányihuò 싼 물건

您要便宜的吗？便宜的在这儿。
Nín yào piányi de ma? Piányi de zài zhèr.
싼 거 찾으세요? 싼 건 이쪽에 있습니다.

명 공짜

她总是爱占小便宜。
Tā zǒngshì ài zhàn xiǎo piányi.
쟤는 늘 공짜에 목숨을 걸어.

동 ~에게 이롭게 하다

这样太便宜他了，我不同意。
Zhèyàng tài piányi tā le, wǒ bù tóngyì.
이렇게 하면 그 사람한테만 좋은데, 난 그러기 싫어요.

0019 晴 qíng 맑다 반의 阴 yīn 흐리다

明天白天，全省多云转晴。
Míngtiān báitiān, quán shěng duō yún zhuǎn qíng.
내일 낮에, 성 전역에 구름이 많이 끼었다가 맑아지겠습니다.

[단어] **白天** báitiān 낮 / **转** zhuǎn 바뀌다, 전환하다

0020 新 xīn 새롭다 반의 旧 jiù 낡다, 오래되다

我哥哥又买了新手机。
Wǒ gēge yòu mǎile xīn shǒujī.
우리 오빠는 새 휴대 전화를 또 샀어.

🔹 얼마 전에, 새로

你的包很好看，是新买的吧?
Nǐ de bāo hěn hǎokàn, shì xīn mǎi de ba?
네 가방 예쁘다, 새로 산 거지?

관련 표현

旧的不去，新的不来 jiù de bú qù, xīn de bù lái 관용 '오래된(옛) 것이 가지 않으면 새로운 것이 오지 않는다'라는 뜻으로, 사람과 사물에 모두 쓸 수 있다. 일상 회화에 많이 쓰인다.

0021 阴 yīn 흐리다 반의 晴 qíng 맑다

天突然阴了，要下雨了。
Tiān tūrán yīn le, yào xiàyǔ le.
날씨가 갑자기 흐려지네, 비가 오려나 봐.

0022 远 yuǎn 멀다 반의 近 jìn 가깝다

那个餐厅很远，不能走着去。
Nàge cāntīng hěn yuǎn, bù néng zǒuzhe qù.
그 식당은 멀어서 걸어서 갈 수가 없어요.

관련 표현

不远千里 bù yuǎn qiān lǐ 성 먼 길을 마다하지 않고 달려오다

형용사 3급

0001 矮 ǎi (키가) 작다 반의 高 gāo (키가) 크다

我弟弟的个子很矮。
Wǒ dìdi de gèzi hěn ǎi.
내 동생의 키는 작다.

我们这边的山比较矮一点。
Wǒmen zhèbiān de shān bǐjiào ǎi yìdiǎn.
우리 동네의 산은 조금 낮은 편이다.

0002 安静 ānjìng 조용하다

教室里没有一个同学说话，非常安静。
Jiàoshì li méiyǒu yí ge tóngxué shuōhuà, fēicháng ānjìng.
교실에서 떠드는 친구가 한 사람도 없어 아주 조용하다.

0003 饱 bǎo 배부르다 반의 饿 è 배고프다

我饱了，你们慢慢儿吃吧。
Wǒ bǎo le, nǐmen mànmānr chī ba.
난 배불러, 너희들은 천천히 먹어.

관련 표현

酒足饭饱 jiǔ zú fàn bǎo 성 잘 먹고 실컷 마시다, 대접을 잘 받다

0004 差 chà 차이가 나다, 형편없다

我的学习成绩比姐姐差。
Wǒ de xuéxí chéngjì bǐ jiějie chà.
내 학습 성적은 언니보다 못하다.

这个商店的东西很差。
Zhège shāngdiàn de dōngxi hěn chà.
이 상점의 물건은 형편없다.

동 부족하다

A: 你英语说得太棒了。
　　Nǐ yīngyǔ shuō de tài bàng le.
　　너 영어 정말 잘한다.

B: 哪里哪里，还差得远呢。
　　Nǎli nǎli, hái chà de yuǎn ne.
　　아니에요. 아직 멀었어요.

형 명 chā 다르다, 차이, 나머지 수

我一念之差错过了这次机会。
Wǒ yí niàn zhī chā cuòguòle zhè cì jīhuì.
난 한순간 잘못 생각해서 이번 기회를 놓쳤어.

[단어] **一念之差** yí niàn zhī chā **성** 한순간 잘못 생각해서, 생각 하나의 잘못으로

十减四的差是六。
Shí jiǎn sì de chā shì liù.
10에서 4를 빼면 6이야.

동 명 chāi 사람을 보내다, 임무

你快差人去请医生。
Nǐ kuài chāi rén qù qǐng yīshēng.
자네 얼른 사람을 보내 의사 선생님을 모셔오게.

我爸爸兼了三个差。
Wǒ bàba jiānle sān ge chāi.
우리 아빠는 세 가지 직무를 맡고 계셔.

관련 표현

差点儿劲儿 chàdiǎnr jìnr **관용** (품질이나 수준이) 떨어지다

失之毫厘，差之千里 shī zhī háo lí, chā zhī qiān lǐ **성** 작은 실수 때문에 훗날 큰 영향을 미치다

0005 **聪明** cōngming 똑똑하다, 똘똘하다

那个孩子很聪明。
Nàge háizi hěn cōngming.
그 아이는 똑똑해요.

관련 표현

小聪明 xiǎocōngming 관용 잔머리, 잔재주, 잔꾀

冰雪聪明 bīng xuě cōng ming 성 지극히 총명한 사람

自作聪明 zì zuò cōng ming 성 스스로 똑똑하다고 생각하면서 함부로 행동하다

0006 当然 dāngrán 당연하다

那当然！这还用说！
Nà dāngrán! Zhè hái yòng shuō!
당연하죠, 그걸 말씀이라고.

🔸 부 당연히, 물론

我当然吃猪肉，你不吃啊？
Wǒ dāngrán chī zhūròu, nǐ bù chī a?
난 당연히 돼지고기 먹지, 넌 안 먹어?

0007 短 duǎn 짧다 반의 长 cháng 길다

她的裙子总是那么短。
Tā de qúnzi zǒngshì nàme duǎn.
그녀의 치마는 늘 짧다.

🔸 명 결점, 단점

每个人都有短处。
Měi ge rén dōu yǒu duǎnchù.
누구나 단점은 있다.

관련 표현

七长八短 qī cháng bā duǎn 성 들쑥날쑥하다

0008 饿 è 배고프다 반의 饱 bǎo 배부르다

一天没有吃饭，他很饿。
Yì tiān méiyou chīfàn, tā hěn è.
하루 종일 밥을 못 먹어서, 그는 배가 고프다.

0009 方便 fāngbiàn 편리하다

我们搬到这儿来后，上下班很方便。
Wǒmen bāndào zhèr lái hòu, shàngxiàbān hěn fāngbiàn.
이곳으로 이사 온 후에, 출퇴근이 편해졌어요.

你现在方便接电话吗?
Nǐ xiànzài fāngbiàn jiē diànhuà ma?
지금 전화 통화 괜찮으세요?

관련 표현

与人方便，自己方便 yǔ rén fāngbiàn, zìjǐ fāngbiàn 속담 남에게 인정을 베풀면 자신에게 되돌아온다

0010 干净 gānjìng 깨끗하다 반의 脏 zāng 더럽다

这个房间打扫得非常干净。
Zhège fángjiān dǎsǎo de fēicháng gānjìng.
이 방은 깨끗하게 치워졌다.

0011 坏 huài 나쁘다 반의 好 hǎo 좋다

那个人很坏，你不要相信他了。
Nàge rén hěn huài, nǐ búyào xiāngxìn tā le.
저 사람은 나쁜 놈이야, 저 사람 믿지 마.

0012 简单 jiǎndān 단순하다, 간단하다, (경력 등이) 보통이다 [BCT1]
반의 复杂 fùzá 복잡하다

这么简单的题，你们应该没问题了吧?
Zhème jiǎndān de tí, nǐmen yīnggāi méi wèntí le ba?
이렇게 쉬운 문제는, 너희들 당연히 문제 없겠지?

今天中午就简单吃点儿吧。
Jīntiān zhōngwǔ jiù jiǎndān chī diǎnr ba.
오늘 점심은 그냥 간단하게 먹어요.

他已经写了十多本书，真不简单!
Tā yǐjing xiěle shí duō běn shū, zhēn bù jiǎndān!
그 사람 이미 책을 열 권 넘게 썼다니, 정말 대단해!

0013 健康 jiànkāng 건강하다

他每天去跑步，身体比以前健康多了。
Tā měitiān qù pǎobù, shēntǐ bǐ yǐqián jiànkāng duō le.
그는 매일 달리기를 해서, 몸이 전보다 훨씬 건강해졌다.

명 건강

为了健康，现在开始我不喝酒了。
Wèile jiànkāng, xiànzài kāishǐ wǒ bù hē jiǔ le.
건강을 위해, 지금부터 술을 마시지 않겠어.

0014 久 jiǔ 오래되다

对不起，让您久等了。
Duìbuqǐ, ràng nín jiǔ děng le.
죄송해요. 오래 기다리시게 했네요.

他来多久了？
Tā lái duō jiǔ le?
저 분 오신 지 얼마나 되었어요?

관련 표현

好久不见 hǎojiǔ bú jiàn [인사말] 오랜만이에요

久仰大名 jiǔ yǎng dà míng [인사말] 말씀 많이 들었습니다

0015 旧 jiù 낡다 반의 新 xīn 새롭다

洗衣机用了十三年，已经很旧了。
Xǐyījī yòngle shísān nián, yǐjing hěn jiù le.
세탁기를 13년이나 써서 이미 낡았어.

관련 표현

旧病复发 jiù bìng fù fā **성** 지병이 도지다, 나쁜 습관이나 버릇이 재발하다

旧地重游 jiù dì chóng yóu **성** 옛날에 살던 곳을 다시 둘러보다

送旧迎新 sòng jiù yíng xīn **성** 묵은 한 해를 보내고 새로운 한 해를 맞이하다, 낡은 것을 보내고 새로운 것을 맞다

0016 可爱 kě'ài 귀엽다

他家的小狗非常可爱。
Tā jiā de xiǎo gǒu fēicháng kě'ài.
쟤네 집 강아지 굉장히 귀여워.

0017 渴 kě 목마르다

我渴了，给我一杯水，好吗?
Wǒ kě le, gěi wǒ yì bēi shuǐ, hǎo ma?
목말라요, 물 한 잔 주시겠어요?

0018 蓝 lán 남색의, 남빛의

今天天很蓝，云很白。
Jīntiān tiān hěn lán, yún hěn bái.
오늘은 하늘이 파랗고, 구름은 하얗다.

0019 老 lǎo 늙다, 낡은, 오래된 참고 老人 lǎorén 노인

爷爷老了，但是很健康。
Yéye lǎo le, dànshì hěn jiànkāng.
할아버지는 나이 드셨지만 건강하시다.

他是我多年的老朋友。
Tā shì wǒ duō nián de lǎo péngyou.
그는 내가 오랫동안 만나 온 친한 친구야.

형 시간을 넘기다

这个菜炒老了，不好吃。
Zhège cài chǎolǎo le, bù hǎochī.
이 음식은 너무 오래 볶아서 맛이 없어.

부 늘, 자주

你别老想着玩了，去看书!
Nǐ bié lǎo xiǎngzhe wán le, qù kàn shū!
너 만날 놀 생각만 하지 말고, 책 좀 봐.

▶[접두] 성씨, 동물 등의 명사나 수사 앞에 씀.

老张 lǎo zhāng 장씨 / **老虎** lǎohǔ 호랑이 / **老大** lǎodà 맏이, 첫째
老总 lǎozǒng 사장님 / **老三** lǎosān 셋째 / **老小** lǎoxiǎo 막내

🐻 관련 표현

活到老，学到老 huó dào lǎo, xué dào lǎo 속담 배우는 데 나이는 상관없다, 늙을 때까지 배우다, 배움은 끝이 없다

0020 绿 lǜ 푸르다, 녹색의

湖边长满了花花绿绿的小草小花。
Húbiān zhǎngmǎnle huāhuālǜlǜ de xiǎocǎo xiǎohuā.
호숫가에 형형색색의 풀과 꽃들이 활짝 피었다.

[단어] 花花绿绿 huāhuālǜlǜ 형 빛깔이 곱고 울긋불긋하다

0021 满意 mǎnyì 만족하다 유의 满足 mǎnzú

我朋友找到了一个满意的工作。
Wǒ péngyou zhǎodàole yí ge mǎnyì de gōngzuò.
내 친구는 맘에 드는 직장을 구했다.

0022 明白 míngbai 분명하다, 명백하다 유의 清楚 qīngchu

有什么不明白的，现在就问。
Yǒu shénme bù míngbai de, xiànzài jiù wèn.
불명확한 게 있으면, 지금 바로 물어봐요.

동 이해하다 유의 懂 dǒng

你明白我的意思了吧？这都是为了你好。
Nǐ míngbai wǒ de yìsile ba? Zhè dōu shì wèile nǐ hǎo.
내 뜻 알겠지? 이게 다 너 좋으라고 하는 거야.

0023 难 nán 어렵다, ~하기 어렵다, 안 좋다 유의 容易 róngyì 쉽다, ~하기 쉽다

春节快到了，买火车票很难。
Chūnjié kuài dào le, mǎi huǒchēpiào hěn nán.
설이 코앞이라, 기차표 사기가 어려워.

我觉得汉字难写。
Wǒ juéde Hànzì nán xiě.
나는 한자가 쓰기 어려운 것 같아.

菜里放什么了？这么难吃啊！
Cài li fàng shénme le? Zhème nánchī a!
음식에다 뭘 넣은 거야? 어쩜 이렇게 맛이 없어!

관련 표현

老大难 lǎodànán 관용 난제, 골칫거리

天下无难事，只怕有心人 tiānxià wú nánshì, zhǐ pà yǒuxīnrén 속담
의지만 있으면 못할 게 없다

难分难舍 nán fēn nán shě 성 서로 사이가 좋아 헤어지지 못하다

0024 难过 nánguò 괴롭다, 슬프다 유의 伤心 shāngxīn

我奶奶住院了，所以我很难过。
Wǒ nǎinai zhùyuàn le, suǒyǐ wǒ hěn nánguò.
우리 할머니께서 입원을 하셔서 난 슬퍼.

0025 年轻 niánqīng 젊다 참고 年轻人 niánqīngrén 젊은이

你还年轻，还有很多机会。
Nǐ hái niánqīng, hái yǒu hěn duō jīhuì.
넌 젊잖니, 앞으로 기회가 많이 있을 거야.

0026 努力 nǔlì 노력하다

学生应该努力学习。
Xuésheng yīnggāi nǔlì xuéxí.
학생은 마땅히 열심히 공부해야 한다.

⑧ 노력하다, 힘쓰다

你们做得非常好！希望继续努力！
Nǐmen zuò de fēicháng hǎo! Xīwàng jìxù nǔlì!
너희들 참 잘했어. 계속 노력하길 바랄게!

⑨ 노력

没有今天的努力，就没有明天的成功！
Méiyǒu jīntiān de nǔlì, jiù méiyǒu míngtiān de chénggōng!
오늘의 노력이 없다면, 내일의 성공도 없다.

0027 胖 pàng 뚱뚱하다, 통통하다 **반의** 瘦 shòu 마르다, 여위다

你吃得这么多，怎么能不胖呢？
Nǐ chī de zhème duō, zěnme néng bú pàng ne?
네가 이렇게 많이 먹는데, 어떻게 살이 안 찌겠어?

관련 표현

一口吃不成个胖子 yì kǒu chī bù chéng ge pàngzi **속담** 한입에 꿀보가 되는 게 아니다, 로마는 하루아침에 이루어지지 않았다

0028 奇怪 qíguài 이상하다 **유의** 怪 guài

真奇怪，我的钱包怎么没有了？
Zhēn qíguài, wǒ de qiánbāo zěnme méiyǒu le?
정말 이상하네, 내 지갑이 왜 안 보이는 거야?

0029 清楚 qīngchu 명백하다, 분명하다 **유의** 明白 míngbai

他说得很清楚，所以我都懂了。
Tā shuō de hěn qīngchu, suǒyǐ wǒ dōu dǒng le.
그 사람이 분명하게 말해 줘서 난 다 이해했어.

관련 표현

话可得讲清楚 huà kě děi jiǎng qīngchu **관용** 말은 분명하게 해 두자

一清二楚 yì qīng èr chǔ **성** 아주 명확하다, 분명하다

0030 热情 rèqíng 친절하다 반의 冷漠 lěngmò 냉담하다, 무관심하다

他对我很好，很热情，不知对别人怎么样。
Tā duì wǒ hěn hǎo, hěn rèqíng, bù zhī duì biérén zěnmeyàng.
그는 나한테 잘해 주고 다정해. 다른 사람한테는 어떻게 하는지 모르겠지만.

0031 认真 rènzhēn 진지하다 반의 马虎 mǎhu 대충하다

他工作非常认真，所以老总喜欢他。
Tā gōngzuò fēicháng rènzhēn, suǒyǐ lǎozǒng xǐhuan tā.
그는 일을 매우 열심히 해서 사장님이 그를 좋아하셔.

어법 - 주술 술어문

문장의 술어 부분이 '주어 + 서술어' 구조로 이루어진 문장 형식.

他鼻子很高。 Tā bízi hěn gāo. 그는 코가 높다.
주어[他] + 술어[鼻子很高]

0032 容易 róngyì 쉽다, ~하기 쉽다 반의 难 nán 어렵다, ~하기 어렵다

这件事情看起来很难，做起来非常容易。
Zhè jiàn shìqing kànqilai hěn nán, zuòqilai fēicháng róngyì.
이 일은 보기에는 어려운데, 실제로 하기에는 쉬워.

你别穿这么少，这样容易感冒。
Nǐ bié chuān zhème shǎo, zhèyàng róngyì gǎnmào.
옷을 이렇게 적게 입지 마. 그러다 감기 걸리기 쉬워.

어법 - 복합 방향 보어 '起来'

起来는 看, 听, 做, 说 등의 동사와 결합해 '~하기에, ~하자니'의 뜻을 나타낸다.

他的歌很好听，听起来很舒服。 그의 노래는 감미로워서, 듣고 있노라면 편하다.
Tā de gē hěn hǎotīng, tīngqilai hěn shūfu.

0033 瘦 shòu 마르다 반의 胖 pàng 뚱뚱하다, 통통하다

你又瘦了，妈妈很担心。
Nǐ yòu shòu le, māma hěn dānxīn.
네가 자꾸 말라서 엄마는 걱정스럽구나.

0034 舒服 shūfu 편안하다

你的脸色不太好，哪儿不舒服啊？
Nǐ de liǎnsè bú tài hǎo, nǎr bù shūfu a?
안색이 별로 안 좋은데, 어디 아프니?

0035 特别 tèbié 특별하다

今天对我来说很特别。
Jīntiān duì wǒ láishuō hěn tèbié.
오늘은 나에게 있어 아주 특별하다.

🔹 **부** 특별히, 아주

这里特别安静，环境也很好。
Zhèlǐ tèbié ānjìng, huánjìng yě hěn hǎo.
여기는 아주 조용하고 환경도 좋다.

▶[강조] '尤其 yóuqí'와 같은 뜻으로 쓰임.

他喜欢运动，特别喜欢游泳。
Tā xǐhuan yùndòng, tèbié xǐhuan yóuyǒng.
그는 운동을 좋아하는데, 특히 수영을 좋아한다.

0036 疼 téng 아프다 유의 痛 tòng

你的头还疼啊？来，吃点儿药吧。
Nǐ de tóu hái téng a? Lái, chī diǎnr yào ba.
머리 아직도 아파? 자, 약 좀 먹어 봐.

🔹 **동** 몹시 귀여워하다

姥姥最疼我了。
Lǎolao zuì téng wǒ le.
외할머니는 나를 가장 예뻐하신다.

0037 甜 tián 달다

今天的葡萄很甜，如果不甜我就不要钱了。
Jīntiān de pútao hěn tián, rúguǒ bù tián wǒ jiù búyào qián le.
오늘 포도는 정말 달아요. 안 달면 돈 안 받습니다.

[보충 단어 - 맛]

咸 xián 짜다 / 酸 suān 시다 / 苦 kǔ 쓰다 / 辣 là 맵다 / 涩 sè 떫다

관련 표현

甜言蜜语 tián yán mì yǔ 성 달콤한 말, 감언이설

0038 突然 tūrán 갑작스럽다 유의 부 忽然 hūrán 갑자기

▶문장에서 부사어 역할을 한다.

这件事情来得太突然了。
Zhè jiàn shìqing lái de tài tūrán le.
이 일은 너무 갑작스럽게 일어났다.

我朋友突然给我打电话，说他要结婚了。
Wǒ péngyou tūrán gěi wǒ dǎ diànhuà, shuō tā yào jiéhūn le.
내 친구가 갑자기 전화해서는 곧 결혼할 거라고 했다.

0039 新鲜 xīnxiān 신선하다, 싱싱하다 참고 新颖 xīnyǐng 참신하다

这个商店的水果很新鲜，我们经常来买。
Zhège shāngdiàn de shuǐguǒ hěn xīnxiān, wǒmen jīngcháng lái mǎi.
이 상점의 과일이 싱싱해서 우리는 자주 사러 와요.

真有这样的事啊，太新鲜了。
Zhēn yǒu zhèyàng de shì a, tài xīnxiān le.
정말 이런 일이 있네! 너무 신선한걸.

0040 一样 yíyàng 같다

我跟你一样喜欢动物。
Wǒ gēn nǐ yíyàng xǐhuan dòngwù.
나도 너처럼 동물을 좋아해.

这两个苹果一样好吃。
Zhè liǎng ge píngguǒ yíyàng hǎochī.
사과 두 개가 똑같이 맛있어요.

어법 - 跟…一样(不一样) 비교문 : ~과 같다(다르다)

我跟他一样，不吃狗肉。 나도 저 친구와 마찬가지로, 개고기를 먹지 않아요.
Wǒ gēn tā yíyàng, bù chī gǒuròu.

这个包跟那个包不一样。 이 가방은 저 가방과 달라요.
Zhège bāo gēn nàge bāo bù yíyàng.

0041 一般 yìbān 같다, 보통이다, 일반적이다 유의 **一样** yíyàng, **普通** pǔtōng

这两件衣服一般大。
Zhè liǎng jiàn yīfu yìbān dà.
이 옷 두 벌은 사이즈가 같아요.

他的英语水平很一般，没有你高。
Tā de Yīngyǔ shuǐpíng hěn yìbān, méiyǒu nǐ gāo.
그 사람 영어 실력은 보통이야, 네 수준만큼 안 높아.

她一般九点回到家。
Tā yìbān jiǔ diǎn huídào jiā.
그녀는 보통 9시에 집에 도착해요.

관련 표현

跟…一般见识 gēn…yìbān jiànshi 관용 ~처럼 굴다, ~과 같은 생각을 하다

0042 有名 yǒumíng 유명하다 유의 **出名** chūmíng

我家附近有一家西餐厅，非常有名。
Wǒ jiā fùjìn yǒu yì jiā xīcāntīng, fēicháng yǒumíng.
우리 집 근처에 레스토랑이 하나 있는데, 굉장히 유명해.

他爸爸是一位有名的整形美容专家。
Tā bàba shì yí wèi yǒumíng de zhěngxíng měiróng zhuānjiā.
걔네 아빠는 유명한 성형외과 전문의야.

0043 重要 zhòngyào 중요하다

学外语最重要的是不要害怕说错。
Xué wàiyǔ zuì zhòngyào de shì búyào hàipà shuōcuò.
외국어를 공부할 때 가장 중요한 것은 실수를 두려워하면 안 된다는 거야.

我这儿有一件重要的事情，今天就不过去了。
Wǒ zhèr yǒu yí jiàn zhòngyào de shìqing, jīntiān jiù bú guòqu le.
나한테 중요한 일이 있어서, 오늘은 안 갈게요.

0044 主要 zhǔyào 주요한, 주된 반의 次要 cìyào 부차적인

你们两个人的主要问题是什么？
Nǐmen liǎng ge rén de zhǔyào wèntí shì shénme?
너희 두 사람의 주 문제점은 뭐니?

钱不是主要问题。
Qián bú shì zhǔyào wèntí.
돈은 주된 문제가 아니에요.

조동사 1급

0001 会 huì ~할 수 있다, ~에 능하다 [부정형: 不会]

我会说汉语。
Wǒ huì shuō Hànyǔ.
나는 중국어를 할 수 있어.

他很会说话。
Tā hěn huì shuōhuà.
그는 말을 아주 잘해.

我妹妹不会骑自行车。
Wǒ mèimei bú huì qí zìxíngchē.
내 여동생은 자전거를 탈 줄 몰라.

▶ '会…的'의 형식으로 '~할 것이다'라는 가능성을 표현한다. 이때 '的'는 자주 생략된다. 부정형은 '不会…的'이다.

他会考上大学的。
Tā huì kǎoshàng dàxué de.
그는 대학에 붙을 수 있을 거야.

周末不会下雪。
Zhōumò bú huì xiàxuě.
주말에는 눈이 안 올 거야.

동 ~을 할 줄 알다, 이해하다

他会英语。
Tā huì Yīngyǔ.
그는 영어를 할 줄 알아.

今天老师讲的你都会了?
Jīntiān lǎoshī jiǎng de nǐ dōu huì le?
오늘 선생님이 말씀하신 거 다 이해했어?

명 회의, 약속

大家下午四点开会吧。
Dàjiā xiàwǔ sì diǎn kāihuì ba.
여러분 오후 4시에 회의합시다.

▶[보어] '이해하고 터득하는 경지에 이르다'라는 뜻을 나타냄.

他只用一个月就学会了开车。
Tā zhǐ yòng yí ge yuè jiù xuéhuìle kāichē.
그는 한 달 만에 운전을 할 수 있게 되었다.

관련 표현

难者不会，会者不难 nán zhě bú huì, huì zhě bù nán 성 무슨 일을 하든 방법을 모르면 어렵고 방법을 알면 쉽다

0002 能 néng ~할 수 있다, ~할 수 있는 환경이 되다, ~에 능하다
허락할 수 있다, ~할 것이다 [부정형 : 不能]

你能游多少米?
Nǐ néng yóu duōshao mǐ?
넌 수영해서 얼마나 갈 수 있어?

前面有一条河，汽车不能过去。
Qiánmiàn yǒu yì tiáo hé, qìchē bù néng guòqu.
앞에 강이 있어서 자동차는 건널 수 없어요.

我爷爷能喝酒。
Wǒ yéye néng hē jiǔ.
우리 할아버지는 술을 잘 드셔.

这里不能唱歌。
Zhèli bù néng chànggē.
여기서 노래를 하시면 안 됩니다.

他的成绩能好吗?
Tā de chéngjì néng hǎo ma?
저 애 성적이 좋아질 수 있을까요?

tip [能/可以 + 가능 보어] 긍정형 : 조동사 '能(可以)'은 가능 보어의 긍정형에 쓰여 '가능성을 실현할 수 있는 능력이 됨'을 표현한다.

这些水果，你们能吃得完吗?
Zhèxiē shuǐguǒ, nǐmen néng chīdewán ma?
이 과일들을 너희가 다 먹을 수 있어?

명 능력 있는

他是一个好人，也是一个能人。
Tā shì yí ge hǎorén, yě shì yí ge néngrén.
그는 좋은 사람이면서, 유능한 사람이다.

🔹 관련 표현

能者多劳 néng zhě duō láo **성** 능력 있는 사람이 일을 더한다.

无所不能 wú suǒ bù néng **성** 뭐든 못할 게 없다, 뭐든 다 할 수 있다

0003 **想** xiǎng ~하고 싶다, ~하려고 하다, ~할 것이다 [부정형 : 不想]

我想去非洲旅游。
Wǒ xiǎng qù Fēizhōu lǚyóu.
나는 아프리카로 여행 가고 싶어.

[단어] 非洲 Fēizhōu 아프리카

他想后天请客。
Tā xiǎng hòutiān qǐngkè.
그 사람이 모레 한턱내고 싶대.

我想爸爸会同意的。
Wǒ xiǎng bàba huì tóngyì de.
나는 아빠가 동의하실 거라 생각해.

동 생각하다, 그리워하다

妈妈，我很想您。
Māma, wǒ hěn xiǎng nín.
엄마, 너무 보고 싶어요.

🔹 관련 표현

想得开 xiǎngdekāi (여의치 않은 일을) 마음에 두지 않다, 떨쳐버리다 **반의** 想不开 xiǎngbukāi)

想到哪儿去了 xiǎngdào nǎr qù le **관용** 뭘 생각하는 거야

想一出是一出 xiǎng yì chū shì yì chū (꼼꼼히 따져 보지 않고) 생각나는 대로 말하거나 일 처리를 하다

조동사 2급

0001 可能 kěnéng ~할 수도 있다, ~일지도 모른다

周末他可能回韩国。
Zhōumò tā kěnéng huí Hánguó.
주말에 그 사람 한국으로 돌아갈지도 몰라.

형 가능하다

你觉得这可能吗? 我觉得不可能。
Nǐ juéde zhè kěnéng ma? Wǒ juéde bù kěnéng.
넌 이게 가능할 것 같니? 난 불가능한 것 같아.

명 가능성

有这种可能吗?
Yǒu zhè zhǒng kěnéng ma?
이런 가능성이 있을까요?

부 아마도, 어쩌면

他可能不愿意去。
Tā kěnéng bú yuànyì qù.
그는 어쩌면 안 가고 싶을지도 몰라.

0002 可以 kěyǐ ~할 능력이 되다, 객관적으로 어떤 가능성을 갖추고 있다, 정리상 허락하다, ~할 만하다 [부정형 : 不能]

他一个小时可以写一千个字。
Tā yí ge xiǎoshí kěyǐ xiě yìqiān ge zì.
그는 한 시간 동안 1,000자를 쓸 수 있어.

你可以帮忙吗?
Nǐ kěyǐ bāngmáng ma?
도와줄 수 있어요?

你现在可以回去了。
Nǐ xiànzài kěyǐ huíqu le.
넌 지금 돌아가도 돼.

这部电影可以看看。
Zhè bù diànyǐng kěyǐ kànkan.
이 영화는 볼만해.

0003 要 yào ~하려고 하다 [부정형: 不想, 不愿意], ~해야만 한다 [부정형: 不用]

我要去西班牙。
Wǒ yào qù Xībānyá.
난 스페인에 가려고 해.

你要参加篮球比赛。
Nǐ yào cānjiā lánqiú bǐsài.
넌 농구 시합에 참가해야 해.

▶要가 '~해야만 한다'의 뜻으로 쓰일 때는 要 앞에 '必须 bìxū, 应该 yīnggāi, 得 děi' 등을 동반할 수 있다.

明天的会议，你应该要参加。
Míngtiān de huìyì nǐ yīnggāi yào cānjiā.
내일 회의에 자네는 당연히 참가해야 하네.

동 원하다, 필요하다

你还要故宫门票吗?
Nǐ hái yào Gùgōng ménpiào ma?
너 아직도 자금성 입장권 필요해?

동 [사역 동사] ~으로 하여금 ~하게 하다

他是要我去还是要我不去?
Tā shì yào wǒ qù háishi yào wǒ bú qù?
그 사람은 나더러 가라는 거야 아니면 가지 말라는 거야?

어법 - 不要… : ~하지 마라

'不要'는 '~하고 싶지 않다'가 아니라 '~하지 마라'는 금지의 뜻을 나타낸다. '别'와 바꿔 쓸 수 있다.

这件事不要告诉他了。 Zhè jiàn shì búyào gàosu tā le. 이 일은 그에게 알리지 마.
不要说再见。 Búyào shuō zàijiàn. 안녕이라고 말하지 마.

0001 应该 yīnggāi 정리상 마땅히 ~해야 한다, 마땅히 ~할 것이다 [부정형 : 不应该]

年轻人应该多学点东西。
Niánqīngrén yīnggāi duō xué diǎn dōngxi.
젊은이는 당연히 여러 가지를 배워야 한다.

我想他不应该这么做。
Wǒ xiǎng tā bù yīnggāi zhème zuò.
나는 그가 이렇게 해서는 안 된다고 생각해.

如果火车没有晚点，他们应该已经到青岛了。
Rúguǒ huǒchē méiyou wǎndiǎn, tāmen yīnggāi yǐjing dào Qīngdǎo le.
만약에 기차가 연착하지 않았다면, 그들은 이미 칭다오에 도착했을 거야.

[단어] 晚点 wǎndiǎn (차·선박·비행기 따위가) 제 시간에 늦다, 연착하다

0002 愿意 yuànyì ~하길 바라다, 원하다, 기꺼이 ~하겠다 [부정형 : 不愿意]

▶愿意는 내심에서 우러난 적극적이고 진심 어린 '바람'을 나타낸다.

我愿意为你做很多事情。
Wǒ yuànyì wèi nǐ zuò hěn duō shìqing.
나는 너를 위해 많은 것을 할 원해.

我不愿意跟他一起工作。
Wǒ bú yuànyì gēn tā yìqǐ gōngzuò.
나는 그 사람이랑 같이 일하고 싶지 않아요.

어법 - 조동사에서 주의할 점

1. 조동사가 들어간 문장을 부정할 때는 조동사 앞에 부정 부사가 위치한다.

    我想不吃面条。Wǒ xiǎng bù chī miàntiáo. (X)

    我不想吃面条。Wǒ bù xiǎng chī miàntiáo. (O) 난 국수 먹고 싶지 않아요.

2. 조동사는 중첩할 수 없다.

    我要要看。Wǒ yàoyào kàn. (X)

    我要看看。Wǒ yào kànkan. (O) 제가 좀 보려고요.

3. 조동사는 동태 조사나 보어를 동반할 수 없다.

0001 爱 ài 사랑하다, ~하는 걸 좋아하다

我爱你。
Wǒ ài nǐ.
사랑해요.

我妹妹爱看书。
Wǒ mèimei ài kàn shū.
내 여동생은 책 보는 걸 좋아해.

관련 표현

爱面子 ài miànzi 관용 체면을 중시하다

爱屋及乌 ài wū jí wū 성 어떤 사람을 좋아하면 그와 관계된 사람이나 사물도 다 좋아하게 된다, 아내가 사랑스러우면 처갓집 말뚝 보고도 절한다

0002 不客气 búkèqi 천만에요, 괜찮아요 유의 不谢! Bú xiè!
　　　　　　　　　　　　　　　　　　　　　　　不用谢! búyòng xiè!

不客气，这是应该的。
Búkèqi, zhè shì yīnggāi de.
천만에요, 이건 당연한 거에요.

0003 吃 chī 먹다 참고 吃饭馆 chī fànguǎn 외식하다

我吃了一个苹果。
Wǒ chīle yí ge píngguǒ.
나는 사과를 한 개 먹었어.

他只吃了一口，就不吃了。
Tā zhǐ chīle yì kǒu, jiù bù chī le.
그는 한 입만 먹고는 안 먹었어.

관련 표현

吃闭门羹 chī bìméngēng 관용 문전박대당하다, 헛걸음하다

吃不开 chībukāi 관용 통하지 않다, 환영받지 못하다

大吃大喝 dà chī dà hē 성 진탕 먹고 마시다

0004 打电话 dǎ diànhuà 전화를 걸다

참고 公用电话 gōngyòng diànhuà 공중전화

我明天给你打电话。
Wǒ míngtiān gěi nǐ dǎ diànhuà.
내가 내일 너한테 전화할게.

他给你打过电话。
Tā gěi nǐ dǎguo diànhuà.
그 사람이 너한테 전화했었어.

관련 표현

接电话 jiē diànhuà 전화를 받다

挂电话 guà diànhuà 전화를 끊다

占线 zhàn xiàn 통화 중이다

어법 – 전화번호 읽기

전화번호를 읽을 때는 숫자를 하나씩 읽고, '1'은 'yāo'로 읽는다.

0　1　0　6　7　0　2　5　6　8　1　　010 6702 5681
Líng yāo líng liù qī líng èr wǔ liù bā yāo

0005 读 dú 읽다, 학교에 다니다

这本书应该读一读。
Zhè běn shū yīnggāi dú yi dú.
이 책은 꼭 읽어 봐야 해.

我儿子在上海读书。
Wǒ érzi zài Shànghǎi dú shū.
우리 아들은 상하이에서 학교 다녀요.

0006 对不起 duìbuqǐ 미안합니다, 죄송합니다 유의 不好意思 bùhǎoyìsi

A : 对不起! 죄송합니다.
Duìbuqǐ!

B : 没关系! 괜찮아요.
Méi guānxi!

明明，我非常对不起你。
Míngming, wǒ fēicháng duìbuqǐ nǐ.
밍밍, 너한테 너무 미안해.

0007 工作 gōngzuò 일하다

爸爸在公司工作。
Bàba zài gōngsī gōngzuò.
아빠는 회사에서 일하세요.

你在这个公司工作几年了？
Nǐ zài zhège gōngsī gōngzuò jǐ nián le?
당신은 이 회사에서 몇 년 근무하셨나요?

명 직업, 일자리

你哥哥找到工作了吗？
Nǐ gēge zhǎodào gōngzuòle ma?
너희 형 취업했어?

관련 표현

工作狂 gōngzuòkuáng 일벌레 / **工作餐** gōngzuòcān 직장에서 제공하는 식사
工作服 gōngzuòfú 작업복

0008 喝 hē 마시다, 술을 마시다

我想喝茶，你呢？
Wǒ xiǎng hē chá, nǐ ne?
난 차 마시고 싶은데, 너는?

我爸爸爱喝酒。
Wǒ bàba ài hē jiǔ.
우리 아빠는 술을 좋아하셔.

관련 표현

喝西北风 hē xīběifēng 관용 먹을 것이 없다, 굶주리다

0009 回 huí (원래 있던 곳으로) 되돌아가다, (고개·몸을) 돌리다, 회신하다

部长，我们回公司吧。
Bùzhǎng, wǒmen huí gōngsī ba.
부장님, 회사로 돌아가시지요.

我叫了他半天，他才回头看我呢。
Wǒ jiàole tā bàntiān, tā cái huítóu kàn wǒ ne.
내가 한참을 불러서야 그는 고개를 돌려 나를 보았다.

他只回了一次电话。
Tā zhǐ huíle yí cì diànhuà.
그는 단지 전화만 한 번 했어.

양 번, 회, 차례(동작·행위의 횟수를 나타냄) / 종류, 가지(일·사건에 쓰임)

我已经跟他说过几回了。
Wǒ yǐjing gēn tā shuōguo jǐ huí le.
난 벌써 그 친구한테 몇 번이나 말했어.

你这是怎么回事?
Nǐ zhè shì zěnme huí shì?
너 이게 어찌 된 일이니?

관련 표현

一回生，二回熟 yì huí shēng, èr huí shú 관용 처음에는 서툴러도 두 번째는 익숙해진다

起死回生 qǐ sǐ huí shēng 성 죽어 가는 사람이나 망해 가는 사물에 다시 생기를 불어 넣다, 의술이 뛰어나다

0010 叫 jiào ~라고 부르다

他叫金成功。
Tā jiào Jīn Chénggōng.
그는 김성공이라고 해.

▶[사역 동사] ~으로 하여금 ~하게 하다

哥，爸爸叫你去买报纸。
Gē, bàba jiào nǐ qù mǎi bàozhǐ.
오빠, 아빠가 오빠한테 가서 신문 사오래.

어법 - 겸어문 : ~으로 하여금 ~하게 하다

주어 + 사역 동사(请 / 叫 / 让 / 使) + 목적어 + 동사
　　　　　　　　　　　　　　　　　주어

老师叫我们写汉字。 Lǎoshī jiào wǒmen xiě Hànzì.
선생님께서 우리한테 한자를 쓰라고 하셨어. (이 문장에서는 我们이 '겸어'임)

0011 开 kāi 열다, 작동하다, 운전하다, 꽃이 피다, 영업하다, (액체가) 끓다

我哥哥会开车。
Wǒ gēge huì kāichē.
우리 오빠는 운전할 수 있어요.

请给我开门。
Qǐng gěi wǒ kāimén.
문 좀 열어 주세요.

小姐，开张发票，好吗?
Xiǎojiě, kāi zhāng fāpiào, hǎo ma?
아가씨, 영수증을 끊어 주시겠어요?

他开了一家饭馆。
Tā kāile yì jiā fànguǎn.
그는 식당을 열었다.

百合花开了，真好看。
Bǎihéhuā kāi le, zhēn hǎokàn.
백합이 피었네, 정말 예쁘다.

水已经开了，可以泡茶了。
Shuǐ yǐjing kāi le, kěyǐ pào chá le.
물은 이미 끓었어요, 차를 타도 돼요.

▶ [보어] 동사 뒤에 쓰여 나누거나 분리됨을 나타냄.

屋里很热，打开窗户吧。
Wū li hěn rè, dǎkāi chuānghu ba.
방 안이 덥네요, 창문을 열죠.

你走开!
Nǐ zǒukāi!
저리 비켜!

관련 표현

开倒车 kāidàochē 관용 (시대에) 역행하다, 거꾸로 가다.

开夜车 kāiyèchē 관용 (밤을 새워) 공부하다, 일하다

开门见山 kāi mén jiàn shān 성 단도직입적으로 본론에 들어가다, 곧바로 말하다

开天辟地 kāi tiān pì dì 성 천지개벽하다

0012 看 kàn 보다, 방문하다, (관찰을 거쳐) 판단하다, 진료하다, 결정하다, 조심하다
  유의 **瞧** qiáo

我妹妹看电影，我玩电脑。
Wǒ mèimei kàn diànyǐng, wǒ wánr diànnǎo.
내 여동생은 영화를 보고, 난 컴퓨터를 해요.

朋友，我来看你的。
Péngyou, wǒ lái kàn nǐ de.
친구야, 내가 너를 보러 왔단다.

他啊，我看很好。
Tā a, wǒ kàn hěn hǎo.
그 친구 말야, 내가 보기엔 괜찮아.

下午我去医院看了病。
Xiàwǔ wǒ qù yīyuàn kànle bìng.
오후에 나는 병원에 가서 진찰을 받았어.

你自己看着办吧。
Nǐ zìjǐ kànzhe bàn ba.
네가 알아서 해.

看好你的东西！
Kànhǎo nǐ de dōngxi!
네 물건 잘 챙겨!

관련 표현

看不下去 kànbuxiàqù 관용 더 이상 못 보겠다, 눈뜨고 볼 수 없다

看着办 kànzhe bàn 관용 알아서 (처리)하다

看走眼 kàn zǒuyǎn 관용 잘못 보다, 잘못된 판단을 하다

0013 看见 kàn//jiàn 보이다, 보다

我在火车站看见他了。
Wǒ zài huǒchēzhàn kànjiàn tā le.
나 기차역에서 그 사람을 봤어요.

从这儿看不见我们学校。
Cóng zhèr kànbujiàn wǒmen xuéxiào.
여기서는 우리 학교가 안 보여요.

0014 来 lái 오다, 대동사로 쓰임, (어떤 일이) 생기다, 주동적으로 어떤 동작을 하다

我叔叔来了。
Wǒ shūshu lái le.
우리 삼촌이 오셨어.

唱得太好了，再来一个吧。
Chàng de tài hǎo le, zài lái yí ge ba.
노래 정말 잘하시네요. 앵콜!

问题来了，我们一定要解决。
Wèntí lái le, wǒmen yídìng yào jiějué.
문제가 생기면 우리는 반드시 해결해야 해요.

我来帮你写吧！
Wǒ lái bāng nǐ xiě ba!
내가 대신 써 줄게.

哎，来吧！
Āi, lái ba!
어이, 덤벼!

▶[보어] 방향 보어, 가능 보어로 쓰임.

他到我这儿来了。
Tā dào wǒ zhèr lái le.
그는 나한테 왔어.

我明天回不来。
Wǒ míngtiān huíbulái.
난 내일 돌아올 수 없어.

▶[개수] 수사나 수량사구 뒤에 쓰여 개수를 나타냄.

他三十来岁。
Tā sānshí lái suì.
그는 30대 초반이에요.

어법 - 방향 보어의 종류

1. 단순 방향 보어: 来, 去
2. 방향 동사로 된 방향 보어: 上, 下, 进, 出, 回, 过, 起, 到
3. 복합 방향 보어: [방향 동사 + 来 / 去]의 결합 형태 (예: 上来, 进去)

0015 买 mǎi 사다 [BCT1] 반의 卖 mài 팔다 참고 买卖 mǎimài 매매, 거래, 사업

我买了三本书。
Wǒ mǎile sān běn shū.
나는 책을 세 권 샀어요.

这些菜买了一个星期了。
Zhèxiē cài mǎile yí ge xīngqī le.
이 반찬들은 사다 놓은 지 1주일 되었어.

관련 표현

现买现卖 xiàn mǎi xiàn mài 관용 방금 배운 것으로 다른 사람을 가르치다

0016 没关系 méi guānxi 괜찮습니다

유의 没事儿 méishìr, 无所谓 wúsuǒwèi, 不要紧 búyàojǐn

没关系，你喝吧。
Méi guānxi, nǐ hē ba.
괜찮아, 너 마셔.

0017 没有 méiyǒu ~을 가지고 있지 않다

▶동사 '有'의 부정형이다. '没'로 줄여 쓸 수 있다.

❶ 소유하고 있지 않음을 표현한다.

我没有手表。
Wǒ méiyǒu shǒubiǎo.
난 시계가 없어요.

❷존재하고 있지 않음을 표현한다.

这儿附近没有饭店。
Zhèr fùjìn méiyǒu fàndiàn.
이 근처에는 호텔이 없어요.

❸수량이 많지 않음을 표현한다.

我看他没有三十。
Wǒ kàn tā méiyǒu sānshí.
내가 보기에 그 사람은 서른 살이 안 됐어.

❹[비교문] 'A 没有 B 这么(那么)…' 형식으로 열등 비교를 나타낸다.

这里的冬天没有哈尔滨冷。
Zhèli de dōngtiān méiyǒu Hā'ěrbīn lěng.
이곳의 겨울은 하얼빈만큼 춥지 않아요.

❺연동문에 쓴다.

家里没有饭吃, 怎么办?
Jiā li méiyǒu fàn chī, zěnme bàn?
집에 먹을 게 없는데, 어쩌죠?

❻겸어문에 쓴다.

你这么可爱, 怎么没有人喜欢你呢?
Nǐ zhème kě'ài, zěnme méiyǒu rén xǐhuan nǐ ne?
네가 이렇게 사랑스러운데, 왜 널 좋아하는 사람이 없는 거야?

🄑 부정 부사

▶'没有'는 부사로 쓰일 때 'méiyou'로 읽으며, '没'로 줄여 쓸 수 있다.

❶동사를 수식해 어떤 일이 발생하지 않았음을 표현한다.

今天早上我没有吃早饭。
Jīntiān zǎoshang wǒ méiyou chī zǎofàn.
오늘 아침에 난 아침밥을 먹지 못했어.

❷아직 어떤 일을 시작하지 않았거나, 완성하지 못했음을 표현한다.

他还没走呢。
Tā hái méi zǒu ne.
그 친구 아직 안 갔어요.

我还没写完信呢。
Wǒ hái méi xiě wán xìn ne.
나는 아직 편지를 다 못 썼어요.

❸과거의 경험을 부정한다.

我以前没有去过日本。
Wǒ yǐqián méiyou qùguo Rìběn.
난 전에 일본에 가 본 적이 없어요.

我真的没说过你的坏话。
Wǒ zhēn de méi shuōguo nǐ de huàihuà.
난 정말로 네 뒷말을 한 적이 없어.

❹진행형을 부정하며, 조사 '呢'를 동반한다.

他没有玩儿电脑，他在看书呢。
Tā méiyou wánr diànnǎo, tā zài kàn shū ne.
그는 컴퓨터를 하는 게 아니라, 책을 보고 있어요.

她没在画画，她在唱歌。
Tā méi zài huàhuà, tā zài chànggē.
그녀는 그림을 그리지 않고, 노래를 하고 있어요.

관련 표현

没的说 méi de shuō 관용 두말할 필요 없다, 문제없다

没门儿 méi ménr 관용 방법이 없다, 어림없다, 소용없다

没说的 méi shuō de 관용 나무랄 데 없다, 두말할 필요 없다

没法说 méifǎ shuō 관용 설명할 방법이 없다, 너무 형편없어 말할 수가 없다

没戏 méixì 관용 가망이 없다, 가능성이 없다

0018 请 qǐng ~하십시오, 청하다, ~을 초대해 ~하게 하다

请坐！
Qǐng zuò!
앉으세요!

今天我请你吃饭。
Jīntiān wǒ qǐng nǐ chīfàn.
오늘은 제가 밥 살게요.

你去请他来。
Nǐ qù qǐng tā lái.
가서 그분을 좀 모셔와요.

0019 去 qù ~으로 가다, 제거하다, ~하러 가다

你去哪儿?
Nǐ qù nǎr
어디 가요?

这种水果去了皮才能吃。
Zhè zhǒng shuǐguǒ qùle pí cái néng chī.
이 과일은 껍질을 벗겨야 먹을 수 있어요.

我去喝茶。
Wǒ qù hē chá.
난 차 마시러 가요.

▶ [보어] 동사 뒤에 쓰여 어떤 일을 하러 감을 나타냄.

他们喝酒去。
Tāmen hē jiǔ qù.
그 사람들은 술 마시러 가요.

▶ [보어] 동사 뒤에 쓰여 동작의 계속을 나타냄.

我们从这儿过不去。
Wǒmen cóng zhèr guòbuqù.
우리는 여기에서 건너갈 수 없어요.

어법 - 가능 보어의 주의 사항

1. 가능 보어는 결과 보어와 방향 보어만 될 수 있다.
   吃得完 chīdewán 다 먹을 수 있다
   回得来 huídelái 돌아올 수 있다

2. 가능 보어의 부정형은 [동사 + 不 + 가능 보어]이다.
   七点以前他们回不来。 7시 전에 그들은 돌아올 수 없어요.
   Qī diǎn yǐqián tāmen huíbulái.

3. 가능 보어를 쓰는 문장의 정반 의문문
   早晨五点钟你起得来起不来? 아침 5시에 너 일어날 수 있어 없어?
   Zǎochén wǔ diǎnzhōng nǐ qǐdelái qǐbulái?

0020 认识 rènshi 인식하다, 알다 유의 知道 zhīdào

他认识你吧?
Tā rènshi nǐ ba?
그 사람이 너 알지?

我认识这个字。
Wǒ rènshi zhège zì.
나는 이 글자를 알아요.

0021 是 shì 이다, ~에 있다

她妈妈是老师。
Tā māma shì lǎoshī.
그 애 엄마는 선생님이에요.

医院前面是一家餐厅。
Yīyuàn qiánmiàn shì yì jiā cāntīng.
병원 앞에 식당이 있어요.

他是他，我是我。
Tā shì tā, wǒ shì wǒ.
그는 그고, 나는 나죠.

▶[강조 용법] '是…的' 구문에 쓰여 장소, 시간, 방식, 목적 등을 강조하며, 부정형은 '不是…的'를 쓴다.

他们是昨天到的。
Tāmen shì zuótiān dào de.
그들은 어제 도착했어요.

我们是坐飞机来的。
Wǒmen shì zuò fēijī lái de.
우리는 비행기를 타고 왔어요.

是他让你来这儿的吗?
Shì tā ràng nǐ lái zhèr de ma?
그 사람이 널 여기에 오게 한 거야?

▶[고정구] A 是 A, 可是(不过)… ~하긴 한데, 그게 말이죠~

这件衣服好看是好看，可是有点儿贵。
Zhè jiàn yīfu hǎokàn shì hǎokàn, kěshì yǒudiǎnr guì.
이 옷은 예쁘기는 한데, 조금 비싸요.

0022 睡觉 shuì//jiào 잠자다

你晚上几点睡觉？
Nǐ wǎnshang jǐ diǎn shuìjiào?
너는 밤에 몇 시에 자?

我每天睡午觉。
Wǒ měitiān shuì wǔjiào.
나는 매일 낮잠을 자.

星期天我睡了十个小时。
Xīngqītiān wǒ shuìle shí ge xiǎoshí.
일요일에 나는 10시간을 잤어.

관련 표현

睡懒觉 shuì lǎn jiào 늦잠을 자다

睡不着觉 shuìbuzháo jiào 잠을 잘 수가 없다, 잠이 안 오다

0023 说 shuō 말하다, 꾸짖다, 질책하다

我会说汉语。
Wǒ huì shuō Hànyǔ.
나는 중국어를 말할 줄 알아요.

他说他是中国人。
Tā shuō tā shì Zhōngguórén.
그는 자기가 중국인이라고 했어요.

我说了他几句，他就哭了。
Wǒ shuōle tā jǐ jù, tā jiù kū le.
내가 그애한테 싫은 소리 몇 마디 했더니, 울어 버리더라고.

관련 표현

说白了 shuō bái le 관용 툭 까놓고 말하다, 툭 터놓고 얘기하다

说不过 shuō bú guò 관용 설득시킬 수 없다, 말로는 당해 낼 수가 없다

说到底 shuō dàodǐ 관용 근본적으로 말해서, 결론적으로 말해서

0024 听 tīng 듣다, (다른 사람 말이나 의견을) 받아들이다

谁喜欢听音乐?
Shéi xǐhuan tīng yīnyuè?
누가 음악 감상을 좋아하죠?

好的，我听你的。
Hǎo de, wǒ tīng nǐ de.
좋아, 네 말 들을게.

관련 표현

爱听不听 ài tīng bu tīng 관용 듣든지 말든지

听不进去 tīng bu jìnqu 관용 (권고·충고·의견 등을) 받아들이지 않다, 듣지 않다

听天由命 tīng tiān yóu mìng 성 운명을 하늘에 맡기다

0025 喜欢 xǐhuan 좋아하다, ~하는 것을 좋아하다

▶동사성 단어를 목적어로 동반할 수 있다.

我喜欢汉语。
Wǒ xǐhuan Hànyǔ.
나는 중국어를 좋아해.

你喜欢做什么?
Nǐ xǐhuan zuò shénme?
너는 뭐하는 거 좋아해?

0026 下雨 xiàyǔ 비 오다

外边下雨，你带伞吧。
Wàibian xiàyǔ, nǐ dài sǎn ba.
밖에 비 와요. 우산 챙겨요.

今天早上下了一场雨。
Jīntiān zǎoshang xiàle yì cháng yǔ.
오늘 아침에 비가 한 차례 왔어요.

관련 표현

倾盆大雨 qīng pén dà yǔ (성) 대야를 엎은 듯 큰비가 내리다, 임무가 과다하고 막중하여 처리하기 벅차다

雨过天晴 yǔ guò tiān qíng (성) 상황이 호전되다

[보충 단어 - 비]

阵雨 zhènyǔ 소나기 / **及时雨** jíshíyǔ 단비 / **毛毛雨** máomaoyǔ 가랑비, 이슬비, 안개비 / **雷阵雨** léizhènyǔ 천둥과 번개를 동반한 소나기

0027 写 xiě 쓰다

他给朋友写信。
Tā gěi péngyou xiě xìn.
그는 친구에게 편지를 쓰고 있어.

我姐姐正在写小说。
Wǒ jiějie zhèngzài xiě xiǎoshuō.
우리 언니는 소설을 쓰는 중이야.

0028 谢谢 xièxie 고맙습니다, 감사합니다

A : **谢谢!** 고맙습니다.
Xièxie!

B : **不客气!** 별말씀을요.
Búkèqi!

谢谢大家的照顾!
Xièxie dàjiā de zhàogù!
여러분의 배려에 감사드립니다.

0029 学习 xuéxí 공부하다

你最近学习什么?
Nǐ zuìjìn xuéxí shénme?
너 요즘 무슨 공부하니?

명 학습

孩子的学习习惯非常重要。
Háizi de xuéxí xíguàn fēicháng zhòngyào.
아이의 학습 습관은 아주 중요하다.

0030 有 yǒu 가지고 있다, ~에 존재하고 있다, (수량이) ~에 달하다, 많이 있다

他有两个儿子和一个女儿。
Tā yǒu liǎng ge érzi hé yí ge nǚ'ér.
그는 아들 둘과 딸 하나를 두고 있어요.

公司附近有两家银行。
Gōngsī fùjìn yǒu liǎng jiā yínháng.
회사 근처에 은행이 두 곳 있어요.

中国有十四亿人口。
Zhōngguó yǒu shísì yì rénkǒu.
중국의 인구는 14억에 달합니다.

他家很有钱。
Tā jiā hěn yǒu qián.
그 사람네 집에 돈이 아주 많아요.

▶[비교문] A 有 B 这么(那么)… : A는 B만큼 (그렇게) ~하다

他有你这么高。
Tā yǒu nǐ zhème gāo.
그 애는 너만큼 커.

▶[연동문] 주어 + 有(제1 동사) + 목적어 + 동사(제2 동사) : ~할 ~이 있다

我有衣服穿。
Wǒ yǒu yīfu chuān.
나는 입을 옷이 있어요.

▶[겸어문] 有 + 겸어 + 동작 : 누군가 ~하고 있다

姐，有人在外边叫你。
Jiě, yǒu rén zài wàibian jiào nǐ.
언니, 누가 밖에서 언니를 불러.

0031 再见 zàijiàn 안녕히 가세요, 잘 가

A : 再见!
Zàijiàn!
안녕히 가세요.

B : 再见!
Zàijiàn!
안녕히 계세요.

0032 在 zài ~에 있다

姐姐在学校。
Jiějie zài xuéxiào.
언니는 학교에 있어요.

전 ~에서

他在家看电视。
Tā zài jiā kàn diànshì.
그는 집에서 TV를 보고 있어요.

부 ~하는 중이다(진행 부사로 진행문을 만들 때 쓴다.)

我们在学习(呢)。
Wǒmen zài xuéxí (ne).
우리는 공부하고 있어요.

▶[보어] ~에 있다(在를 결과 보어로 쓸 때는 주로 '把字句' 형식에 쓴다.)

把书放在那儿吧。
Bǎ shū fàngzài nàr ba.
책은 저쪽에 놔 주세요.

0033 住 zhù 살다, 머물다, 입원하다

他住在英国。
Tā zhùzài Yīngguó.
그는 영국에 살아요.

在这儿住一晚上多少钱?
Zài zhèr zhù yì wǎnshang duōshǎo qián?
여기서 하룻밤 묵는 데 얼마예요?

去年我住过院。
Qùnián wǒ zhùguo yuàn.
작년에 난 입원했었어.

0034 坐 zuò 앉다, 타다

你坐这儿吧。
Nǐ zuò zhèr ba.
여기 앉으세요.

我还没坐过飞机呢。
Wǒ hái méi zuòguo fēijī ne.
나는 아직 비행기를 못 타 봤어요.

0035 做 zuò 하다, 만들다, 종사하다, 담당하다 유의 干 gàn, 作 zuò

这是我做的意大利面。
Zhè shì wǒ zuò de yìdàlì miàn.
이건 내가 만든 스파게티야.

你爸爸做什么工作?
Nǐ bàba zuò shénme gōngzuò?
너희 아빠는 무슨 일 하셔?

我做不了他们的老师。
Wǒ zuòbuliǎo tāmen de lǎoshī.
난 그 애들의 선생님이 될 수 없어요.

동사 2급

0001 帮助 bāngzhù 도와주다 유의 帮忙 bāngmáng

你放心，我们可以帮助他们。
Nǐ fàngxīn, wǒmen kěyǐ bāngzhù tāmen.
안심하세요, 우리가 그들을 도울 수 있어요.

谢谢，但是我们不需要你们的帮助。
Xièxie, dànshì wǒmen bù xūyào nǐmen de bāngzhù.
고마워요, 하지만 저희는 여러분의 도움이 필요 없습니다.

帮助 vs 帮忙

帮助는 주로 기술 제공이나 물질적인 지원을 뜻하며, 帮忙은 다른 사람의 일손을 덜어주는 것을 뜻한다. 帮助는 동사로 목적어를 동반할 수 있지만, 帮忙은 이합사이므로 목적어를 동반할 수 없다.

我要帮助他。Wǒ yào bāngzhù tā. (O) 나는 그를 도우려 해.
我要帮忙他。(X) → 我要帮他的忙。Wǒ yào bāng tā de máng. (O)

0002 唱歌 chàng//gē 노래하다

我妹妹喜欢唱歌。
Wǒ mèimei xǐhuan chànggē.
내 여동생은 노래 부르는 걸 좋아해요.

我朋友唱歌唱得很好。
Wǒ péngyou chànggē chàng de hěn hǎo.
내 친구는 노래를 잘 불러요.

관련 표현

唱反调 chàng fǎndiào 관용 상반된 주장을 내세우고 상반된 행동을 하다

唱高调 chàng gāodiào 관용 말만 번드르르하게 하고 실천하지 않다

0003 出 chū 나오다, 나가다, 문제를 내다, 생산되다, 일어나다

他以前没出过中国。
Tā yǐqián méi chūguo Zhōngguó.
그는 전에 중국을 나가 본 적이 없어요.

你快出来吧，我们到了。
Nǐ kuài chūlai ba, wǒmen dào le.
너 어서 나와, 우리 도착했어.

老师已经出考题了。
Lǎoshī yǐjing chū kǎotí le.
선생님은 이미 시험 문제를 내셨다.

这里出盐，产量全国第一。
Zhèli chū yán, chǎnliàng quánguó dìyī.
이곳에서는 소금이 나는데, 생산량이 전국 제일이야.

你快去看看他吧，他出事了。
Nǐ kuài qù kànkan tā ba, tā chūshì le.
너 얼른 그 친구한테 가 봐, 그 친구 사고 났어.

관련 표현

出难题 chū nántí 관용 고의로 남을 애먹이다, 어려운 문제를 내다

出气筒 chūqìtǒng 관용 화풀이 대상

出尔反尔 chū ěr fǎn ěr 성 네가 한 대로 네게 돌아간다

出口成章 chū kǒu chéng zhāng 성 글재주와 말재주가 뛰어나다

青出于蓝而胜于蓝 qīng chūyú lán ér shèngyú lán 성 청출어람, 제자가 스승보다 낫거나 후세 사람이 조상을 능가하는 것을 비유

0004 穿 chuān 입다, 통과하다

今天我去见男朋友，穿什么衣服好呢?
Jīntiān wǒ qù jiàn nánpéngyou, chuān shénme yīfu hǎo ne?
오늘 내가 남자 친구 만나러 가는데, 어떤 옷을 입으면 좋을까?

穿过这条路就到了。
Chuānguò zhè tiáo lù jiù dào le.
이 길을 통과하면 바로 도착해요.

打篮球 dǎ lánqiú 농구를 하다

下了汉语课我们去打篮球吧。
Xiàle hànyǔ kè wǒmen qù dǎ lánqiú ba.
중국어 수업 끝나고 농구하러 가자.

你篮球打得好吧?
Nǐ lánqiú dǎ de hǎo ba?
너 농구 잘하지?

 到 dào 도착하다, ~으로 향해 가다

我们已经到机场了。
Wǒmen yǐjing dào jīchǎng le.
우리는 이미 공항에 도착했어요.

有时间到我家来玩儿吧。
Yǒu shíjiān dào wǒ jiā lái wánr ba.
시간 되면 우리 집에 놀러 와요.

▶[보어] 동사 뒤에 쓰여 목적에 도달했거나 결과가 있음을 나타냄.

我已经买到机票了。
Wǒ yǐjing mǎidào jīpiào le.
나는 이미 항공권을 샀어요.

这件事我一个人做不到。
Zhè jiàn shì wǒ yí ge rén zuòbudào
이 일은 나 혼자서는 못해요.

관련 표현

说曹操，曹操就到 shuō Cáo Cāo, Cáo Cāo jiù dào 〔속담〕호랑이도 제 말하면 온다

说到做到 shuō dào zuò dào 〔성〕약속은 반드시 지키다

 等 děng 기다리다, ~할 때를 기다리다

妈妈等你等了很长时间了。
Māma děng nǐ děngle hěn cháng shíjiān le.
엄마가 너 기다리신 지 오래됐어.

等他回来后，再说吧。
Děng tā huílai hòu, zàishuō ba.
그가 돌아오면 다시 얘기해요.

명 등급

他拿了一等奖。
Tā nále yì děng jiǎng.
그는 1등 상을 받았다.

조 등(等과 等等으로 쓸 수 있다.)

参加这次比赛的有中国、韩国、日本等国家。
Cānjiā zhè cì bǐsài de yǒu Zhōngguó、Hánguó、Rìběn děng guójiā.
이번 대회에 참가한 국가에는 중국, 한국, 일본 등이 있습니다.

家里有水果、肉、鸡蛋等等。
Jiā li yǒu shuǐguǒ、ròu、jīdàn děngděng.
집에 과일, 고기, 계란 등이 있어요.

0008 懂 dǒng 이해하다, 알다 **유의** 知道 zhīdào, 明白 míngbai

她说的我都懂了。
Tā shuō de wǒ dōu dǒng le.
그녀가 말한 것을 나는 다 알아들었어.

他懂英语。
Tā dǒng Yīngyǔ.
그는 영어를 할 줄 알아.

🗨️ 관련 표현

似懂非懂 sì dǒng fēi dǒng **성** 아는 듯 모르는 듯하다

0009 告诉 gàosu 알려 주다 **유의** 通知 tōngzhī

▶이중 목적어를 동반한다.

我要告诉你一件事情。
Wǒ yào gàosu nǐ yí jiàn shìqing.
너에게 알려 줄 일이 하나 있어.

你在家等着，我去告诉他。
Nǐ zài jiā děngzhe, wǒ qù gàosu tā.
넌 집에서 기다리고 있어, 내가 그에게 가서 알려 줄게.

> 어법 – 이중 목적어를 동반하는 동사

给 gěi 주다 / 问 wèn 묻다 / 找 zhǎo 거슬러 주다 / 还 huán 돌려주다 / 回答 huídá 대답하다 / 教 jiāo 가르치다 / 送 sòng 보내다 / 叫 jiào ~라 부르다 / 称 chēng ~이라 칭하다

〈주의〉 '借 jiè 빌려 주다 / 分 fēn 나누어 주다 / 卖 mài 팔다 / 交 jiāo 제출하다 / 寄 jì 부치다 / 递 dì 건네주다 등의 동사는 [동사 + 결과 보어 给 + 이중 목적어] 형식으로 쓴다.

0010 给 gěi 주다 [반의] 收 shōu 받다

▶给는 이중 목적어를 동반하는데, 직접 목적어는 주로 [수량사 + 명사] 형식을 띤다.

我这儿有两个，给你一个。
Wǒ zhèr yǒu liǎng ge, gěi nǐ yí ge.
나한테 두 개 있어, 너한테 한 개 줄게.

전 ~에게

我想给你买车。
Wǒ xiǎng gěi nǐ mǎi chē.
난 당신에게 차를 사 주고 싶어.

▶[보어] 给가 결과 보어로 쓰여 주로 '把자문' 형식에 쓰인다.

你把这本书还给他吧。
Nǐ bǎ zhè běn shū huángěi tā ba.
네가 이 책 좀 그에게 돌려줘.

0011 介绍 jièshào 소개하다, 설명하다, 추천하다 BCT1

我给他介绍了我们班的一个女生。
Wǒ gěi tā jièshàole wǒmen bān de yí ge nǚshēng.
나는 그에게 우리 반의 한 여학생을 소개해 주었다.

他把小王介绍给这个公司了。
Tā bǎ Xiǎo Wáng jièshào gěi zhège gōngsī le.
그가 왕 군을 이 회사에 추천했어요.

他刚才介绍了两个小时，应该累了吧?
Tā gāngcái jièshàole liǎng ge xiǎoshí, yīnggāi lèile ba?
그 사람 방금 전에 두 시간이나 설명했는데, 당연히 피곤하겠죠?

0012 进 jìn 들어가다 반의 出 chū 나가다

请进!
Qǐng jìn!
들어오세요.

快进来吧，外边风大。
Kuài jìnlai ba, wàibian fēng dà.
어서 들어와요. 밖에 바람이 많이 불어요.

0013 觉得 juéde ~라고 느끼다, ~라고 여기다 유의 感到 gǎndào

我觉得还是有点儿疼。
Wǒ juéde háishi yǒudiǎnr téng.
난 여전히 조금 아픈 것 같아요.

我觉得这件衣服比那件好。
Wǒ juéde zhè jiàn yīfu bǐ nà jiàn hǎo.
난 이 옷이 저 옷보다 나아 보여.

0014 开始 kāishǐ 시작하다

我们准备好了，可以开始了。
Wǒmen zhǔnbèihǎo le, kěyǐ kāishǐ le.
우리는 준비됐어요. 시작해서도 돼요.

不知为什么从昨天晚上开始头很疼。
Bù zhī wèishénme cóng zuótiān wǎnshang kāishǐ tóu hěn téng.
왜 그런지 모르겠는데, 어제 저녁부터 머리가 아파요.

0015 旅游 lǚyóu 여행하다 유의 旅行 lǚxíng

▶旅游는 자동사로 반드시 '去(来) 장소 + 旅游' 형식으로 쓴다.

下个月我们去中国旅游。
Xià ge yuè wǒmen qù Zhōngguó lǚyóu.
다음 달에 우리는 중국으로 여행 가요.

冬天去南方旅游好。
Dōngtian qù nánfāng lǚyóu hǎo.
겨울에는 남방으로 여행 가는 것이 좋다.

[보충 단어 - 관광]

导游 dǎoyóu 관광 가이드 / **风景区** fēngjǐngqū 관광지 / **门票** ménpiào 입장권 / **索道** suǒdào 케이블카

0016 卖 mài 팔다, 배신하다, 힘을 다하다 BCT1 반의 买 mǎi 사다

我把小狗卖给他了。
Wǒ bǎ xiǎo gǒu màigěi tā le.
나는 강아지를 그에게 팔았어요.

怎么能把好朋友卖出去呢?
Zěnme néng bǎ hǎo péngyou màichuqu ne?
어떻게 친한 친구를 팔아먹을 수가 있어?

他非常卖命地工作。
Tā fēicháng màimìng de gōngzuò.
그는 죽어라 일을 한다.

0017 跑步 pǎo∥bù 달리다

他每天早上跑步。
Tā měitiān zǎoshang pǎobù.
그는 매일 아침 달리기를 해요.

我爸爸每天跑一个小时步。
Wǒ bàba měitiān pǎo yí ge xiǎoshí bù.
우리 아빠는 매일 한 시간씩 달려요.

🐵 관련 표현

马拉松 mǎlāsōng 마라톤 / 晨跑 chénpǎo 조깅

0018 起床 qǐ∥chuáng 일어나다 유의 起来 qǐlai

爷爷已经起床了，你去看看他。
Yéye yǐjing qǐchuáng le, nǐ qù kànkan tā.
할아버지는 벌써 일어나셨다. 가서 뵈려무나.

他是凌晨四点起的床。
Tā shì língchén sì diǎn qǐ de chuáng.
그는 새벽 4시에 일어났어요.

0019 让 ràng 양보하다, ~으로 하여금 ~하게 하다

▶ 사역 동사로 쓰일 때, 부정형 '不让'으로 많이 쓰이고 '불허'를 나타낸다.

我是姐姐，就让给你了。
Wǒ shì jiějie, jiù rànggěi nǐ le.
내가 언니니까, 너한테 양보할게.

先生，让我过去好吗?
Xiānsheng, ràng wǒ guòqu hǎo ma?
아저씨, 제가 좀 지나가도 될까요?

妈妈不让我去朋友家玩儿。
Māma bú ràng wǒ qù péngyou jiā wánr.
엄마는 내가 친구집으로 놀러 못 가게 하셔.

🐵 관련 표현

让我说你什么好 ràng wǒ shuō nǐ shénme hǎo 관용 내가 뭐라고 해야 할지 모르겠다! 내가 너한테 무슨 말을 하겠니!

0020 上班 shàng∥bān 출근하다 BCT1 반의 下班 xià∥bān 퇴근하다

最近公司很忙，我爸爸星期六也上班。
Zuìjìn gōngsī hěn máng, wǒ bàba xīngqīliù yě shàngbān.
요즘 회사가 바빠서, 우리 아빠는 토요일에도 출근하신다.

你们公司上几天班?
Nǐmen gōngsī shàng jǐ tiān bān?
너희 회사는 며칠 근무하니?

> 관련 표현

上班族 shàngbānzú. **工薪族** gōngxīnzú 월급쟁이, 샐러리맨

0021 生病 shēng∥bìng 병이 나다 유의 病 bìng, 得病 débìng

他小时候经常生病。
Tā xiǎoshíhou jīngcháng shēngbìng.
그는 어릴 때 병을 달고 살았다.

她生了几天病，瘦了很多。
Tā shēngle jǐ tiān bìng, shòule hěn duō.
그녀는 며칠 앓고 나서 많이 수척해졌다.

0022 说话 shuō∥huà 말하다 유의 聊天 liáo∥tiān

我想跟你说话。
Wǒ xiǎng gēn nǐ shuōhuà.
나 너랑 이야기하고 싶어.

刚才你们说什么话了?
Gāngcái nǐmen shuō shénme huà le?
방금 전에 너희들 무슨 말 했어?

> 관련 표현

好说话 hǎo shuōhuà 관용 말이 잘 통하다, 쉽게 부탁할 수 있다, 말하기가 편하다
话里话外 huà li huà wài 관용 말의 속뜻
话说回来 huà shuō huílai 관용 그건 그렇고, 말을 원점으로 다시 돌려 이야기하면
一句话的事 yí jù huà de shì 관용 한 마디 말이면 해결될 일
说来话长 shuō lái huà cháng 성 말하자면 길다, 이야기하자면 끝이 없다

0023 送 sòng 보내다, 주다, 배웅하다

▶이중 목적어를 동반하기도 하며, 사역 동사로 쓰이기도 한다.

他又送了我一件礼物。
Tā yòu sòngle wǒ yí jiàn lǐwù.
그는 또 나에게 선물을 주었다.

坐我的车吧，我送你回家。
Zuò wǒ de chē ba, wǒ sòng nǐ huíjiā.
내 차 타, 내가 집에 바래다줄게.

관련 표현

送上门 sòng shàngmén 관용 제 발로 찾아오다, 스스로 나타나다, 상품을 집까지 배달하다

雪中送炭 xuě zhōng sòng tàn 성 눈 속에 숯을 보내 따뜻하게 해 주다, 다른 사람이 급할 때 도움을 주다

0024 踢足球 tī zúqiú 축구를 하다 참고 球迷 qiúmí 축구팬

爸爸每星期天去踢足球。
Bàba měi xīngqītiān qù tī zúqiú.
아빠는 매주 일요일에 축구를 하러 가신다.

他足球踢得比我好。
Tā zúqiú tī de bǐ wǒ hǎo.
그는 축구를 나보다 잘한다.

0025 跳舞 tiào//wǔ 춤추다

我想跟你跳舞，可以吗?
Wǒ xiǎng gēn nǐ tiàowǔ, kěyǐ ma?
제가 당신과 춤을 추고 싶은데, 괜찮을까요?

她会跳芭蕾舞。
Tā huì tiào bāléiwǔ.
그녀는 발레를 할 줄 안다.

[보충 단어 - 춤]

拉丁爵士 lādīngjuéshì 라틴 댄스 / 嘻哈 xīhā 힙합 / 健身舞 jiànshēnwǔ 에어로빅 / 民族舞 mínzúwǔ 민족 무용 / 肚皮舞 dùpíwǔ 벨리 댄스 / 交谊舞 jiāoyìwǔ 사교춤 / 探戈 tàngē 탱고 / 国际标准舞 guójì biāozhǔnwǔ 댄스 스포츠(International Standard)

0026 完 wán 끝나다, 완성하다, 끝장나다 ☐☐☐

▶동사 자체로 쓰기보다 주로 결과 보어로 많이 쓴다.

如果他出事，我跟你没完。
Rúguǒ tā chūshì, wǒ gēn nǐ méi wán.
만약 그에게 일이 생기면, 내가 너를 가만히 놔두지 않겠어.

你吃完饭后再走吧。
Nǐ chīwán fàn hòu zài zǒu ba.
너 밥 다 먹은 후에 가.

我完了，这怎么办呢?
Wǒ wán le, zhè zěnme bàn ne?
난 끝장났어, 어쩜 좋아?

관련 표현

跟…没完 gēn…méi wán 관용 ~과 끝까지 하다, ~과 끝장을 보겠다

这下完了 zhèxià wán le 관용 이번에는 글렀어! 이번에는 끝장이야!

没完没了 méi wán méi liǎo 성 말이나 일이 한도 끝도 없다

0027 玩 wán 놀다, (오락·체육 활동을) 하다, 가지고 놀다 ☐☐☐

弟弟和妹妹在外边玩儿。
Dìdi hé mèimei zài wàibian wánr.
남동생과 여동생은 밖에서 논다.

他们在玩儿扑克。
Tāmen zài wánr pūkè.
그들은 포커를 하고 있다.

你怎么也玩儿不过我!
Nǐ zěnme yě wánrbuguò wǒ!
네가 아무리 까불어 봐야 나한텐 안 되지.

관련 표현

玩儿命 wánrmìng 필사적으로 어떤 일을 하다

吃喝玩乐 chī hē wán lè 성 먹고 마시고 놀며 즐기다
(회화에서 '요즘 하는 일 없이 먹고 놀며 지낸다'라는 뜻으로 많이 응용된다.)

0028 问 wèn (모르는 것을) 묻다

▶이중 목적어를 동반한다.

我想问你一个问题。
Wǒ xiǎng wèn nǐ yí ge wèntí.
너한테 묻고 싶은 게 하나 있어.

我问过小王，他也不知道。
Wǒ wènguo Xiǎo Wáng, tā yě bù zhīdào.
내가 왕 군한테 물어봤는데, 그 친구도 몰라.

관련 표현

一问三不知 yí wèn sān bù zhī 성 한 번 물으면 세 번 모른다고 하다, 절대로 모른 체하다, 시치미를 뚝 떼다

0029 希望 xīwàng 희망하다

我希望能出国留学。
Wǒ xīwàng néng chūguó liúxué.
나는 해외로 유학 갈 수 있기를 바란다.

명 소망, 희망의 대상, 가능성

你的希望会实现的。
Nǐ de xīwàng huì shíxiàn de.
너의 희망은 이루어질 거야.

孩子，你是我们的希望，知道吗?
Háizi, nǐ shì wǒmen de xīwàng, zhīdào ma?
얘야, 넌 우리의 희망이야, 알겠니?

希望还是有的。
Xīwàng háishi yǒu de.
그래도 희망은 있어.

중국 문화 - 希望工程 xīwàng gōngchéng 희망 프로젝트

'中国青少年发展基金会 Zhōngguó qīngshàonián fāzhǎn jījīnhuì(중국 청소년 발전 재단)'가 발기한 것으로, 모금과 기증을 통해 빈곤 지역의 아동들이 학업을 계속할 수 있도록 지원하는 프로젝트다.

0030 洗 xǐ 씻다, (사진을) 현상하다

从外边回来，先去洗手。
Cóng wàibian huílai, xiān qù xǐshǒu.
밖에서 돌아오면, 손부터 씻어야지.

我们的照片洗得不太清楚。
Wǒmen de zhàopiàn xǐ de bú tài qīngchu.
우리 사진이 좀 흐릿하게 나왔어요.

관련 표현

洗耳恭听 xǐ ěr gōng tīng (성) 귀를 씻고 공손히 듣다, 정성을 다해 경청하다

0031 笑 xiào 웃다, 비웃다

▶笑 뒤에 목적어를 쓰면 '비웃다'의 뜻으로 변한다.

她笑得真好看。
Tā xiào de zhēn hǎokàn.
그녀는 웃는 모습이 정말 예쁘다.

你在笑我吗?
Nǐ zài xiào wǒ ma?
너 날 비웃는 거야?

관련 표현

哭笑不得 kū xiào bù dé (성) '울지도 웃지도 못한다'는 뜻으로, 이러지도 저러지도 못함을 비유

0032 姓 xìng 성이 ~이다

A : 他姓什么?
Tā xìng shénme?
저분 성씨가 어떻게 되나요?

B : 他姓李。
Tā xìng Lǐ.
이씨입니다.

관련 표현-비즈니스 상식

A : 您贵姓? Nín guìxìng? 성씨가 어떻게 되시는지요?

B : 免贵姓李。Miǎnguì xìng Lǐ. 저는 이가입니다.

tip '免贵姓李' 대신 '我姓李 wǒ xìng Lǐ'라고도 할 수 있다. 중국에서는 초면에 이름을 바로 묻지 않고 성씨를 먼저 묻는다. 꼭 알아 두어야 할 비즈니스 상식이다.

명 성

每个人都有一个姓。
Měi ge rén dōu yǒu yí ge xìng.
사람들은 모두 한 개의 성을 가지고 있다.

0033 休息 xiūxi 쉬다

▶자동사이며 쉬는 장소가 앞에 나온다.

你累了? 先回家休息休息。
Nǐ lèi le? Xiān huíjiā xiūxi xiūxi.
너 피곤하니? 먼저 집에 가서 쉬어.

不懂休息的人，就不懂工作。
Bù dǒng xiūxi de rén, jiù bù dǒng gōngzuò.
휴식을 모르는 사람은 일도 모른다.

0034 游泳 yóu∥yǒng 수영하다

今天很热，我想去游泳。
Jīntiān hěn rè, wǒ xiǎng qù yóuyǒng.
오늘 너무 더워. 난 수영하러 가고 싶어.

我没游过泳是因为我害怕水。
Wǒ méi yóuguo yǒng shì yīnwèi wǒ hàipà shuǐ.
내가 수영을 못 해 본 건, 내가 물을 무서워하기 때문이야.

0035 运动 yùndòng 운동하다

你们应该少吃多运动。
Nǐmen yīnggāi shǎo chī duō yùndòng.
너희들은 적게 먹고 운동을 많이 해야 해.

地球在不停地运动。
Dìqiú zài bù tíng de yùndòng.
지구는 끊임없이 운동하고 있다.

🔵 물체의 운동, 체육 활동, 사회 운동

我最喜欢的运动是乒乓球。
Wǒ zuì xǐhuan de yùndòng shì pīngpāngqiú.
내가 가장 좋아하는 운동은 탁구야.

这场运动是环保的。
Zhè chǎng yùndòng shì huánbǎo de.
이번에 벌인 운동은 환경 보호에 관한 것이다.

관련 표현

生命在于运动 shēngmìng zàiyú yùndòng [격언] 생명은 운동에 달려 있다
중국 거리에서 많이 볼 수 있는 격언이다. 운동을 강조하는 말로 원래 이 말은 프랑스의 사상가 볼테르(伏尔泰 Fú'ěrtài)가 제창했다고 한다.

[보충 단어 - 운동]

(打)太极拳 (dǎ) tàijíquán 태극권(을 하다) / (打)乒乓球 (dǎ) pīngpāngqiú 탁구(를 하다) / (打)排球(dǎ) páiqiú 배구(를 하다) / (踢)足球 (tī) zúqiú 축구(를 하다) / (打)篮球 (dǎ) lánqiú 농구(를 하다) / (打)高尔夫球 (dǎ) gāo'ěrfūqiú 골프(를 하다) / 跑步 pǎobù 달리기 하다

0036 找 zhǎo 찾다, (일자리를) 구하다, 거슬러 주다

我找了你一个小时了。
Wǒ zhǎole nǐ yí ge xiǎoshí le.
나는 한 시간이나 널 찾았어.

他已经找到工作了。
Tā yǐjing zhǎodào gōngzuò le.
그는 이미 직장을 구했어요.

▶'거슬러 주다'라는 뜻으로 쓰일 때는 이중 목적어를 동반한다.

小姐，我找您二十块。
Xiǎojiě, wǒ zhǎo nín èrshí kuài.
아가씨, 20위엔 거슬러 드릴게요.

관련 표현

找不自在 zhǎo bú zìzai 관용 스스로 고민거리를 만들다
找门路 zhǎo ménlù 관용 연고나 방법을 찾다

0037 知道 zhīdào 알다 유의 晓得 xiǎode

我知道他的电话号码。
Wǒ zhīdào tā de diànhuà hàomǎ.
내가 그 사람 전화번호를 알아요.

他知道我住哪儿。
Tā zhīdào wǒ zhù nǎr.
그 사람은 내가 어디 사는지 알아요.

0038 准备 zhǔnbèi 준비하다, ~하려고 하다

我们正在准备期末考试。
Wǒmen zhèngzài zhǔnbèi qīmò kǎoshì.
우리는 기말고사를 준비 중이다.

我准备去看张艺谋导演的电影。
Wǒ zhǔnbèi qù kàn Zhāng Yìmóu dǎoyǎn de diànyǐng.
나는 장이머우 감독의 영화를 보러 가려 한다.

tip 张艺谋 : 중국의 유명한 영화 감독으로, 주요 작품으로〈红高粱 hónggāoliáng 붉은 수수밭〉, 〈英雄 yīngxióng 영웅〉,〈十面埋伏 shí miàn máifú 연인〉등이 있다.

명 준비

请你们做好心理准备吧，他的时间不多了。
Qǐng nǐmen zuòhǎo xīnlǐ zhǔnbèi ba, tā de shíjiān bù duō le.
여러분, 마음의 준비를 하세요, 그의 시간이 얼마 남지 않았습니다.

0039 走 zǒu 걷다, 이동하다, 떠나다, 통과하다, 왕래하다, 원래 모습을 잃다

我们走吧。
Wǒmen zǒu ba.
우리 가요.

我的手表突然不走了。
Wǒ de shǒubiǎo tūrán bù zǒu le.
내 시계가 갑자기 멈췄어.

他们昨天已经走了。
Tāmen zuótiān yǐjing zǒu le.
그 사람들은 어제 이미 떠났어요.

去三号楼必须走大门。
Qù sān hào lóu bìxū zǒu dàmén.
3동에 가려면 반드시 정문으로 가야 해요.

过年的时候，很多人走亲戚。
Guònián de shíhou, hěn duō rén zǒu qīnqi.
설에는 많은 사람들이 친척집을 방문하죠.

那个公园很近，我们走着去吧。
Nàge gōngyuán hěn jìn, wǒmen zǒuzhe qù ba.
그 공원은 멀지 않으니 우리 걸어서 가요.

관련 표현

走一步看一步 zǒu yí bù kàn yí bù 돌다리도 두들겨 보고 건너다

走到哪儿算哪儿 zǒudào nǎr suàn nǎr **관용** 그때그때 상황에 따라 대처하다

走后门儿 zǒu hòuménr **관용** 뒷거래하다, 부정 입학(입사)하다

走老路 zǒu lǎolù **관용** 옛 방법대로 일 처리를 하다

走马看花 zǒu mǎ kàn huā **성** 달리는 말에서 꽃을 보다, 대충 보고 지나가다

동사 3급

0001 搬 bān 옮기다, 이사하다

我们上星期已经搬家了。
Wǒmen shàng xīngqī yǐjing bānjiā le.
우린 지난주에 이미 이사했어.

你把桌子搬到床旁边，好吗?
Nǐ bǎ zhuōzi bāndào chuáng pángbiān, hǎo ma?
책상을 침대 옆으로 옮겨 줄래요?

0002 帮忙 bāng//máng 돕다 유의 帮助 bāngzhù

你一会儿能过来帮忙吗?
Nǐ yíhuìr néng guòlai bāngmáng ma?
너 잠시 후에 와서 도와줄 수 있어?

最近他帮了我不少忙。
Zuìjìn tā bāngle wǒ bùshǎo máng.
최근에 그는 나를 많이 도와주었다.

관련 표현

帮倒忙 bāng dào máng 관용 도우려다 오히려 방해가 되다

0003 比较 bǐjiào 비교하다 유의 比 bǐ

再比较一下，你觉得哪个好?
Zài bǐjiào yíxià, nǐ juéde nǎge hǎo?
다시 비교해 봐요, 어느 것이 괜찮은 것 같아요?

부 비교적

最近我比较忙，没有时间见男朋友。
Zuìjìn wǒ bǐjiào máng, méiyǒu shíjiān jiàn nánpéngyou.
최근에 내가 비교적 바빠서, 남자 친구를 만날 시간이 없어.

0004 比赛 bǐsài 경기하다, 시합하다 참고 赢 yíng 이기다, 输 shū 지다

今天谁跟谁比赛?
Jīntiān shéi gēn shéi bǐsài?
오늘 누구와 누가 시합해요?

명 시합

这次足球比赛哪个队会赢?
Zhè cì zúqiú bǐsài nǎge duì huì yíng?
이번 축구 경기에서 어느 팀이 이길까요?

你参加这次排球比赛吗?
Nǐ cānjiā zhè cì páiqiú bǐsài ma?
너 이번 배구 시합에 참가하니?

관련 표현

世界杯足球赛 shìjièbēi zúqiúsài 월드컵 축구 경기

奥林匹克运动会 àolínpǐkè yùndònghuì 올림픽 경기

冬季奥林匹克运动会 dōngjì àolínpǐkè yùndònghuì 동계 올림픽 경기

[보충 단어]

赢 yíng 이기다 / 输 shū 지다 / 队 duì 팀

0005 变化 biànhuà 변화하다

情况总是在变化, 你也不要只看现在。
Qíngkuàng zǒngshì zài biànhuà, nǐ yě búyào zhǐ kàn xiànzài.
상황은 늘 변화하고 있으니, 자네는 현재만 주시해서는 안 되네.

명 변화

几年没来, 这里的变化很大。
Jǐ nián méi lái, zhèli de biànhuà hěn dà.
몇 년 동안 못 왔더니, 여기 변화가 아주 크네요.

관련 표현

变化无常 biàn huà wú cháng **성** 변화무상하다, 변덕스럽다

0006 参加 cānjiā 참가하다, 출전하다

参加这次会议的人不少。
Cānjiā zhè cì huìyì de rén bùshǎo.
이번 회의에 참가한 사람이 적지 않다.

我们班的几个同学要参加乒乓球比赛。
Wǒmen bān de jǐ ge tóngxué yào cānjiā pīngpāngqiú bǐsài.
우리 반 몇몇 친구는 탁구 대회에 출전하려고 한다.

0007 迟到 chídào 지각하다

你这样天天迟到，谁会喜欢你呀?
Nǐ zhèyàng tiāntiān chídào, shéi huì xǐhuan nǐ ya?
자네가 이렇게 날마다 지각하면 누가 좋아하겠나?

他迟到了一个小时。
Tā chídàole yí ge xiǎoshí.
그는 한 시간 지각했다.

어법 – 명사와 양사의 중첩

명사와 양사가 중첩되면 '每一个'의 뜻을 나타낸다.

他天天打太极拳。 그는 매일 태극권을 한다.
Tā tiāntiān dǎ tàijíquán.

姐姐的衣服件件都很漂亮。 언니의 옷은 하나하나가 다 예쁘다.
Jiějie de yīfu jiànjiàn dōu hěn piàoliang.

0008 打扫 dǎsǎo 청소하다 유의 打扫卫生 dǎsǎo wèishēng

这里已经打扫过了。
Zhèli yǐjing dǎsǎoguo le.
여긴 이미 청소했어요.

他正在打扫宿舍。
Tā zhèngzài dǎsǎo sùshè.
그는 기숙사를 치우고 있어요.

0009 打算 dǎsuan ~하려고 하다 유의 准备 zhǔnbèi

我打算春节时回家过年。
Wǒ dǎsuan Chūnjié shí huíjiā guònián.
나는 설에 집에 돌아가 명절을 쇨까 해요.

他没打算出国。
Tā méi dǎsuan chūguó.
그는 출국할 생각이 없어요.

명 계획

你周末有什么打算吗?
Nǐ zhōumò yǒu shénme dǎsuan ma?
너 주말에 무슨 스케줄 있어?

0010 带 dài 지니다, 휴대하다, 데리고 가다

你带钱了没有?
Nǐ dài qiánle méiyou?
너 돈 가지고 왔어?

儿子，如果你听话，我就带你去动物园。
Érzi, rúguǒ nǐ tīnghuà, wǒ jiù dài nǐ qù dòngwùyuán.
아들아, 만약 네가 말을 잘 들으면, 내가 널 동물원에 데려갈게.

명 띠, 벨트 참고 **腰带** yāodài 허리띠, **领带** lǐngdài 넥타이

开车时，必须系安全带。
Kāichē shí, bìxū jì ānquándài.
운전할 때는 반드시 안전 벨트를 매야 해요.

0011 担心 dān//xīn 걱정하다 유의 操心 cāoxīn

孩子一个人在家，我很担心。
Háizi yí ge rén zài jiā, wǒ hěn dānxīn.
아이 혼자 집에 있어서, 제가 걱정이 되네요.

他又不是小孩儿，你担什么心。
Tā yòu bú shì xiǎoháir, nǐ dān shénme xīn.
걔가 애도 아닌데, 무슨 걱정을 하고 있어.

0012 锻炼 duànliàn 단련하다, 경험을 쌓다

早上起来锻炼，这对身体很好。
Zǎoshang qǐlai duànliàn, zhè duì shēntǐ hěn hǎo.
아침에 일어나서 운동을 하는 건, 몸에 좋아.

他还年轻，出去锻炼锻炼也很好。
Tā hái niánqīng, chūqu duànlian duanlian yě hěn hǎo.
그는 아직 젊으니까 나가서 경험을 쌓는 것도 괜찮아요.

어법 - 2음절 동사의 중첩 시 주의 사항

1. [동사 + 一 + 동사] 형식으로 쓸 수 없다.
   锻炼一锻炼 duànliàn yi duànliàn (X)
   锻炼了锻炼 duànliànle duànliàn (O) 단련을 좀 하다

2. 2음절 동사의 중첩형 읽는 방법
   锻(원래 성조) + **炼锻炼**(경성) duànlianduanlian

0013 发 fā 생기다, 발생하다, 보내다, 발송하다, 발작하다

我上午给你发传真了。
Wǒ shàngwǔ gěi nǐ fā chuánzhēn le.
내가 오전에 자네한테 팩스를 보냈네.

我老公从来没对我发过脾气。
Wǒ lǎogōng cónglái méi duì wǒ fāguo píqi.
우리 남편은 한 번도 나에게 화를 낸 적이 없어요.

看来你老毛病又发了，我给你治治。
Kànlái nǐ lǎo máobìng yòu fā le, wǒ gěi nǐ zhìzhi.
보아하니 네 묵은 병이 또 도졌구나. 내가 고쳐 주마.

0014 发烧 fā∥shāo 열이 나다

你发烧了，来，喝点儿水。
Nǐ fāshāo le, lái, hē diǎnr shuǐ.
너 열난다. 물 좀 마셔.

师傅，送我们去医院，她发高烧了。
Shīfu, sòng wǒmen qù yīyuàn, tā fā gāo shāo le.
기사님, 저희들을 병원으로 데려다 주세요. 저 애가 고열이 나요.

관련 표현

发烧友 fāshāoyǒu 마니아, 광팬

0015 发现 fāxiàn 발견하다, 알아차리다

牛顿发现万有引力。
Niúdùn fāxiàn wànyǒuyǐnlì.
뉴턴이 만유인력을 발견했다.

作弊被监考老师发现了。
Zuòbì bèi jiānkǎo lǎoshī fāxiàn le.
커닝하다가 시험 감독 선생님한테 들켰다.

我发现这里有很多问题。
Wǒ fāxiàn zhèli yǒu hěn duō wèntí.
나는 여기에 많은 문제가 있다는 걸 알았다.

0016 放 fàng 놓아주다, ~에 두다, 방학하다, (음악을) 켜다, 방목하다 유의 搁 gē 놓다

请放开我的手。
Qǐng fàngkāi wǒ de shǒu.
제 손을 놔 주세요.

你把电脑放在桌子上。
Nǐ bǎ diànnǎo fàngzài zhuōzi shang.
컴퓨터를 책상 위에 놓아 주세요.

我们学校下午四点放学。
Wǒmen xuéxiào xiàwǔ sì diǎn fàngxué.
우리 학교는 오후 4시에 수업을 마쳐요.

春节的时候可以放鞭炮吗?
Chūnjié de shíhou kěyǐ fàng biānpào ma?
설날에 폭죽을 터뜨릴 수 있나요?

我们放音乐跳舞，好吗?
Wǒmen fàng yīnyuè tiàowǔ, hǎo ma?
우리 음악 켜고 춤출래요?

🔵 관련 표현

放出风儿来 fàngchū fēngr lái 관용 소문을 퍼뜨리다

放空炮 fàng kōngpào 관용 허풍을 떨다, 큰소리치다

放马后炮 fàng mǎhòupào 관용 뒷북치다, 행차 뒤에 나팔 불다

0017 放心 fàng∥xīn 안심하다, 마음 놓다 유의 安心 ānxīn

你放心，他们应该没问题。
Nǐ fàngxīn, tāmen yīnggāi méi wèntí.
안심해요. 그 애들 문제없을 거예요.

工作还没找到，他总是放不下心。
Gōngzuò hái méi zhǎodào, tā zǒngshì fàngbuxià xīn.
직장을 아직 못 구해서, 그는 계속 마음이 편치 않았다.

0018 分 fēn 나누다, 구별하다

这些我不需要，都分给你们吧。
Zhèxiē wǒ bù xūyào, dōu fēngěi nǐmen ba.
이것들 난 필요 없으니까, 다 너희들에게 나누어 줄게.

这两种颜色我总是分不清。
Zhè liǎng zhǒng yánsè wǒ zǒngshì fēnbuqīng.
이 두 가지 색을 나는 늘 구분을 잘 못하겠더라고.

양 (시간의) 분

他说四点二十分到。
Tā shuō sì diǎn èrshí fēn dào.
그는 4시 20분에 도착한다고 했어요.

명 점수(득점)

现在的比分是三比一。
Xiànzài de bǐfēn shì sān bǐ yī.
지금 점수는 3대 1이에요.

🔵 관련 표현

黑白不分 hēi bái bù fēn 성 흑백을 가리지 않다

0019 复习 fùxí 복습하다, 시험 공부하다 반의 预习 yùxí 예습하다

今天学过的东西回家后好好儿复习。
Jīntiān xuéguo de dōngxi huíjiā hòu hǎohāor fùxí.
오늘 배운 것들 집에 가서 복습 잘해라.

下星期就要高考了，复习得怎么样?
Xiàxīngqī jiùyào gāokǎo le, fùxí de zěnmeyàng?
다음 주에 대입학력고사인데, 시험 공부는 어떻게 되어 가니?

0020 感兴趣 gǎn xìngqù 흥미 있다, 관심 있다, 좋아하다

▶보통 '对…(很)感兴趣(~에 대해 관심 있다)' 형식으로 많이 쓴다.

我对中国文化很感兴趣。
Wǒ duì Zhōngguó wénhuà hěn gǎn xìngqù.
나는 중국 문화에 관심이 아주 많다.

0021 刮风 guā∥fēng 바람이 불다

今天刮大风，天气预报说风力达5到8级。
Jīntiān guā dà fēng, tiānqì yùbào shuō fēnglì dá wǔ dào bā jí.
오늘 바람이 세게 부는데, 일기 예보에서 풍속이 5에서 8급에 이를 거라 한다.

[단어] 风力 fēnglì 풍속 / 达 dá ~에 달하다

0022 关 guān 닫다, 끄다, 가두다, (기업이) 도산하다 반의 开 kāi 열다

出去的时候记得关门。
Chūqu de shíhou jìde guān mén.
나갈 때 문 닫는 거 기억해요.

别总是关在家里。
Bié zǒngshì guānzài jiā li.
계속 집에만 처박혀 있지 말아요.

这个茶馆开了不久就关了。
Zhège cháguǎn kāile bù jiǔ jiù guān le.
이 찻집은 문을 연 지 얼마 안 되어서 망했어.

명 관문, 고비

山海关是长城的重要关隘。
Shānhǎiguān shì Chángchéng de zhòngyào guān'ài.
산해관은 만리장성의 중요한 요새다.

你想跟我结婚，必须得过我妈妈的关。
Nǐ xiǎng gēn wǒ jiéhūn, bìxū děi guò wǒ māma de guān.
당신이 저와 결혼하길 원한다면, 반드시 우리 엄마의 허락을 받아야 해요.

관련 표현

海关 hǎiguān 세관 / **关税** guānshuì 관세

0023 关心 guānxīn 관심을 갖다

我男朋友特别关心我，而且对我很好。
Wǒ nánpéngyou tèbié guānxīn wǒ, érqiě duì wǒ hěn hǎo.
내 남자 친구는 나한테 아주 관심이 많은데다, 잘해 주기까지 해.

명 관심

谢谢老师对我们的关心和帮助。
Xièxie lǎoshī duì wǒmen de guānxīn hé bāngzhù.
선생님의 저희에 대한 관심과 보살핌에 감사드립니다.

0024 过 guò 가다, 건너다, 지나다

▶ (시간을) 보내다

他们俩过着幸福的生活。
Tāmen liǎ guòzhe xìngfú de shēnghuó.
그 둘은 행복한 생활을 하고 있어요.

▶ (범위나 한도를) 초과하다

八点半了，时间过了，他怎么还不到呢?
Bā diǎn bàn le, shíjiān guò le, tā zěnme hái bú dào ne?
8시 반이에요. 시간이 지났는데 그 사람은 왜 아직도 안 오죠?

▶(어떤 장소를) 경유하다

一直往东走，过了天桥就到了。
Yìzhí wǎng dōng zǒu, guòle tiānqiáo jiù dào le.
계속 동쪽으로 가세요. 육교를 지나면 바로 도착해요.

▶[보어] 동사 뒤에 쓰여 사람이나 사물이 이동함을 표현함.

她接过大衣，请他们进屋去。
Tā jiēguo dàyī, qǐng tāmen jìn wū qù.
그녀는 코트를 받아 들고, 그들을 방으로 들어가게 했다.

관련 표현

过了这个村，没这个店 guòle zhège cūn, méi zhège diàn 관용 이 마을을 지나면 묵을 곳이 없다, 이 기회를 놓치면 다시는 기회가 없다

过河拆桥 guò hé chāi qiáo 성 배은망덕하다, 목적을 이룬 후에 도와 준 사람의 은혜를 잊다

0025 **害怕** hàipà 두려워하다, 무서워하다 유의 **怕** pà

不要害怕，有我呢。
Búyào hàipà, yǒu wǒ ne.
두려워하지 마. 내가 있잖아.

大白天的，你害怕什么呀?
Dà báitiān de, nǐ hàipà shénme ya?
벌건 대낮에 뭐가 무섭다고 그래?

0026 **花** huā 돈을 쓰다, 시간을 들이다

今天我们出去玩儿，只花了两百块钱。
Jīntiān wǒmen chūqu wánr, zhǐ huāle liǎngbǎi kuài qián.
오늘 우리는 놀러 가서 200위엔밖에 안 썼어.

형 알록달록하다

这件衣服太花了，我穿不了。
Zhè jiàn yīfu tài huā le, wǒ chuānbuliǎo.
이 옷은 너무 알록달록해서, 난 못 입겠어.

0027 画 huà 그리다

他画得真像画家一样好。
Tā huà de zhēn xiàng huàjiā yíyàng hǎo.
그 친구는 정말 화가처럼 잘 그려.

명 그림

这幅画是我儿子画的。
Zhè fú huà shì wǒ érzi huà de.
이 그림은 우리 아들이 그린 거예요.

🔵 관련 표현

画龙点睛 huà lóng diǎn jīng **성** 화룡점정, 용을 그리고 마지막으로 눈동자에 점을 찍다, 가장 중요한 부분을 완성하다

[보충 단어 – 그림]

人物画 rénwùhuà 인물화 / 山水画 shānshuǐhuà 산수화 / 花鸟画 huāniǎohuà 화조화 / 工笔画 gōngbǐhuà 세밀화 / 佛画 fóhuà 탱화 / 版画 bǎnhuà 판화 / 油画 yóuhuà 유화 / 绘画 huìhuà 회화

0028 欢迎 huānyíng 환영하다, 반기다

我们非常欢迎你们。
Wǒmen fēicháng huānyíng nǐmen.
여러분을 대단히 환영합니다.

这样的客人，我们不欢迎。
Zhèyàng de kèrén, wǒmen bù huānyíng.
이런 손님은 안 반가워요.

▶(很)受…欢迎 : ~에게 인기가 (아주) 많다

这款手机很受大学生的欢迎。
Zhè kuǎn shǒujī hěn shòu dàxuéshēng de huānyíng.
이 휴대 전화는 대학생들에게 아주 인기가 많아요.

🔵 관련 표현

欢迎光临！Huānyíng guānglín! 어서 오세요!

0029 还 huán 환원하다, 돌려주다, 보답하다, 보복하다

他今天把字典还给我了。
Tā jīntiān bǎ zìdiǎn huángěi wǒ le.
그는 오늘 사전을 내게 돌려줬어요.

她很会讨价还价。
Tā hěn huì tǎo jià huán jià.
그녀는 흥정을 아주 잘해요.

[단어] 讨价还价 tǎo jià huán jià 값을 흥정하다

我一句，他还我十句。
Wǒ yí jù, tā huán wǒ shí jù.
내가 한 마디 하면 그 녀석은 열 마디를 대꾸한다고.

0030 换 huàn 바꾸다, 갈아타다, 환전하다

你的帽子很好看，我们换一换，好吗?
Nǐ de màozi hěn hǎokàn, wǒmen huàn yi huàn, hǎo ma?
네 모자 예쁘다. 나랑 바꾸지 않을래?

我们先坐地铁，然后在人民广场换公交车。
Wǒmen xiān zuò dìtiě, ránhòu zài Rénmín Guǎngchǎng huàn gōngjiāochē.
우리는 먼저 지하철을 타고 가다가 인민 광장에서 시내버스로 갈아탈 거야.

下午我去银行换钱。
Xiàwǔ wǒ qù yínháng huànqián.
오후에 난 은행으로 환전하러 갈 거야.

관련 표현

换脑筋 huàn nǎojīn [관용] 사고방식을 바꾸다, 관념을 바꾸다

0031 回答 huídá 대답하다 [유의] 回复 huífù

我问，你回答。
Wǒ wèn, nǐ huídá.
내가 물을게, 네가 대답해.

你还没回答我的问题呢。
Nǐ hái méi huídá wǒ de wèntí ne.
넌 아직 내 문제에 답을 안 했어.

0032 记得 jìde 기억하고 있다 참고 记性 jìxing 기억력

我记得那天晚上下着大雨，路上很少人。
Wǒ jìde nàtiān wǎnshang xiàzhe dàyǔ, lùshang hěn shǎo rén.
제 기억으론 그날 밤 비가 많이 내렸고, 길에 다니는 사람이 거의 없었어요.

他的名字我不记得了。
Tā de míngzi wǒ bú jìde le.
그 사람 이름이 기억나지 않아.

0033 检查 jiǎnchá 검사하다, 조사하다, 반성하다(자기비판하다)

我们检查了检查，可是什么都没找到。
Wǒmen jiǎnchále jiǎnchá, kěshì shénme dōu méi zhǎodào.
우리는 조사를 해 봤지만 아무것도 찾지 못했어요.

他检查了自己的错误。
Tā jiǎnchále zìjǐ de cuòwù.
그는 자신의 잘못을 반성했다.

명 반성문, 시말서

你一定要认真写检查。
Nǐ yídìng yào rènzhēn xiě jiǎnchá.
자네 시말서 제대로 쓰라고.

0034 见面 jiàn//miàn 만나다

我跟他说好在学校门口见面。
Wǒ gēn tā shuōhǎo zài xuéxiào ménkǒu jiànmiàn.
나 그 애랑 학교 앞에서 만나기로 했어.

我们是不是在哪儿见过面？
Wǒmen shì bu shì zài nǎr jiànguo miàn?
우리 어디에서 만난 적이 있나요?

관련 표현

一见如故 yí jiàn rú gù 성 첫 만남에서 옛 친구를 만난 것처럼 의기투합하다

一见钟情 yí jiàn zhōng qíng 성 첫눈에 반하다

一孔之见 yì kǒng zhī jiàn 성 단편적이고 좁은 소견

0035 讲 jiǎng 말하다, 설명하다, 요구하다, 어떤 방면에 대해 이야기하다, 어떤 방면을 중시하다 유의 说 shuō, 谈 tán

他喜欢给朋友们讲故事。
Tā xǐhuan gěi péngyoumen jiǎng gùshi.
그 앤 친구들에게 이야기해 주는 걸 좋아해요.

上星期我讲到哪儿了?
Shàngxīngqī wǒ jiǎngdào nǎr le?
지난주에 제가 어디까지 설명했나요?

我们先讲价格吧。
Wǒmen xiān jiǎng jiàgé ba.
우리 가격 먼저 따져 보죠.

要讲运动,他是个高手。
Yào jiǎng yùndòng, tā shì ge gāoshǒu.
운동이라면, 그 친구가 고수지.

他从小就讲吃讲穿。
Tā cóngxiǎo jiù jiǎng chī jiǎng chuān.
그는 어릴 때부터 먹고 입는 데 신경을 많이 썼어요.

0036 教 jiāo 가르치다

▶ 이중 목적어를 동반한다.

老师教我们写字、画画。
Lǎoshī jiāo wǒmen xiě zì, huà huà.
선생님은 우리에게 글씨와 그림을 가르쳐 주신다.

你不会下棋啊? 我教教你。
Nǐ bú huì xiàqí a? Wǒ jiāojiao nǐ.
너 바둑 못 두니? 내가 가르쳐 줄게.

接 jiē 잇다, 연결하다, 마중하다, 이어받다

今天下了班我就去接你。
Jīntiān xiàle bān wǒ jiù qù jiē nǐ.
오늘 퇴근하고 데리러 갈게.

他做完作业，接着打扫了房间。
Tā zuòwán zuòyè, jiēzhe dǎsǎole fángjiān.
그는 숙제를 마치고, 이어서 방을 청소했다.

我刚才给你打电话，你怎么不接?
Wǒ gāngcái gěi nǐ dǎ diànhuà, nǐ zěnme bù jiē?
내가 방금 전에 너한테 전화했는데, 왜 안 받았어?

你接小王的工作吧。
Nǐ jiē Xiǎo Wáng de gōngzuò ba.
자네가 왕 군 업무를 이어 받게.

관련 표현

上气不接下气 shàngqì bù jiē xiàqì `관용` 숨이 차다, 호흡이 곤란하다

接风洗尘 jiē fēng xǐ chén `성` 멀리서 온 친구에게 환영회를 열어 주다

青黄不接 qīng huáng bù jiē `성` 춘궁기, 인력·물자 따위가 제때에 대체되지 않아 잠시 공백 상태를 보이다

0038 结婚 jié∥hūn 결혼하다 `유의` **婚姻** hūnyīn

他二十五岁就结婚了。
Tā èrshíwǔ suì jiù jiéhūn le.
그는 스물다섯 살에 결혼했다.

她结过婚，两年就离了。
Tā jiéguo hūn, liǎng nián jiù lí le.
그녀는 결혼했었는데 2년 만에 이혼했어.

관련 표현

离婚 líhūn 이혼하다 / **复婚** fùhūn 이혼했던 부부가 재결합하다

再婚 zàihūn 재혼하다 / **结婚登记** jiéhūn dēngjì 혼인 신고

白头偕老 bái tóu xié lǎo `성` 백년해로하다

중국 문화 - 결혼

우리는 결혼식 하면 '갈비탕'부터 떠올리지만, 중국의 결혼식에는 '喜糖 xǐtáng'이 꼭 들어가는데 이것은 결혼식 때 나누어 주는 사탕을 말한다. 결혼식에서 제공되는 술은 喜酒 xǐjiǔ라 하고, 白酒 báijiǔ(고량주)와 红酒 hóngjiǔ(적포도주)가 제공된다. 이때 白酒는 '백년해로'를, 红酒는 '길한 운세'를 뜻한다.

또 재미있는 것은 베이징에서는 낮 12시 이전에, 상하이에서는 저녁에 결혼식을 거행하는 습관이 있다. 만약 베이징에서 저녁 시간에 결혼식을 한다면 그것은 재혼을 뜻한다. 또한 중국인들은 결혼식을 올리기 전에 혼인 신고를 먼저 한다.

0039 结束 jiéshù 끝나다 반의 开始 kāishǐ 시작하다

会议已经结束，他们都回办公室了。
Huìyì yǐjing jiéshù, tāmen dōu huí bàngōngshì le.
회의가 이미 끝나서 다들 사무실로 돌아갔어요.

8月份雨季就结束了。
Bā yuèfèn yǔjì jiù jiéshù le.
8월에는 장마가 끝나요.

0040 解决 jiějué 해결하다

金老师解决了这个难题。
Jīn lǎoshī jiějuéle zhège nántí.
김 선생님이 이 어려운 문제를 해결하셨어요.

世界上没有解决不了的问题。
Shìjiè shang méiyou jiějuébuliǎo de wèntí.
세상에 해결할 수 없는 문제는 없어요.

0041 借 jiè 빌리다 반의 还 huán 돌려주다

我可以借用你的自行车吗?
Wǒ kěyǐ jièyòng nǐ de zìxíngchē ma?
내가 네 자전거 좀 빌려 탈 수 있을까?

你能不能借我八百块?
Nǐ néng bu néng jiè wǒ bābǎi kuài?
너 나한테 800위엔 빌려줄 수 있니?

관련 표현

借刀杀人 jiè dāo shā rén 성 남의 칼을 빌려 사람을 죽이다, 자신을 드러내지 않고 남을 이용해 사람을 해치다

借花献佛 jiè huā xiàn fó 성 꽃을 빌려 부처님께 공양하다, 남의 것으로 인심을 쓰다

0042 经过 jīngguò 겪다, 경험하다, 통과하다

从北京坐火车去上海要经过天津、济南、南京。
Cóng Běijīng zuò huǒchē qù Shànghǎi yào jīngguò Tiānjīn、Jǐnán、Nánjīng.
베이징에서 기차로 상하이에 갈 때는, 티엔진, 지난, 난징을 거친다.

经过5年时间，他们终于找到儿子了。
Jīngguò wǔ nián shíjiān, tāmen zhōngyú zhǎodào érzi le.
5년의 시간이 걸려, 그들은 마침내 아들을 찾았다.

🅜 과정, 경위

大家都知道事情的经过。
Dàjiā dōu zhīdào shìqing de jīngguò.
모두가 일의 경과에 대해 알고 있어요.

0043 决定 juédìng 결정하다

我决定明年考研究生。
Wǒ juédìng míngnián kǎo yánjiūshēng.
나는 내년에 대학원 시험을 보기로 결정했다.

存在决定意识。
Cúnzài juédìng yìshí.
존재가 의식을 결정한다.

🅜 결정

我同意你的决定。
Wǒ tóngyì nǐ de juédìng.
나는 네 결정에 찬성해.

0044 刻 kè 새기다, 조각하다

他在铅笔上刻了她的名字。
Tā zài qiānbǐ shang kèle tā de míngzi.
그는 연필 위에 그녀의 이름을 새겼다.

🅨 15분

现在已经晚上十点三刻了。
Xiànzài yǐjing wǎnshang shí diǎn sān kè le.
지금 벌써 밤 10시 45분이야.

0045 哭 kū 울다 반의 笑 xiào 웃다

她从小就爱哭,高兴也哭,生气也哭。
Tā cóngxiǎo jiù ài kū, gāoxìng yě kū, shēngqì yě kū.
그녀는 어려서부터 잘 우는데, 좋아도 울고 화가 나도 운다.

有时侯,想哭也哭不出来。
Yǒu shíhou, xiǎng kū yě kūbuchūlái.
때로는 울고 싶어도 눈물이 나지 않는다.

관련 표현

哭鼻子 kūbízi 관용 울다, 훌쩍거리다

0046 离开 líkāi 떠나다 반의 回来 huílai 돌아오다

小李离开中国5年了。
Xiǎo Lǐ líkāi Zhōngguó wǔ nián le.
이 군이 중국을 떠난 지 5년 되었다.

他们两个人谁都离不开谁。
Tāmen liǎng ge rén shéi dōu líbukāi shéi.
그 둘은 누구도 서로를 떠나지 못한다.

0047 练习 liànxí 연습하다 참고 练习本 liànxíběn 연습장

为了参加比赛,他每天练习十多个小时。
Wèile cānjiā bǐsài, tā měitiān liànxí shí duō ge xiǎoshí.
시합에 출전하기 위해, 그는 매일 10시간 이상 훈련한다.

명 연습 문제

这些练习我已经做好了。
Zhèxiē liànxí wǒ yǐjing zuòhǎo le.
이 연습 문제를 나는 이미 풀었다.

0048 聊天 liáo∥tiān 수다를 떨다, 험담하다 유의 谈天 tántiān

▶회화에서는 聊天儿 liáotiānr이라 말한다.

和朋友们一起聊天的感觉真好。
Hé péngyoumen yìqǐ liáotiān de gǎnjué zhēn hǎo.
친구들과 같이 한담을 나누는 기분은 정말 좋다.

今天下午我跟她聊了一会儿天。
Jīntiān xiàwǔ wǒ gēn tā liáole yíhuìr tiān.
오늘 오후에 난 그녀와 잠깐 수다를 떨었어.

0049 了解 liǎojiě 이해하다, 문의하다 BCT1 유의 理解 lǐjiě

我是他的妻子，我还是最了解他吧。
Wǒ shì tā de qīzi, wǒ háishi zuì liǎojiě tā ba.
제가 그 사람 아내니까, 제가 그래도 그 사람을 가장 잘 알겠죠.

这个公司的问题已经了解清楚了。
Zhège gōngsī de wèntí yǐjing liǎojiěqīngchu le.
이 회사의 문제에 대해 이미 알아봤어요.

0050 留学 liú∥xué 유학하다

为了出国留学，他一边学习，一边打工。
Wèile chūguó liúxué, tā yìbiān xuéxí, yìbiān dǎgōng.
외국 유학을 위해 그는 공부하면서 아르바이트를 한다.

张经理以前在意大利留过学。
Zhāng jīnglǐ yǐqián zài Yìdàlì liúguo xué.
장 팀장은 전에 이탈리아에서 유학을 했었다.

0051 拿 ná 들다, 가져가다

你想拿多少就拿多少。
Nǐ xiǎng ná duōshao jiù ná duōshao.
가져가고 싶은 만큼 가져가요.

你拿你的衣服，我拿这些书。
Nǐ ná nǐ de yīfu, wǒ ná zhèxiē shū.
넌 네 옷을 챙기고, 난 이 책들을 가져갈게.

전 ~을 가지고

真拿你没办法！
Zhēn ná nǐ méi bànfǎ!
너한테 졌다!

관련 표현

拿…开刀 ná…kāidāo **관용** ~을 본보기로 징계하다, ~을 본보기로 삼다
拿得出手 ná de chūshǒu **관용** 남에게 보여 주거나 선물할 만하다
拿…当儿戏 ná…dàng érxì **관용** ~을 (애들) 장난으로 여기다, ~을 우습게 보다
十拿九稳 shí ná jiǔ wěn **성** 십중팔구는 틀림없다, 떼 놓은 당상이다

어법 - 동사 + 의문사 + 就 + 동사 + 의문사 : ~하고 싶은 대로 해라

想吃什么就吃什么。Xiǎng chī shénme jiù chī shénme. 먹고 싶은 거 먹어요.
想去哪儿就去哪儿。Xiǎng qù nǎr jiù qù nǎr. 가고 싶은 데 가세요.

0052 爬山 pá//shān 등산을 하다 **유의** 登山 dēngshān

大家星期天一起去爬山，怎么样？
Dàjiā xīngqītiān yìqǐ qù páshān, zěnmeyàng?
모두들 일요일에 등산 가는 건 어떨까요?

我的爱好是爬山，所以我爬过很多山。
Wǒ de àihào shì páshān, suǒyǐ wǒ páguo hěn duō shān.
내 취미가 등산이라, 나는 여러 산에 가 봤어요.

0053 骑 qí 타다

我哥哥就喜欢骑摩托车。
Wǒ gēge jiù xǐhuan qí mótuōchē.
우리 오빠는 오토바이 타는 걸 좋아해요.

我想骑吕布的赤兔马。
Wǒ xiǎng qí Lǚ Bù de chìtùmǎ.
나는 여포의 적토마를 타 보고 싶어.

tip 吕布 Lǚ Bù: 삼국지(三国演义 sānguóyǎnyì)에 나오는 장수. 무용이 아주 뛰어난 인물이었으나, 절개가 없으며 물욕이 많아 유혹에 쉽게 넘어가는 성격을 지녔던 것으로 알려져 있다.

赤兔马 chìtùmǎ: 중국 삼국 시대의 명마로 동탁(董卓), 여포(吕布), 조조(曹操), 관우(关羽) 네 명의 주인을 섬겼다. 관우가 손권의 계략에 걸려 처형된 뒤 관우를 따라 굶어 죽었다고 한다.

0054 起飞 qǐfēi 이륙하다 반의 着陆 zhuólù 착륙하다

女士们、先生们，我们的飞机马上就要起飞了。
Nǚshìmen、xiānshengmen, wǒmen de fēijī mǎshàng jiùyào qǐfēi le.
손님 여러분, 저희 비행기는 곧 이륙하겠습니다.

0055 起来 qǐlái 기상하다, 일어서다

明天不用起得太早了，6点起来就可以。
Míngtiān búyòng qǐ de tài zǎo le, liù diǎn qǐlái jiù kěyǐ.
내일 너무 일찍 일어날 필요는 없고, 6시에 일어나면 되겠어요.

领导到了，大家快起来鼓掌！
Lǐngdǎo dào le, dàjiā kuài qǐlái gǔzhǎng!
윗분께서 도착하셨습니다. 모두 어서 일어나 박수를 치세요.

▶[보어]

他们高兴得唱起歌来了。
Tāmen gāoxìng de chàngqǐ gē lái le.
그들은 기쁜 나머지 노래를 부르기 시작했다.

哎呀，想起来了，她叫许莲雨。
Āiyā, xiǎngqilai le, tā jiào Xǔ Liányǔ.
아! 생각났어. 그 애 이름은 허연우야.

他的话听起来好听，可是事情并不那么简单。
Tā de huà tīngqilai hǎotīng, kěshì shìqing bìng bú nàme jiǎndān.
그 사람 말은 그럴듯하게 들리는데, 일이 그렇게 간단한 게 아니라고.

0056 请假 qǐng//jià 휴가를 내다 BCT1

金代理今天请假了。
Jīn dàilǐ jīntiān qǐngjià le.
김 대리는 오늘 휴가 냈어요.

去年我只请过一次假。
Qùnián wǒ zhǐ qǐngguo yí cì jià.
작년에 나는 휴가를 한 번밖에 안 냈어.

> 관련 표현

请假条 qǐngjiàtiáo (휴가·외출) 사유서, 결근계, 결석계

0057 认为 rènwéi ~라고 생각하다 유의 以为 yǐwéi, 觉得 juéde

我们都认为他人很好。
Wǒmen dōu rènwéi tā rén hěn hǎo.
우리는 다 그 사람이 괜찮은 사람이라 여긴다.

我认为，这件事应该你去办。
Wǒ rènwéi, zhè jiàn shì yīnggāi nǐ qù bàn.
내가 보기에, 이 일은 마땅히 자네가 가서 처리하는 게 옳아.

0058 上网 shàng//wǎng 인터넷을 하다 BCT1

他一有时间就上网。
Tā yì yǒu shíjiān jiù shàngwǎng.
그는 시간만 났다 하면 인터넷 접속을 해.

我家的电脑坏了，现在上不了网。
Wǒ jiā de diànnǎo huài le, xiànzài shàngbuliǎo wǎng.
우리 집 컴퓨터가 고장 나서, 지금 접속을 할 수가 없어.

0059 生气 shēng//qì 화내다

他怎么不说话了? 是不是生气了?
Tā zěnme bù shuōhuà le? Shì bu shì shēngqì le?
쟤 왜 말을 안 해? 화났어?

你还在生我的气吧?
Nǐ hái zài shēng wǒ de qì ba?
너 아직도 나한테 화나 있구나?

명 생기, 활력

这些大学生生气勃勃地走了过来。
Zhèxiē dàxuéshēng shēngqì bóbó de zǒule guòlai.
이 대학생들은 활기차게 걸어왔다.

[단어] 生气勃勃 shēngqì bóbó 생기발랄하다

0060 试 shì 시험하다, 시험 삼아 해 보다

我试了一下，这条裤子太长了。
Wǒ shìle yíxià, zhè tiáo kùzi tài cháng le.
내가 입어 봤는데, 이 바지는 너무 길어.

我什么办法都试过，都没有成功。
Wǒ shénme bànfǎ dōu shìguo, dōu méiyou chénggōng.
나는 온갖 방법을 다 시도해 봤지만, 다 성공하지 못했어.

명 시험

口试 kǒushì 구두 시험 / 笔试 bǐshì 필기 시험 / 面试 miànshì 면접
初试 chūshì 1차 시험 / 复试 fùshì 2차 시험

0061 刷牙 shuā∥yá 이를 닦다

每次吃完饭后，都要刷牙。
Měi cì chīwán fàn hòu, dōu yào shuāyá.
매번 식사를 마친 후에는 이를 닦아야 해요.

刚才刷过牙，你还吃东西啊？
Gāngcái shuāguo yá, nǐ hái chī dōngxi a?
방금 전에 이 닦았는데, 너 또 먹니?

0062 提高 tígāo 향상되다 **유의** 进步 jìnbù

怎样才能提高工作能力？
Zěnyàng cái néng tígāo gōngzuò nénglì?
어떻게 하면 업무 능력을 향상시킬 수 있을까?

我要提高学习成绩。
Wǒ yào tígāo xuéxí chéngjì.
나는 학습 성적을 올리려고 해요.

0063 同意 tóngyì 동의하다, 찬성하다 유의 赞成 zànchéng

爸爸、妈妈不同意我们结婚。
Bàba、māma bù tóngyì wǒmen jiéhūn.
아빠, 엄마는 우리 결혼을 찬성하지 않으신다.

我非常同意你的观点。
Wǒ fēicháng tóngyì nǐ de guāndiǎn.
난 너의 관점에 전적으로 동의해.

0064 完成 wán//chéng 완성하다

这个月的工作完成了。
Zhège yuè de gōngzuò wánchéng le.
이번 달 작업을 끝냈어요.

今天能完得成任务吗?
Jīntiān néng wǎnchéng rènwù ma?
오늘 임무를 완수할 수 있나요?

[단어] 任务 rènwù 임무

0065 忘记 wàngjì 잊다 유의 忘 wàng

这件事情非常重要，不能忘记。
Zhè jiàn shìqing fēicháng zhòngyào, bù néng wàngjì.
이 일은 매우 중요하니까, 잊으면 안 돼.

你忘记我让你做的那件事了吗?
Nǐ wàngjì wǒ ràng nǐ zuò de nà jiàn shì le ma?
너 내가 시킨 그 일을 잊어버렸어?

관련 표현

忘到脑后头 wàngdào nǎo hòutou 관용 깡그리 잊어버렸다

0066 洗澡 xǐ∥zǎo 목욕을 하다, 샤워하다

儿子，洗澡时间了，跟爸爸一起洗吧。
Érzi, xǐzǎo shíjiān le, gēn bàba yìqǐ xǐ ba.
아들아, 목욕 시간이다. 아빠랑 같이 목욕하자.

我太累了，想先洗个澡，然后再吃饭。
Wǒ tài lèi le, xiǎng xiān xǐ ge zǎo, ránhòu zài chīfàn.
나 너무 피곤해. 샤워 먼저 하고 밥 먹을게.

0067 相信 xiāngxìn 믿다 유의 信 xìn

我不相信别人，就相信你。
Wǒ bù xiāngxìn biérén, jiù xiāngxìn nǐ.
난 다른 사람은 안 믿지만 자네는 믿네.

我相信这个世界是美好的。
Wǒ xiāngxìn zhège shìjiè shì měihǎo de.
난 이 세상이 아름답다고 믿어요.

0068 像 xiàng 닮다, 비슷하다

他们父子两个人长得太像了。
Tāmen fùzǐ liǎng ge rén zhǎng de tài xiàng le.
그 부자는 생김새가 매우 닮았어요.

孩子们笑得像花一样。
Háizimen xiào de xiàng huā yíyàng.
아이들이 꽃처럼 웃고 있어요.

▶[비교문] 'A 像 B一样/这么(那么)…' 형식으로 써서 'A는 B처럼 ~하다'의 뜻을 나타냄. 부정형은 'A 不像 B + 这么(那么)…'로 쓴다.

这个孩子像他爸爸一样帅。
Zhège háizi xiàng tā bàba yíyàng shuài.
이 아이는 자기 아빠처럼 잘생겼네요.

他不像你这么聪明。
Tā bú xiàng nǐ zhème cōngming.
쟤는 너처럼 똑똑하지 않아.

관련 표현

不像话 bú xiàng huà 관용 말이 안 되다, 어이없다

像样儿 xiàng yàngr 관용 그럴듯하다, 맵시 있다, 번듯하다

0069 小心 xiǎoxīn 주의하다 유의 注意 zhùyì

下了一晚上的雪，今天上班的时候，小心开车。
Xiàle yì wǎnshang de xuě, jīntiān shàngbān de shíhou, xiǎoxīn kāichē.
밤새 눈이 내렸으니까, 오늘 출근할 때 운전 조심해요.

명 조심하다

有时侯吧，做事情越小心越容易出问题。
Yǒu shíhou ba, zuò shìqing yuè xiǎoxīn yuè róngyì chū wèntí.
때로는, 무슨 일을 할 때 조심하면 할수록 더 문제가 생기더라고.

관련 표현

小心翼翼 xiǎo xīn yì yì 성 매우 조심스럽다

0070 需要 xūyào 필요하다 BCT1 유의 要 yào

你需要什么，快告诉我，我去给你买。
Nǐ xūyào shénme, kuài gàosu wǒ, wǒ qù gěi nǐ mǎi.
너 뭐가 필요하니, 얼른 얘기해, 내가 가서 사올게.

我什么都不需要，有你就可以了。
Wǒ shénme dōu bù xūyào, yǒu nǐ jiù kěyǐ le.
난 다 필요 없고 너만 있으면 돼.

0071 选择 xuǎnzé 선택하다

如果你是我，你会选择谁？
Rúguǒ nǐ shì wǒ, nǐ huì xuǎnzé shéi?
만약에 네가 나라면 넌 누구를 선택할래?

명 선택

这才是我们最好的选择！
Zhè cái shì wǒmen zuìhǎo de xuǎnzé!
이것이야말로 우리가 할 수 있는 최상의 선택이야!

0072 要求 yāoqiú 요구하다

他对自己的要求太高了。
Tā duì zìjǐ de yāoqiú tài gāo le.
그는 스스로에 대한 요구가 너무 높아.

명 요구 사항, 요구 조건

你有什么要求，快说出来吧。
Nǐ yǒu shénme yāoqiú, kuài shuōchulai ba.
무슨 요구 사항이 있으면 얼른 얘기해요.

0073 影响 yǐngxiǎng 영향을 미치다 BCT1

每天上网、玩游戏会影响学习。
Měitiān shàngwǎng、wán yóuxì huì yǐngxiǎng xuéxí.
매일 인터넷 접속하고, 게임을 하면 공부에 영향을 미칠 수 있다.

명 영향

老师对学生的影响很大。
Lǎoshī duì xuésheng de yǐngxiǎng hěn dà.
선생님은 학생에게 많은 영향을 준다.

0074 用 yòng 사용하다 유의 使 shǐ

我跟中国同事用汉语聊天。
Wǒ gēn Zhōngguó tóngshì yòng Hànyǔ liáotiān.
나는 중국 동료와 중국어로 이야기한다.

这台洗衣机挺好用的。
Zhè tái xǐyījī tǐng hǎoyòng de.
이 세탁기는 성능이 아주 좋다.

▶필요하다(주로 부정문에 많이 쓴다.)

你不用帮我，我自己会解决的。
Nǐ búyòng bāng wǒ, wǒ zìjǐ huì jiějuéde.
저 도와주실 필요 없어요. 혼자 해결할 수 있어요.

▶드시다, 잡수시다(동사 喝와 吃의 경어로 쓴다.)

请用餐！
Qǐng yòng cān!
진지 드세요!

请慢用！
Qǐng màn yòng!
천천히 드세요!

관련 표현

请乘客们到餐车用餐。 Qǐng chéngkèmen dào cānchē yòng cān.
승객 여러분 식당차로 가서서 식사하시기 바랍니다.

0075 遇到 yù//dào 만나다 유의 碰到 pèngdào

▶'동 + 보' 형식의 이합사다.

今天我去学校的路上，遇到了张老师。
Jīntiān wǒ qù xuéxiào de lùshang, yùdàole Zhāng lǎoshī.
오늘 학교 가는 길에, 장 선생님을 만났어요.

有一天能遇到他就好了。
Yǒu yìtiān néng yùdào tā jiù hǎo le.
언젠가 그를 만날 수 있으면 좋으련만.

0076 站 zhàn 서다 반의 坐 zuò 앉다

她今天站了6个小时，腿很疼。
Tā jīntiān zhànle liù ge xiǎoshí, tuǐ hěn téng.
그녀는 오늘 6시간 동안이나 서 있어서, 다리가 아팠다.

명 역, 정류장, 정류소

请问，这儿附近哪儿有车站？
Qǐngwèn, zhèr fùjìn nǎr yǒu chēzhàn?
저기요, 이 근처 어디에 정류장이 있나요?

🐼 관련 표현

加油站 jiāyóuzhàn 주유소

天然气加气站 tiānránqì jiāqìzhàn CNG(압축 천연 가스) 충전소

站不住脚 zhànbuzhù jiǎo **관용** 설득력이 없다, 말이 안 되다

0077 长 zhǎng 성장하다, (지식 등이) 늘다

这几年，孩子长大了，懂事了。
Zhè jǐ nián, háizi zhǎngdà le, dǒngshì le.
요 몇 년 사이, 아이가 자라서 철이 들었어요.

这次旅游我长了不少见识。
Zhè cì lǚyóu wǒ zhǎngle bùshǎo jiànshi.
이번 여행에서 난 많은 것을 알게 되었어.

🐼 관련 표현

土生土长 tǔ shēng tǔ zhǎng **성** 현지에서 나고 자라다, 토박이

0078 着急 zháo//jí 조급해하다, 서두르다, 안달하다

你先别着急，我们会帮你解决的。
Nǐ xiān bié zháojí, wǒmen huì bāng nǐ jiějuéde.
초조해 말고 있어, 우리가 해결해 줄 수 있을 거야.

着什么急啊，事情已经这样了，着急也没用!
Zháo shénme jí a, shìqing yǐjing zhèyàng le, zháojí yě méi yòng!
안달하지 마, 일이 이 지경이 됐는데, 안달해 봐야 소용없어!

0079 照顾 zhàogù 보살피다

李阿姨每天到我家来帮我照顾老人和孩子。
Lǐ āyí měitiān dào wǒ jiā lái bāng wǒ zhàogù lǎorén hé háizi.
이씨 아주머니는 매일 우리 집에 오셔서 노인과 아이를 돌봐 주신다.

我现在连我自己都照顾不了。
Wǒ xiànzài lián wǒ zìjǐ dōu zhàogùbuliǎo.
난 지금 나 하나도 건사하기가 힘들어.

0080 注意 zhùyì 주의하다 유의 小心 xiǎoxīn

天冷了，大家多注意身体。
Tiān lěng le, dàjiā duō zhùyì shēntǐ.
날이 추워졌어요. 모두 건강에 유의하세요.

我真的没注意里面有没有人。
Wǒ zhēn de méi zhùyì lǐmiàn yǒu méiyǒu rén.
난 정말이지 안에 누가 있는지 신경을 못 썼어요.

0001 不 bù ~이 아니다

❶ 동사와 형용사를 부정할 때 쓴다.

我不去北京，去上海。
Wǒ bú qù Běijīng, qù Shànghǎi.
난 베이징에 가는 게 아니라, 상하이에 갑니다.

这个好，那个不好。
Zhège hǎo, nàge bù hǎo.
이건 좋고, 저건 안 좋아요.

❷ 정반 의문문을 만들 때 쓴다.

你喝不喝?
Nǐ hē bu hē?
너 마실래?

他好不好?
Tā hǎo bu hǎo?
저 사람 괜찮아?

❸ 정도 보어와 가능 보어 부정형을 만들 때 쓴다.

他德语说得不好。
Tā Déyǔ shuō de bù hǎo.
저 친구 독일어 잘 못해요.

我明天来不了。
Wǒ míngtiān láibuliǎo.
난 내일 올 수가 없어요.

❹ 시간을 나타내는 단어를 부정할 때 쓴다.

不久，他就来了。
Bù jiǔ, tā jiù lái le.
오래지 않아 그가 왔다.

不一会儿，我先走了。
Bù yíhuìr, wǒ xiān zǒu le.
잠깐 있다가, 전 먼저 갈게요.

❺ 반어문에 쓴다.

这不是小张吗?
Zhè bú shì Xiǎo Zhāng ma?
저 친구 미스터 장 아니에요?

这么做，不也就好了吗?
Zhème zuò, bù yě jiù hǎo le ma?
이렇게 하면 되는 거 아닌가요?

❻ '不 A 不 B(~안 하고 ~안 하고)' 형식에 쓴다.

不吃不喝，不饿呀?
Bù chī bù hē, bú è ya?
안 먹고 안 마시면, 배 안 고파?

他在那儿坐着，不说不笑。
Tā zài nàr zuòzhe, bù shuō bú xiào.
그는 저기 앉아서 말도 안 하고 웃지도 않아.

0002 都 dōu 모두 유의 也 yě

▶都는 복수 주어 뒤에만 쓰고, 문장에서 '每…都' 형식으로 많이 쓴다.

❶ 범위를 나타낸다.

她们都来了。
Tāmen dōu lái le.
그녀들이 모두 왔어요.

❷ 복문에 쓴다.

不管天气好不好，我们都去上课。
Bùguǎn tiānqì hǎo bu hǎo, wǒmen dōu qù shàngkè.
날씨가 좋든 나쁘든, 우리는 수업하러 갑니다.

❸ '동사 + 都 + 동사의 부정형' 형식으로 써서 강조의 뜻을 나타낸다.

她看都不看就走了。
Tā kàn dōu bú kàn jiù zǒu le.
그녀는 보지도 않고 그렇게 가 버렸다.

❹ '连…都' 강조 용법에 쓴다.

我很害怕他，所以连问都不敢问。
Wǒ hěn hàipà tā, suǒyǐ lián wèn dōu bùgǎn wèn.
난 그 사람이 무서워서, 물어보기도 겁나.

❺ 시간, 수량을 나타낸다. 시간을 나타낼 때는 已经의 뜻이다.

都十点了，我们回去吧。
Dōu shí diǎn le, wǒmen huíqu ba.
벌써 10시네요. 우리 돌아가요.

都二十多了，还像小孩儿。
Dōu èrshí duō le, hái xiàng xiǎoháir.
이미 스무 살이 넘었는데, 아직도 어린애 같아요.

❻ '都是 + 명사' 형식으로 써서 불만의 어감을 표현한다.

都是你，我也迟到了。
Dōu shì nǐ, wǒ yě chídào le.
다 너 때문이야. 나까지 지각했다고.

0003 很 hěn 매우

❶ 형용사를 수식할 때는 따로 해석하지 않아도 된다.

中国菜很好吃。
Zhōngguócài hěn hǎochī.
중국 음식은 맛있다.

这里的环境很好。
Zhèli de huánjìng hěn hǎo.
이곳의 환경이 좋다.

❷ 동사를 수식할 때는 '매우'라는 뜻을 강조한다.

我很喜欢吃面条。
Wǒ hěn xǐhuan chī miàntiáo.
나는 국수를 아주 좋아한다.

我很想去旅游。
Wǒ hěn xiǎng qù lǚyóu.
난 여행이 몹시 가고 싶다.

❸ 정도 보어로 쓴다.

最近他一直忙得很。
Zuìjìn tā yìzhí máng de hěn.
요즘 그는 계속해서 매우 바쁘다.

> **很不好 vs 不很好**
>
> 很不好는 '很(아주) + 不好(좋지 않다)' 구조로 '太不好(너무 좋지 않다)'를 뜻하고, 不很好는 '不(아니다) + 很好(좋다)' 구조로 '不太好(그리 좋지 않다)'를 뜻한다.
>
> 我很不高兴。Wǒ hěn bù gāoxìng. 난 아주 불쾌해.
> 我不很高兴。Wǒ bù hěn gāoxìng. 난 그렇게 즐겁지 않아.

0004 **太** tài 몹시, 매우 참고 **不太** bú tài 太의 부정형

▶정도가 심함을 나타내고 보통 '太…了'의 형식으로 쓴다.

这块蛋糕太甜了。
Zhè kuài dàngāo tài tián le.
이 케이크는 너무 달아요.

今天天气太好了。
Jīntiān tiānqì tài hǎo le.
오늘은 날씨가 아주 좋아요.

我不太爱吃咸的。
Wǒ bú tài ài chī xián de.
나는 짠 음식을 별로 안 즐겨요.

관련 표현

太过分了 tài guòfèn le 관용 너무 심하다
太那个了 tài nàge le 관용 너무 그렇다

어법 - 자주 쓰는 정도 부사

很 hěn 매우 / **非常** fēicháng 아주 / **挺** tǐng 참으로 / **特别** tèbié 특별히 / **相当** xiāngdāng 상당히 / **真** zhēn 정말로 / **最** zuì 가장 / **十分** shífēn 대단히 / **格外** géwài 유달리 / **有点儿** yǒudiǎnr 약간

부사 2급

0001 别 bié ~하지 마라 유의 不要 búyào

❶ 금지를 나타낸다.

别去!
Bié qù!
가지 마세요! (강한 명령문)

别吃了!
Bié chī le!
먹지 말지! (완곡한 명령문)

❷ 고정 형식 '别想'으로 '상상조차 하지 마라'의 어감을 표현한다.

你想都别想了，那是不可能的事儿。
Nǐ xiǎng dōu bié xiǎng le, nà shì bù kěnéng de shìr.
생각조차 하지 마, 그건 불가능한 일이야.

❸ 고정 형식 '别说', '别看'으로, 양보의 전환 복문에 쓴다.

别看他还小，懂的事情比你多。
Bié kàn tā hái xiǎo, dǒng de shìqing bǐ nǐ duō.
그 친구를 아직 어리게만 보면 안 돼, 아는 게 자네보다 많아.

❹ 고정 형식 '别提'로 감탄문에 쓰여 '말할 것도 없다'는 의미를 나타낸다.

你看她的笑脸，别提多可爱了!
Nǐ kàn tā de xiàoliǎn, bié tí duō kě'ài le!
저 애 웃는 얼굴 말야, 아주 사랑스러워!

동 이별하다

同学们一别，已经有5年了。
Tóngxuémen yì bié, yǐjing yǒu wǔ nián le.
동창들은 헤어진 지 이미 5년이 되었다.

관련 표현

别具一格 bié jù yì gé 성 남다른 풍격을 지니다, 남다른 색채를 띠다

别有用心 bié yǒu yòng xīn 성 달리 속셈이 있다, 다른 꿍꿍이가 있다

0002 非常 fēicháng 매우

今天非常冷，你多穿衣服吧。
Jīntiān fēicháng lěng, nǐ duō chuān yīfu ba.
오늘은 매우 추우니 옷을 많이 껴입으세요.

형 비정상적인, 특수한

现在是非常时期，你们都要注意安全。
Xiànzài shì fēicháng shíqī, nǐmen dōu yào zhùyì ānquán.
지금은 비상 시기이니, 모두들 안전에 신경 쓰세요.

0003 还 hái 아직도, 여전히, 더욱, 또한, 게다가, 그럭저럭하다

那个孩子还在哭呢。
Nàge háizi hái zài kū ne.
저 아이 아직도 울고 있어.

先生，您还要什么?
Xiānsheng, nín hái yào shénme?
손님, 더 필요하신 것 있으세요?

这还可以。
Zhè hái kěyǐ.
이거 괜찮네요.

▶[비교문] 훨씬, 더(비교문에 쓸 때 반드시 2개의 비교 대상이 나와야 한다.)

这个包比那个包还好看。
Zhège bāo bǐ nàge bāo hái hǎokàn.
이 가방이 저 가방보다 더 예쁘다.

▶[반어문] '뜻밖에, 의외로'라는 어감을 띠고 반어의 뜻을 강조한다.

你还不懂啊!
Nǐ hái bù dǒng a!
너 아직도 모르겠어?

 관련 표현

还说呢 hái shuō ne 관용 무슨 그런 말을! 말할 필요가 있느냐!

0004 就 jiù 곧 유의 便 biàn

❶ 가까운 시간을 표현한다.

他们几个马上就到。
Tāmen jǐ ge mǎshàng jiù dào.
그들 몇 명이 바로 도착해요.

❷ 이미 오래전에 일어난 일을 강조한다.

我9点就来了，你们怎么还不来啊?
Wǒ jiǔ diǎn jiù lái le, nǐmen zěnme hái bù lái a?
난 9시에 왔어, 너희들은 왜 아직도 안 오니?

❸ 一…就… 용법(~하자마자 바로 ~하다 / ~하기만 하면 ~하게 된다)

他一到，明明就走了。
Tā yí dào, Míngming jiù zǒu le.
그가 도착하자마자 밍밍은 가 버렸다.

我一进考场，就想上厕所。
Wǒ yí jìn kǎocháng, jiù xiǎng shàng cèsuǒ.
나는 고사장에만 들어가면, 화장실에 가고 싶어져.

❹ 수량의 많고 적음과 시간의 길고 짧음을 표현한다.

买半斤饺子就可以了。
Mǎi bàn jīn jiǎozi jiù kěyǐ le.
만두 반 근만 사면 돼요.

今天写汉字就写了4个小时。
Jīntiān xiě Hànzì jiù xiěle sì ge xiǎoshí.
오늘 한자를 4시간 동안이나 썼어.

❺ 只(오로지)의 뜻으로 쓴다.

我没有别的爱好，就喜欢学习汉语。
Wǒ méiyǒu bié de àihào, jiù xǐhuan xuéxí Hànyǔ.
나는 다른 취미는 없고 중국어 공부하는 것만 좋아해.

❻ 강조 용법으로 쓴다.

公园就在河边。
Gōngyuán jiù zài hébiān.
공원은 바로 강가에 있어요.

❼ 복문에 쓴다.

你既然来了，就多住几天。
Nǐ jìrán lái le, jiù duō zhù jǐ tiān.
기왕 왔는데, 며칠 더 있다 가요.

只要努力，就能成功。
Zhǐyào nǔlì, jiù néng chénggōng.
노력하기만 하면 성공할 수 있어요.

❺ (반찬이나 안주로) 곁들여 먹다

这里还有酒，可以就着花生吃。
Zhèli hái yǒu jiǔ, kěyǐ jiùzhe huāshēng chī.
여기 술은 있으니 땅콩을 안주 삼아 먹으면 돼.

0005 也 yě 또한 유의 都 dōu

▶也는 단수 주어, 복수 주어 뒤에 다 쓸 수 있다.

你疼吗？我也疼。
Nǐ téng ma? Wǒ yě téng.
아프냐? 나도 아프다.

我们也喜欢喝咖啡。
Wǒmen yě xǐhuan hē kāfēi.
우리도 커피를 즐겨요.

▶[고정구] '동사+也…不+동사+也…' : ~해도 되고 ~안 해도 되고

你来也可以，不来也可以，都没关系。
Nǐ lái yě kěyǐ, bù lái yě kěyǐ, dōu méi guānxi.
네가 와도 되고 안 와도 되고, 다 괜찮아.

▶[고정구] 连…也 강조 구문 : ~조차도('连…也…何况…' 형식으로 많이 쓴다.)

连小孩儿也知道，何况大人呢！
Lián xiǎoháir yě zhīdào, hékuàng dàrén ne!
어린애도 아는 걸, 하물며 어른이 모를까!

▶복문에 쓴다.

你不去, 我也不去。
Nǐ bú qù, wǒ yě bú qù.
너 안 가면 나도 안 가.

我虽然没有见过, 也听人说过。
Wǒ suīrán méiyou jiànguo, yě tīng rén shuōguo.
내가 만난 적은 없지만, 사람들이 하는 얘기는 들었어요.

 관련 표현

可也是 kě yě shì 관용 그건 그러네! 그러게요!

也别说 yě bié shuō 관용 말도 마, 말도 하지 마

A也不是, 不A也不是 A yě bú shì, bù A yě bú shì 관용 ~하기도 그렇고 ~ 안 하기도 그렇고

0006 已经 yǐjing 이미, 벌써

▶이미 일어난 일에 쓰고, '已经…了'의 형식으로 많이 쓴다.

我已经到学校了。
Wǒ yǐjing dào xuéxiào le.
난 벌써 학교에 도착했어.

你已经有两部手机了, 怎么还想买呢?
Nǐ yǐjing yǒu liǎng bù shǒujī le, zěnme hái xiǎng mǎi ne?
너 이미 휴대 전화를 두 대나 갖고 있으면서, 어떻게 또 사고 싶어 하니?

▶[강조] 명사와 임박태를 강조한다.

已经二十一世纪了, 你的想法挺奇怪。
Yǐjing èrshíyī shìjì le, nǐ de xiǎngfǎ tǐng qíguài.
이미 21세기인데, 네 생각은 너무 이상해.

天已经快黑了, 你怎么还不回来?
Tiān yǐjing kuài hēi le, nǐ zěnme hái bù huílái?
날이 이미 저물어 가는데, 너는 어째서 아직도 돌아오지 않는 거니?

0007 一起 yìqǐ 함께 유의 一同 yìtóng, 一块儿 yíkuàir

▶'跟(和)…一起' 형식으로 많이 쓴다.

我们一起去动物园吧。
Wǒmen yìqǐ qù dòngwùyuán ba.
우리 같이 동물원에 가요.

我跟他们一起来的。
Wǒ gēn tāmen yìqǐ lái de.
나는 저 사람들하고 같이 왔어요.

0008 再 zài 다시

▶같은 동작을 다시 한 번 반복할 때 쓴다. 부정형은 '不, 没(有)'를 다 쓴다.

现在我妈妈不在家，你下午再来吧。
Xiànzài wǒ māma bú zài jiā, nǐ xiàwǔ zài lái ba.
지금 엄마가 안 계시니까, 오후에 다시 오세요.

▶[再 + 형용사] '更(더욱, 아무리)'의 뜻과 같다.

还有再贵一点儿的自行车吗?
Hái yǒu zài guì yìdiǎnr de zìxíngchē ma?
더 비싼 자전거가 있나요?

▶[보충 용법] '又(또)'의 뜻과 같다.

我再告诉你一次，他下个月来韩国。
Wǒ zài gàosu nǐ yí cì, tā xià ge yuè lái Hánguó.
내가 또 한 번 말하겠는데, 그 사람은 다음 달에 한국에 와.

▶복문에 쓰여 '아무리'라는 뜻을 나타낸다.

不管再大的风、再大的雨，我都愿和你一直走下去。
Bùguǎn zài dà de fēng、zài dà de yǔ, wǒ dōu yuàn hé nǐ yìzhí zǒuxiaqu.
아무리 바람이 세차고, 비가 많이 와도 난 너랑 같이 헤쳐 나갈 거야.

0009 zhēn 정말로

我真不知道。
Wǒ zhēn bù zhīdào.
난 정말 몰라요.

出国旅游的事儿真让人高兴！
Chūguó lǚyóu de shìr zhēn ràng rén gāoxìng!
해외 여행을 가는 일은 사람을 정말 기쁘게 한다.

형 진실하다

真的假的？
Zhēn de jiǎ de?
정말이니 가짜니?

他说的都是真的。
Tā shuō de dōu shì zhēn de.
그 사람이 말한 건 다 진실이에요.

관련 표현

美梦成真 měi mèng chéng zhēn 꿈은 이루어진다

真有你的 zhēn yǒu nǐ de 관용 정말 대단하다

0010 **正在** zhèngzài ~하고 있다

▶ 진행 부사 '正', '在'와 함께 진행문을 만든다. 부정형은 '没有 + 동사'이다.

我去他家的时候，他们正在喝茶呢。
Wǒ qù tā jiā de shíhou, tāmen zhèngzài hē chá ne.
내가 그의 집에 갔을 때 그들은 차를 마시고 있었다.

她没看电视，她正在画画。
Tā méi kàn diànshì, tā zhèngzài huà huà.
그녀는 TV를 보지 않고 그림을 그리고 있다.

어법 - 진행문의 주의 사항

진행문을 부정할 때는, '正'과 '正在'는 생략하고, '在'는 생략하지 않아도 된다.

外边没下雨，外边正刮着风。
Wàibian méi xiàyǔ, wàibian zhèng guāzhe fēng.
밖엔 비가 안 와요. 밖엔 마침 바람이 불고 있네요.

我没看电影，我正在吃饭呢。
Wǒ méi kàn diànyǐng, wǒ zhèngzài chīfàn ne.
나는 영화를 보지 않고, 밥을 먹고 있어요.

他没在喝啤酒，他在喝可乐。
Tā méi zài hē píjiǔ, tā zài hē kělè.
그는 맥주를 마시지 않고, 콜라를 마시고 있어요.

0011 最 zuì 가장

▶最 + 형용사 : 정도 강조

你对我最好。
Nǐ duì wǒ zuì hǎo.
네가 나한테 가장 잘 해 준다.

▶最 + 동사 : 심리 묘사

英国是我最想去的地方。
Yīngguó shì wǒ zuì xiǎng qù de dìfang.
영국은 내가 가장 가 보고 싶은 나라야.

▶最 + 방위사

最上边的世界地图就是今天买的。
Zuì shàngbian de shìjiè dìtú jiù shì jīntiān mǎi de.
맨 위에 있는 세계 지도는 바로 오늘 산 거야.

부사 3급

0001 必须 bìxū 반드시 유의 一定 yídìng

▶ 부정형은 '不必'나 '无须'를 쓴다.

高三必须参加高考。
Gāo sān bìxū cānjiā gāokǎo.
고3 학생은 반드시 대입학력고사를 치러야 한다.

今天晚上你必须写三百个字。
Jīntiān wǎnshang nǐ bìxū xiě sānbǎi ge zì.
오늘 밤에 너는 꼭 300자를 써야 해.

0002 多么 duōme 얼마나

▶ 2음절 단어나 구를 연결해 감탄문을 만든다. '多么地 + 형용사'로도 쓴다.

多么美丽的风景啊!
Duōme měilì de fēngjǐng a!
얼마나 아름다운 풍경인가!

他的字写得多么地好啊!
Tā de zì xiě de duōme de hǎo a!
그 사람 글씨를 얼마나 잘 쓰는지!

0003 更 gèng 더욱, 더 유의 还 hái

▶ 비교문에 쓸 때, 문장에 비교 대상이 등장하지 않아도 된다.

我比他更喜欢你。
Wǒ bǐ tā gèng xǐhuan nǐ.
내가 그 사람보다 너를 더 좋아해.

这个更贵!
Zhège gèng guì!
이건 더 비싸!

관련 표현

更上一层楼 gèng shàng yì céng lóu 성 더욱더 정진하다, 진일보하다

0004 **几乎** jīhū 거의, 하마터면 유의 差点儿 chàdiǎnr, 差不多 chàbuduō

我们班同学几乎都感冒了。
Wǒmen bān tóngxué jīhū dōu gǎnmào le.
우리 반 친구들이 거의 다 감기에 걸렸다.

在这里几乎人人都知道她的名字。
Zài zhèli jīhū rénrén dōu zhīdào tā de míngzi.
이곳에서는 거의 모든 사람들이 그녀의 이름을 안다.

您比以前更年轻了，我几乎认不出您了。
Nín bǐ yǐqián gèng niánqīng le, wǒ jīhū rènbuchū nín le.
어르신이 전보다 더 젊어지셔서, 제가 하마터면 못 알아볼 뻔했어요.

茶杯几乎从桌子上掉下来。
Chábēi jīhū cóng zhuōzi shang diàoxialai.
찻잔이 하마터면 탁자 위에서 떨어질 뻔했다.

tip 희망하지 않는 일이 일어날 뻔하다가 일어나지 않을 때는, 几乎 뒤의 동사 부분에 '긍정형'이 오든 '부정형'이 오든 해석은 같게 한다.

0005 **极** jí 지극히, 매우 유의 非常 fēicháng, 太 tài

最近猪肉极贵，不敢买。
Zuìjìn zhūròu jí guì, bùgǎn mǎi.
요즘 돼지고기가 금값이라, 살 엄두가 안 나.

▶[보어] 일반적으로 뒤에 了를 동반한다.

你来这儿，我高兴极了。
Nǐ lái zhèr, wǒ gāoxìng jí le.
네가 여기 와서 좋아 죽겠어.

부사 3급

0001 必须 bìxū 반드시 유의 一定 yídìng

▶부정형은 '不必'나 '无须'를 쓴다.

高三必须参加高考。
Gāo sān bìxū cānjiā gāokǎo.
고3 학생은 반드시 대입학력고사를 치러야 한다.

今天晚上你必须写三百个字。
Jīntiān wǎnshang nǐ bìxū xiě sānbǎi ge zì.
오늘 밤에 너는 꼭 300자를 써야 해.

0002 多么 duōme 얼마나

▶2음절 단어나 구를 연결해 감탄문을 만든다. '多么地 + 형용사'로도 쓴다.

多么美丽的风景啊!
Duōme měilì de fēngjǐng a!
얼마나 아름다운 풍경인가!

他的字写得多么地好啊!
Tā de zì xiě de duōme de hǎo a!
그 사람 글씨를 얼마나 잘 쓰는지!

0003 更 gèng 더욱, 더 유의 还 hái

▶비교문에 쓸 때, 문장에 비교 대상이 등장하지 않아도 된다.

我比他更喜欢你。
Wǒ bǐ tā gèng xǐhuan nǐ.
내가 그 사람보다 너를 더 좋아해.

这个更贵!
Zhège gèng guì!
이건 더 비싸!

관련 표현

更上一层楼 gèng shàng yì céng lóu 성 더욱더 정진하다, 진일보하다

0004 **几乎** jīhū 거의, 하마터면 유의 **差点儿** chàdiǎnr, **差不多** chàbuduō

我们班同学几乎都感冒了。
Wǒmen bān tóngxué jīhū dōu gǎnmào le.
우리 반 친구들이 거의 다 감기에 걸렸다.

在这里几乎人人都知道她的名字。
Zài zhèli jīhū rénrén dōu zhīdào tā de míngzi.
이곳에서는 거의 모든 사람들이 그녀의 이름을 안다.

您比以前更年轻了, 我几乎认不出您了。
Nín bǐ yǐqián gèng niánqīng le, wǒ jīhū rènbuchū nín le.
어른신이 전보다 더 젊어지셔서, 제가 하마터면 못 알아볼 뻔했어요.

茶杯几乎从桌子上掉下来。
Chábēi jīhū cóng zhuōzi shang diàoxialai.
찻잔이 하마터면 탁자 위에서 떨어질 뻔했다.

tip 희망하지 않는 일이 일어날 뻔하다가 일어나지 않을 때는, 几乎 뒤의 동사 부분에 '긍정형'이 오든 '부정형'이 오든 해석은 같게 한다.

0005 **极** jí 지극히, 매우 유의 **非常** fēicháng, **太** tài

最近猪肉极贵, 不敢买。
Zuìjìn zhūròu jí guì, bùgǎn mǎi.
요즘 돼지고기가 금값이라, 살 엄두가 안 나.

▶[보어] 일반적으로 뒤에 了를 동반한다.

你来这儿, 我高兴极了。
Nǐ lái zhèr, wǒ gāoxìng jí le.
네가 여기 와서 좋아 죽겠어.

0006 经常 jīngcháng 자주, 늘, 항상 유의 常常 chángcháng

她经常去看奶奶。
Tā jīngcháng qù kàn nǎinai.
그녀는 자주 할머니를 찾아 뵙는다.

他经常去网吧玩儿游戏。
Tā jīngcháng qù wǎngba wánr yóuxì.
그는 자주 PC방에 가서 컴퓨터 게임을 한다.

형 일상적이다, 평상적이다

他身体不好，生病住院是经常的事。
Tā shēntǐ bù hǎo, shēngbìng zhùyuàn shì jīngcháng de shì.
그는 건강이 안 좋아서, 병나고 입원하는 것은 일상다반사이다.

经常 vs 常常

常常과 经常은 모두 '자주'라는 뜻으로, 经常은 常常에 비해 빈도수가 더 높고, 좀 더 규칙성을 띠는 동작에 쓴다. 常常의 부정형은 '不常', 经常의 부정형은 '不经常'이다.

我经常去散步。 Wǒ jīngcháng qù sànbù. 나는 늘 산책을 가.
他常常来我家。 Tā chángcháng lái wǒ jiā. 그는 자주 우리 집에 와.

0007 马上 mǎshàng 곧, 바로, 지금 바로 유의 立刻 likè

马上就要高中毕业了。
Mǎshàng jiùyào gāozhōng bìyè le.
곧 고등학교를 졸업해요.

[단어] 高中 gāozhōng 고등학교

你们马上开会吗?
Nǐmen mǎshàng kāihuì ma?
자네들 바로 회의하나?

0008 其实 qíshí 사실

▶보통 복문의 뒷절에 쓰여, 앞절을 부정하거나 보충하는 내용을 제시한다.

我们以为他是坏人，其实他是好人。
Wǒmen yǐwéi tā shì huàirén, qíshí tā shì hǎorén.
우리는 저 친구를 나쁜 사람으로 봤는데, 사실 그는 착한 사람이더라고.

你们只知道他是老师，其实他也是有名的画家。
Nǐmen zhǐ zhīdào tā shì lǎoshī, qíshí tā yě shì yǒumíng de huàjiā.
당신들은 그가 선생님인 것만 알고 있는데, 사실 그는 유명한 화가예요.

0009 一定 yídìng 반드시, 꼭, 틀림없이 유의 必须 bìxū

好了，好了，我一定买西瓜回来。
Hǎo le, hǎo le, wǒ yídìng mǎi xīguā huílai.
알았어, 알았어, 내가 꼭 수박 사올게.

谁把我的自行车骑走了？一定是他。
Shéi bǎ wǒ de zìxíngchē qí zǒu le? Yídìng shì tā.
누가 내 자전거 타고 간 거야? 틀림없이 그 녀석이지.

형 어느 정도의, 일정한, 규정된

如果要出国，需要一定的外语水平。
Rúguǒ yào chūguó, xūyào yídìng de wàiyǔ shuǐpíng.
출국하려면 어느 정도의 외국어 실력이 필요해.

0010 一共 yígòng 모두 합쳐 유의 总共 zǒnggòng

今天我们吃饭一共花了一百五。
Jīntiān wǒmen chīfàn yígòng huāle yìbǎi wǔ.
오늘 우리는 밥 먹는 데 모두 150위엔을 썼다.

我们一共买了十斤水果。
Wǒmen yígòng mǎile shí jīn shuǐguǒ.
우리는 모두 합쳐 과일 열 근을 샀다.

0011 一直 yìzhí 줄곧, 계속

▶방향을 틀지 않고 똑바로 가거나, 어떤 상태가 그대로 유지되는 것에 쓴다.

一直往东走，过红绿灯就到农业银行。
Yìzhí wǎng dōng zǒu, guò hónglǜdēng jiù dào Nóngyè yínháng.
계속 동쪽으로 가세요. 신호등 지나면 바로 농업은행에 도착해요.

今年秋天，天气一直很好。
Jīnnián qiūtiān, tiānqì yìzhí hěn hǎo.
올 가을에는 날씨가 계속 좋았어요.

我一直在这儿等你。
Wǒ yìzhí zài zhèr děng nǐ.
난 줄곧 여기서 널 기다릴 거야.

0012 又 yòu 또

❶ 동작의 중복을 나타낸다.

你看，他又来了。
Nǐ kàn, tā yòu lái le.
봐 봐, 저 사람 또 왔어.

我看了又看还是不懂这个句子的意思。
Wǒ kànle yòu kàn háishi bù dǒng zhège jùzi de yìsi.
나는 보고 또 봤지만 그래도 이 문장의 뜻을 모르겠어.

❷ 수량사 + 又 + 수량사

他一次又一次地来找我。
Tā yícì yòu yícì de lái zhǎo wǒ.
그는 거듭해서 나를 찾아왔다.

❸ 부정의 어감을 강조한다.

我又不是你，我怎么知道你的想法？
Wǒ yòu bú shì nǐ, wǒ zěnme zhīdào nǐ de xiǎngfǎ?
내가 너도 아닌데, 어떻게 네 생각을 알겠어?

❹ 역접 복문에 쓴다.

我也想去，可是又不能说出来。
Wǒ yě xiǎng qù, kěshì yòu bù néng shuōchulai.
나도 가고 싶은데, 그렇다고 말하기도 그렇고.

❺ 반어문에 쓴다.

天气不好又有什么关系？
Tiānqì bù hǎo yòu yǒu shénme guānxi?
날씨 나쁜 게 무슨 상관이 있는데?

❻ 병렬 복문 : '既…又…', '又…又…' 형식으로 두 가지 성질이 동시에 존재함을 표현한다.

这块手表既便宜又好看。
Zhè kuài shǒubiǎo jì piányi yòu hǎokàn.
이 시계는 싸면서도 예뻐.

我妹妹又漂亮又聪明。
Wǒ mèimei yòu piàoliang yòu cōngming.
내 여동생은 예쁘고 똑똑하기까지 해.

❼ 정수 뒤에 써서 나머지 부분을 표현한다.

我在上海住两年又四个月。
Wǒ zài Shànghǎi zhù liǎng nián yòu sì ge yuè.
나는 상하이에서 2년 하고 4개월을 살았어.

0013 越 yuè ~할수록

▶'越来越' 형식으로 써서 시간에 따라 정도가 심해짐을 나타내기도 하고, '越 A 越 B' 형식으로 써서 A의 조건에 따라 B의 정도가 심해짐을 나타낸다.

天气越来越暖和了。
Tiānqì yuèláiyuè nuǎnhuo le.
날씨가 갈수록 따뜻해지고 있어요.

爷爷的病越来越好了。
Yéye de bìng yuèláiyuè hǎo le.
할아버지의 병이 갈수록 좋아지고 있어요.

在韩国住得越久，越不想离开。
Zài Hánguó zhù de yuè jiǔ, yuè bù xiǎng líkāi.
한국에서 오래 살수록 떠나기가 더 싫어진다.

你越吃越瘦，我喝水也长胖。
Nǐ yuè chī yuè shòu, wǒ hē shuǐ yě zhǎng pàng.
너는 먹을수록 마르는데, 나는 물만 마셔도 살이 쪄.

동 넘다, 뛰어넘다

我们翻山越岭，终于到家了。
Wǒmen fān shān yuè lǐng, zhōngyú dào jiā le.
우리는 산 넘고 재를 넘어 마침내 집에 도착했다.

[단어] 翻山越岭 fān shān yuè lǐng **성** 산 넘고 재를 넘다, 가는 길이 멀고 험하다

0014 只 zhǐ 오로지

我只会说汉语。
Wǒ zhǐ huì shuō Hànyǔ.
나는 중국어밖에 할 줄 모른다.

我只知道他还没结婚。
Wǒ zhǐ zhīdào tā hái méi jiéhūn.
난 단지 그가 아직 결혼하지 않았다는 것만 알아.

관련 표현

只知其一，未知其二 zhǐ zhī qí yī, wèi zhī qí èr 속담 하나만 알고, 둘은 모른다

0015 终于 zhōngyú 마침내 유의 究竟 jiūjìng, 到底 dàodǐ

▶긴 시간 동안의 어떤 어려움을 이겨 내고 마침내 뭔가를 성취한 것에 쓴다.

我们走了两个小时，终于到他家了。
Wǒmen zǒule liǎng ge xiǎoshí, zhōngyú dào tā jiā le.
우리는 두 시간이나 걸어서 마침내 그의 집에 도착했다.

他终于成功了，恭喜恭喜！
Tā zhōngyú chénggōng le, gōngxǐ gōngxǐ!
그가 마침내 성공했군요, 축하해요!

0016 总是 zǒngshì 항상, 늘 유의 老是 lǎoshì

吃饭的时候，他总是先喝汤。
Chīfàn de shíhou, tā zǒngshì xiān hē tāng.
밥 먹을 때, 그는 늘 국을 먼저 먹는다.

他总是说没有时间，是真的还是假的？
Tā zǒngshì shuō méiyǒu shíjiān, shì zhēn de háishi jiǎ de?
그는 항상 시간이 없다고 하는데, 진짜야 아니면 거짓말이야?

전치사 2급

0001 比 bǐ ~보다

▶ 'A 比 B + 수량 보어' 형식으로 비교문을 만든다. 부정형은 '没有'나 '不如'를 써서 표현한다.

我哥哥比我大三岁。
Wǒ gēge bǐ wǒ dà sān suì.
우리 오빠는 나보다 세 살이 많다.

他法语说得比我好。
Tā Fǎyǔ shuō de bǐ wǒ hǎo.
그는 나보다 프랑스어를 잘한다.

⑧ 비교하다

你怎么也比不上他。
Nǐ zěnme yě bǐbushàng tā.
너는 아무리 노력해도 그와 비교가 안 돼.

⑧ 경기의 득점 : 몇 대 몇

二比一
èr bǐ yī
2 대 1

관련 표현

比手划脚 bǐ shǒu huà jiǎo ⑧ 손짓 발짓하다

说得比唱得还好听 shuō de bǐ chàng de hái hǎotīng 관용 말은 잘한다. 꿈보다 해몽이 좋다

0002 从 cóng ~으로부터

▶ 시간·장소의 출발점과 행위·동작의 근거를 표현한다. '从 + 출발지 + 到 + 목적지' 형식으로 많이 쓴다.

明天我们从学校出发。
Míngtiān wǒmen cóng xuéxiào chūfā.
내일 우리는 학교에서 출발해요.

从我家到车站非常近。
Cóng wǒ jiā dào chēzhàn fēicháng jìn.
우리 집에서 정류장까지는 아주 가까워요.

我从朋友那儿借了一本书。
Wǒ cóng péngyou nàr jièle yì běn shū.
나는 친구한테 책을 한 권 빌렸어요.

从他的话中可以看出他是好人。
Cóng tā de huà zhōng kěyǐ kànchū tā shì hǎorén.
그의 말에서 그가 착한 사람임을 알 수 있다.

 관련 표현

何去何从 hé qù hé cóng 어떤 선택을 할 것인가? (주로 중대한 결정을 할 때 쓴다.)

0003 对 duì ~에 대해

对这个地方，我还不太了解。
Duì zhège dìfang, wǒ hái bú tài liǎojiě.
이곳에 대해서 나는 아직 그렇게 잘 알지 못한다.

他对我说他要去欧洲。
Tā duì wǒ shuō tā yào qù Ōuzhōu.
그는 나에게 유럽에 갈 거라고 말했다.

▶[고정구] 对…来说 : ~에 대해 말하자면

这个问题对我来说很难。
Zhège wèntí duì wǒ lái shuō hěn nán.
이 문제는 나한테는 어렵다.

0004 离 lí ~으로부터

▶'목적지 + 离 + 출발지'의 형식으로 쓴다.

我家离浦东机场很远。
Wǒ jiā lí Pǔdōng jīchǎng hěn yuǎn.
우리 집은 푸동 공항에서 멀다.

离春节还有多长时间?
Lí Chūnjié hái yǒu duō cháng shíjiān?
설까지 아직 얼마나 남았죠?

동 헤어지다, 떠나다

她儿子气得离家出走了。
Tā érzi qì de lí jiā chūzǒu le.
그녀의 아들은 화가 나서 가출을 했다.

他真和妻子离了。
Tā zhēn hé qīzi lí le.
그 사람 정말로 부인이랑 헤어졌어.

0005 往 wǎng ~을 향하여

我们应该往南走。
Wǒmen yīnggāi wǎng nán zǒu.
우리는 당연히 남쪽으로 가야 해.

동 ~을 향해 가다

我往上海, 他往北京。
Wǒ wǎng Shànghǎi, tā wǎng Běijīng.
나는 상하이로 가고, 그는 베이징으로 간다.

▶ [보어] 동사 뒤에 쓰여 '~으로 향하다'라는 의미로 쓰인다.

本次列车开往拉萨。
Běn cì lièchē kāi wǎng Lāsà.
이번 열차는 라싸행입니다.

관련 표현

往心里去 wǎng xīnli qù 관용 마음에 두다, 신경 쓰다

往好里说(是)…, 往坏里说(就是)… wǎng hǎolishuō (shì)…, wǎng huài li shuō (jiù shì)… 관용 좋게 말하면 ~이고 나쁘게 말하자면 ~이다

一往无前 yì wǎng wú qián 성 용감하게 나아가다, 용왕매진하다

전치사 3급

0001 把 bǎ ~을

▶把字句에 써서 '행위, 동작의 대상'을 동반한다.

我把数码相机带来了。
Wǒ bǎ shùmǎ xiàngjī dàilái le.
내가 디지털카메라 가지고 왔어.

他把你的自行车骑走了。
Tā bǎ nǐ de zìxíngchē qízǒu le.
그가 네 자전거를 타고 갔어.

⑱ 자루 : 손잡이가 달린 물건을 세는 양사

刀 dāo 칼 / 伞 sǎn 우산 / 椅子 yǐzi 의자 / 钥匙 yàoshi 열쇠 / 壶 hú 주전자

我要这把椅子。
Wǒ yào zhè bǎ yǐzi.
전 이 의자로 할게요.

这把伞借给你吧。
Zhè bǎ sǎn jiègěi nǐ ba.
이 우산 너한테 빌려 줄게.

里里外外一把好手。
Lǐlǐwàiwài yì bǎ hǎoshǒu.
직장 생활과 가정 생활을 똑 부러지게 잘한다.

[단어] **一把好手** yì bǎ hǎoshǒu [관용] 재능 있는 사람, 능력자

관련 표현

一把屎一把尿 yì bǎ shǐ yì bǎ niào 소변 대변, 부모가 매우 고생스럽게 자녀를 양육한다는 것을 나타냄

어법 - 把字句의 주의 사항

1. 把字句에는 확인 불가한 결과를 나타내는 동태 조사 '过'나 가능 보어는 쓸 수 없다.
   你把相机带过。 Nǐ bǎ xiàngjī dàiguo. (X)
   你把相机带着。 Nǐ bǎ xiàngjī dàizhe. (O) 네가 카메라를 가지고 가.

2. 在, 给, 成, 到가 결과 보어로 쓰일 때는 把字句를 쓴다.
   我把你的书放在书包里了。 내가 네 책을 가방 안에 넣어 놨어.
   Wǒ bǎ nǐ de shū fàngzài shūbāo li le.

0002 被 bèi ~에게 ~을 당하다 □□□

▶被字句에서 동작이나 행위자를 동반한다.

我的西瓜被东东吃了。
Wǒ de xīguā bèi Dōngdong chī le.
내 수박은 동동이 먹어 버렸다.

你的手机没被他拿走。
Nǐ de shǒujī méi bèi tā názǒu.
네 휴대 전화는 그 애가 가져가지 않았어.

어법 - 被字句의 주의 사항

1. 被字句는 '어떤 일을 당했다'라는 뜻을 갖고 있기 때문에, 불확실한 결과를 포함하는 동태 조사 '着'나 '가능 보어'는 쓸 수 없다.
   他被妈妈打着。 Tā bèi māma dǎzhe. (X)
   他被妈妈打了一顿。 Tā bèi māma dǎle yí dùn. (O) 그는 엄마에게 맞았다.

2. 동작이나 행위자를 굳이 밝힐 필요가 없을 때는 생략할 수 있다.
   我家也被偷过。 Wǒ jiā yě bèi tōuguo. 우리 집도 도둑맞은 적이 있다.

3. 叫나 让도 피동문의 전치사로 쓰일 수 있다.
   鱼叫猫吃了。 Yú jiào māo chī le. 생선은 고양이가 먹었다.

0003 跟 gēn ~과, ~와 □□□

我跟他是高中同学。
Wǒ gēn tā shì gāozhōng tóngxué.
나와 그는 고등학교 동창이다.

他说的跟你说的一样。
Tā shuō de gēn nǐ shuō de yíyàng.
그 사람이 말한 것과 네가 말한 것이 같아.

동 따라가다, 붙다

请跟我来。
Qǐng gēn wǒ lái.
저를 따라 오세요.

我怎么努力也跟不上你。
Wǒ zěnme nǔlì yě gēnbushàng nǐ.
내가 아무리 노력해도 너를 따라갈 수가 없구나.

[단어] 跟不上 gēnbushàng **관용** 따라잡을 수 없다, 비교되지 않는다

명 뒤꿈치

今天走多了，后跟儿疼。
Jīntiān zǒuduō le, hòugēnr téng.
오늘 많이 걸었더니 뒤꿈치가 아프네.

0004 根据 gēnjù ~에 근거하여

根据天气预报，明天是晴天。
Gēnjù tiānqì yùbào, míngtiān shì qíngtiān.
일기 예보에 따르면 내일은 맑대.

동 ~에 근거하다

两国的交流应该根据互惠平等原则。
Liǎngguó de jiāoliú yīnggāi gēnjù hùhuì píngděng yuánzé.
양국의 교류는 호혜 평등 원칙을 근거로 해야 한다.

명 근거

他这样说的根据是什么?
Tā zhèyàng shuō de gēnjù shì shénme?
그가 이렇게 말하는 근거가 뭔가요?

0005 关于 guānyú ~에 관하여

▶동작과 관계된 사람, 사물, 범위를 나타낸다.

关于这个问题，我们下次再说吧。
Guānyú zhège wèntí, wǒmen xià cì zài shuō ba.
이 문제에 대해서는 우리 다음에 얘기해요.

我看了一下关于那个演员的新闻。
Wǒ kànle yíxià guānyú nàge yǎnyún de xīnwén.
나는 그 연기자에 대한 뉴스를 보았다.

我想买一些关于中国历史的书。
Wǒ xiǎng mǎi yìxiē guānyú Zhōngguó lìshǐ de shū.
나는 중국 역사 관련 서적을 몇 권 사고 싶다.

▶어떤 글의 제목으로 쓰이기도 한다.

关于环境保护问题
Guānyú huánjìng bǎohù wèntí
환경 보호 문제에 대해

关于提高学习效率的建议
Guānyú tígāo xuéxí xiàolǜ de jiànyì
학습 효율 제고를 위한 제안

0006 为 wèi ~을 위해서 유의 为了 wèile

▶동작의 대상, 심리 활동의 대상, 목적, 원인 등을 나타낸다.

为买到这双鞋他跑了几个商店。
Wèi mǎidào zhè shuāng xié tā pǎole jǐ ge shāngdiàn.
이 신발을 사기 위해 그는 상점을 몇 군데 돌아다녔다.

妈妈，不要为我们担心，我们都好好的。
Māma, búyào wèi wǒmen dānxīn, wǒmen dōu hǎohāo de.
엄마, 우리 때문에 걱정하지 마세요, 우린 잘 있어요.

他为这件事准备了好几天。
Tā wèi zhè jiàn shì zhǔnbèile hǎo jǐ tiān.
그는 이 일을 위해 여러 날을 준비했다.

⑧wéi ~하다, ~으로 여기다, ~으로 삼다

▶'以…为…' 형식으로 자주 쓴다.

我一定会尽力而为。
Wǒ yídìng huì jìn lì ér wéi.
저는 틀림없이 최선을 다할 거예요.

[단어] 尽力而为 jìn lì ér wéi 전력을 다해서 하다, 최선을 다하다

大家选他为班长。
Dàjiā xuǎn tā wéi bānzhǎng.
그들은 그를 반장으로 뽑았다.

民以食为天
Mín yǐ shí wéi tiān
[성어] 백성은 먹고 사는 것을 하늘로 삼는다, 식량은 국민 생활의 근본이다

0007 **为了** wèile ~을 위해서 유의 为 wèi

▶동작의 목적을 나타낸다.

为了画画，他去法国了。
Wèile huà huà, tā qù Fǎguó le.
그림을 그리기 위해 그는 프랑스로 갔다.

为了美好的未来，干杯!
Wèile méihǎo de wèilái, gānbēi!
아름다운 미래를 위해, 건배!

0008 **向** xiàng ~을 향하여 유의 往 wǎng

▶동작의 방향을 나타낸다. '向 + 사람(사물) + 동작' 형식으로 쓴다.

请大家向我看。
Qǐng dàjiā xiàng wǒ kàn.
여러분 저를 보세요.

你应该先向他说谢谢。
Nǐ yīnggāi xiān xiàng tā shuō xièxie.
너는 당연히 먼저 그에게 감사하다는 말을 해야 해.

▶[보어] 다음과 같은 몇몇의 동사 뒤에 놓여 보어로 쓰인다.

走 zǒu 걷다 / 奔 bēn 내달리다 / 冲 chōng 충돌하다 / 飞 fēi 날다 / 转 zhuǎn 바꾸다 /
通 tōng 통하다 / 驶 shǐ 운전하다 / 指 zhǐ 가리키다 / 推 tuī 밀어부치다 / 射 shè 발사하다

这条路通向罗马。
Zhè tiáo lù tōngxiàng Luómǎ.
이 길은 로마로 통한다.

⑤ ~을 향해 있다

公司大门向南。
Gōngsī dàmén xiàng nán.
회사 정문은 남향이다.

접속사 1급

0001 和 hé ~과, 그리고 유의 跟 gēn

▶주로 열거를 나타낸다.

我家人有爸爸、妈妈和姐姐。
Wǒ jiārén yǒu bàba、māma hé jiějie.
우리 식구는 아빠, 엄마, 언니가 있어요.

北京、上海、天津和重庆都是直辖市。
Běijīng、Shànghǎi、Tiānjīn hé Chóngqìng dōu shì zhíxiáshì.
베이징, 상하이, 티엔진과 총칭은 다 직할시예요.

▶동작, 비교의 대상, 관계의 대상을 표현한다.

我和他都喜欢吃中国菜。
Wǒ hé tā dōu xǐhuan chī zhōngguócài.
나와 그 사람은 다 중국 음식을 좋아해요.

我和爸爸一块儿去。
Wǒ hé bàba yíkuàir qù.
나는 아빠랑 같이 가요.

접속사 2급

0001 虽然…但是… suīrán… dànshì… 비록 ~이지만, (그러나) ~하다

▶역접 복문 형식이다.

他虽然考了第一，但是他一点也不骄傲。
Tā suīrán kǎole dìyī, dànshì tā yìdiǎn yě bù jiāo'ào.
그는 시험에서 1등을 했지만, 조금도 자만하지 않는다.

他对我很客气，虽然我们是朋友。
Tā duì wǒ hěn kèqi, suīrán wǒmen shì péngyou.
그는 나에게 깍듯해, 비록 우리가 친구라 할지라도 말이야.

[단어] 客气 kèqi 공손하다, 예의바르다

tip 但是는 但, 可(是), 不过 등과 바꿔 쓸 수 있고, 전환 복문에는 还是, 却 등이 자주 동반된다.
虽然이 뒷절에 쓰일 때는 반드시 주어 앞에 위치한다.

0002 因为…所以… yīnwèi… suǒyǐ… ~이기 때문에, (그래서) ~하다

▶인과 복문에 쓰는 형식으로, 因为는 주로 앞절에 쓰지만, 결과를 강조하기 위해 뒷절에 쓰기도 한다.

因为是你，所以我爱。
Yīnwèi shì nǐ, suǒyǐ wǒ ài.
너라서, 내가 사랑하는 거야.

因为今天雾大，所以飞机晚点了。
Yīnwèi jīntiān wù dà, suǒyǐ fēijī wǎndiǎn le.
오늘 안개가 많이 끼어서, 비행기가 연착했다.

我非常高兴，因为收到了男朋友的信。
Wǒ fēicháng gāoxìng, yīnwèi shōudàole nánpéngyǒu de xìn.
내가 굉장히 기쁜 것은, 남자 친구의 편지를 받았기 때문이다.

접속사 3급

0001 不但…而且… búdàn… érqiě… ~뿐만 아니라, 게다가~

▶점층 복문 형식이다.

我妹妹不但漂亮，而且非常聪明。
Wǒ mèimei búdàn piàoliang, érqiě fēicháng cōngming.
내 여동생은 예쁜데다, 똑똑하기까지 하다.

不但我会说汉语，他也会说。
Búdàn wǒ huì shuō Hànyǔ, tā yě huì shuō.
내가 중국어를 할 줄 알 뿐 아니라, 그도 할 줄 안다.

0002 除了 chúle ~을 제외하고, ~외에도

▶'除了…以外, 也(都 / 还)' 형식으로 많이 쓴다. 배제와 추가의 뜻을 나타낸다.

他除了喜欢游泳以外，也喜欢跑步。
Tā chúle xǐhuan yóuyǒng yǐwài, yě xǐhuan pǎobù.
그는 수영 외에, 달리기도 좋아한다.

除了生病的，其他同学都来了。
Chúle shēngbìng de, qítā tóngxué dōu lái le.
병난 사람 빼고, 다른 친구들은 다 왔다.

除了台湾、香港、深圳以外，我还去过澳门。
Chúle Táiwān、Xiānggǎng、Shēnzhèn yǐwài, wǒ hái qùguo Àomén.
타이완, 홍콩, 선전 외에 나는 마카오에도 가 봤어.

0003 还是 háishi 또는, 아니면 유의 或者 huòzhě

▶선택 의문문을 만들 때 쓴다.

你喝咖啡还是喝茶？
Nǐ hē kāfēi háishi hē chá?
너 커피 마실래, 아니면 차 마실래?

他说做还是不做?
Tā shuō zuò háishi bú zuò?
그는 하겠다는 거야 말겠다는 거야?

무 여전히, 그냥

几年不见，你还是那么年轻。
Jǐ nián bú jiàn, nǐ háishi nàme niánqīng.
몇 년 동안 못 만났는데도, 넌 여전히 젊다 얘.

▶ '이것저것 고려하다 이렇게 하자'라고 결론을 내릴 때 쓴다.

我们还是吃比萨饼吧。
Wǒmen háishi chī bǐsàbǐng ba.
우리 그냥 피자 먹자.

0004 或者 huòzhě 혹은, 아니면　유의　还是 háishi

▶ 선택 복문에 쓴다. '或者…或者…'의 형식으로 많이 쓴다. 或와도 바꿔 쓸 수 있는데, 或는 문어에, 或者는 문어와 구어에 다 쓴다.

你去或者他去，你来决定吧。
Nǐ qù huòzhě tā qù, nǐ lái juédìng ba.
네가 갈지 그 사람이 갈지, 네가 결정해.

去上海或者坐船，或者坐飞机。
Qù Shànghǎi huòzhě zuò chuán, huòzhě zuò fēijī.
상하이에 갈 때는 배를 타도 되고, 비행기를 타도 돼.

0005 然后 ránhòu 그러고 나서

▶ 연속 복문에 쓴다. 보통 '先…然后再(又 / 还)' 형식으로 많이 쓴다.

我们打算先吃饭，然后再去图书馆。
Wǒmen dǎsuan xiān chīfàn, ránhòu zài qù túshūguǎn
우리는 먼저 밥을 먹은 후에 다시 도서관에 가려 해.

昨天我打扫了房间，洗了衣服，然后还去了一趟超市。
Zuótiān wǒ dǎsǎole fángjiān, xǐle yīfu, ránhòu hái qùle yí tàng chāoshì.
어제 나는 방 청소하고, 빨래하고 나서, 슈퍼마켓까지 갔다왔어.

0001 不但…而且… búdàn… érqiě… ~뿐만 아니라, 게다가~

▶점층 복문 형식이다.

我妹妹不但漂亮，而且非常聪明。
Wǒ mèimei búdàn piàoliang, érqiě fēicháng cōngming.
내 여동생은 예쁜데다, 똑똑하기까지 하다.

不但我会说汉语，他也会说。
Búdàn wǒ huì shuō Hànyǔ, tā yě huì shuō.
내가 중국어를 할 줄 알 뿐 아니라, 그도 할 줄 안다.

0002 除了 chúle ~을 제외하고, ~외에도

▶'除了…以外, 也(都 / 还)' 형식으로 많이 쓴다. 배제와 추가의 뜻을 나타낸다.

他除了喜欢游泳以外，也喜欢跑步。
Tā chúle xǐhuan yóuyǒng yǐwài, yě xǐhuan pǎobù.
그는 수영 외에, 달리기도 좋아한다.

除了生病的，其他同学都来了。
Chúle shēngbìng de, qítā tóngxué dōu lái le.
병난 사람 빼고, 다른 친구들은 다 왔다.

除了台湾、香港、深圳以外，我还去过澳门。
Chúle Táiwān, Xiānggǎng, Shēnzhèn yǐwài, wǒ hái qùguo Àomén.
타이완, 홍콩, 선전 외에 나는 마카오에도 가 봤어.

0003 还是 háishi 또는, 아니면 유의 或者 huòzhě

▶선택 의문문을 만들 때 쓴다.

你喝咖啡还是喝茶?
Nǐ hē kāfēi háishi hē chá?
너 커피 마실래, 아니면 차 마실래?

他说做还是不做?
Tā shuō zuò háishi bú zuò?
그는 하겠다는 거야 말겠다는 거야?

🔵 여전히, 그냥

几年不见，你还是那么年轻。
Jǐ nián bú jiàn, nǐ háishi nàme niánqīng.
몇 년 동안 못 만났는데도, 넌 여전히 젊다 얘.

▶ '이것저것 고려하다 이렇게 하자'라고 결론을 내릴 때 쓴다.

我们还是吃比萨饼吧。
Wǒmen háishi chī bǐsàbǐng ba.
우리 그냥 피자 먹자.

0004 或者 huòzhě 혹은, 아니면 유의 还是 háishi

▶ 선택 복문에 쓴다. '或者…或者…'의 형식으로 많이 쓴다. 或와도 바꿔 쓸 수 있는데, 或는 문어에, 或者는 문어와 구어에 다 쓴다.

你去或者他去，你来决定吧。
Nǐ qù huòzhě tā qù, nǐ lái juédìng ba.
네가 갈지 그 사람이 갈지, 네가 결정해.

去上海或者坐船，或者坐飞机。
Qù Shànghǎi huòzhě zuò chuán, huòzhě zuò fēijī.
상하이에 갈 때는 배를 타도 되고, 비행기를 타도 돼.

0005 然后 ránhòu 그러고 나서

▶ 연속 복문에 쓴다. 보통 '先…然后再(又 / 还)' 형식으로 많이 쓴다.

我们打算先吃饭，然后再去图书馆。
Wǒmen dǎsuan xiān chīfàn, ránhòu zài qù túshūguǎn
우리는 먼저 밥을 먹은 후에 다시 도서관에 가려 해.

昨天我打扫了房间，洗了衣服，然后还去了一趟超市。
Zuótiān wǒ dǎsǎole fángjiān, xǐle yīfu, ránhòu hái qùle yí tàng chāoshì.
어제 나는 방 청소하고, 빨래하고 나서, 슈퍼마켓까지 갔다왔어.

0006 如果 rúguǒ 만약 유의 假如 jiǎrú, 要是 yàoshì

▶가설 복문의 앞절에 쓰고, '如果…的话…(那么)就' 형식으로 많이 쓴다.

如果明天天气不好的话，我们就不去了。
Rúguǒ míngtiān tiānqì bù hǎo dehuà, wǒmen jiù bú qù le.
만약 내일 날씨가 안 좋으면, 우리는 안 갈 거야.

如果你是我，这时候应该怎么办？
Rúguǒ nǐ shì wǒ, zhè shíhou yīnggāi zěnme bàn?
만약에 네가 나라면, 이럴 때 어떻게 하겠니?

0007 只有…才… zhǐyǒu… cái… ~해야만 비로소 ~하다

▶조건 복문에 쓰는 접속사 형식이다. 어떤 일이나 동작을 하기 위한 유일한 조건을 제시한다.

只有金老师去，才能解决问题。
Zhǐyǒu Jīn lǎoshī qù, cái néng jiějué wèntí.
김 선생님이 가셔야만 문제를 해결할 수 있다.

只有努力，才能成功。
Zhǐyǒu nǔlì, cái néng chénggōng.
노력을 해야만 비로소 성공할 수 있다.

tip 只要… 就… ~하기만 하면 ~하다 : 충분 조건을 나타내는 조건 복문의 형식이다.

只要你愿意，我就会同意。
Zhǐyào nǐ yuànyì, wǒ jiù huì tóngyì.
네가 원하기만 한다면 나도 찬성할게.

양사 1급

0001 本 běn 권

▶책을 셀 때 쓴다.

我们买了八本书。
Wǒmen mǎile bā běn shū.
우리는 책을 여덟 권 샀어.

명 책, 공책

我有笔记本电脑。
Wǒ yǒu bǐjìběn diànnǎo.
나는 노트북 컴퓨터를 가지고 있어.

부 본래, 원래

我本是韩国人，现在住上海。
Wǒ běn shì Hánguórén, xiànzài zhù Shànghǎi.
난 원래 한국인인데, 지금은 상하이에 살아.

대 본인, 이것

他本人已经说了。
Tā běnrén yǐjing shuō le.
그 사람 본인이 이미 얘기했어요.

관련 표현

三句不离本行 sān jù bù lí běnháng **관용** 사람은 항상 자기 직업과 관련된 일을 얘기하게 마련이다, 직업은 못 속인다

0002 个 gè 개, 사람, 명

▶사람, 사물에 가장 보편적으로 많이 쓴다. 회화에서는 경성으로 읽는다.

人 rén 사람 / 商店 shāngdiàn 가게 / 本子 běnzi 공책

我有两个哥哥。
Wǒ yǒu liǎng ge gēge.
나는 오빠가 두 명이야.

他吃了三个苹果。
Tā chīle sān ge píngguǒ.
그는 사과를 세 개 먹었다.

0003 块 kuài 덩이, 조각　　　　　□□□

▶덩어리 또는 조각 모양을 셀 때 쓴다.

肉 ròu 고기 / 布 bù 천 / 钱 qián 돈 등에 쓴다.

我吃两块西瓜，你吃几块？
Wǒ chī liǎng kuài xīguā, nǐ chī jǐ kuài?
난 수박 두 조각 먹을래, 넌 몇 조각 먹을래?

▶[화폐] 1元

葡萄四块一斤，十块三斤。
Pútao sì kuài yì jīn, shí kuài sān jīn.
포도가 한 근에 4위엔이고, 세 근에는 10위엔이에요.

0004 岁 suì 살, 세, 해(年)　**유의** 年龄 niánlíng, 年纪 niánjì　□□□

我妹妹今年八岁。
Wǒ mèimei jīnnián bā suì.
내 여동생은 올해 여덟 살이야.

💡 관련 표현

▶[나이 묻기]

你几岁了？ Nǐ jǐ suì le? 너 몇 살이니?

你哥哥今年多大了？ Nǐ gēge jīnnián duō dà le? 네 형 올해 몇 살이지?

你爸爸今年多大年纪了？ Nǐ bàba jīnnián duō dà niánjì le? 자네 아버님 올해 연세가 어떻게 되시나?

你爷爷今年多大岁数？ Nǐ yéye jīnnián duō dà suìshu? 자네 할아버지 올해 춘추가 어떻게 되시나?

▶[띠 묻기]

A : 你属什么？ Nǐ shǔ shénme? 띠가 어떻게 돼요?
B : 我属羊。 Wǒ shǔ yáng. 양띠예요.

0005 些 xiē 조금, 약간 유의 点儿 diǎnr

▶부정 양사로, 주로 셀 수 있는 적은 양을 표현한다.

今天我们买了一些东西。
Jīntiān wǒmen mǎile yìxiē dōngxi.
오늘 우리는 물건을 조금 샀다.

我想去买些衣服。
Wǒ xiǎng qù mǎi xiē yīfu.
나 옷 좀 몇 가지 사러 가려고.

▶ [보어] '형용사 + 些' 형식으로 쓴다.

声音小一些。
Shēngyīn xiǎo yìxiē.
목소리 좀 줄여요.

我的书比他的多一些。
Wǒ de shū bǐ tā de duō yìxiē.
내 책이 저 애 것보다 조금 더 많다.

0006 一点儿 yìdiǎnr 조금, 약간 유의 些 xiē

▶부정 양사로, '양적인 것'을 나타내며, '一'는 생략해서 쓸 수 있다.

你想喝点儿什么？
Nǐ xiǎng hē diǎnr shénme?
뭘 마시겠어요?

今天一点儿也不冷。
Jīntiān yìdiǎnr yě bù lěng.
오늘은 하나도 안 추워.

양사 2급

0001 次 cì 차례, 번, 회

▶ 횟수를 나타낼 때 쓰는 동량사이다.

我去过三次中国。
Wǒ qùguo sān cì Zhōngguó.
나는 중국에 세 번 갔었다.

我们见过他一次。
Wǒmen jiànguo tā yí cì.
우리는 그 사람을 한 번 만났다.

0002 件 jiàn 건

▶ 옷, 일 등에 쓴다.

事情 shìqing 일 / 衣服 yīfu 옷 / 礼物 lǐwù 선물 / 行李 xíngli 짐

这件事情很重要。
Zhè jiàn shìqing hěn zhòngyào.
이 일은 중요해요.

我买了一件毛衣，非常好看。
Wǒ mǎile yí jiàn máoyī, fēicháng hǎokàn.
나는 카디건을 하나 샀는데, 아주 예뻐.

접미 주로 1음절어 뒤에 붙어 명사를 구성하며, 하나하나 셀 수 있는 물건을 가리킴.

零件 língjiàn 부품 / 配件 pèijiàn 부속품 / 案件 ànjiàn 안건

0003 一下 yíxià ~해 보다, 시도해 보다, 좀 ~하다(동량 보어로 자주 쓴다.)

请看一下，这是谁的?
Qǐng kàn yíxià, zhè shì shéi de?
좀 봐 주세요, 이건 누구 거죠?

你等我一下，我马上就到。
Nǐ děng wǒ yíxià, wǒ mǎshàng jiù dào.
조금만 기다려, 나 곧 도착해.

我给你们介绍一下。
Wǒ gěi nǐmen jièshào yíxià.
제가 여러분께 소개 좀 해 드릴게요.

양사 3급

0001 层 céng 층, 겹

▶겹쳐 있거나 쌓여 있는 물건을 셀 때 쓴다.

皮儿 pír 껍질 / 灰 huī 먼지

你家住在第几层?
Nǐ jiā zhù zài dì jǐ céng?
너희 집은 몇 층에 있어?

路上已经结了一层冰。
Lùshang yǐjing jiéle yì céng bīng.
길에 이미 얼음이 살짝 얼어 있다.

관련 표현

里三层，外三层 lǐ sān céng, wài sān céng 관용 (사람이) 겹겹이 둘러싸고 있다, (포장이) 겹겹이 쌓여 있다

层出不穷 céng chū bù qióng 성 끊임없이 나타나다, 꼬리를 물고 나타나다

0002 段 duàn 단락, 구간

▶긴 물건, 시간, 음악, 말, 문장 등에 쓴다.

话 huà 말 / 路 lù 길 / 故事 gùshi 이야기

这段时间，你过得怎么样?
Zhè duàn shíjiān, nǐ guò de zěnmeyàng?
그동안, 넌 어떻게 지냈어?

梅兰芳先生给大家唱了一段京剧。
Méi Lánfāng xiānsheng gěi dàjiā chàngle yí duàn jīngjù.
메이란팡 선생이 모두에게 경극 한 소절을 불러 주었어.

tip 梅兰芳 Méi Lánfāng : (1894~1961) 중국 경극의 대가.

公斤 gōngjīn 킬로그램 참고 斤 jīn 근(한 근은 약 500g)

这些书有50公斤。
Zhè xiē shū yǒu wǔshí gōngjīn.
이 책들은 50kg 나간다.

🌏 중국 문화 - 斤

중국에서는 모든 것을 근으로 달아 파는데, 한 근은 무조건 500g이고, 계란 하나, 파 한 뿌리도 근으로 달아 판다. 심지어 '몸무게'를 말할 때도 근으로 얘기한다.

我要三斤葡萄。 Wǒ yào sān jīn pútao. 포도 세 근 주세요.
我九十斤。 Wǒ jiǔshí jīn. 나는 45kg이야.

 辆 liàng 대

▶차량 등 탈 것을 셀 때 쓴다.

汽车 qìchē 자동차 / **自行车** zìxíngchē 자전거 / **坦克** tǎnkè 탱크

他又买了一辆摩托车。
Tā yòu mǎile yí liàng mótuōchē.
그는 오토바이를 또 한 대 샀다.

前边开过来一辆空车。
Qiánbian kāiguolai yí liàng kōngchē.
앞쪽에서 빈 차가 왔다.

 双 shuāng 짝, 켤레 유의 对 duì

▶쌍(짝)으로 된 물건을 셀 때 쓴다.

手 shǒu 손 / **脚** jiǎo 발 / **筷子** kuàizi 젓가락 / **鞋** xié 신 / **眼睛** yǎnjing 눈

我买了一双鞋，你看怎么样?
Wǒ mǎile yì shuāng xié, nǐ kàn zěnmeyàng?
내가 신발을 한 켤레 샀는데, 네가 보기에는 어때?

형 두 개의, 쌍방의, 두 배의

中国人喜欢双数。
Zhōngguórén xǐhuan shuāngshù.
중국인들은 짝수를 좋아한다.

双方都同意了。
Shuāngfāng dōu tóngyì le.
쌍방이 모두 동의했다.

🐼 관련 표현

天下无双 tiān xià wú shuāng 🈵 하나밖에 없는 강자, 천하무적, 대단히 뛰어남을 비유

双 vs 对

对와 双 모두 쌍을 이루는 사람, 사물에 쓰는 양사로, 对는 주로 성별로 이루어진 사람이나 사물에 쓰고, 双은 쌍으로 이루어진 신체 기관이나 물건에 쓴다.

一对夫妻 yí duì fūqī 부부 한 쌍 / **一双眼睛** yì shuāng yǎnjing 한 쌍의 눈 / **一对沙发** yí duì shāfā 소파 한 세트 / **一对男女** yí duì nánnǚ 한 쌍의 남녀

0006 条 tiáo 줄기, 가닥, 개, 항

▶가늘고 긴 것, 쪽지, 법 조항 등을 셀 때 쓴다.

江 jiāng 강 / 裤子 kùzi 바지 / 领带 lǐngdài 넥타이 / 蛇 shé 뱀 / 毛巾 máojīn 수건

我买了两条裤子，给你一条。
Wǒ mǎile liǎng tiáo kùzi, gěi nǐ yì tiáo.
난 바지를 두 개 샀어, 하나 너 줄게.

你欠了我一条命。
Nǐ qiànle wǒ yì tiáo mìng.
자네 나한테 목숨을 빚졌네.

🐼 관련 표현

条条框框 tiáotiáo kuàngkuàng 각종 진부한 규정
条形码 tiáoxíngmǎ 바코드(Barcode)
井井有条 jǐng jǐng yǒu tiáo 🈵 조리 정연하다, 질서 정연하다

0007 碗 wǎn 그릇, 공기

▶그릇을 셀 때 쓴다.

饭 fàn 밥 / 面条 miàntiáo 국수 / 汤 tāng 국

我中午吃了两碗面条。
Wǒ zhōngwǔ chīle liǎng wǎn miàntiáo.
나는 점심에 국수를 두 그릇 먹었어.

老板，再给我一碗汤。
Lǎobǎn, zài gěi wǒ yì wǎn tāng.
사장님, 국 한 그릇 더 주세요.

🔹명 그릇

今天谁帮我洗碗？
Jīntiān shéi bāng wǒ xǐ wǎn?
오늘은 누가 설거지를 도와줄래?

🔸 관련 표현

铁饭碗 tiěfànwǎn 관용 철밥통, 확실한 직업, 평생 직업

碗底朝天 — 空空如也 wǎndǐ cháo tiān — kōng kōng rú yě 헐후
밥그릇의 밑바닥이 하늘을 향하다 — 텅 비어 있다 : 아무것도 없다, 빈탕이다

0008 位 wèi 분

 사람을 높여 부를 때 쓴다.

今天公司要来三位客人。
Jīntiān gōngsī yào lái sān wèi kèrén.
오늘 회사에 손님 세 분이 오시기로 했다.

请问，哪位是金总？
Qǐngwèn, nǎ wèi shì Jīn zǒng?
말씀 좀 여쭙겠습니다만, 어느 분이 김 사장님이세요?

🔸 관련 표현

A : **先生，你们几位？** Xiānsheng, nǐmen jǐ wèi? 손님, 몇 분이시죠?

B : **我们五位。** Wǒmen wǔ wèi. 다섯 명입니다.

> tip 두 사람을 표현할 때 : '두 분'이라고 할 때, 만약 位 뒤에 명사가 동반 되면 '两位'로 읽는다.
>
> **两位老师请到这边来。** 두 분 선생님 이리로 오시지요.
> Liǎng wèi lǎoshī qǐng dào zhèbiān lái.
>
> **你们二位请到这边来。** 두 분 이리로 오시지요.
> Nǐmen èr wèi qǐng dào zhèbiān lái.

0009 元 yuán 위엔

先生，这些一共四百元。
Xiānshēng, zhèxiē yígòng sìbǎi yuán.
손님, 이것들은 모두 400위엔입니다.

관련 표현 - 돈 계산

문어체: 元 yuán   角 jiǎo   分 fēn
         8.56元 : 八元 五角 六分 bā yuán wǔ jiǎo liù fēn

구어체: 块 kuài   毛 máo   分 fēn
         9.32元 : 九块 三毛 二分 jiǔ kuài sān máo èr fēn

0010 张 zhāng 장

▶넓고 평평한 면으로 된 책상이나 신문 등에 쓴다.

桌子 zhuōzi 책상 / 报纸 bàozhǐ 신문 / 床 chuáng 침대 / 照片 zhàopiàn 사진 / 嘴 zuǐ 입

办公室里有三张桌子。
Bàngōngshì li yǒu sān zhāng zhuōzi.
사무실에는 책상이 세 개 있어요.

报纸多少钱一张?
Bàozhǐ duōshao qián yì zhāng?
신문 한 부에 얼마예요?

동 벌리다, 두리번거리다

来，张开嘴，让我看看！
Lái, Zhāngkāi zuǐ, ràng wǒ kànkan!
자, 입을 벌려 보세요. 제가 좀 볼게요.

走路时，他总是东张西望。
Zǒulù shí, tā zǒngshì dōng zhāng xī wàng.
길을 걸을 때, 그는 늘 두리번거린다.

[단어] 东张西望 dōng zhāng xī wàng 성 여기저기 두리번거리다

0011 只 zhī 마리, 쪽(쌍으로 된 것 중의 하나)

狗 gǒu 개 / 猫 māo 고양이 / 眼睛 yǎnjing 눈 / 耳朵 ěrduo 귀

他家有两只狗，都很可爱。
Tā jiā yǒu liǎng zhī gǒu, dōu hěn kě'ài.
그애 집에는 개가 두 마리 있는데, 다 귀여워.

妹妹画了三只猫。
Mèimei huàle sān zhī māo.
여동생은 고양이를 세 마리 그렸다.

这只老虎怎么只有一只耳朵呢?
Zhè zhī lǎohǔ zěnme zhǐyǒu yì zhī ěrduo ne?
이 호랑이는 왜 귀가 하나밖에 없을까?

0012 种 zhǒng 종류

▶종류와 갈래를 나타낼 때 쓴다.

人 rén 사람 / 水果 shuǐguǒ 과일 / 东西 dōngxi 물건 / 事情 shìqing 일

小姐，您要哪一种?
Xiǎojiě, nín yào nǎ yì zhǒng?
손님, 어떤 걸로 드릴까요?

这种鞋穿起来脚很舒服。
Zhè zhǒng xié chuānqilai jiǎo hěn shūfu.
이 신은 신어 보면 발이 편하답니다.

몡 종자, 씨앗

亚洲多是黄种人。
Yàzhōu duō shì huángzhǒngrén.
아시아는 대부분이 황인종이다.

동 zhòng 심다

今天我们在公园里种了八棵树。
Jīntiān wǒmen zài gōngyuán li zhòngle bā kē shù.
오늘 우리는 공원에서 여덟 그루의 나무를 심었다.

관련 표현

我不是那种人! Wǒ bú shì nà zhǒng rén! 관용 나 그런 사람 아니거든!

수사 1급

0001 八 bā 8, 여덟

我早上8点吃早饭。
Wǒ zǎoshang bā diǎn chī zǎofàn.
나는 오전 8시에 아침을 먹어요.

관련 표현

七上八下 qī shàng bā xià 성 마음이 조마조마하다, 안절부절못하다

0002 二 èr 2, 둘

我二月三号去美国。
Wǒ èr yuè sān hào qù Měiguó.
나는 2월 3일에 미국에 가요.

관련 표현

二话不说 èr huà bù shuō 관용 두말하지 않다

三心二意 sān xīn èr yì 성 마음속으로 확실히 정하지 못하다, 망설이다

0003 九 jiǔ 9, 아홉

我的生日是九月三号。
Wǒ de shēngrì shì jiǔ yuè sān hào.
내 생일은 9월 3일이다.

관련 표현

十有八九 shí yǒu bā jiǔ 성 십중팔구, 거의

0004 六 liù 6, 여섯

星期六我们不上班。
Xīngqīliù wǒmen bú shàngbān.
토요일에 우리는 출근하지 않아요.

관련 표현

三十六计，走为上计 sān shí liù jì, zǒu wéi shàng jì 〈성〉 36가지 계책 중 줄행랑이 상책이다, 곤란할 때에는 기회를 보아 피함으로써 몸의 안전을 지키는 것이 최상이다

0005 七 qī 7, 일곱

一个星期有七天。
Yí ge xīngqī yǒu qī tiān.
1주일에는 7일이 있지요.

관련 표현

七手八脚 qī shǒu bā jiǎo 〈성〉 여러 사람이 달라붙어 하다

0006 三 sān 3, 셋

这次三个人一起去南方。
Zhè cì sān ge rén yìqǐ qù nánfāng.
이번에는 세 사람이 같이 남방에 가.

관련 표현

三顾茅庐 sān gù máo lú 〈성〉 삼고초려, 성심성의를 다하여 거듭 초빙하다

tip 三顾茅庐 : 유비(刘备)가 제갈공명(诸葛亮)을 세 번이나 찾아갔던 고사에서 유래한다.

三朋四友 sān péng sì yǒu 〈성〉 여러 친구

三三两两 sān sān liǎng liǎng 〈성〉 둘씩 셋씩, 삼삼오오

三人行，必有我师 sān rén xíng, bì yǒu wǒ shī 〈성〉 세 사람이 길을 걸으면 그 가운데에는 반드시 자신의 스승이 될 만한 사람이 있다

0007 十 shí 10, 열 ☐☐☐

我们点十个菜，太多了。
Wǒmen diǎn shí ge cài, tài duō le.
우리가 10가지 요리를 주문하면 너무 많아.

🙂 관련 표현

十全十美 shí quán shí měi 〈성〉 결점이 없이 완벽하다

0008 四 sì 4, 넷 ☐☐☐

我们办公室有四个女同事。
Wǒmen bàngōngshì yǒu sì ge nǚ tóngshì.
우리 사무실에는 여자 동료 네 명이 있어.

🙂 관련 표현

丢三落四 diū sān là sì 〈성〉 잘 잊어버리고 빠뜨리고 다님을 비유

0009 五 wǔ 5, 다섯 ☐☐☐

他女儿五岁开始学汉语了。
Tā nǚ'ér wǔ suì kāishǐ xué Hànyǔ le.
그 사람 딸은 다섯 살부터 중국어를 배우기 시작했어요.

🙂 관련 표현

五湖四海 wǔ hú sì hǎi 〈성〉 방방곡곡, 전국 각지, 온 세계
一五一十 yī wǔ yī shí 〈성〉 하나도 빠짐없이, 처음부터 끝까지

0010 一 yī 1, 하나 ☐☐☐

星期一你在家吗?
Xīngqīyī nǐ zài jiā ma?
월요일에 너 집에 있어?

관련 표현

一来二去 yī lái èr qù 〈성〉 (시간이 흐르면서) 차츰차츰
一清二白 yì qīng èr bái 〈성〉 결백하다
一日千里 yí rì qiān lǐ 〈성〉 하루에 천리를 가다, 진전 속도가 아주 빠르다
一身是胆 yì shēn shì dǎn 〈성〉 용기와 배짱이 두둑하다
一言为定 yì yán wéi dìng 〈성〉 번복함이 없이 한 마디로 약속하다

수사 2급

0001 百 bǎi 백

一年有三百六十五天。
Yì nián yǒu sānbǎi liùshíwǔ tiān.
1년은 365일이죠.

관련 표현

百年大计 bǎi nián dà jì 성 백년대계

百里挑一 bǎi lǐ tiāo yī 성 백에서 하나를 고르다, 매우 출중하다

百闻不如一见 bǎi wén bùrú yí jiàn 성 백문이 불여일견이다

0002 第一 dìyī 첫 번째

我也是第一次来这儿的。
Wǒ yě shì dìyī cì lái zhèr de.
저도 초행이에요.

他是我们班第一名。
Tā shì wǒmen bān dìyī míng.
그 애가 우리반 1등이에요.

관련 표현

天下第一 tiān xià dì yī 성 천하제일이다

0003 两 liǎng 둘

这两种苹果都是一样的。
Zhè liǎng zhǒng píngguǒ dōu shì yíyàng de.
이 두 종류의 사과가 같아요.

양 냥, 50g

这块肉有一斤六两。
Zhè kuài ròu yǒu yì jīn liù liǎng.
이 고기는 800g이네요.

관련 표현

两码事 liǎng mǎ shì 관용 서로 별개의 일
有两下子 yǒu liǎngxiàzi 관용 꽤 솜씨가 있다, 실력이 보통이 아니다
三长两短 sān cháng liǎng duǎn 성 뜻밖의 재난이나 변고(주로 '사망'에 비유)
三言两语 sān yán liǎng yǔ 성 몇 마디의 말, 두세 마디의 말

0004 零 líng 0, 영

今年二零一五年。
Jīnnián èr líng yī wǔ nián.
올해는 2015년이다.

관련 표현

七零八落 qī líng bā luò 성 이리저리 흩어지다, 산산조각이 나다

0005 千 qiān 천

我弟弟已经学了两千个汉字。
Wǒ dìdi yǐjing xuéle liǎngqiān ge Hànzì.
내 동생은 이미 한자 2,000개를 배웠다.

관련 표현

千变万化 qiān biàn wàn huà 성 변화무쌍하다
千方百计 qiān fāng bǎi jì 성 온갖 방법을 다 동원하다
千金买笑 qiān jīn mǎi xiào 성 쓸데없는 곳에 돈을 낭비하다
千金一笑 qiān jīn yí xiào 성 미인의 웃음은 천금의 값어치가 있다

0001 半 bàn 절반, 30분(시간), 중간의, 아주 조금(전혀)

老板，给我来半只鸡。
Lǎobǎn, gěi wǒ lái bàn zhī jī.
사장님, 닭 반 마리만 주세요.

我们说好的是八点半吧？
Wǒmen shuōhǎo de shì bā diǎn bàn ba?
우리가 8시 반이라고 했지?

你半夜三更起来干什么？
Nǐ bàn yè sān gēng qǐlai gàn shénme?
너 한밤중에 일어나서 뭐해?

[단어] 半夜三更 bàn yè sān gēng 성 한밤중, 심야, 깊은 밤

这话半点儿不假！
Zhè huà bàn diǎnr bù jiǎ!
이 말엔 전혀 거짓이 안 섞여 있다.

▶[고정구] 半…半… : 상대적인 두 상황이 동시에 존재함을 표현한다.

半真半假 bàn zhēn bàn jiǎ 진짜인 듯 아닌 듯

半信半疑 bàn xìn bàn yí 반신반의

관련 표현

半边天 bànbiāntiān 관용 하늘의 절반, 신시대의 여성

半斤八两 bàn jīn bā liǎng 성 겨 묻은 개가 똥 묻은 개 나무라다, 도토리 키 재기(고대에는 한 근이 16两이었음.)

半路出家 bàn lù chū jiā 성 전업하다, 전공을 바꾸다

半死不活 bàn sǐ bù huó 성 죽을 지경이다, 반죽음이 되다

半途而废 bàn tú ér fèi 성 중도에서 그만두다, 포기하다

万 wàn 만, 10000

我要爱你一万年，你信不信?
Wǒ yào ài nǐ yíwàn nián, nǐ xìn bu xìn?
내가 널 만 년 동안 사랑할 건데, 너 믿어?

관련 표현

万事开头难 wàn shì kāitóu nán (관용) '첫걸음이 항상 가장 어렵다'는 뜻으로, 시작할 때가 어렵다는 것을 나타냄. 비즈니스 회화에 자주 쓰임

万古长青 wàn gǔ cháng qīng (성) 영원히 봄날의 초목처럼 푸르고 싱싱하다, 영원토록 변하지 않다

万事如意 wàn shì rú yì (성) 모든 일이 뜻대로 이루어지다(신년 인사로 빼놓을 수 없는 말. '新年快乐，万事如意!'로 많이 쓰임)

万水千山 wàn shuǐ qiān shān (성) 여정이 멀고 험난하다

중국 문화 - 중국인이 6, 8을 좋아하는 이유

중국인은 기본적으로 짝수를 좋아하는데, 그중에서도 특히 6과 8을 좋아한다. 왜냐하면 6 liù은 流(liú, 잘 풀리다)와 발음이 같고, 8(bā)은 发(fā, 부자가 되다)와 발음이 같기 때문이다.

조사 1급

0001 的 de ~의, ~한, ~것

▶ '是…的', '会…的' 형식에 쓰기도 한다.

这是我的包。
Zhè shì wǒ de bāo.
이건 내 가방이야.

那是我姐姐的。
Nà shì wǒ jiějie de.
저건 우리 언니 거예요.

来这儿的人很多。
Lái zhèr de rén hěn duō.
여기에 온 사람이 많아요.

我们是在德国认识的。
Wǒmen shì zài Déguó rènshi de.
우린 독일에서 알게 되었지요.

他会告诉你的。
Tā huì gàosu nǐ de.
그가 너에게 알려줄 거야.

🗨️ 어법 '的'의 생략

'的'가 친척, 친구, 나라, 회사 등에 쓰여 소유격을 나타낼 때는 '的'를 생략할 수도 있다.

我的妈妈 wǒ de māma → **我妈妈** wǒ māma 우리 엄마

我们的公司 wǒmen de gōngsī → **我们公司** wǒmen gōngsī 우리 회사

我的朋友 wǒ de péngyou → **我朋友** wǒ péngyou 내 친구

我的家 wǒ de jiā → **我家** wǒ jiā 우리 집

0002 了 le

동작의 발생, 완료, 상황의 변화, 임박태를 표현한다.

▶동작이 이미 발생했음을 나타낸다.

他们昨天已经到中国了。
Tāmen zuótiān yǐjing dào Zhōngguó le.
그들은 어제 이미 중국에 도착했어요.

他今天上午回国了。
Tā jīntiān shàngwǔ huíguó le.
그는 오늘 오전에 귀국했어요.

▶동작의 완료를 나타낸다.

今天我买了两件衬衫。
Jīntiān wǒ mǎile liǎn jiàn chènshān.
오늘 나는 셔츠를 두 개 샀어.

我学了三年法语。
Wǒ xuéle sān nián Fǎyǔ.
나는 불어를 3년 동안 배웠어.

▶상황에 변화가 생겼음을 나타낸다.

秋天了。
Qiūtiān le.
가을이 되었어요.

我姐姐有男朋友了。
wǒ jiějie yǒu nánpéngyou le.
우리 언니한테 남자 친구가 생겼어.

▶[임박태] 어떤 일이 곧 발생할 것임을 나타내는 표현으로 기본형은 '要…了'이고, 시간이 좀 더 긴박하게 진행될 때는 '快(要)…了', '就要…了'를 쓴다. 문어에는 '将要…了' 형식을 쓴다. 문장에 시간이 나올 때는 '就要…了'를 쓴다.

天气不好，要下雪了。
Tiānqì bù hǎo, yào xiàxuě le.
날씨가 안 좋아, 눈이 오려나 봐.

再过几天就要开学了。
Zài guò jǐ tiān jiùyào kāixué le.
며칠만 더 지나면 개강이야.

▶부정형은 [没(有) + 동사]나 [还没(有) + 동사 + 呢]로 써 준다.

昨天我没去。
Zuótiān wǒ méi qù.
어제 나는 못 갔어.

我还没吃呢。
Wǒ hái méi chī ne.
난 아직 못 먹었어.

▶규칙적이거나 습관적으로 일어나는 일에는 '了'를 쓰지 않는다.

我每天六点起床。
Wǒ měitiān liù diǎn qǐchuáng.
나는 매일 6시에 일어나.

她去年经常来我家。
Tā qùnián jīngcháng lái wǒ jiā.
그녀는 작년에 우리 집에 자주 왔었어.

0003 吗 ma ~입니까?

▶기본 의문문을 만들 때 문장 끝에 쓴다. 대답은 긍정, 부정형으로 한다.

A : 你是中国人吗?
Nǐ shì Zhōngguórén ma?
당신은 중국인인가요?

B1 : 我是中国人。
Wǒ shì Zhōngguórén.
나는 중국인이에요.

B2 : 我不是中国人。
Wǒ bú shì Zhōngguórén.
나는 중국인이 아니에요.

B3 : 我不是中国人,是韩国人。
Wǒ bú shì Zhōngguórén, shì Hánguórén.
난 중국인이 아니라, 한국인이에요.

0004 呢 ne ~은요?

▶의문의 어감 표현을 표현한다.

你们都看什么呢?
Nǐmen dōu kàn shénme ne?
너희들 다 뭐 보고 있어?

▶생략 의문문에 쓰인다.

我喜欢吃北京烤鸭，你呢?
Wǒ xǐhuan chī Běijīng Kǎoyā, nǐ ne?
나는 베이징 카오야(북경 오리구이)을 좋아하는데, 너는?

▶반어문에 쓰여 반어의 어감을 강조한다. 이때 '哪里(哪儿), 怎么, 何必' 등과 호응한다.

我怎么能不来呢?
Wǒ zěnme néng bù lái ne?
내가 어떻게 안 오겠어?

▶감탄, 과장, 혐오 등의 어감을 표현한다. 이때 '可, 才, 还' 등과 호응한다.

我才不想跟他结婚呢!
Wǒ cái bù xiǎng gēn tā jiéhūn ne!
나야말로 저 사람이랑 결혼하기 싫어.

▶문장 중간에 쓰여, 말을 잠시 끊었다 이어가는 작용을 함.

如果他不愿意呢，我自己去。
Rúguǒ tā bú yuànyì ne, wǒ zìjǐ qù.
만약 그 사람이 원치 않으면, 나 혼자 가지 뭐.

▶진행문에 쓰여 동작의 진행을 표현한다.

他在睡午觉呢，不能接电话。
Tā zài shuì wǔ jiào ne, bù néng jiē diànhuà.
그 사람 낮잠 자고 있어서, 전화 못 받아요.

0001 吧 ba

▶제안, 추측, 상의, 명령, 동의 등을 나타냄.

我们一起玩儿吧。
Wǒmen yìqǐ wánr ba.
우리 같이 놀자.

他是你弟弟吧?
Tā shì nǐ dìdi ba?
저 애가 네 남동생이지?

我这么说，可以吧?
Wǒ zhème shuō, kěyǐ ba?
제가 이렇게 말하면 되겠지요?

好吧，我也去吧。
Hǎo ba, wǒ yě qù ba.
좋아요. 나도 가죠.

你快喝吧!
Nǐ kuài hē ba!
얼른 마셔요.

▶문장 중간 부분에 쓰여, 말을 쉬었다 이어가는 역할을 한다.

他吧，不爱说话。
Tā ba, bú ài shuōhuà.
그 사람 말야, 입이 무거워.

▶대구를 이루는 문장에 쓰여 '가정'의 뜻을 나타낸다.

去吧，我爱人不喜欢；不去吧，我朋友们不高兴。
Qù ba, wǒ àirén bù xǐhuan ; bú qù ba, wǒ péngyoumen bù gāoxìng.
가자니 아내가 안 좋아하고, 안 가자니 친구들이 기분 상하고.

0002 得 de

▶구조 조사로 동사, 형용사 뒤에 쓰여 정도 보어와 가능 보어를 연결해 줌.

他说得比谁都好。
Tā shuō de bǐ shéi dōu hǎo.
그는 말을 그 누구보다 잘한다.

这次考试他考得不好。
Zhè cì kǎoshì tā kǎo de bù hǎo.
이번 시험을 그는 잘 못 봤어.

我明天回得来。
Wǒ míngtiān huídelái.
난 내일 돌아올 수 있어.

你说的我听不懂。
Nǐ shuō de wǒ tīngbudǒng.
네가 한 말 못 알아들었어.

동 dé 얻다, 획득하다, 병에 걸리다

这次比赛他得了冠军。
Zhè cì bǐsài tā déle guànjūn.
이번 시합에서 그는 우승을 했다.

最近他得了感冒。
Zuìjìn tā déle gǎnmào.
그는 최근에 감기에 걸렸어요.

조동 děi ~해야만 한다 [4급]

你得把字典还给高老师。
Nǐ děi bǎ zìdiǎn huángěi Gāo lǎoshī.
너는 사전을 고 선생님께 돌려 드려야 한다.

관련 표현

一举两得 yì jǔ liǎng dé 성 일거양득, 일석이조

0003 过 guo ~한 적이 있다, ~했었다

▶동태 조사로 '경험'을 나타낸다. '曾经…过' 형식으로 많이 쓰며 '从来, 以前' 등 과거를 나타내는 명사를 동반한다.

我曾经去过很多地方。
Wǒ céngjīng qùguo hěn duō dìfang.
나는 예전에 많은 곳을 다녔다.

我没坐过他的车。
Wǒ méi zuòguo tā de chē.
나는 그의 차를 타 본 적이 없다.

⑧ 건너가다, (명절·생일을) 쇠다, 유효 기간이 지나다

明明，你快过去吧！
Míngming, nǐ kuài guòqu ba!
밍밍, 빨리 가 봐!

后天我爸爸过生日。
Hòutiān wǒ bàba guò shēngrì.
모레가 우리 아빠 생신이다.

我的护照过期了。
Wǒ de hùzhào guòqī le.
내 여권은 만료되었다.

관련 표현

过五关，斩六将 guò wǔ guān, zhǎn liù jiàng ⑧ 다섯 관문을 지나고 여섯 장수를 베다, 어려운 난관을 극복하고 성공하다

tip 《삼국연의(三国演义)》에서 관우(关羽)가 다섯 관문을 넘고 여섯 명의 적장을 죽이며 마침내 조조(曹操)의 진영을 벗어나 유비(刘备)를 찾아갔다는 고사에서 유래한다.

0004 着 zhe ~하고 있다, ~하면서

▶동태 조사로 동작, 상태의 지속, 동작의 방식, 명령 등을 표현한다.

电视一直开着，没人看。
Diànshì yìzhí kāizhe, méi rén kàn.
TV는 계속 켜져 있는데, 아무도 안 본다.

我们还是骑着车去吧。
Wǒmen háishi qízhe chē qù ba.
우리 그냥 자전거 타고 가요.

外边正下着大雪。
Wàibian zhèng xiàzhe dàxué.
밖에는 눈이 많이 내리고 있다.

他们说着说着睡着了。
Tāmen shuōzhe shuōzhe shuìzháo le.
그들은 얘기하다 잠이 들었다.

▶zháo [보어] 형용사와 동사 뒤에서 목적을 달성하거나 결과를 이루는 것을 뜻함.

我已经找着他了。
Wǒ yǐjing zhǎozháo tā le.
나 그 사람 이미 찾았어.

他高兴得睡不着觉。
Tā gāoxìng de shuìbuzháo jiào.
그는 기뻐서 잠이 안 왔다.

동 zháo 불이 붙다

坏了，着火了，你们快跑啊！
Huài le, zháohuǒ le, nǐmen kuài pǎo a!
큰일 났다, 불이 났어, 너희들 빨리 도망가.

동 zhuó 옷을 입다

他很讲究衣着。
Tā hěn jiǎngjiu yīzhuó.
그는 복장을 중시한다.

我曾经去过很多地方。
Wǒ céngjīng qùguo hěn duō dìfang.
나는 예전에 많은 곳을 다녔다.

我没坐过他的车。
Wǒ méi zuòguo tā de chē.
나는 그의 차를 타 본 적이 없다.

동 건너가다, (명절·생일을) 쇠다, 유효 기간이 지나다

明明，你快过去吧！
Míngming, nǐ kuài guòqu ba!
밍밍, 빨리 가 봐!

后天我爸爸过生日。
Hòutiān wǒ bàba guò shēngrì.
모레가 우리 아빠 생신이다.

我的护照过期了。
Wǒ de hùzhào guòqī le.
내 여권은 만료되었다.

관련 표현

过五关，斩六将 guò wǔ guān, zhǎn liù jiàng **성** 다섯 관문을 지나고 여섯 장수를 베다, 어려운 난관을 극복하고 성공하다

tip 《삼국연의(三国演义)》에서 관우(关羽)가 다섯 관문을 넘고 여섯 명의 적장을 죽이며 마침내 조조(曹操)의 진영을 벗어나 유비(刘备)를 찾아갔다는 고사에서 유래한다.

0004 着 zhe ~하고 있다, ~하면서

▶동태 조사로 동작, 상태의 지속, 동작의 방식, 명령 등을 표현한다.

电视一直开着，没人看。
Diànshì yìzhí kāizhe, méi rén kàn.
TV는 계속 켜져 있는데, 아무도 안 본다.

我们还是骑着车去吧。
Wǒmen háishi qízhe chē qù ba.
우리 그냥 자전거 타고 가요.

外边正下着大雪。
Wàibian zhèng xiàzhe dàxuě.
밖에는 눈이 많이 내리고 있다.

他们说着说着睡着了。
Tāmen shuōzhe shuōzhe shuìzháo le.
그들은 얘기하다 잠이 들었다.

▶zháo [보어] 형용사와 동사 뒤에서 목적을 달성하거나 결과를 이루는 것을 뜻함.

我已经找着他了。
Wǒ yǐjing zhǎozháo tā le.
나 그 사람 이미 찾았어.

他高兴得睡不着觉。
Tā gāoxìng de shuìbuzháo jiào.
그는 기뻐서 잠이 안 왔다.

🟢zháo 불이 붙다

坏了，着火了，你们快跑啊！
Huài le, zháohuǒ le, nǐmen kuài pǎo a!
큰일 났다, 불이 났어, 너희들 빨리 도망가.

🟢zhuó 옷을 입다

他很讲究衣着。
Tā hěn jiǎngjiu yīzhuó.
그는 복장을 중시한다.

조사 3급

0001 啊 a 문장 끝에 쓰여 여러 가지 어감을 표현한다.

❶ 감탄, 혐오, 초조, 재촉 등의 어감을 표현한다.

玫瑰花真漂亮啊!
Méiguīhuā zhēn piàoliang a!
장미는 정말 예쁘다!

你怎么了？快说啊!
Nǐ zěnme le? Kuài shuō a!
왜 그래? 빨리 얘기해!

❷ 동의, 당부 등의 어감을 표현한다.

可以啊，你想吃就吃吧。
Kěyǐ a, nǐ xiǎng chī jiù chī ba.
그래요, 먹고 싶으면 먹어요.

到了北京别忘了给我打电话啊。
Dàole Běijīng bié wàng le gěi wǒ dǎ diànhuà a.
베이징에 도착하면 나한테 전화하는 거 잊지 마.

❸ 의문의 어감을 표현한다.

她给你介绍的那个人怎么样啊？
Tā gěi nǐ jièshào de nàge rén zěnmeyàng a?
그녀가 너한테 소개해 준 그 사람 어때?

❹ 문장의 중간에서 말을 잠시 끊었다 이어가는 역할을 한다.

我妈妈啊，她最喜欢吃葡萄。
Wǒ māma a, tā zuì xǐhuan chī pútao.
우리 엄마는 말야, 포도를 가장 좋아하셔.

❺ '啊'를 연용해 열거의 표현을 한다.

肉啊、蔬菜啊、水果啊、啤酒啊，家里都有。
Ròu a、shūcài a、shuǐguǒ a、píjiǔ a, jiā li dōu yǒu.
고기며, 야채며, 과일이며, 맥주가 집에 다 있어요.

어법 – '啊'의 발음 변화

어기 조사 啊는 앞 단어의 발음에 따라 다르게 읽어 준다.
a, e, i, o, u + a = ya(呀)
u, ao, ou + a = wa(哇)
n+a = na(哪)
ng+a = a(啊)

감 啊가 감탄사로 쓰여, 여러 '느낌과 기분'을 표현한다. 주로 문두에 쓰고, 문장 끝에 쓰기도 한다.

❶ ā 경이와 감탄, 당부와 부탁을 표현한다.

啊，这只小狗真可爱！
Ā, zhè zhī xiǎo gǒu zhēn kě'ài!
와, 이 강아지 정말 귀엽다!

开车，要小心，啊！
Kāichē, yào xiǎoxīn, ā!
운전은 조심해야 해!

❷ á 캐묻고 추궁하는 어감을 표현한다.

啊？你去干什么了？
Á? Nǐ qù gàn shénme le?
뭐? 너 뭐하러 갔었다고?

❸ ǎ 놀라움, 의아함을 표현한다.

啊，这么不容易啊！
Ǎ, zhème bù róngyì a!
음, 참으로 힘들구나!

❹ à 동의, 깨달음, 경이, 감탄을 표현한다.

啊，好的。
À, hǎo de.
어, 알았어.

啊，我明白了！
À, wǒ míngbai le!
아, 알았다!

0002 地 de 구조 조사로 여러 형태의 부사어를 만들 때 쓰임.

▶1음절 부사, 2음절 형용사, 시간 명사, 전치사구가 부사어로 쓰일 때는 地를 쓰지 않는다.

❶ 부사 + 地 (地의 생략이 가능하다.)

我非常(地)难过。
Wǒ fēicháng (de) nánguò.
나는 몹시 슬프다.

❷ 2음절 형용사 + 地

认真, 努力, 安全 등의 형용사 뒤에서는 地를 생략할 수 있다.

请认真(地)工作。
Qǐng rènzhēn (de) gōngzuo.
열심히 일하세요.

他们快快乐乐地过年。
Tāmen kuàikuàilèlè de guònián.
그들은 즐겁게 설을 쇠고 있다.

❸ 명사 + 地

你不要主观地分析问题。
Nǐ búyào zhǔguān de fēnxī wèntí
너는 문제를 주관적으로 분석하지 말아라.

[단어] 主观 zhǔguān 주관적인 / 分析 fēnxī 분석하다

❹ 2음절 부사 + 2음절 형용사 + 地

他非常高兴地说谢谢。
Tā fēicháng gāoxìng de shuō xièxie.
그는 아주 기뻐하며 고맙다고 말했다.

❺ 不 + 동사 + 地

风不停地刮着。
Fēng bù tíng de guāzhe.
바람이 쉬지 않고 불고 있다.

❻ 성어 + 地

她有声有色地讲故事。
Tā yǒu shēng yǒu sè de jiǎng gùshi.
그는 생동감 있게 이야기를 했다.

[단어] 有声有色 yǒu shēng yǒu sè 생동감이 넘치다

명 땅, 바닥

奶奶在扫地。
Nǎinai zài sǎodì.
할머니는 바닥을 쓸고 계신다.

他是本地人。
Tā shì běndì rén.
그는 현지인이다.

谢天谢地！
Xiè tiān xiè dì!
천지신명께 감사하다!

0001 喂 wèi 어이, 야

喂，你们去哪儿?
Wèi, nǐmen qù nǎr?
어이, 너희들 어디 가니?

▶ Wéi (전화상에서) 여보세요.

喂，韩老师在家吗?
Wéi, Hán lǎoshī zài jiā ma?
여보세요, 한 선생님 댁에 계신가요?

🈺 먹여 주다

妈妈给孩子喂牛奶。
Māma gěi háizi wèi niúnǎi.
엄마가 아이에게 우유를 먹인다.

관련 표현

以肉喂虎 yǐ ròu wèi hǔ 성 고기를 먹여 호랑이를 키우다, 악인에게 은혜를 베풀고 도리어 해를 입다

가뿐하게 활용하기

HSK **4**급 어휘 600

0001 爱情 àiqíng 남녀 간의 사랑, 애정

我觉得爱情比金钱更重要。
Wǒ juéde àiqíng bǐ jīnqián gèng zhòngyào.
나는 사랑이 금전보다 훨씬 중요하다고 생각해요.

我对你已经没有爱情了。
Wǒ duì nǐ yǐjing méiyǒu àiqíng le.
나는 너에게 이미 애정이 없어졌어.

🗨 관련 표현

爱情故事 àiqíng gùshi 러브 스토리

0002 包子 bāozi 소가 든 찐빵, 왕만두

我喜欢吃豆沙包子，吃腻了它我就吃肉包子。
Wǒ xǐhuan chī dòushā bāozi, chīnìle tā wǒ jiù chī ròu bāozi.
나는 팥 찐빵을 좋아하는데, 그게 질리면 고기 왕만두를 먹는다.

🗨 관련 표현

土包子 tǔbāozi 관용 시골뜨기, 촌놈

狗不理包子 gǒubùlǐ bāozi 티엔진(天津)의 유명한 왕만두 이름

0003 标准 biāozhǔn 표준, 기준 [BCT1]

我们的产品完全符合出口标准。
Wǒmen de chǎnpǐn wánquán fúhé chūkǒu biāozhǔn.
저희 제품은 수출 기준에 완벽하게 부합합니다.

🔷 형 표준의, 표준적이다

即使你的普通话并不怎么标准，我们也能听懂。
Jíshǐ nǐ de pǔtōnghuà bìng bù zěnme biāozhǔn, wǒmen yě néng tīngdǒng.
설령 너의 표준어가 그렇게 정확하지 않더라도 우리는 알아들어.

0004 表格 biǎogé 표, 양식, 서식 [BCT1]

你在这个表格上填写你的情况。
Nǐ zài zhège biǎogé shang tiánxiě nǐ de qíngkuàng.
자네 이 표에 자네의 상황을 적어 넣게.

0005 饼干 bǐnggān 과자

这是我从云南带来的饼干，味道还可以，你尝尝。
Zhè shì wǒ cóng Yúnnán dàilai de bǐnggān, wèidào hái kěyǐ, nǐ chángchang.
이건 내가 윈난에서 가져온 과자야. 맛이 괜찮더라고. 먹어 봐.

0006 博士 bóshì 박사 참고 学士 xuéshì 학사, 硕士 shuòshì 석사

本人刚过30，去年底博士毕业，博士期间学的是环境科学。
Běnrén gāng guò sānshí, qùnián dǐ bóshì bìyè, bóshì qījiān xué de shì huánjìng kēxué.
본인은 막 서른을 넘겼고, 작년 말에 박사를 마쳤으며, 박사 과정 중에 전공한 것은 환경과학입니다.

0007 部分 bùfen 부분, 일부

画展上的大部分作品都被买走了。
Huàzhǎn shang de dàbùfen zuòpǐn dōu bèi mǎizǒu le.
그림 전시회에 출품된 대부분의 작품이 모두 팔렸다.

这篇文章的后半部分让我笑个不停。
Zhè piān wénzhāng de hòubàn bùfen ràng wǒ xiào ge bù tíng.
이 글의 뒷부분은 나를 너무나 웃겼다.

0008 材料 cáiliào 재료, 자료, 자재, 인재(감), 소재 [BCT1]
참고 原材料 yuáncáiliào 원자재

这些材料是从四川运来的。
Zhèxiē cáiliào shì cóng Sìchuān yùnlai de.
이 자재는 쓰촨에서 공수된 것입니다.

材料都准备好了，您可以动笔了。
Cáiliào dōu zhǔnbèihǎole, nín kěyǐ dòngbǐ le.
자료가 다 수집되었으니, 글을 쓰기 시작하면 되겠어요.

我并不是做生意的材料，我只能当一个普通的工薪族。
Wǒ bìng bú shì zuò shēngyi de cáiliào, wǒ zhǐnéng dāng yí ge pǔtōng de gōngxīnzú.
나는 결코 사업할 만한 재목은 아니야. 난 그저 평범한 샐러리맨이 제격이야.

0009 餐厅 cāntīng 식당 유의 饭馆 fànguǎn, 食堂 shítáng

这个餐厅的菜很好吃。
Zhège cāntīng de cài hěn hǎochī.
이 식당의 음식은 맛있어요.

他跟妻子开了一个小餐厅。
Tā gēn qīzi kāile yí ge xiǎo cāntīng.
그는 아내와 작은 식당을 열었다.

tip 食堂은 중국에서는 주로 '학생 식당, 직원 식당' 등의 구내식당을 뜻한다.

관련 표현

旋转餐厅 xuánzhuǎn cāntīng 회전 식당 / 自助餐馆 zìzhù cānguǎn 뷔페 식당

0010 厕所 cèsuǒ 화장실 유의 卫生间 wèishēngjiān, 洗手间 xǐshǒujiān

老师，我想上厕所。
Lǎoshī, wǒ xiǎng shàng cèsuǒ.
선생님, 저 화장실 가고 싶어요.

这个公园的公共厕所打扫得很干净。
Zhège gōngyuán de gōnggòng cèsuǒ dǎsǎo de hěn gānjìng.
이 공원의 공중화장실은 깨끗하게 청소되었다.

0011 长城 Chángchéng 만리장성

如果你来北京旅游没去过长城，那就不算是来过北京。
Rúguǒ nǐ lái Běijīng lǚyóu méi qùguo Chángchéng, nà jiù bú suànshì láiguo Běijīng.
만약 베이징 여행을 와서 만리장성에 안 가 봤으면, 베이징에 왔었다고 할 수 없다.

관련 표현

不到长城，非好汉 bú dào Chángchéng fēi hǎohàn 속담 만리장성에 이르지 못하면 대장부가 아니다. 목표에 이를 때까지 절대 포기하지 않다

> tip 长城: 전국 시대부터 축조가 시작되었고 총 길이가 8851.8km에 달하며 万里长城 Wànlǐ chángchéng이라 부른다. 동쪽의 山海关 Shānhǎiguān에서 서쪽의 嘉峪关 Jiāyùguān까지 길게 뻗어 있다.

0012 长江 Cháng Jiāng 양쯔 강

长江是中国第一大河，也是世界著名的大河之一。
Cháng Jiāng shì Zhōngguó dìyī dàhé, yě shì shìjiè zhùmíng de dàhé zhīyī.
양쯔강은 중국 제1의 큰 강이며, 세계적으로도 유명한 큰 강 중의 하나다.

관련 표현

长江后浪推前浪 Cháng Jiāng hòulàng tuī qiánlàng 속담 사물이나 사람은 끊임없이 새롭게 교체되게 마련이다.

0013 厨房 chúfáng 주방

爸爸和妈妈正在厨房里忙着做饭。
Bàba hé māma zhèngzài chúfáng li mángzhe zuòfàn.
아빠와 엄마는 주방에서 서둘러 식사 준비를 하고 계신다.

0014 传真 chuánzhēn 팩스 [BCT1]

你发给我们公司的传真，我已经收到了。
Nǐ fāgěi wǒmen gōngsī de chuánzhēn, wǒ yǐjing shōudào le.
자네가 우리 회사로 보낸 팩스는 내가 이미 받았네.

0015 窗户 chuānghu 창문 참고 窗台 chuāngtái 창틀

屋里很热，开开窗户吧。
Wū li hěn rè, kāikai chuānghu ba.
방 안이 더워. 창문 좀 열자.

听说，那个小偷是从窗户进来的。
Tīngshuō, nàge xiǎotōu shì cóng chuānghu jìnlai de.
듣자하니, 그 도둑은 창문으로 들어온 거라네요.

0016 词语 cíyǔ 단어와 어구, 어휘, 글자

这些词语都很重要，请把它们记下来。
Zhèxiē cíyǔ dōu hěn zhòngyào, qǐng bǎ tāmen jìxialai.
이 단어들은 모두 중요하니, 이것들을 외우세요.

0017 错误 cuòwù 착오, 잘못

这不是你的错误，我不怪你。
Zhè bú shì nǐ de cuòwù, wǒ bú guài nǐ.
이건 네 잘못이 아니니 널 꾸짖지 않을게.

형 부정확하다, 잘못되다

做出了错误的决定，他必须承担后果。
Zuòchūle cuòwù de juédìng, tā bìxū chéngdān hòuguǒ.
잘못된 결정을 내렸기 때문에 그는 결과에 책임을 져야 한다.

0018 答案 dá'àn 답안, 해답

人生没有一个正确的答案，我们只能按照我们自己的计划去过。
Rénshēng méiyǒu yí ge zhèngquè de dá'àn, wǒmen zhǐnéng ànzhào wǒmen zìjǐ de jìhuà qù guò.
인생에는 정확한 답안이 없으니 우리는 그냥 우리 계획대로 사는 수밖에 없다.

0019 大使馆 dàshǐguǎn 대사관 참고 领事馆 lǐngshìguǎn 영사관

我今天去菲律宾驻北京大使馆办理个人旅游签证。
Wǒ jīntiān qù Fēilǜbīn zhù Běijīng dàshǐguǎn bànlǐ gèrén lǚyóu qiānzhèng.
나는 오늘 필리핀 주 베이징 대사관에 가서 개인 여행 비자를 받을 거야.

0020 大夫 dàifu 의사 유의 医生 yīshēng

李大夫是神经外科专家，他的手术成功率非常高。
Lǐ dàifu shì shénjīng wàikē zhuānjiā, tā de shǒushù chénggōnglǜ fēicháng gāo.
닥터 리는 신경외과 의사로, 그의 수술 성공률은 아주 높다.

0021 当时 dāngshí 당시, 그때

当时，北京还没有地铁。
Dāngshí, Běijīng hái méiyǒu dìtiě.
그때, 베이징에는 아직 지하철이 없었어.

我当时尽力帮他，可是谁也没想到，他竟然过河拆桥。
Wǒ dāngshí jìnlì bāng tā, kěshì shéi yě méi xiǎngdào, tā jìngrán guò hé chāi qiáo.
나는 당시 그를 힘껏 도왔지만, 누가 알았겠어, 그 친구가 입을 싹 씻을 줄을 말야.

[단어] 过河拆桥 guò hé chāi qiáo 성 배은망덕하다, 도와준 사람의 은공을 모르다

0022 刀 dāo 칼 유의 剑 jiàn

今天我给妈妈买了一把刀，牌子是德国的亨克斯。
Jīntiān wǒ gěi māma mǎile yì bǎ dāo, páizi shì Déguó de Hēngkèsī.
오늘 엄마께 칼을 하나 사드렸는데, 브랜드는 독일의 헹켈(Henckels)이야.

관련 표현

二把刀 èrbǎdāo 관용 이류, 얼치기, 돌팔이

刀子嘴豆腐心 dāozi zuǐ dòufu xīn 관용 말씨는 날카로워도 마음은 부드럽다

동사 + 在刀刃上 …zài dāorèn shang 관용 ~을 긴요한 곳에 ~하다, ~을 결정적인 곳에 ~하다

单刀直入 dān dāo zhí rù 성 단도직입적으로 말하다, 직설적으로 말하다

两面三刀 liǎng miàn sān dāo 성 이중적 수법, 표리가 다른 수법

0023 导游 dǎoyóu 여행 가이드

这次去台湾旅游，我们想找一个当地的导游。
Zhè cì qù Táiwān lǚyóu, wǒmen xiǎng zhǎo yí ge dāngdì de dǎoyóu.
이번 대만 여행 갈 때, 우리는 현지 여행 가이드를 구하고 싶어요.

⑧ 안내하다

你们去长城，我来给你们导游导游吧。
Nǐmen qù Chángchéng, wǒ lái gěi nǐmen dǎoyou dǎoyou ba.
너희들이 만리장성에 갈 때, 내가 너희들한테 안내해 줄게.

0024 到处 dàochù 도처, 여기저기

你总是乱放东西，关键时刻急得到处找。
Nǐ zǒngshì luàn fàng dōngxi, guānjiàn shíkè jí de dàochù zhǎo.
넌 늘 물건을 아무데나 놓으니까, 중요할 때 부랴부랴 여기저기 찾게 되는 거야.

0025 登机牌 dēngjīpái (비행기의) 탑승권 참고 登机口 dēngjīkǒu 탑승 게이트

先生，能给我看一下您的登机牌吗?
Xiānsheng, néng gěi wǒ kàn yíxià nín de dēngjīpái ma?
손님, 저에게 탑승권을 좀 보여 주실 수 있을까요?

0026 底 dǐ 밑, 바닥, 끝, (도안의) 바탕

每个月底我都成了月光族。
Měi ge yuèdǐ wǒ dōu chéngle yuèguāngzú.
매월 말이 되면 나는 빈털털이가 돼.

[단어] 月光族 yuèguāngzú 월말이 되면 한 달 월급을 다 써 버리고 빈털터리가 되는 직장인

这口锅的底儿很薄。
Zhè kǒu guō de dǐr hěn báo.
이 냄비 바닥이 얇은데.

我想买一件白底蓝花连衣裙。
Wǒ xiǎng mǎi yí jiàn bá dǐ lánhuā liányīqún.
나는 흰 바탕에 파랑 꽃무늬가 있는 원피스를 사고 싶어.

명 자신

你们放心，我有底，下星期一定完成任务。
Nǐmen fàngxīn, wǒ yǒu dǐ, xiàxīngqī yídìng wánchéng rènwu.
여러분 안심하세요, 전 자신 있거든요. 다음 주에 틀림없이 임무를 완성합니다.

관련 표현

心里没底儿 xīnli méi dǐr 관용 자신이 없다, 확신이 안 선다

0027 **地点** dìdiǎn 지점, 장소, 위치, 소재지 유의 位置 wèizhì

这个宾馆的地点不错，离地铁站很近。
Zhège bīnguǎn de dìdiǎn búcuò, lí dìtiězhàn hěn jìn.
이 호텔은 위치가 좋아, 지하철역에서 가깝거든.

出发时间是明天早上八点，集合地点是学校门口。
Chūfā shíjiān shì míngtiān zǎoshang bā diǎn, jíhé dìdiǎn shì xuéxiào ménkǒu.
출발 시간은 아침 8시, 집합 장소는 학교 앞입니다.

0028 **地球** dìqiú 지구

保护地球是我们每个人的责任。
Bǎohù dìqiú shì wǒmen měi ge rén de zérèn.
지구를 보호하는 것은 우리 모든 사람의 책임이다.

0029 **地址** dìzhǐ 주소 참고 邮政编码 yóuzhèng biānmǎ 우편 번호

你直接把家里的地址写在信封上好了。
Nǐ zhíjiē bǎ jiā li de dìzhǐ xiězài xìnfēng shang hǎo le.
네가 직접 집 주소를 편지 봉투에 쓰면 돼.

0030 **动作** dòngzuò 동작

他说话声音好大，动作也有劲。
Tā shuōhuà shēngyīn hǎo dà, dòngzuò yě yǒu jìn.
그 사람은 말하는 목소리도 크고, 동작도 힘이 넘쳐.

0031 肚子 dùzi 배

你肚子痛？怎么回事啊？
Nǐ dùzi tòng? Zěnme huí shì a?
너 배 아파? 왜 그래?

吃得太多了，肚子鼓鼓的像个皮球。
Chī de tài duō le, dùzi gǔgu de xiàng ge píqiú.
너무 많이 먹었더니, 배가 빵빵한 게 고무공 같아.

0032 短信 duǎnxìn 문자 메시지

你不要给我发短信，直接给我打电话吧。
Nǐ búyào gěi wǒ fā duǎnxìn, zhíjiē gěi wǒ dǎ diànhuà ba.
너 나한테 문자 메시지 보내지 말고, 직접 나한테 전화해.

0033 对话 duìhuà 대화

听他们的对话，他们好像是父子。
Tīng tāmen de duìhuà, tāmen hǎoxiàng shì fùzǐ.
저 사람들의 대화를 들어 보니, 저 사람들 부자인가 봐.

동 대화하다

我的英语很差，不敢跟外国人对话。
Wǒ de Yīngyǔ hěn chà, bùgǎn gēn wàiguórén duìhuà.
내 영어는 형편없어서, 외국인과 대화하기가 겁나.

0034 对面 duìmiàn 맞은편 참고 斜对面 xiéduìmiàn 대각선 쪽

家乐福对面有一个酒吧，今天我们就去那儿喝一杯吧。
Jiālèfú duìmiàn yǒu yí ge jiǔbā, jīntiān wǒmen jiù qù nàr hē yì bēi ba.
까르푸 맞은편에 바가 있거든, 오늘 우리 그리로 한잔 하러 가자.

0035 儿童 értóng 아동, 어린이

今天是儿童节，公园里人山人海，很多小孩儿手里拿着气球。
Jīntiān shì Értóngjié, gōngyuán li rén shān rén hǎi, hěn duō xiǎoháir shǒuli názhe qìqiú.
오늘은 어린이날이라 공원이 인산인해를 이루고, 많은 아이들이 손에 풍선을 들고 있다.

> 중국의 기념일 - 儿童节(어린이날)

중국의 어린이날은 매년 6월 1일이며, 14세 이하 어린이들은 하루 동안 방학을 한다.

0036 法律 fǎlǜ 법률

小金是法律系毕业的，法律方面的问题，就问他好了。
Xiǎo Jīn shì fǎlǜxì bìyè de, fǎlǜ fāngmiàn de wèntí, jiù wèn tā hǎo le.
김 군이 법학과를 졸업했으니, 법률 관련 문제는 그 친구한테 물어보면 돼.

0037 方法 fāngfǎ 방법 유의 办法 bànfǎ, 措施 cuòshī

学外语的时候，我的学习方法是先听后读写。
Xué wàiyǔ de shíhou, wǒ de xuéxí fāngfǎ shì xiān tīng hòu dúxiě.
외국어를 공부할 때 나의 학습 방법은 먼저 듣고 나중에 읽고 쓰기를 하는 거야.

0038 方面 fāngmiàn 방면, 분야

你对中国的哪个方面感兴趣？
Nǐ duì Zhōngguó de nǎge fāngmiàn gǎn xìngqù?
넌 중국의 어떤 분야에 관심이 있니?

▶ [고정구] 一方面…一方面… yì fāngmiàn… yì fāngmiàn… 한편으로 ~하고 한편으로 ~하다

这次去中国，一方面是为了提高汉语水平，一方面是为了了解中国文化。
Zhè cì qù Zhōngguó, yì fāngmiàn shì wèile tígāo Hànyǔ shuǐpíng, yì fāngmiàn shì wèile liǎojiě Zhōngguó wénhuà.
이번에 중국에 가는 건 한편으로는 중국어 실력을 향상시키고, 한편으로는 중국 문화를 이해하기 위해서야.

0039 方向 fāngxiàng 방향

你从C出口出来，往王府井方向走就行。
Nǐ cóng C chūkǒu chūlai, wǎng Wángfǔjǐng fāngxiàng zǒu jiù xíng.
너는 C 출구로 나와서 왕푸징 방향으로 걸어가면 돼.

我的方向感特别差,是个典型的路痴。
Wǒ de fāngxiànggǎn tèbié chà, shì ge diǎnxíng de lùchī.
내 방향 감각은 정말 형편없어, 전형적인 길치라니까.

0040 房东 fángdōng 집주인

我家的房东同意我们继续住。
Wǒ jiā de fángdōng tóngyì wǒmen jìxù zhù.
우리 집 집주인이 우리가 계속 살도록 동의했어.

0041 父亲 fùqīn 부친

我爱我的父亲,感谢他的用心良苦。
Wǒ ài wǒ de fùqīn, gǎnxiè ta de yòng xīn liáng kǔ.
나는 우리 아버지를 사랑하고, 아버지의 마음에 감사드린다.

[단어] 用心良苦 yòng xīn liáng kǔ (성) 매우 고심하다, 애쓰다

관련 표현

有其父, 必有其子 yǒu qí fù, bì yǒu qí zǐ (속담) 그 아버지에 그 아들

중국의 기념일 - 父亲节(아버지의 날)

중국의 아버지의 날은 6월 셋째 주 일요일이다.

0042 感情 gǎnqíng 감정, 사이

他们两个人的感情一直很好。
Tāmen liǎng ge rén de gǎnqíng yìzhí hěn hǎo.
그 두 사람 사이는 계속 좋았다.

人确实是感情动物。
Rén quèshí shì gǎnqíng dòngwù.
사람은 확실히 감정의 동물이다.

0043 高速公路 gāosù gōnglù 고속도로

如果有机会我愿意去德国无限速高速公路开车。
Rúguǒ yǒu jīhuì wǒ yuànyì qù Déguó wúxiànsù gāosù gōnglù kāichē.
만약 기회가 된다면 나는 독일의 아우토반(Autobahn)에 가서 차를 몰아 보고 싶다.

[단어] **无限速高速公路** wúxiànsù gāosù gōnglù 아우토반, 무제한 속도 고속도로

관련 표현

高速公路 — 畅行无阻 gāosù gōnglù — chàng xíng wú zǔ （헐후）
고속도로 — 막힘없이 뻥 뚫리다 : 일이 순조롭게 진행되다, 무사통과하다

0044 胳膊 gēbo 팔

他的胳膊上有一个纹身。
Tā de gēbo shang yǒu yí ge wénshēn.
그의 팔에 문신이 하나 새겨져 있다.

관련 표현

胳膊拧不过大腿 gēbo nǐngbúguò dàtuǐ （관용） 약자가 강자를 당해 낼 수 없다

胳膊往外拐 — 吃里爬外 gēbo wǎng wài guǎi — chī lǐ pá wài （헐후）
팔이 밖으로 굽다 — 안에서 먹고 밖으로 기어가다 : 이쪽의 도움을 받으면서 몰래 저쪽을 위해 일하다, 길러 준 데를 배반하고 외부와 내통하다

0045 工资 gōngzī 임금, 급여 [BCT1]

참고 **月薪** yuèxīn 월급, **年薪** niánxīn 연봉

我们公司每个月25号发工资。
Wǒmen gōngsī měi ge yuè èrshíwǔ hào fā gōngzī.
우리 회사는 매달 25일에 급여를 지급한다.

目前很多人要参加公务员考试，是因为工资稳定。
Mùqián hěn duō rén yào cānjiā gōngwùyuán kǎoshì, shì yīnwèi gōngzī wěndìng.
지금 많은 사람들이 공무원 시험에 응시하려는 것은, 급여가 안정적이기 때문이다.

0046 公里 gōnglǐ 킬로미터(km) 참고 米 mǐ 미터, 里 lǐ 500미터

他为了参加全国运动会，每天跑15公里。
Tā wèile cānjiā quánguó yùndònghuì, měitiān pǎo shíwǔ gōnglǐ.
그는 전국 체전에 참가하기 위해, 매일 15킬로미터를 달린다.

0047 功夫 gōngfu 노력, 시간, (무술 쪽의) 재주, 실력

有这个功夫，你还不如亲自去一趟呢。
Yǒu zhège gōngfu, nǐ hái bùrú qīnzì qù yí tàng ne.
이럴 시간 있으면, 네가 직접 갔다 오는 게 낫겠어.

他的中国功夫很厉害，你要小心。
Tā de zhōngguó gōngfu hěn lìhai, nǐ yào xiǎoxīn.
그의 중국 무술 실력이 대단하니까, 자네 조심하게.

관련 표현

变戏法的功夫 — 手疾眼快 biànxìfǎ de gōngfu — shǒu jí yǎn kuài 헐후
마술을 부리는 솜씨 — 손발이 빠르다 : 민첩하다, 재빠르다

0048 顾客 gùkè 고객 참고 消费者 xiāofèizhě 소비자 [BCT1]

顾客是上帝，只要顾客满意，我们就很高兴。
Gùkè shì shàngdì, zhǐyào gùkè mǎnyì, wǒmen jiù hěn gāoxìng.
고객은 하늘이니, 고객이 만족한다면 우리도 기쁩니다.

0049 关键 guānjiàn 관건, 핵심, 키포인트

不管选什么专业，关键是你的兴趣。
Bùguǎn xuǎn shénme zhuānyè, guānjiàn shì nǐ de xìngqù.
어떤 전공을 선택하든, 관건은 네가 흥미를 느끼느냐에 있지.

형 매우 중요한

现在是关键时刻，真的需要大家共同努力了。
Xiànzài shì guānjiàn shíkè, zhēn de xūyào dàjiā gòngtóng nǔlì le.
지금은 중요한 시기라, 정말이지 모두의 공동 노력이 필요합니다.

0050 观众 guānzhòng 관중 참고 听众 tīngzhòng 청중

亲爱的观众朋友们，大家春节好！
Qīn'ài de guānzhòng péngyoumen, dàjiā Chūnjié hǎo!
친애하는 관중 여러분, 새해 복 많이 받으십시오!

0051 广播 guǎngbō 방송

我刚听广播里说，这班飞机晚点了，还有一个小时才能到达虹桥机场。
Wǒ gāng tīng guǎnbō li shuō, zhè bān fēijī wǎndiǎn le, hái yǒu yí ge xiǎoshí cái néng dàodá Hóngqiáo jīchǎng.
내가 막 방송을 들었는데, 이 비행기가 연착을 해서 한 시간 후에나 홍치아오 공항에 도착한대.

我听到广播里传来一首熟悉的歌，突然想起高中时的趣事。
Wǒ tīngdào guǎngbō li chuánlái yì shǒu shúxī de gē, tūrán xiǎngqǐ gāozhōng shí de qùshi.
방송에서 흘러나오는 귀에 익은 노래를 들으니, 갑자기 고등학교 때 있었던 재미난 일이 떠올랐다.

동 방송하다

你把这个消息广播一下。
Nǐ bǎ zhège xiāoxi guǎngbō yíxià.
자네 이 소식을 방송해 주게.

0052 广告 guǎnggào 광고 BCT1

我不喜欢看电视，其中一个原因就是广告太多了。
Wǒ bù xǐhuan kàn diànshì, qízhōng yí ge yuányīn jiù shì guǎnggào tài duō le.
난 TV 보는 것을 싫어하는데, 그 이유 중 하나는 광고가 너무 많기 때문이야.

관련 표현

美人做广告 — 引人注目 měirén zuò guǎnggào — yǐn rén zhù mù 헐후
미인이 광고하다 — 사람들의 주목을 끌다 : 사람이나 사물이 특별해서 흡인력이 있다

[보충 단어 - 광고]

报纸广告 bàozhǐ guǎnggào 신문 광고 / **杂志广告** zázhì guǎnggào 잡지 광고 / **电视广告** diànshì guǎnggào TV 광고 / **电影广告** diànyǐng guǎnggào 영화 광고 / **网络广告** wǎngluò guǎnggào 인터넷 광고 / **包装广告** bāozhuāng guǎnggào 포장 광고 / **广播广告** guǎngbō guǎnggào 방송 광고

国籍 guójí 국적

他去年取得了美国国籍。
Tā qùnián qǔdéle Měiguó guójí.
그는 작년에 미국 국적을 취득했다.

国际 guójì 국제

我对国际关系比较感兴趣，打算考这方面的研究生。
Wǒ duì guójì guānxi bǐjiào gǎn xìngqù, dǎsuan kǎo zhè fāngmiàn de yánjiūshēng.
나는 국제 관계에 비교적 관심이 많아서, 이 계통의 대학원 시험을 볼 생각이야.

> 관련 표현

国际会议 guójì huìyì 국제 회의 / **国际交流** guójì jiāoliú 국제 교류

果汁 guǒzhī 과일즙, 주스

这杯果汁真好喝，又冰又甜。
Zhè bēi guǒzhī zhēn hǎohē, yòu bīng yòu tián.
이 주스 정말 맛있네. 시원하기도 하고 달콤하기도 하고 말야.

过程 guòchéng 과정

做事情过程比结果更重要，没有过程，怎么能有结果呢?
Zuò shìqing guòchéng bǐ jiéguǒ gèng zhòngyào, méiyǒu guòchéng, zěnme néng yǒu jiéguǒ ne?
일을 할 때는 과정이 결과보다 훨씬 중요해. 과정이 없다면 어떻게 결과가 있겠어?

我们要从失败的过程中吸取教训。
Wǒmen yào cóng shībài de guòchéng zhōng xīqǔ jiàoxùn.
우리는 실패하는 과정에서 교훈을 얻어야 한다.

[단어] 吸取 xīqǔ (교훈·경험을) 얻다, 흡수하다

0057 海洋 hǎiyáng 해양, 바다

地球表面积的71%是海洋，剩下的是陆地。
Dìqiú biǎomiànjī de bǎifēnzhī qīshíyī shì hǎiyáng, shèngxià de shì lùdì.
지구 표면적의 71퍼센트는 바다고, 나머지가 육지다.

0058 寒假 hánjià 겨울 방학 참고 暑假 shǔjià 여름 방학

你这个寒假有什么计划？我已经计划好去非洲看看。
Nǐ zhège hánjià yǒu shénme jìhuà? Wǒ yǐjīng jìhuàhǎo qù Fēizhōu kànkan.
넌 이번 겨울 방학 때 뭐 할 거니? 나는 아프리카에 가 볼 계획이야.

对学生来说，最幸福的事情就是有寒假和暑假。
Duì xuésheng láishuō, zuì xìngfú de shìqing jiù shì yǒu hánjià hé shǔjià.
학생들에게 있어 가장 행복한 일은 바로 겨울 방학과 여름 방학이 있다는 것이지.

0059 汗 hàn 땀

我一吃辣就满头大汗，这到底是为什么？
Wǒ yì chī là jiù mǎn tóu dà hàn, zhè dàodǐ shì wèishénme?
나는 매운 것만 먹었다 하면 얼굴이 온통 땀범벅이 되는데, 도대체 왜 이러는 거지?

今天特别热，我出了很多汗。
Jīntiān tèbié rè, wǒ chūle hěn duō hàn.
오늘은 너무 더워서, 땀을 많이 흘렸어.

관련 표현

满头大汗 mǎn tóu dà hàn 온 얼굴이 땀범벅이 되다

汗如雨下 hàn rú yǔ xià 땀이 비 오듯 쏟아지다

血汗钱 xuèhàn qián 관용 피땀 흘려 번 돈

0060 航班 hángbān (배·비행기의) 운행 노선 BCT1

北京到上海每天有几次航班?
Běijīng dào Shànghǎi měitiān yǒu jǐ cì hángbān?
베이징에서 상하이까지 매일 몇 번의 항공편이 있지?

快春节了, 首都机场增加航班了。
Kuài chūnjié le, Shǒudū jīchǎng zēngjiā hángbān le.
설을 맞아, 수도공항에서는 항공편을 증편하였다.

> 관련 표현

国内航班 guónèi hángbān 국내 항공 / 国际航班 guójì hángbān 국제 항공
直达航班 zhídá hángbān 직항 항공편

0061 好处 hǎochù 장점, 이점 반의 坏处 huàichù

这么做对你自己、对大家都有好处。
Zhème zuò duì nǐ zìjǐ, duì dàjiā dōu yǒu hǎochù.
이렇게 하면, 네 자신이나 모두에게 다 이점이 있어.

0062 号码 hàomǎ 번호

你知不知道宋律师的手机号码?
Nǐ zhī bu zhīdào Sòng lǜshī de shǒujī hàomǎ?
자네 송 변호사의 휴대 전화 번호 아나?

0063 盒子 hézi 작은 상자

把已经做好的巧克力放在盒子里就好了。
Bǎ yǐjing zuòhǎo de qiǎokèlì fàngzài hézi li jiù hǎo le.
이미 만든 초콜릿을 상자 안에 담으면 돼요.

0064 互联网 hùliánwǎng [컴퓨터] 인터넷 BCT1

如果没有互联网, 我们的生活会怎么样?
Rúguǒ méiyǒu hùliánwǎng, wǒmen de shēnghuó huì zěnmeyàng?
만약에 인터넷이 없다면, 우리의 생활은 어떻게 될까?

0065 护士 hùshì 간호사 ☐☐☐

你去打针的时候，把这张表交给护士就行。
Nǐ qù dǎzhēn de shíhou, bǎ zhè zhāng biǎo jiāogěi hùshi jiù xíng.
주사 맞으러 가실 때, 이 표를 간호사한테 주면 돼요.

0066 活动 huódòng 활동, 이벤트, 행사 ☐☐☐

大家下午都参加课外活动吧。
Dàjiā xiàwǔ dōu cānjiā kèwài huódòng ba.
모두들 오후에 있는 특별 활동에 참가하세요.

동 활동하다, 움직이다

别老在屋里，今天天气很好，出去活动活动吧。
Bié lǎo zài wū li, jīntiān tiānqì hěn hǎo, chūqu huódong huódong ba.
계속 방 안에만 있지 말고, 오늘은 날씨가 좋으니까, 나가서 움직여.

0067 火 huǒ 불, 분노 ☐☐☐

人类发现火以后，开始在一个地方定居。
Rénlèi fāxiàn huǒ yǐhòu, kāishǐ zài yí ge dìfang dìngjū.
인류는 불을 발견한 후에 한곳에 정착하게 되었다.

他最近动不动就发火，是不是心情不好？
Tā zuìjìn dòng bu dòng jiù fāhuǒ, shì bu shì xīnqíng bù hǎo?
그 친구 요즘 걸핏하면 화를 내던데, 기분이 안 좋은 거야?

형 번성하다, 흥하다

这个商店的生意很火。
Zhège shāngdiàn de shēngyi hěn huǒ.
이 상점은 장사가 잘 된다.

관련 표현

热火朝天 rè huǒ cháo tiān **성** 열기가 하늘을 찌른다, 불꽃이 튀다

老君炉里炼出来的孙悟空 — 火眼金睛
lǎojūnlú li liànchulai de Sūn Wùkōng — huǒ yǎn jīn jīng **헐후**
태상노자가 팔괘로에서 정련한 손오공 — 요괴·악마 등을 식별해 낼 수 있는 눈 : 모든 것을 꿰뚫어 볼 수 있는 안목, 혜안

tip 老君炉 lǎojūnlú : 소설《서유기(西游记 Xīyóujì)》에 나오는 팔괘로(八卦炉 bāguàlú)

중국의 기념일 - 火把节 huǒbǎjié

일명 횃불 명절로, 彝(Yí 이), 白(Bái 백), 纳西(Nàxī 납서), 基诺(Jīnuò 기노), 拉祜(Lāhù 랍호) 족 등이 쇠는 전통 명절이다. 대부분 음력 6월 24일에 진행되고, 소싸움, 양싸움, 말달리기, 씨름, 가무 공연을 한다. 밤이 되면 횃불을 들고 들을 누비는데, 이는 해충을 박멸하는 의식이다.

0068 基础 jīchǔ 기초

这个孩子语文基础很好，已经认识近两千个汉字。
Zhège háizi yǔwén jīchǔ hěn hǎo, yǐjing rènshi jìn liǎngqiān ge Hànzì.
이 아이는 국어 기초가 좋아서, 이미 2천여 개에 달하는 한자를 알고 있다.

▶ [고정구] 在…基础上 zài…jīchǔ shang ~의 기초에서

我在你做的基础上给你修改了一下。
Wǒ zài nǐ zuò de jīchǔ shang gěi nǐ xiūgǎile yíxià.
나는 네가 해 놓은 걸 기초로 조금 수정했어.

0069 记者 jìzhě 기자 참고 狗仔队 gǒuzǎiduì 파파라치(paparazzi)

我想当一名记者，这可是我从小的梦想。
Wǒ xiǎng dāng yì míng jìzhě, zhè kě shì wǒ cóngxiǎo de mèngxiǎng.
나는 기자가 되고 싶어, 이건 정말이지 내가 어릴 때부터 꿈꾸던 것이었어.

0070 技术 jìshù 기술 BCT1

他的修车技术超高，而且负责到底。
Tā de xiūchē jìshù chāo gāo, érqiě fùzé dàodǐ.
그는 자동차 수리 기술이 아주 뛰어날 뿐만 아니라, 끝까지 책임진다.

他是在他们厂里少不了的技术员。
Tā shì zài tāmen chǎng li shǎobuliǎo de jìshùyuán.
그는 그 공장에서 없어서는 안 될 엔지니어다.

0071 加油站 jiāyóuzhàn 주유소 참고 加气站 jiāqìzhàn 가스 충전소

我得加油，去机场的路上有没有加油站?
Wǒ děi jiāyóu, qù jīchǎng de lùshang yǒu méiyǒu jiāyóuzhàn?
제가 주유를 해야 하는데, 공항 가는 길에 주유소가 있나요?

0072 家具 jiājù 가구 ☐☐☐

我们在这里买的家具，你们可以送货吗?
Wǒmen zài zhèli mǎi de jiājù, nǐmen kěyǐ sònghuò ma?
우리가 이곳에서 산 가구는 배달해 주시나요?

0073 价格 jiàgé 가격 참고 价位 jiàwèi 가격대 ☐☐☐

价格不是问题的关键，关键的问题是质量。
Jiàgé bú shì wèntí de guānjiàn, guānjiàn de wèntí shì zhìliàng.
가격은 문제의 핵심이 아닙니다. 중요한 문제는 품질이죠.

관련 표현

货真价实 huò zhēn jià shí 성 품질도 믿을 만하고 가격도 공정하다, 물건도 진짜이고 값도 싸다

0074 将来 jiānglái 장래, 미래, 앞으로 유의 未来 wèilái ☐☐☐

有人说，你的工作态度关系到你的将来。
Yǒu rén shuō, nǐ de gōngzuò tàidù guānxidào nǐ de jiānglái.
누군가는 당신의 업무 태도가 당신의 미래에 영향을 미친다고 말합니다.

现在年轻人上大学的时候，也考虑将来的就业。
Xiànzài niánqīngrén shàng dàxué de shíhou, yě kǎolǜ jiānglái de jiùyè.
요즘 젊은이들은 대학에 진학할 때, 미래의 직업에 대해서도 생각을 합니다.

这些参考资料先放好，将来会有用得着的时候。
Zhèxiē cānkǎo zīliào xiān fànghǎo, jiānglái huì yǒu yòngdezháo de shíhou.
이 참고 자료는 우선 잘 두게. 앞으로 필요할 때가 있을 거야.

0075 奖金 jiǎngjīn 보너스, 상금 [BCT2] ☐☐☐

참고 奖学金 jiǎngxuéjīn 장학금, 补贴 bǔtiē 수당

我们公司年底还有双薪和奖金。
Wǒmen gōngsī niándǐ hái yǒu shuāngxīn hé jiǎngjīn.
우리 회사는 연말에 두 달치 월급과 보너스를 지급해.

我最大的希望就是公司生意好一点，奖金多发点。
Wǒ zuì dà de xīwàng jiù shì gōngsī shēngyi hǎo yìdiǎn, jiǎngjīn duō fā diǎn.
나의 가장 큰 희망은 회사가 잘 되어서, 보너스를 많이 받는 거야.

0076 交通 jiāotōng 교통

说起北京的交通，堵车可是个老大难问题。
Shuōqǐ Běijīng de jiāotōng, dǔchē kěshì ge lǎodànán wèntí.
베이징의 교통에 대해서 말하자면, 도로 정체가 그야말로 골칫거리라 할 수 있지.

[단어] 老大难问题 lǎodànán wèntí 난제, 골칫거리

这里交通很方便，离地铁站也很近，出门绝对方便。
Zhèli jiāotōng hěn fāngbiàn, lí dìtiězhàn yě hěn jìn, chūmén juéduì fāngbiàn.
이곳은 교통이 편리하고 지하철역과도 가까워서, 외출하기 정말 편해요.

0077 郊区 jiāoqū 교외

我住在郊区，那里空气很好，很安静。
Wǒ zhùzài jiāoqū, nàli kōngqì hěn hǎo, hěn ānjìng.
나는 교외에 사는데, 그곳은 공기도 좋고 조용해.

0078 饺子 jiǎozi 교자, 만두

참고 包子 bāozi 왕만두, 水饺 shuǐjiǎo 물만두

除夕要吃饺子是中国北方特有的传统习俗。
Chúxī yào chī jiǎozi shì Zhōngguó běifāng tèyǒu de chuántǒng xísú.
섣달그믐에 만두를 먹는 것은 중국 북방 지역 특유의 전통 습관이다.

🥟 중국식 만두 - 水饺

정통 중국식 만두는 水饺라 부른다. 중국에서는 만두를 빚어 끓는 물에 삶아 먹는데, 만두를 먹은 후 만두를 삶아 낸 국물을 마시기도 한다. 만두를 먹을 때는 식초에 찍어 먹고, 생마늘을 곁들여 먹기도 한다. 우리나라에서 먹는 물만두와는 다르니 그 차이를 알아 두는 게 좋다.

0079 教授 jiàoshòu 교수 참고 正教授 zhèngjiàoshòu 정교수
副教授 fùjiàoshòu 부교수

他不到三十五就当教授了，真了不起！
Tā bú dào sānshíwǔ jiù dāng jiàoshòu le, zhēn liǎobuqǐ!
그는 35세도 안 되어 바로 교수가 되었어. 정말 대단해!

0080 节 jié 절기, 명절

等过完春节办他们的喜事，怎么样？
Děng guòwán Chūnjié bàn tāmen de xǐshì, zěnmeyàng?
설 쇠고 나서 저 애들 혼사를 치르는 게 어떨까요?

양 수업 시간, 마디

今天一天竟然六节专业课。
Jīntiān yì tiān jìngrán liù jié zhuānyè kè.
오늘은 하루 종일 전공 수업만 6시간 있다.

관련 표현

节节败退 jié jié bài tuì **성** 연속적으로 패퇴하다

节外生枝 jié wài shēng zhī **성** 또 다른 문제가 파생되다, 의외의 사태가 일어나다, 고의로 문제를 일으켜 일의 진행을 방해하다

盘根错节 pán gēn cuò jié **성** 일이 복잡하게 얽혀 해결하기가 쉽지 않다

0081 结果 jiéguǒ 결과 유의 后果 hòuguǒ

考试结果现在还没出来，估计明天就能出来了吧。
Kǎoshì jiéguǒ xiànzài hái méi chūlai, gūjì míngtiān jiù néng chūlaile ba.
시험 결과가 지금까지 아직 안 나왔어, 내일은 나오겠지 뭐.

你只要努力就会有好结果。
Nǐ zhǐyào nǔlì jiù huì yǒu hǎo jiéguǒ.
자네는 노력만 한다면, 좋은 결과가 있을 걸세.

접 결과적으로 : 복문의 뒷절에 쓰여 '결과적으로(결과는) ~하게 되었다'의 뜻을 나타낸다.

那天，我们都以为我们会输，结果我们赢了。
Nàtiān, wǒmen dōu yǐwéi wǒmen huì shū, jiéguǒ wǒmen yíng le.
그날 우리는 모두 우리가 질 줄 알았는데, 결과는 이겼다.

0082 京剧 jīngjù 경극

《霸王别姬》是京剧艺术大师梅兰芳表演的经典名剧之一。
《Bàwáng biéjī》 shì jīngjù yìshù dàshī Méi Lánfāng biǎoyǎn de jīngdiǎn míngjù zhīyī.
〈패왕별희〉는 경극 예술의 대가 메이란팡이 공연한 대표적인 작품 중 하나다.

🐼 중국 문화 - 京剧

중국 전통극의 하나로 18세기 말 안훼이(安徽 Ānhuī) 성 일대의 '휘극(徽剧 huījù)'과 후베이(湖北 Húběi) 성에서 유행하던 '한극(汉剧 hànjù)'이 베이징에 유입되어, 서피(西皮 xīpí)·이황(二黃 èrhuáng)을 주요 곡조로 하여 발전된 것이다. 皮黄戏 píhuángxì라 부르기도 한다. 경극은 1840년을 전후로 형성되어 1930~1940년대에 전성기를 맞았다.

0083 经济 jīngjì 경제 BCT2

家里近几年经济条件不好，支出总是大于收入。
Jiā li jìn jǐ nián jīngjì tiáojiàn bù hǎo, zhīchū zǒngshì dàyú shōurù.
우리 집은 근 몇 년 동안 경제 사정이 좋지 않아, 지출이 늘 수입보다 많아.

世界经济正在慢慢复苏。
Shìjiè jīngjì zhèngzài mànmān fùsū.
세계 경제가 천천히 회복세에 있다.

[단어] 复苏 fùsū 회복하다

0084 经验 jīngyàn 경험 유의 经历 jīnglì

참고 经验主义 jīngyàn zhǔyì 경험주의, 참고 经验论 jīngyànlùn 경험론

我们大学刚毕业，没有什么工作经验，还需要多多学习。
Wǒmen dàxué gāng bìyè, méiyǒu shénme gōngzuò jīngyàn, hái xūyào duōduō xuéxí.
우리는 대학을 갓 졸업해 업무 경험이 별로 없기 때문에, 많이 공부해야 해.

一个人的经验是有限的，人的一生都是学习的过程。
Yí ge rén de jīngyàn shì yǒuxiàn de, rén de yìshēng dōu shì xuéxí de guòchéng.
한 사람의 경험에는 한계가 있다. 사람의 일생은 배움의 과정이다.

⑧ 경험하다, 체험하다

那种事我从来没经验过。
Nà zhǒng shì wǒ cónglái méi jīngyànguo.
그런 일은 내가 경험한 적이 없어요.

0085 景色 jǐngsè 경치

秋天来了，香山的景色是那么迷人。
Qiūtiān lái le, Xiāng Shān de jǐngsè shì nàme mírén.
가을이 오니, 향산의 경치가 참으로 아름답다.

[단어] 迷人 mírén 매력적이다, 마음을 끌다

tip 香山 Xiāng Shān : 중국 베이징(北京)에 있는 산으로 단풍이 유명하다.

0086 警察 jǐngchá 경찰 참고 交警 jiāojǐng 교통 경찰
人民警察 rénmín jǐngchá 인민 경찰

今天在8号楼发现了小偷，现在已经被警察抓走了。
Jīntiān zài bā hào lóu fāxiànle xiǎotōu, xiànzài yǐjing bèi jǐngchá zhuāzǒu le.
오늘 8동에서 도둑이 발견되었는데, 지금은 이미 경찰한테 잡혀갔어요.

0087 镜子 jìngzi 거울

你先照镜子看看自己，再去批评别人。
Nǐ xiān zhào jìngzi kànkan zìjǐ, zài qù pīpíng biérén.
너는 먼저 거울에 네 자신을 비춰본 후에, 다른 사람의 잘잘못을 지적하렴.

🗨 관련 표현

镜子里夹照片 — 形影不离 jìngzi li jiā zhàopiàn — xíng yǐng bù lí **헐후**
거울에 사진을 꽂다 — 형체와 그림자는 떨어지지 않는다 : 대단히 사이가 좋아 늘 붙어 있다, 언제나 같이 있다

拿着镜子对月亮 — 回光返照 **헐후**
názhe jìngzi duì yuèliang — huí guāng fǎn zhào
거울을 들고 달을 비추다 — 태양이 지기 직전에 하늘이 반짝 빛나다 : 사람이 죽기 전에 정신이 잠깐 맑아지다

乌鸦照镜子 — 刮目相看 헐후
wūyā zhào jìngzi — guā mù xiāng kàn
까마귀가 거울을 보다 — 눈을 비비고 상대편을 보다 : 새로운 안목으로 대하다, 괄목상대하다

0088 距离 jùlí 거리 ☐☐☐

你在深圳，我在北京，我们之间的距离太远了。
Nǐ zài Shēnzhèn, wǒ zài Běijīng, wǒmen zhījiān de jùlí tài yuǎn le.
너는 선전에 있고 나는 베이징에 있으니, 우리 사이의 거리가 너무 멀어.

开车时，要跟前面的车保持安全距离。
Kāichē shí, yào gēn qiánmiàn de chē bǎochí ānquán jùlí.
운전할 때는 앞 차와의 안전 거리를 유지해야 한다.

[단어] 保持 bǎochí 유지하다

 관련 표현

地图上量距离 — 咫尺千里 dìtú shang liáng jùlí — zhǐ chǐ qiān lǐ 헐후
지도에서 거리를 재다 — 지척이 천 리다 : 가까이 있으면서도 만나기 힘들다

0089 聚会 jùhuì 모임 ☐☐☐

上次同学聚会，我没能参加，这次一定要参加。
Shàng cì tóngxué jùhuì, wǒ méi néng cānjiā, zhè cì yídìng yào cānjiā.
지난번 동창회에는 내가 참석을 못했는데, 이번에는 꼭 나갈게.

동 모이다

我希望咱几个能每半年聚会一次。
Wǒ xīwàng zán jǐ ge néng měi bàn nián jùhuì yí cì.
난 우리 몇 명이 반 년에 한 번씩 만났으면 해.

0090 看法 kànfǎ 견해, 생각 유의 想法 xiǎngfǎ, 意见 yìjiàn ☐☐☐

我们得尊重别人的看法。
Wǒmen děi zūnzhòng biérén de kànfǎ.
우리는 다른 사람의 생각을 존중해야 한다.

▶对…有看法 : ~에 불만이 있다

他早就对你有看法了。
Tā zǎojiù duì nǐ yǒu kànfǎ le.
그 사람 벌써부터 너한테 불만이 있었어.

0091 **烤鸭** kǎoyā 오리구이

北京烤鸭非常有名，它肥而不腻。
Běijīng kǎoyā fēicháng yǒumíng, tā féi ér bú nì.
베이징 오리구이는 아주 유명한데, 고기에 기름이 많아도 느끼하지 않다.

[단어] 腻 nì 느끼하다

0092 **科学** kēxué 과학

随着科学的发展，医疗也在进步。
Suízhe kēxué de fāzhǎn, yīliáo yě zài jìnbù.
과학이 발달함에 따라 의료 기술도 진보하고 있다.

有些事确实不能用科学来解释。
Yǒu xiē shì quèshí bù néng yòng kēxué lái jiěshì.
어떤 일은 확실히 과학으로 설명이 안 된다.

형 과학적이다

这种想法和做法是不科学的。
Zhè zhǒng xiǎngfǎ hé zuòfǎ shì bù kēxué de.
이런 생각과 행동은 비과학적이야.

0093 **客厅** kètīng 거실

这个房子一室一大厅厨卫，客厅很宽敞明亮。
Zhè ge fángzi yí shì yí dàtīng chú wèi, kètīng hěn kuānchang míngliàng.
이 집은 방 하나에 큰 거실, 주방과 화장실이 있는데, 거실이 넓고 환하다.

[단어] 宽敞 kuānchang 넓다 / 明亮 míngliàng 밝다, 빛나다

0094 空气 kōngqì 공기

山上的空气就跟城市里的不一样，空气很清新。
Shān shang de kōngqì jiù gēn chéngshì li de bù yíyàng, kōngqì hěn qīngxīn.
산의 공기는 도시와는 달라, 공기가 맑고 깨끗해.

[단어] **清鲜** qīngxián 신선하다, 맑고 깨끗하다

0095 矿泉水 kuàngquánshuǐ 생수

渴死我了，帮我买一瓶矿泉水，好吗?
Kěsǐ wǒ le, bāng wǒ mǎi yì píng kuàngquánshuǐ, hǎo ma?
목말라 죽겠어, 생수 한 병만 사다 줄래?

0096 垃圾桶 lājītǒng 쓰레기통

你把垃圾扔到路边的垃圾桶里。
Nǐ bǎ lājī rēngdào lùbiān de lājītǒng li.
쓰레기를 길가에 있는 쓰레기통에 버리려무나.

0097 老虎 lǎohǔ 호랑이

▶ 실제 회화에 활용할 때는 '2성 + 경성'으로 읽는다.

二姐就像个母老虎，真不知道哪个人敢娶她。
Èrjiě jiù xiàng ge mǔ lǎohǔ, zhēn bù zhīdào nǎge rén gǎn qǔ tā.
둘째 누나는 암호랑이 같아서, 정말이지 누가 데려가려고 할지 모르겠어.

[단어] **娶** qǔ 아내를 얻다, 장가들다

관련 표현

虎口余生 hǔ kǒu yú shēng (성) 범의 아가리에서 목숨을 건지다, 구사일생으로 겨우 살아나다

虎背熊腰 hǔ bèi xióng yāo (성) 범의 등과 곰의 허리, 기골이 장대하다

山上无老虎，猴子称大王 shān shang wú lǎohǔ, hóuzi chēng dàwáng (속담) 호랑이가 없는 산에서는 원숭이가 왕이다, 호랑이가 없는 골에 토끼가 왕 노릇한다

狐狸跟着老虎走—狐假虎威 húli gēnzhe lǎohǔ zǒu — hú jiǎ hǔ wēi 헐후
여우가 호랑이를 따라가다 — 여우가 호랑이의 위세를 빌리다 : 남의 권세를 빌려 위세를 부리다, 호가호위하다

老虎当和尚—人面兽心 lǎohǔ dāng héshang — rén miàn shòu xīn 헐후
호랑이가 중노릇하다 — 사람의 얼굴 짐승의 마음 : 사람의 탈을 쓴 짐승, 마음이나 행동이 몹시 흉악함

0098 礼拜天 lǐbàitiān 일요일 유의 星期天 xīngqītiān, 周日 zhōurì

天天都是礼拜天就好了。
Tiāntiān dōu shì lǐbàitiān jiù hǎo le.
매일매일 일요일이면 좋겠어.

0099 礼貌 lǐmào 예의

他虽然是国际大明星，但是对粉丝非常有礼貌。
Tā suīrán shì guójì dàmíngxīng, dànshì duì fěnsī fēicháng yǒu lǐmào.
그는 국제적인 대 스타지만 팬들한테 아주 깍듯하다

[단어] 粉丝 fěnsī (가수의) 팬

🔲 예의 바르다

每次见面，他都会很有礼貌地打招呼。
Měi cì jiànmiàn, tā dōu huì hěn yǒu lǐmào de dǎ zhāohu.
매번 만날 때마다, 그는 아주 예의 바르게 인사한다.

관련 표현

彬彬有礼 bīn bīn yǒu lǐ 성 점잖고 예절 바르다, 고아하고 예절 바르다

0100 理想 lǐxiǎng 이상

不是每一个人都在过自己理想中的生活。
Bú shì měi yí ge rén dōu zài guò zìjǐ lǐxiǎng zhōng de shēnghuó.
누구나 다 자신이 꿈꾸는 이상적인 생활을 하는 것은 아니다.

🔲 이상적이다

这次期末考试成绩不太理想。
Zhè cì qīmò kǎoshì chéngjì bú tài lǐxiǎng.
이번 기말고사 성적은 그리 만족스럽지 않다.

0101 力气 lìqi 힘

楚霸王项羽的力气非常大,竟然能举起千斤重的大鼎。
Chǔ bàwáng Xiàng Yǔ de lìqi fēicháng dà, jìngrán néng jǔqǐ qiān jīn zhòng de dàdǐng.
초패왕 항우의 힘은 아주 세서, 천 근이나 되는 큰 솥을 들 수 있다.

身体条件再好力气再大有什么用呢,做事情得动脑筋。
Shēntǐ tiáojiàn zài hǎo lìqi zài dà yǒu shénme yòng ne, zuò shìqing děi dòng nǎojīn.
신체적 조건이 아무리 좋고, 힘이 아무리 센들 무슨 소용이 있어요. 일은 머리를 써야 하는 거라고요.

관련 표현

费了九牛二虎之力气 fèile jiǔ niú èr hǔ zhī lìqi 관용 굉장한 힘을 쓰다, 엄청난 노력을 하다(들이다), 젖 먹던 힘까지 다 쓰다

卖力气 màilìqi 관용 최선을 다하다, 힘껏 일하다

有气无力 yǒu qì wú lì 성 숨만 겨우 붙어 있다, 의기소침하다, 기운이 없다

0102 零钱 língqián 잔돈, 용돈 [BCT1]

今天我没带零钱,你能不能借我几块钱啊?
Jīntiān wǒ méi dài língqián, nǐ néng bu néng jiè wǒ jǐ kuài qián a?
오늘 내가 잔돈을 안 가져왔는데, 나한테 몇 위엔만 빌려줄 수 있니?

孩子长大了,每月要花不少零钱。
Háizi zhǎngdà le, měi yuè yào huā bùshǎo língqián.
아이가 크니까, 매달 용돈을 적잖게 쓴다.

0103 律师 lǜshī 변호사

金律师最近开了律师事务所,来咨询的顾客特别多。
Jīn lǜshī zuìjìn kāile lǜshī shìwùsuǒ, lái zīxún de gùkè tèbié duō.
김 변호사는 최근에 변호사 사무실을 개업했는데, 상담하러 오는 고객이 아주 많다.

0104 毛 máo 털, 수염

波斯猫有着厚实漂亮的长毛。
Bōsīmāo yǒuzhe hòushí piàoliang de chángmáo.
페르시아 고양이는 탐스럽고 예쁜 긴 털을 가졌어.

[단어] 厚实 hòushi 풍부하다, 두껍다

양 화폐 단위, 1위엔(元)의 1/10 **유의** 角 jiǎo 毛의 문어체

买这个东西，还差几毛钱。
Mǎi zhège dōngxī, hái chà jǐ máo qián.
이 물건을 사기엔, 몇 마오가 부족하다.

관련 표현

不毛之地 bù máo zhī dì 성 불모지, 황량하고 척박한 땅

鸡毛蒜皮 jī máo suàn pí 성 사소한 일

毛手毛脚 máo shǒu máo jiǎo 성 일을 대충대충 처리하다, 건성건성하다

一毛不拔 yì máo bù bá 성 지나치게 인색하다

水牛长毛—彻头彻尾 shuǐniú zhǎng máo — chè tóu chè wěi 헐후
물소 몸에 털이 나다 — 철두철미하다 : 완전하다, 철저하다

0105 毛巾 máojīn 수건 참고 手绢 shǒujuàn 손수건

你的毛巾都湿了，来，用我的。
Nǐ de máojīn dōu shī le, lái, yòng wǒ de.
네 수건이 다 젖었네, 자, 내 거 써.

0106 梦 mèng 꿈

亲爱的，今天晚上做我的梦吧，晚安！
Qīn'ài de, jīntiān wǎnshang zuò wǒ de mèng ba, wǎn'ān!
자기야, 오늘 밤에 내 꿈 꿔, 잘 자!

昨天晚上又做了噩梦。
Zuótiān wǎnshang yòu zuòle èmèng.
어젯밤에 또 악몽을 꿨어.

🔗 관련 표현

白日做梦 bái rì zuò mèng 성 헛된 공상을 하다

黄粱美梦 huáng liáng měi mèng 성 꿈처럼 덧없는 인생, 허황된 생각

南柯一梦 nán kē yí mèng 성 남가일몽, 일장춘몽, 꿈같이 헛된 한때의 부귀 영화나 기쁨

同床异梦 tóng chuáng yì mèng 성 동상이몽, 같은 일을 하며 서로 다른 생각을 하다

0107 **密码** mìmǎ 비밀번호 참고 **用户名** yònghùmíng 아이디 [BCT1]

他又把银行卡密码给忘了。
Tā yòu bǎ yínhángkǎ mìmǎ gěi wàng le.
그는 또 은행 카드 비밀번호를 잊어버렸어.

别把自己的生日当做银行卡的密码，这样不安全。
Bié bǎ zìjǐ de shēngrì dāngzuò yínhángkǎ de mìmǎ, zhèyàng bù ānquán.
본인의 생일을 은행 카드의 비밀번호로 쓰지 마세요. 이렇게 하는 건 안전하지 않습니다.

0108 **民族** mínzú 민족 참고 **民族主义** mínzú zhǔyì 민족주의

中国由五十六个民族组成，每个民族都有自己的文化习俗。
Zhōngguó yóu wǔshíliù ge mínzú zǔchéng, měi ge mínzú dōu yǒu zìjǐ de wénhuà xísú.
중국은 56개 민족으로 이루어져 있고, 각 민족은 모두 자신들만의 문화와 풍습을 가지고 있다.

🌏 중국 문화 - 소수 민족

少数民族 shǎoshù mínzú : 중국에는 56개의 민족이 있고, 전체 인구의 90% 이상을 차지하는 한족을 뺀 55개의 민족을 소수 민족이라 부른다. 소수 민족 중에서는 壮族 Zhuàngzú(장족)의 인구가 가장 많다.

0109 **母亲** mǔqīn 어머니 유의 **娘** niáng

母亲对子女的早期教育往往决定他们的一生。
Mǔqīn duì zǐnǚ de zǎoqī jiàoyù wǎngwǎng juédìng tāmen de yìshēng.
어머니의 자녀에 대한 조기 교육은 왕왕 아이들의 일생을 결정한다.

🌏 중국의 기념일 - 母亲节(어머니날)

중국의 어머니날은 매년 5월 둘째 주 일요일이다.

0110 目的 mùdì 목적

他来这儿的目的就是赚钱。
Tā lái zhèr de mùdì jiù shì zhuànqián.
그 사람이 여기에 온 목적은 돈을 벌기 위해서야.

0111 耐心 nàixīn 인내심, 참을성

不管做什么事，最需要的是耐心。
Bùguǎn zuò shénme shì, zuì xūyào de shì nàixīn.
무슨 일을 하든 가장 필요한 것은 인내심이야.

형 인내심이 있다, 참을성이 강하다

我就耐心地解释给儿子听，过了半天他终于明白我说的意思了。
Wǒ jiù nàixīn de jiěshì gěi érzi tīng, guòle bàntiān tā zhōngyú míngbai wǒ shuō de yìsi le.
나는 참을성 있게 아들에게 설명을 해 주었고, 한참 만에 아들은 마침내 내가 말한 뜻을 이해했다.

0112 内 nèi 안, 내부 반의 外 wài 밖, 외부

外带的食品或饮料都不能带入电影院内。
Wàidài de shípǐn huò yǐnliào dōu bù néng dàirù diànyǐngyuàn nèi.
외부에서 가지고 온 음식물과 음료수는 극장 내 반입이 안 됩니다.

我要在一个星期之内减肥六斤。
Wǒ yào zài yí ge xīngqī zhī nèi jiǎnféi liù jīn.
나는 1주일 내에 3kg을 뺄 생각이야.

관련 표현

外柔内刚 wài róu nèi gāng **성** 외유내강

0113 内容 nèiróng 내용

这本书内容不多，但都是有用的。
Zhè běn shū nèiróng bù duō, dàn dōu shì yǒu yòng de.
이 책은 내용은 많지 않지만, 모두 필요한 것들만 있어.

0114 能力 nénglì 능력 유의 本事 běnshì

每个人的能力都是有限的，所以需要大家帮忙。
Měi ge rén de nénglì dōu shì yǒuxiàn de, suǒyǐ xūyào dàjiā bāngmáng.
모든 이의 능력은 한계가 있게 마련입니다. 그래서 여러분의 도움이 필요합니다.

0115 年龄 niánlíng 연령 유의 年纪 niánjì

姓名、年龄、联系电话，都写在这张表上。
Xìngmíng、niánlíng、liánxì diànhuà, dōu xiězài zhè zhāng biǎo shang.
성명, 연령, 연락처를 모두 이 표에 써 주세요.

这家公司招聘没有年龄限制。
Zhè jiā gōngsī zhāopìn méiyǒu niánlíng xiànzhì.
이 회사는 사원 모집에 연령 제한을 두지 않아.

> **年龄 vs 年纪**
> 1. 年龄과 年纪 둘 다 나이를 뜻한다. '나이가 많다'라고 할 때는 둘 다 쓸 수 있다.
>   **年纪大。** Niánjì dà. (O) / **年龄大。** Niánlíng dà. (O)
> 2. '나이가 들다'라고 할 때는 年纪만 쓸 수 있다.
>   **上了年纪。** Shàngle niánjì. (O) / **上了年龄。** Shàngle niánlíng. (X)
> 3. 年龄은 동식물에 쓸 수 있지만, 年纪는 사람에게만 쓸 수 있다.

0116 皮肤 pífū 피부

她的皮肤白白的，谁看谁羡慕。
Tā de pífū báibāi de, shéi kàn shéi xiànmù.
그녀의 피부는 새하얗기 때문에, 보는 사람마다 부러워한다.

0117 脾气 píqi 화, 기질, 성격

他动不动就发脾气，同事们都不愿意跟他交流。
Tā dòng bu dòng jiù fā píqi, tóngshìmen dōu bú yuànyì gēn tā jiāoliú.
그는 걸핏하면 화를 내서, 동료들이 모두 그와 교류하길 꺼린다.

0110 目的 mùdì 목적

他来这儿的目的就是赚钱。
Tā lái zhèr de mùdì jiù shì zhuànqián.
그 사람이 여기에 온 목적은 돈을 벌기 위해서야.

0111 耐心 nàixīn 인내심, 참을성

不管做什么事，最需要的是耐心。
Bùguǎn zuò shénme shì, zuì xūyào de shì nàixīn.
무슨 일을 하든 가장 필요한 것은 인내심이야.

형 인내심이 있다, 참을성이 강하다

我就耐心地解释给儿子听，过了半天他终于明白我说的意思了。
Wǒ jiù nàixīn de jiěshì gěi érzi tīng, guòle bàntiān tā zhōngyú míngbai wǒ shuō de yìsi le.
나는 참을성 있게 아들에게 설명을 해 주었고, 한참 만에 아들은 마침내 내가 말한 뜻을 이해했다.

0112 内 nèi 안, 내부 반의 外 wài 밖, 외부

外带的食品或饮料都不能带入电影院内。
Wàidài de shípǐn huò yǐnliào dōu bù néng dàirù diànyǐngyuàn nèi.
외부에서 가지고 온 음식물과 음료수는 극장 내 반입이 안 됩니다.

我要在一个星期之内减肥六斤。
Wǒ yào zài yí ge xīngqī zhī nèi jiǎnféi liù jīn.
나는 1주일 내에 3kg을 뺄 생각이야.

관련 표현

外柔内刚 wài róu nèi gāng **성** 외유내강

0113 内容 nèiróng 내용

这本书内容不多，但都是有用的。
Zhè běn shū nèiróng bù duō, dàn dōu shì yǒu yòng de.
이 책은 내용은 많지 않지만, 모두 필요한 것들만 있어.

0114 能力 nénglì 능력 유의 本事 běnshì

每个人的能力都是有限的，所以需要大家帮忙。
Měi ge rén de nénglì dōu shì yǒuxiàn de, suǒyǐ xūyào dàjiā bāngmáng.
모든 이의 능력은 한계가 있게 마련입니다. 그래서 여러분의 도움이 필요합니다.

0115 年龄 niánlíng 연령 유의 年纪 niánjì

姓名、年龄、联系电话，都写在这张表上。
Xìngmíng, niánlíng, liánxì diànhuà, dōu xiězài zhè zhāng biǎo shang.
성명, 연령, 연락처를 모두 이 표에 써 주세요.

这家公司招聘没有年龄限制。
Zhè jiā gōngsī zhāopìn méiyǒu niánlíng xiànzhì.
이 회사는 사원 모집에 연령 제한을 두지 않아.

> **年龄 vs 年纪**
> 1. 年龄과 年纪 둘 다 나이를 뜻한다. '나이가 많다'라고 할 때는 둘 다 쓸 수 있다.
>   **年纪大**。Niánjì dà. (O) / **年龄大**。Niánlíng dà. (O)
> 2. '나이가 들다'라고 할 때는 年纪만 쓸 수 있다.
>   **上了年纪**。Shàngle niánjì. (O) / **上了年龄**。Shàngle niánlíng. (✗)
> 3. 年龄은 동식물에 쓸 수 있지만, 年纪는 사람에게만 쓸 수 있다.

0116 皮肤 pífū 피부

她的皮肤白白的，谁看谁羡慕。
Tā de pífū báibāi de, shéi kàn shéi xiànmù.
그녀의 피부는 새하얗기 때문에, 보는 사람마다 부러워한다.

0117 脾气 píqi 화, 기질, 성격

他动不动就发脾气，同事们都不愿意跟他交流。
Tā dòng bu dòng jiù fā píqi, tóngshìmen dōu bú yuànyì gēn tā jiāoliú.
그는 걸핏하면 화를 내서, 동료들이 모두 그와 교류하길 꺼린다.

谁没有脾气啊？她也就克制着自己的脾气。
Shéi méiyǒu píqi a? Tā yě jiù kèzhìzhe zìjǐ de píqi.
누가 성질이 없겠어요? 그녀 역시 자기 성질을 누르고 있는 거죠.

[단어] 克制 kèzhì 억제하다, 자제하다

0118 乒乓球 pīngpāngqiú 탁구

王楠是一位乒乓球奥运冠军。
Wáng Nán shì yí wèi pīngpāngqiú àoyùn guànjūn.
왕난은 탁구 부문 올림픽 금메달리스트다.

0119 平时 píngshí 평소

平时不努力，考试前只能临时抱佛脚。
Píngshí bù nǔlì, kǎoshì qián zhǐnéng línshí bào fójiǎo.
평소에 노력하지 않으면, 시험 전에 벼락치기를 할 수밖에 없다.

[단어] 临时抱佛脚 línshí bào fójiǎo 평소에 준비하지 않고, 그때가 되어 부랴부랴 대처하다

0120 葡萄 pútao 포도

今天我买的葡萄很甜，你来尝尝。
Jīntiān wǒ mǎi de pútao hěn tián, nǐ lái chángchang.
오늘 내가 산 포도가 달아, 맛 좀 봐.

0121 普通话 pǔtōnghuà 현대 중국 표준어 方言 fāngyán 사투리

他是外国人，可是普通话讲得非常流利。
Tā shì wàiguórén, kěshì pǔtōnghuà jiǎng de fēicháng liúlì.
그는 외국인이지만, 표준어를 굉장히 유창하게 구사한다.

0122 其中 qízhōng 그중

我们系有五个男同学，他是其中的一个。
Wǒmen xì yǒu wǔ ge nántóngxué, tā shì qízhōng de yí ge.
우리 과에는 남학생이 다섯 명 있는데, 저 애는 그중의 한 명이야.

中国有十四个邻国，其中有八个在南部和西南部。
Zhōngguó yǒu shísì ge línguó, qízhōng yǒu bā ge zài nánbù hé xīnánbù.
중국에는 14개의 이웃 나라가 있는데, 그중에서 8개 나라가 남부와 서남부에 위치해 있다.

[보충 단어 - 중국의 이웃나라]

朝鲜 Cháoxiǎn 북한 / **俄罗斯** Éluósī 러시아 / **蒙古** Měnggǔ 몽고 / **哈萨克斯坦** Hāsàkèsītǎn 카자흐스탄 / **吉尔吉斯坦** Jí'ěrjísītǎn 키르기스스탄 / **坦吉克斯坦** Tǎnjíkèsītǎn 타지키스탄 / **阿富汗** Āfùhàn 아프카니스탄 / **巴基斯坦** Bājīsītǎn 파키스탄 / **印度** Yìndù 인도 / **不丹** Bùdān 부탄 / **尼泊尔** Níbó'ěr 네팔 / **缅甸** Miǎndiàn 미얀마 / **越南** Yuènán 베트남 / **老挝** Lǎowō 라오스

0123 气候 qìhòu 기후

这里的气候四季如春，十分适合人类居住。
Zhèlǐ de qìhòu sì jì rú chūn, shífēn shìhé rénlèi jūzhù.
이곳의 기후는 4계절이 봄과 같아, 사람들이 살기에 매우 적합하다.

[단어] **四季如春** sì jì rú chūn 성 일년 내내 기후가 봄날같이 따뜻하다

0124 签证 qiānzhèng 비자(visa) [BCT1] 참고 护照 hùzhào 여권

中国的游客去济州岛不需要签证了。
Zhōngguó de yóukè qù Jìzhōudǎo bù xūyào qiānzhèng le.
중국 여행객이 제주도에 갈 때는 비자가 필요없다.

0125 桥 qiáo 다리

西湖有三座情桥，断桥、长桥、西泠桥。
Xīhú yǒu sān zuò qíng qiáo, duànqiáo、chángqiáo、xīlěngqiáo.
서호에는 사랑 이야기가 담긴 세 개의 다리가 있는데, 단교, 장교, 서령교다.

tip 중국에서 가장 유명한 10대 다리

卢沟桥 Lúgōuqiáo(北京 Běijīng) / 广济桥 Guǎngjìqiáo(广东 Guǎngdōng) / 五亭桥 Wǔtíngqiáo(江苏 Jiāngsū) / 安平桥 Ānpíngqiáo(福建 Fújiàn) / 赵州桥 Zhàozhōuqiáo(河北 Héběi) / 十字桥 Shízìqiáo(山西 Shānxī) / 风雨桥

Fēngyǔqiáo(广西 Guǎngxī) / 铁索桥 Tiěsuǒqiáo(四川 Sìchuān) / 五音桥 Wǔyīnqiáo(河北 Héběi) / 玉带桥 Yùdàiqiáo (北京 Běijīng)

0126 巧克力 qiǎokèlì 초콜릿

人生就像巧克力一样又甜又苦涩。
Rénshēng jiù xiàng qiǎokèlì yíyàng yòu tián yòu kǔsè.
인생은 초콜릿과 같이 달콤하면서도 씁쌀하다.

[단어] 苦涩 kǔsè 쓰고 떫다

0127 亲戚 qīnqi 친척

今天爸爸过生日，家里来了很多亲戚。
Jīntiān bàba guò shēngrì, jiā li láile hěn duō qīnqi.
오늘은 아빠 생신이라, 집에 친척들이 많이 오셨다.

0128 情况 qíngkuàng 상황 [BCT1]

请介绍一下贵公司的情况。
Qǐng jièshào yíxià guì gōngsī de qíngkuàng.
귀사의 상황에 대해 소개해 주십시오.

他对这里的情况不太了解。
Tā duì zhèli de qíngkuàng bú tài liǎojiě.
그는 이곳 상황에 대해 잘 모릅니다.

0129 区别 qūbié 차이, 구별

我看这两个包没什么区别，你看呢?
Wǒ kàn zhè liǎng ge bāo méi shénme qūbié, nǐ kàn ne?
내가 보기엔 이 가방 두 개가 별 차이 없어 보이는데, 너는 어때?

每个人的生活、工作方式都是有区别的。
Měi ge rén de shēnghuó, gōngzuò fāngshì dōu shì yǒu qūbié de.
사람마다 생활 방식과 업무 처리 방식이 차이가 나게 마련이다.

0130 全部 quánbù 전부, 모두

他们之间的问题已经全部解决了。
Tāmen zhījiān de wèntí yǐjing quánbù jiějué le.
그들 사이의 문제는 이미 모두 해결되었다.

这并不是事情的全部。
Zhè bìng bú shì shìqing de quánbù.
이는 결코 사건의 전부가 아니다.

0131 缺点 quēdiǎn 결점, 단점 반의 优点 yōudiǎn 장점

我们要看清自己的缺点，表扬别人的优点。
Wǒmen yào kànqīng zìjǐ de quēdiǎn, biǎoyáng biérén de yōudiǎn.
우리는 자신의 결점을 분명히 알고, 다른 사람의 장점을 칭찬해야 한다.

0132 任务 rènwù 임무 BCT1 참고 责任 zérèn 책임

这个月我们提前完成任务了。
Zhège yuè wǒmen tíqián wánchéng rènwù le.
이번 달에 우리는 임무를 앞당겨 완수했다.

0133 日记 rìjì 일기

他从小就有写日记的好习惯。
Tā cóngxiǎo jiù yǒu xiě rìjì de hǎo xíguàn.
그는 어릴 때부터 일기를 쓰는 좋은 습관이 있다.

0134 入口 rùkǒu 입구 BCT1 반의 出口 chūkǒu 출구

这里是出口，入口在电梯旁边。
Zhèli shì chūkǒu, rùkǒu zài diàntī pángbiān.
이곳은 출구입니다. 입구는 엘리베이터 옆에 있습니다.

0135 森林 sēnlín 삼림, 숲

有机会真想去亚马逊森林看看。
Yǒu jīhuì zhēn xiǎng qù Yàmǎxùn sēnlín kànkan.
기회가 된다면 정말이지 아마존 숲에 가 보고 싶다.

0136 沙发 shāfā 소파

这个沙发是她结婚时父母给的嫁妆。
Zhège shāfā shì tā jiéhūn shí fùmǔ gěi de jiàzhuang.
이 소파는 그녀가 결혼할 때 부모님께서 해 주신 혼수품이다.

0137 勺子 sháozi (조금 큰) 국자, 수저

天上的北斗七星看上去就像个勺子。
Tiānshang de Běidǒuqīxīng kànshangqu jiù xiàng ge sháozi.
하늘의 북두칠성은 보기에 꼭 국자 같다.

0138 社会 shèhuì 사회

中国不是共产主义社会，是社会主义社会。
Zhōngguó bú shì gòngchǎn zhǔyì shèhuì, shì shèhuì zhǔyì shèhuì.
중국은 공산주의 사회가 아니라 사회주의 사회다.

明天第一天上班，这是我走进社会的第一步。
Míngtiān dìyī tiān shàngbān, zhè shì wǒ zǒujìn shèhuì de dìyī bù.
내일은 첫 출근으로, 나는 사회에 첫발을 내딛게 된다.

0139 生活 shēnghuó 생활

我的日常生活很简单，每天从家到公司，从公司到家。
Wǒ de rìcháng shēnghuó hěn jiǎndān, měitiān cóng jiā dào gōngsī, cóng gōngsī dào jiā.
나의 일상생활은 단순해서, 매일 집에서 회사, 회사에서 집으로 이어지지.

这里的生活条件比我想象的好。
Zhèlǐ de shēnghuó tiáojiàn bǐ wǒ xiǎngxiàng de hǎo.
이곳의 생활 환경은 내 상상보다 좋은데.

동 생활하다

我们一起生活了几个月，可还是对他不太了解。
Wǒmen yìqǐ shēnghuóle jǐ ge yuè, kě háishi duì tā bú tài liǎojiě.
우리는 몇 달 동안 같이 생활했는데, 여전히 그 사람에 대해 잘 모르겠어.

0140 生命 shēngmìng 생명, 삶

病人已经没有生命危险了，你们回去休息吧。
Bìngrén yǐjing méiyǒu shēngmìng wēixiǎn le, nǐmen huíqu xiūxi ba.
환자는 이미 생명의 위험에서 벗어났으니, 보호자분들은 돌아가서 쉬십시오.

你是我生命中最重要的人。
Nǐ shì wǒ shēnmìng zhōng zuì zhòngyào de rén.
당신은 내 삶에서 가장 중요한 사람입니다.

0141 生意 shēngyi 장사, 사업, 비즈니스 [BCT1]

我大学毕业后就开始做生意，已经快30年了。
Wǒ dàxué bìyè hòu jiù kāishǐ zuò shēngyi, yǐjing kuài sānshí nián le.
저는 대학을 졸업한 후 바로 사업을 시작해서, 어느덧 30년이 다 되어 갑니다.

我家附近有一个小吃店，生意很火。
Wǒ jiā fùjìn yǒu yí ge xiǎochīdiàn, shēngyi hěn huǒ.
우리 집 근처에 분식집이 있는데, 장사가 아주 잘 돼.

0142 师傅 shīfu 스승, 사부, 기술자(숙련된 기능을 가진 사람에 대한 존칭), 아저씨

▶ 오늘날에는 '아저씨'라는 통칭으로 많이 쓰인다.

昨晚师傅又教了我一招。
Zuówǎn shīfu yòu jiāole wǒ yì zhāo.
어젯밤에 사부님께서 나에게 또 한 수를 가르쳐 주셨다.

他是我们厂里的老师傅，已经干了二十多年。
Tā shì wǒmen chǎng li de lǎo shīfu, yǐjing gànle èrshí duō nián.
그분은 우리 공장에서 일한 지 오래된 기술자로, 이미 20여 년을 근무하셨어요.

师傅，黄瓜怎么卖?
Shīfu, huángguā zěnme mài?
아저씨, 오이 어떻게 해요?

0143 世纪 shìjì 세기

"下海"是上世纪八十年代的流行语。
"Xiàhǎi" shì shàng shìjì bāshí niándài de liúxíngyǔ.
'창업'은 지난 세기 80년대의 유행어다.

二十一世纪是人才竞争的时代，也是数字化、信息化的时代。
Èrshíyī shìjì shì réncái jìngzhēng de shídài, yěshì shùzìhuà、xìnxīhuà de shídài.
21세기는 인재 경쟁의 시대이며 디지털화, 정보화의 시대다.

0144 收入 shōurù 수입 [BCT1] 반의 支出 zhīchū 지출

除了工资和奖金，你还有其他收入吗?
Chúle gōngzī hé jiǎngjīn, nǐ hái yǒu qítā shōurù ma?
급여와 보너스 외에 자네는 부수입이 있어?

我的生活消费有很大问题，总是支出大于收入。
Wǒ de shēnghuó xiāofèi yǒu hěn dà wèntí, zǒngshì zhīchū dàyú shōurù
내 소비 생활은 큰 문제가 있는데, 언제나 지출이 수입을 크게 웃돈다.

[단어] 大于 dàyú ~보다 크다

0145 首都 shǒudū 수도

北京是中国的首都，每年有许多游客都来这儿旅游。
Běijīng shì Zhōngguó de shǒudū, měinián yǒu xǔduō yóukè dōu lái zhèr lǚyóu.
베이징은 중국의 수도로, 매년 많은 여행객들이 이곳으로 여행을 온다.

0146 售货员 shòuhuòyuán 점원, 판매원

这个购物中心的售货员都很热情。
Zhège gòuwù zhōngxīn de shòuhuòyuán dōu hěn rèqíng.
이 쇼핑센터의 점원은 모두 다 친절하다.

0147 数量 shùliàng 수량, 양

现在野生大熊猫的数量在逐渐地减少。
Xiànzài yěshēng dàxióngmāo de shùliàng zài zhújiàn de jiǎnshǎo.
오늘날 야생 판다의 수가 점점 줄어들고 있다.

订货数量多，可以减价。
Dìnghuò shùliàng duō, kěyǐ jiǎnjià.
주문 수량이 많으면, 값을 깎아 드릴 수 있어요.

[단어] 订货 dìnghuò 주문 상품, 주문하다 [BCT2] / 减价 jiǎnjià 값을 인하하다 [BCT1]

0148 数字 shùzì 숫자 [BCT1] 참고 数字化 shùzìhuà 디지털화

这是大概的数字，具体的还得算一算。
Zhè shì dàgài de shùzì, jùtǐ de hái děi suàn yi suàn.
이것은 대략적인 숫자이고, 구체적인 건 계산을 더 해야 해요.

年龄只不过是一个数字。
Niánlíng zhǐbúguò shì yí ge shùzì.
나이는 단지 숫자에 불과해.

0149 顺序 shùnxù 순서

面试官正在安排面试顺序。
Miànshìguān zhèngzài ānpái miànshì shùnxù.
면접관이 면접 순서를 정하고 있다.

🔹 순서대로

▶부사어로 쓰일 때는 조사 '地'를 동반하지 않는다.

请安静！按顺序进教室去！
Qǐng ānjìng! Àn shùnxù jìn jiàoshì qù!
조용히 하세요! 순서대로 교실로 들어가세요.

0150 硕士 shuòshì 석사

这几年，硕士博士已经不再新鲜了，他们也一样难找工作。
Zhè jǐ nián, shuòshì bóshì yǐjing bú zài xīnxiān le, tāmen yě yíyàng nán zhǎo gōngzuò.
요 몇 년 사이 석사 박사도 더 이상 대단치 않고, 그들도 역시나 직장 구하기가 힘들어.

0151 速度 sùdù 속도

他开车的速度太快了，老是超车，出车祸是早晚的事。
Tā kāichē de sùdù tài kuài le, lǎoshì chāochē, chū chēhuò shì zǎowǎn de shì.
저 친구 과속에 추월을 일삼으니, 조만간 사고가 날 거야.

下星期就要交货了，大家加快速度吧！
Xiàxīngqī jiùyào jiāohuò le, dàjiā jiākuài sùdù ba!
다음 주에 납품을 해야 하니, 모두들 속도를 냅시다!

관련 표현

欲速则不达 yù sù zé bù dá 성 일을 너무 서두르면 도리어 목적을 달성하지 못한다

0152 塑料袋 sùliàodài 비닐 봉투 참고 纸袋 zhǐdài 종이 봉투

这些东西放在黑色塑料袋里，没问题吧？
Zhèxiē dōngxi fàngzài hēisè sùliàodài li, méi wèntí ba?
이 물건들을 까만 비닐 봉투에 담아도, 괜찮겠죠?

0153 孙子 sūnzi 손자 참고 孙女 sūnnǚ 손녀

这是我孙子送给我的康乃馨。
Zhè shì wǒ sūnzi sònggěi wǒ de kāngnǎixīn.
이건 우리 손자가 내게 준 카네이션이라오.

0154 态度 tàidù 태도

这个酒店的服务态度不错，条件也还可以。
Zhège jiǔdiàn de fúwù tàidù búcuò, tiáojiàn yě hái kěyǐ.
이 호텔은 서비스 태도도 괜찮고, 시설도 괜찮아요.

0155 汤 tāng 국, 탕

今天又冷，又下着小雨，这样的天气喝点热汤就暖和多了。
Jīntiān yòu lěng, yòu xiàzhe xiǎoyǔ, zhèyàng de tiānqì hē diǎn rètāng jiù nuǎnhuo duō le.
오늘은 날씨가 춥고 비마저 내리니까, 이런 날씨에는 따뜻한 국을 마시면 훨씬 따뜻해져.

관련 표현

泡汤 pàotāng [관용] 물거품이 되다, 수포로 돌아가다

0156 糖 táng 사탕, 설탕

我弟弟从小特别爱吃糖，现在牙都坏了。
Wǒ dìdi cóngxiǎo tèbié ài chī táng, xiànzài yá dōu huài le.
내 동생은 어려서부터 사탕을 즐겨 먹었는데, 지금 이가 다 상했어.

我喝咖啡不加糖。
Wǒ hē kāfēi bù jiā táng.
난 커피 마실 때 설탕을 넣지 않아.

관련 표현

喜糖 xǐtáng 결혼 축하 사탕(약혼식이나 결혼식 때 사람들에게 나누어 주는 사탕)

0157 特点 tèdiǎn 특징

刚开始，我并没发现他这样的性格特点。
Gāng kāishǐ, wǒ bìng méi fāxiàn tā zhèyàng de xìnggé tèdiǎn.
처음에 나는 결코 그의 이런 성격적인 특징을 발견하지 못했다.

这辆车的最大特点是省油。
Zhè liàng chē de zuì dà tèdiǎn shì shěng yóu.
이 차의 가장 큰 특징은 기름을 절약한다는 것이다.

0158 条件 tiáojiàn 조건, 상황, 환경 [BCT1]

这里的工作条件还不错，就是离城市远一点。
Zhèlǐ de gōngzuò tiáojiàn hái búcuò, jiù shì lí chéngshì yuǎn yìdiǎn.
여기 업무 환경은 그래도 괜찮은데, 그게 말이지 시내에서 좀 멀어서 말야.

▶ 요구 조건, 요구 사항

我有个条件，不知您能不能接受。
Wǒ yǒu ge tiáojiàn, bù zhī nín néng bu néng jiēshòu.
저한테 요구 사항이 하나 있는데, 받아들여 주실지 모르겠군요.

0159 同时 tóngshí 동시, 같은 때

我们俩同时考上了清华大学。
Wǒmen liǎ tóngshí kǎoshàngle Qīnghuá dàxué.
우리 둘은 동시에 칭화 대학에 붙었다.

접 동시에, 게다가

毕业是终点，同时也是新的起点。
Bìyè shì zhōngdiǎn, tóngshí yě shì xīn de qǐdiǎn.
졸업은 끝이면서, 동시에 새로운 시작이다.

0160 袜子 wàzi 양말 참고 丝袜 sīwà 스타킹

桌子上的塑料袋里有新买的袜子。
Zhuōzi shang de sùliàodài li yǒu xīn mǎi de wàzi.
탁자 위 비닐 봉투 속에 새로 산 양말이 들어 있어.

관련 표현

夏天的袜子 — 可有可无 xiàtiān de wàzi — kě yǒu kě wú **헐후**
여름의 양말 — 있어도 되고 없어도 된다 : 별로 중요하지 않다

0161 网球 wǎngqiú 테니스 참고 单打 dāndǎ 단식, 双打 shuāngdǎ 복식

他的爱好是打网球，经常跟同学们一起打。
Tā de àihào shì dǎ wǎngqiú, jīngcháng gēn tóngxuémen yìqǐ dǎ.
그의 취미는 테니스인데, 자주 친구들과 같이 친다.

0162 网站 wǎngzhàn 웹사이트 [BCT1] 참고 网页 wǎngyè 인터넷 홈페이지

详细内容你可以上我们的网站查一下。
Xiángxì nèiróng nǐ kěyǐ shàng wǒmen de wǎngzhàn chá yíxià.
상세한 내용은 저희 웹사이트에 들어가서 찾아보세요.

你们学校的网站做得很好，里面有很多有用的信息。
Nǐmen xuéxiào de wǎngzhàn zuò de hěn hǎo, lǐmiàn yǒu hěn duō yǒuyòng de xìnxī
너희 학교 웹사이트 잘 만들었더라. 사이트 안에 유용한 정보가 많아.

0163 卫生间 wèishēngjiān 화장실

这个公园管理得非常好，卫生间很干净。
Zhège gōngyuán guǎnlǐ de fēicháng hǎo, wèishēngjiān hěn gānjìng.
이 공원은 관리가 참 잘 되어 있어. 화장실이 아주 깨끗해.

0164 味道 wèidao 맛, 냄새

听说你做的菜味道很好，哪天给我们露一手吧。
Tīngshuō nǐ zuò de cài wèidao hěn hǎo, nǎ tiān gěi wǒmen lòu yì shǒu ba.
네가 만든 음식 맛이 좋다며, 언제 한 수 보여 줘.

[단어] 露一手 lòu yì shǒu 솜씨를 발휘하다, 한 수 보여 주다

你从老家带来的香肠和牛肉干味道都很好。
Nǐ cóng lǎojiā dàilái de xiāngcháng hé niúròugān wèidao dōu hěn hǎo.
네가 고향에서 가져온 소시지와 육포는 맛이 정말 좋아.

관련 표현

平淡无味 píng dàn wú wèi **성** 무미건조하다

0165 温度 wēndù 온도

天气预报说明天白天最高温度二摄氏度。
Tiānqì yùbào shuō míngtiān báitiān zuì gāo wēndù èr shèshìdù.
일기 예보에서 내일 낮 최고 온도가 2도래.

泡绿茶，水温不要超过八十摄氏度。
Pào lǜchá, shuǐwēn búyào chāoguò bāshí shèshìdù.
녹차를 우릴 때는, 수온이 80도를 넘지 않는 것이 좋다.

0166 文章 wénzhāng 문장, 글

他已经在报纸上发表了几篇文章。
Tā yǐjing zài bàozhǐ shang fābiǎole jǐ piān wénzhāng.
그는 이미 신문에 몇 편의 글을 발표했다.

▶ (일에 대한) 방법, 계책, 생각

在场的人都感觉到了，他的话里大有文章！
Zài chǎng de rén dōu gǎnjuédàole, tā de huà li dà yǒu wén zhāng!
같이 있었던 사람들은 다 눈치 챘어, 그의 말 속에 뭔가 있다는 걸.

[단어] 大有文章 dà yǒu wén zhāng 〈성〉 (말·글·행위 속에) 생각해 볼 만한 것이 많다

관련 표현

大做文章 dà zuò wén zhāng 〈성〉 어떤 일을 빌미 삼아 크게 문제 삼다. 어떤 일을 구실삼아 자기한테 유리한 쪽으로 이용하다

0167 西红柿 xīhóngshì 토마토

西红柿新鲜吗？多少钱一斤？
Xīhóngshì xīnxiān ma? Duōshao qián yì jīn?
토마토가 싱싱한가요? 한 근에 얼마예요?

0168 现金 xiànjīn 현금 [BCT2] 참고 现金支票 xiànjīn zhīpiào 자기앞수표

到银行提取大量现金的时候要注意安全。
Dào yínháng tíqǔ dàliàng xiànjīn de shíhou yào zhùyì ānquán.
은행에서 대량의 현금을 인출할 때는 안전에 신경 써야 한다.

[단어] 提取 tíqǔ 인출하다

0169 橡皮 xiàngpí 지우개

橡皮能擦掉错字，但是没有什么能收回说错的话。
Xiàngpí néng cādiào cuòzì, dànshì méiyǒu shénme néng shōuhuí shuōcuò de huà.
지우개로 틀린 글자를 지울 수는 있지만, 잘못 뱉은 말을 주워 담을 수 있는 것은 없다.

관련 표현

铁锤打在橡皮上 — 不声不响 헐후

tiěchuí dǎ zài xiàngpí shàng — bù shēng bù xiǎng

망치로 지우개를 때리다 — 소리가 나지 않다 : 아무 말도 하지 않다

0170 消息 xiāoxi 소식

你那儿有什么好消息，及时告诉我。
Nǐ nàr yǒu shénme hǎo xiāoxi, jíshí gàosu wǒ.
너한테 무슨 좋은 소식이 있으면, 바로 나한테 알려 줘.

我这儿有好消息和坏消息，你先听哪个？
Wǒ zhèr yǒu hǎo xiāoxi hé huài xiāoxi, nǐ xiān tīng nǎge?
나한테 좋은 소식과 나쁜 소식이 있는데, 너 어느 것부터 먼저 들을래?

0171 小吃 xiǎochī 간식, 간단한 음식

每到一个地方，她最先找的就是那里有名的小吃。
Měi dào yí ge dìfang, tā zuì xiān zhǎo de jiù shì nàli yǒumíng de xiǎochī.
어떤 곳에 갈 때마다, 그녀는 가장 먼저 그곳의 유명한 간식거리를 찾는다.

0172 小伙子 xiǎohuǒzi 젊은 청년, 젊은 남자

我在南京路看到一个小伙子在弹吉他。
Wǒ zài Nánjīnglù kàndào yí ge xiǎohuǒzi zài tán jítā.
나는 난징루에서 한 청년이 기타를 치고 있는 것을 보았어.

0173 小说 xiǎoshuō 소설

这本小说讲了一个非常动人的故事。
Zhè běn xiǎoshuō jiǎngle yí ge fēicháng dòngrén de gùshi.
이 소설은 아주 감동적인 이야기를 다루고 있다.

관련 표현

短篇小说 duǎnpiān xiǎoshuō 단편 소설

中篇小说 zhōngpiān xiǎoshuō 중편 소설

长篇小说 chángpiān xiǎoshuō 장편 소설

0174 效果 xiàoguǒ 효과 BCT1

减肥的时候光吃一样东西真有效果吗？
Jiǎnféi de shíhou guāng chī yíyàng dōngxi zhēn yǒu xiàoguǒ ma?
다이어트할 때 한 가지만 먹으면 정말로 효과가 있나요?

这种药的效果很好，让你父亲试试。
Zhè zhǒng yào de xiàoguǒ hěn hǎo, ràng nǐ fùqīn shìshi.
이 약의 효과가 좋으니까, 너희 아버님한테 드시게 해 봐.

0175 心情 xīnqíng 심정, 기분

我现在非常理解你的心情。
Wǒ xiànzài fēicháng lǐjiě nǐ de xīnqíng.
난 지금 네 심정이 어떨지 아주 잘 알아.

心情不好的时候，我爱吃甜的。
Xīnqíng bù hǎo de shíhou, wǒ ài chī tián de.
기분이 안 좋을 때, 나는 단 것을 먹어.

0176 信封 xìnfēng 편지 봉투 참고 信件 xìnjiàn 편지지

信封上的邮票如果倒贴表示寄信人喜欢你。
Xìnfēng shang de yóupiào rúguǒ dào tiē biǎoshì jìxìnrén xǐhuan nǐ.
편지 봉투에 붙인 우표가 거꾸로 붙어 있으면, 그것은 발신인이 당신을 좋아하고 있다는 뜻이다.

[단어] 倒贴 dào tiē 거꾸로 붙이다

0177 信息 xìnxī 정보, 소식 BCT1

这些信息不知能不能帮到你们。
Zhèxiē xìnxī bù zhī néng bu néng bāngdào nǐmen.
이 정보들이 너희에게 도움이 될 수 있을지 모르겠구나.

관련 표현

信息战 xìnxīzhàn 정보전

信息网 xìnxīwǎng 정보 네트워크

信息学 xìnxīxué 정보학

0178 信心 xìnxīn 자신, 자신감, 믿음

考试前，哥哥很有信心，没想到他竟然没考上。
Kǎoshì qián, gēge hěn yǒu xìnxīn, méi xiǎngdào tā jìngrán méi kǎoshàng.
시험 전에 오빠는 아주 자신 있어 했는데, 뜻밖에도 시험에 떨어졌다.

0179 性别 xìngbié 성별

申请书上一定要写清楚申请人的姓名、性别、民族、出生年月、身份证号码。
Shēnqǐngshū shang yídìng yào xiěqīngchu shēnqǐngrén de xìngmíng、xìngbié、mínzú、chūshēng niányuè、shēnfènzhèng hàomǎ.
신청서에 반드시 신청자의 성명, 성별, 민족, 출생 년 월, 신분증 번호를 분명하게 써야 합니다.

0180 性格 xìnggé 성격, 특성

他人好，而且性格也很好，大家都喜欢他。
Tā rén hǎo, érqiě xìnggé yě hěn hǎo, dàjiā dōu xǐhuan tā.
그는 사람도 좋고, 성격까지 좋아서, 다들 그를 좋아한다.

不同的颜色表示不同的性格。
Bùtóng de yánsè biǎoshì bùtóng de xìnggé.
다른 색상은 다른 특성을 나타낸다.

0181 学期 xuéqī 학기

这个学期课不多，从星期四开始就没课了。
Zhège xuéqī kè bù duō, cóng xīngqīsì kāishǐ jiù méi kè le.
이번 학기에는 수업이 많지 않아서, 목요일부터는 수업이 없어.

0182 压力 yālì 압력, 스트레스 BCT1

最近工作很累，压力很大，真想休息几天。
Zuìjìn gōngzuò hěn lèi, yālì hěn da, zhēn xiǎng xiūxi jǐ tiān.
요즘 일도 피곤하고, 스트레스도 심해, 정말이지 며칠 쉬고 싶어.

0183 牙膏 yágāo 치약

这种牙膏防治蛀牙效果很好。
Zhè zhǒng yágāo fángzhì zhùyá xiàoguǒ hěn hǎo.
이 치약은 충치 예방에 효과적이다.

[단어] 防治 fángzhì 예방하다 / 蛀牙 zhùyá 충치

0184 亚洲 Yàzhōu 아시아

南京南站是亚洲第一大火车站。
Nánjīng nánzhàn shì Yàzhōu dìyī dà huǒchēzhàn.
난징 남역은 아시아에서 가장 큰 기차역이다.

관련 표현

欧洲 Ōuzhōu 유럽 / 非洲 Fēizhōu 아프리카
美洲 Měizhōu 미주 / 南美 Nánměi 남미

0185 盐 yán 소금

家里没有盐了，你去买一袋盐吧。
Jiā li méiyǒu yán le, nǐ qù mǎi yí dài yán ba.
집에 소금이 떨어졌네, 가서 소금 한 봉지만 사오렴.

油盐酱醋茶，都是我们生活中不可缺少的"调味料"。
Yóu yán jiàng cù chá, dōu shì wǒmen shēnghuó zhōng bù kě quēshǎo de "tiáowèiliào".
기름, 소금, 간장, 식초, 차는 우리 생활에 꼭 필요한 조미료다.

관련 표현

柴米油盐酱醋茶 chái mǐ yóu yán jiàng cù chá : 생활에 꼭 필요한 일곱 가지(땔감, 쌀, 기름, 소금, 간장, 식초, 차)를 뜻한다. '开门七件事(kāi mén qī jiàn shì 살면서 매일 겪는 7가지의 문제)'를 가리키기도 한다.

0186 眼镜 yǎnjìng 안경

爷爷的眼镜坏了，我想给爷爷配一副新的。
Yéye de yǎnjìng huài le, wǒ xiǎng gěi yéye pèi yí fù xīn de.
할아버지 안경이 망가져서, 내가 할아버지께 새것으로 맞춰 드릴까 해.

관련 표현

配眼镜 Pèi yǎnjìng 안경을 맞추다 / **墨镜** Mòjìng 선글라스
戴眼镜 dài yǎnjìng 안경을 쓰다

0187 演员 yǎnyuán 배우, 연기자

那个男演员长得很帅，可是演得不怎么样。
Nàge nán yǎnyuán zhǎng de hěn shuài, kěshì yǎn de bù zěnmeyàng.
저 남자 배우는 잘 생겼는데, 연기는 별로야.

0188 阳光 yángguāng 햇빛, 햇살

阳光明媚的下午，我在路边咖啡馆里给你写信。
Yángguāng míngmèi de xiàwǔ, wǒ zài lùbiān kāfēiguǎn li gěi nǐ xiě xìn.
햇살이 좋은 오후, 나는 노천카페에서 너에게 편지를 써.

[단어] 阳光明媚 yángguāng míngmèi 햇빛이 맑고 아름답다

你是我心中的一米阳光。
Nǐ shì wǒ xīnzhōng de yì mǐ yángguāng.
너는 내 마음 속의 한 줄기 빛이야.

0189 样子 yàngzi 모양, 모습

看着你高兴的样子，我们也很高兴。
Kànzhe nǐ gāoxìng de yàngzi, wǒmen yě hěn gāoxìng.
네가 좋아하는 모습을 보니, 우리도 기쁘구나.

这顶帽子样子好看，而且很暖和。
Zhè dǐng màozi yàngzi hǎokàn, érqiě hěn nuǎnhuo.
이 모자는 모양이 예쁜데다 따뜻하기까지 해요.

관련 표현

看样子 kàn yàngzi 관용 보아하니, 보기에
样子货 yàngzihuò 관용 보기는 좋으나 쓸모가 없는 물건

0190 钥匙 yàoshi 열쇠 참고 锁 suǒ 자물통

我刚才忘带钥匙，现在进不了家。
Wǒ gāngcái wàngdài yàoshi, xiànzài jìnbuliǎo jiā.
내가 방금 전에 열쇠를 두고 나와서 지금 집에 들어갈 수가 없어.

관련 표현

配钥匙 pèi yàoshi 열쇠를 복사하다

0191 叶子 yèzi 잎, 나뭇잎

已经是晚秋了，树上的叶子都掉光了。
Yǐjing shì wǎnqiū le, shù shang de yèzi dōu diàoguāng le.
이미 늦가을이라, 나무에 잎이 다 떨어졌어.

0192 艺术 yìshù 예술

徐悲鸿是一位了不起的艺术大师。
Xú Bēihóng shì yí wèi liǎobuqǐ de yìshù dàshī.
쉬베이훙은 대단한 예술가다.

人生短暂，艺术长存。
Rénshēng duǎnzàn, yìshù chángcún.
인생은 짧고, 예술은 길다.

인물 탐구 - 徐悲鸿(1895~1953)

화가이자 미술 교육가. 소묘, 유화, 중국화에 뛰어난 화가로 특히 그의 '말 그림'은 타의 추종을 불허한다. 대표작으로는 유화《田横五百士 Tián héng wǔ bǎi shì》, 중국화《愚公移山 Yúgōng yí shān》등이 있다.

0193 意见 yìjiàn 의견, 생각, 불만 BCT1

你有什么意见说来听听。
Nǐ yǒu shénme yìjiàn shuō lái tīngting.
너한테 무슨 아이디어 있으면 말해 봐.

讨论会上我们互相交换过意见。
Tǎolùnhuì shang wǒmen hùxiāng jiāohuànguo yìjiàn.
토론회에서 우리는 서로 의견을 교환했다.

超市塑料袋开始收费了,顾客对这意见很大。
Chāoshì sùliàodài kāishǐ shōufèi le, gùkè duì zhè yìjiàn hěn dà.
슈퍼마켓에서 비닐 봉투 값을 받기 시작해, 고객들이 이에 대해 불만이 많다.

관련 표현

闹意见 nào yìjiàn 관용 의견이 맞지 않다, 의견 충돌을 일으키다

大家提意见 — 一言难尽 dàjiā tí yìjiàn — yì yán nán jìn 헐후
모두가 의견을 제시하다 — 한마디로 말하기 힘들다 : 일이 복잡하다

0194 印象 yìnxiàng 인상

第一次和他见面,他就给我留下了很深的印象。
Dìyī cì hé tā jiànmiàn, tā jiù gěi wǒ liúxiàle hěn shēn de yìnxiàng.
처음 그와 만났을 때, 그는 나에게 아주 깊은 인상을 남겼다.

0195 优点 yōudiǎn 장점 반의 缺点 quēdiǎn 결점

她最大的优点就是遇到再大的大事,都很冷静。
Tā zuì dà de yōudiǎn jiù shì yùdào zài dà de dàshì, dōu hěn lěngjìng.
그녀의 가장 큰 장점은 아무리 큰일에 봉착해도 침착하다는 것이다.

0196 邮局 yóujú 우체국

邮局早上八点开门。
Yóujú zǎoshang bā diǎn kāimén.
우체국은 아침 8시에 문을 연다.

0197 友谊 yǒuyì 우의, 우정

我们虽然认识不久,但我们都希望友谊天长地久!
Wǒmen suīrán rènshi bùjiǔ, dàn wǒmen dōu xīwàng yǒuyì tiān cháng dì jiǔ!
우리가 비록 안 지는 얼마 안 되었지만, 우리는 모두 우정이 영원하길 바란다.

[단어] **天长地久** tiān cháng dì jiǔ 성 영원히 변하지 않다

0198 羽毛球 yǔmáoqiú 배드민턴

东东在这次羽毛球比赛中得了冠军。
Dōngdong zài zhè cì yǔmáoqiú bǐsài zhōng déle guànjūn.
동동은 이번 배드민턴 대회에서 우승을 차지했다.

0199 语法 yǔfǎ 어법

你想学会汉语，先打好语法基础。
Nǐ xiǎng xuéhuì Hànyǔ, xiān dǎhǎo yǔfǎ jīchǔ.
네가 중국어를 마스터하고 싶으면, 먼저 어법 기초를 다져야 해.

0200 语言 yǔyán 언어

中国是一个多民族的国家，很多民族都有自己的语言。
Zhōngguó shì yí ge duō mínzú de guójiā, hěn duō mínzú dōu yǒu zìjǐ de yǔyán.
중국은 다민족 국가로, 많은 민족이 모두 자신들의 언어를 갖고 있다.

语言环境对学习语言有重要的作用。
Yǔyán huánjìng duì xuéxí yǔyán yǒu zhòngyào de zuòyòng.
언어 환경은 언어를 학습하는 데 중요한 역할을 한다.

0201 原因 yuányīn 원인

他成功的原因是做什么事情都永不放弃。
Tā chénggōng de yuányīn shì zuò shénme shìqing dōu yǒng bú fàngqì.
그가 성공한 원인은 무슨 일을 하건 절대 포기하지 않았기 때문이다.

0202 约会 yuēhuì 약속

抱歉！我今天已经有约会了。
Bàoqiàn! Wǒ jīntiān yǐjing yǒu yuēhuì le.
죄송합니다! 제가 오늘은 이미 약속이 있네요.

동 약속하다, 데이트하다

我们去王府井约会吧。
Wǒmen qù Wángfǔjǐng yuēhuì ba.
우리 왕푸징으로 데이트하러 가요.

0203 云 yún 구름

今天多云，最高气温28℃，最低气温14℃。
Jīntiān duō yún, zuì gāo qìwēn èrshíbā shèshìdù, zuì dī qìwēn shísì shèshìdù.
오늘은 구름이 많이 끼고, 최고 기온은 28도, 최저 기온은 14도입니다.

0204 杂志 zázhì 잡지

有时候看杂志，可以学到不少东西。
Yǒu shíhou kàn zázhì, kěyǐ xuédào bùshǎo dōngxi.
가끔 잡지를 보면, 많은 것을 배울 수 있다.

0205 暂时 zànshí 잠시

咱们暂时不说这个问题了。
Zánmen zànshí bù shuō zhège wèntí le.
우리 그 얘긴 잠시 접어 두자고.

0206 责任 zérèn 책임 BCT1

참고 负责任 fù zérèn 책임을 지다, 责任感 zérèngǎn 책임감

这是贵公司的责任，希望贵公司负责人出来解决一下。
Zhè shì guì gōngsī de zérèn, xīwàng guì gōngsī fùzérén chūlai jiějué yíxià.
이는 귀사의 책임이니, 귀사의 책임자가 나서서 해결해 주셨으면 합니다.

不管做什么事，我们最好不要把责任推到别人身上。
Bùguǎn zuò shénme shì, wǒmen zuìhǎo búyào bǎ zérèn tuīdào biérén shēnshang.
무슨 일을 하든, 우리는 책임을 다른 사람에게 전가하지 않는 게 좋다.

知识 zhīshi 지식

知识就是力量，同时也是金钱。
Zhīshi jiù shì lìliang, tóngshí yě shì jīnqián.
지식은 힘인 동시에 돈이다.

这本书使我长了不少知识。
Zhè běn shū shǐ wǒ zhǎngle bùshǎo zhīshi.
이 책은 내게 많은 걸 알게 해 주었다.

🐵 관련 표현

知识界 zhīshi jiè 지식층 / **知识分子** zhīshi fēnzi 지식인
知识阶层 zhīshi jiēcéng 지식 계급

职业 zhíyè 직업 [BCT1]

我的职业是模特。
Wǒ de zhíyè shì mótè.
제 직업은 모델이에요.

职业没有高低、贵贱之分。
Zhíyè méiyǒu gāodī、guìjiàn zhī fēn.
직업에는 고하도 귀천도 없다.

형 전문적인, 직업적인, 본업으로 하는

职业剧团 Zhíyè jùtuán 프로 극단
职业运动员 Zhíyè yùndòngyuán 프로 선수
职业摄影师 Zhíyè shèyǐngshī 전업 사진 작가
职业画家 Zhíyè huàjiā 전업 화가

🐵 관련 표현

职业病 zhíyèbìng 직업병 / **职业学校** zhíyè xuéxiào 직업 학교
职业教育 zhíyè jiàoyù 직업 교육 / **职业道德** zhíyè dàodé 직업 도덕
职业高中 zhíyè gāozhōng 실업계 고등학교

0209 植物 zhíwù 식물 참고 植物园 zhíwùyuán 식물원

这里的土壤不适合种植热带植物。
Zhèli de tǔrǎng bú shìhé zhòngzhí rèdài zhíwù.
이곳의 토양은 열대 식물을 재배하기에 적합하지 않다.

[단어] 种植 zhòngzhí 재배하다

0210 质量 zhìliàng 품질 [BCT2]

这部手机样子既好看，质量又好。
Zhè bù shǒujī yàngzi jì hǎokàn, zhìliàng yòu hǎo.
이 휴대 전화는 디자인도 예쁘고 품질도 좋다.

我们能保证产品的质量和数量。
Wǒmen néng bǎozhèng chǎnpǐn de zhìliàng hé shùliàng.
우리는 제품의 품질과 수량을 책임질 수 있습니다.

0211 重点 zhòngdiǎn 핵심, 중점

地图上的几个红点就是这次旅行的重点。
Dìtú shang de jǐ ge hóngdiǎn jiù shì zhè cì lǚxíng de zhòngdiǎn.
지도에 표시된 몇 개의 빨간 점이 바로 이번 여행의 핵심 지역이야.

형 중요한

妈妈希望我考上重点高中。
Māma xīwàng wǒ kǎoshàng zhòngdiǎn gāozhōng.
엄마는 내가 특수 고등학교에 들어가길 바라셔.

부 중점적으로

今天我们重点讨论几个问题吧。
Jīntiān wǒmen zhòngdiǎn tǎolùn jǐ ge wèntí ba.
오늘 우리 몇 가지 문제에 대해 중점적으로 토론해 봅시다.

0212 周围 zhōuwéi 주위, 주변 유의 附近 fùjìn

我没什么要求，只要交通方便，周围环境别太吵就行。
Wǒ méi shénme yāoqiú, zhǐyào jiāotōng fāngbiàn, zhōuwéi huánjìng bié tài chǎo jiù xíng.
나는 별다른 요구 조건은 없고, 교통이 편리하고 주변 환경이 너무 시끄럽지만 않으면 돼.

0213 **主意** zhǔyi 방법, 생각, 아이디어, 의견, 결심
　　　　유의 **想法** xiǎngfǎ, **办法** bànfǎ

我们一定要想出个主意渡过难关。
Wǒmen yídìng yào xiǎngchū ge zhǔyi dùguò nánguān.
우리는 반드시 방법을 짜내 난관을 극복해야 해.

我有一个好主意，你想不想听?
Wǒ yǒu yí ge hǎo zhǔyi, nǐ xiǎng bu xiǎng tīng?
나한테 좋은 생각이 있는데, 들어 볼래?

我遇到事情总是拿不定主意。
Wǒ yùdào shìqing zǒngshì nábudìng zhǔyi
나는 어떤 일에 봉착하면 늘 결정을 못한다.

관련 표현

打主意 dǎ zhǔyi 방법을 생각하다

鬼主意 guǐzhǔyi 나쁜 꾀

拿主意 ná zhǔyi 생각을 정하다

七人八主意 — 人多嘴杂 qī rén bā zhǔyi — rén duō zuǐ zá 헐후
일곱 사람이 여덟 가지 아이디어를 내다 — 사람이 많으면 말이 많다 : 사람이 많으면 비밀이 새기 쉽다

主意 vs 办法

办法와 主意는 모두 어떤 문제를 해결하고 처리하는 방법을 가리키는데, 办法는 주로 '用, 采取' 뒤에 쓰이고, 注意는 '出, 改, 拿, 改变, 坏' 등의 단어와 같이 쓰인다. 主意에는 '확정했다'라는 뜻이 들어 있기도 하다.

你快帮我想个办法(主意)吧！ 너 빨리 좋은 아이디어 좀 내 봐!
Nǐ kuài bāng wǒ xiǎng ge bànfǎ(zhǔyi) ba!

你怎么又改变主意了？ 넌 왜 또 생각을 바꾼 거야?
Nǐ zěnme yòu gǎibiàn zhǔyi le?

他已经拿定主意了。 그는 이미 결심을 했어.
Tā yǐjing nádìng zhǔyi le

0214 专业 zhuānyè 전공

我的大学专业是会计，研究生学的是企业管理。
Wǒ de dàxué zhuānyè shì kuàijì, yánjiūshēng xué de shì qǐyè guǎnlǐ.
저의 대학 전공은 회계이고, 대학원 시절 공부한 것은 기업 관리입니다.

형 전문의

我对这方面只是略知一二，在专业人士面前不敢班门弄斧。
Wǒ duì zhè fāngmiàn zhǐshì lüè zhī yī èr, zài zhuānyè rénshì miànqián bù gǎn bān mén nòng fǔ.
저는 이 분야에 대해 조금 알 뿐, 전문가 앞에서 뽐낼 정도는 안 됩니다.

[단어] **略知一二** lüè zhī yī èr **성** 조금 알다 / **班门弄斧** bān mén nòng fǔ **성** 공자 앞에서 문자 쓰다

0215 左右 zuǒyòu 좌와 우(왼쪽과 오른쪽), 곁(옆), 측근, 가량

유의 上下 shàngxià, 前后 qiánhòu

过马路时要多看一下左右。
Guò mǎlù shí yào duō kàn yíxià zuǒyòu.
길을 건널 때는 좌우를 많이 살펴야 한다.

皇上挥挥手叫左右退下。
Huángshàng huīhui shǒu jiào zuǒyòu tuìxià.
황제는 손을 저어 곁을 물리라 했다.

王老师虽已四十多岁了，但看起来还是像三十岁左右的人。
Wáng lǎoshī suī yǐ sìshí duō suì le, dàn kànqilai háishi xiàng sānshí suì zuǒyòu de rén.
왕 선생님은 이미 40세가 넘었는데, 아직도 마치 30세쯤 된 사람처럼 보인다.

동 좌지우지하다

我左右不了你，你自己看着办吧。
Wǒ zuǒyòubuliǎo nǐ, nǐ zìjǐ kànzhe bàn ba.
난 너한테 이래라저래라 못해. 너 스스로 결정해서 해.

관련 표현

西瓜田里散步 — 左右逢源 xīguā tián li sànbù — zuǒ yòu féng yuán **헐후**
수박 밭을 산책하다 — 도처에 수원을 얻다 : 일이 모두 순조롭다, 주위 관계를 매끄럽게 처리하다

> **左右 vs 上下 vs 前后**
>
> 左右와 上下는 나이와 거리에 쓸 수 있지만, 前后는 나이와 거리에 쓸 수 없다.
>
> **三十岁左右** sānshí suì zuǒyòu 서른 정도
> **四十岁上下** sìshí suì shàngxià 40세 내외
> **五米左右** wǔ mǐ zuǒyòu 5미터 가량
> **一百米上下** yì bǎi mǐ shàngxià 100미터 내외
>
> 左右와 前后는 시간에 쓸 수 있지만, 上下는 시간에 쓸 수 없다. 左右와 前后가 시간에 쓰일 때, 左右는 어떤 일을 한 기간을 나타낼 수 있지만, 前后에는 이러한 기능이 없다.
>
> **我十号左右(前后)回来。** 나는 10일 정도(전후)에 돌아 와.
> Wǒ shí hào zuǒyòu(qiánhòu) huílai. (O)
>
> **我们吃了三个小时左右。** 우리는 세 시간 정도 식사했어.
> Wǒmen chīle sān ge xiǎoshí zuǒyòu. (O)
>
> **我们吃了三个小时前后。** (X)

0216 作家 zuòjiā 작가

张爱玲是中国著名女作家。
Zhāng Àilíng shì Zhōngguó zhùmíng nǚzuòjiā.
장아이링은 중국의 유명 여류 작가다.

인물 탐구 - 张爱玲 Zhāng Àilíng (1920~1995)

중국 현대 작가. 대표작으로《金锁记 Jīnsuǒjì》,《倾城之恋 Qīngchéng zhī liàn》,《半生缘 Bànshēngyuán》,《红玫瑰与白玫瑰 Hóngméiguī yǔ báiméiguī》,《色·戒 Sè·jiè》 등이 있다. 그녀의 작품 중에는 드라마나 영화로 만들어진 것이 많다.

0217 作用 zuòyòng 작용, 역할, 효과

▶ '起…作用 qǐ…zuòyòng'으로 많이 쓴다.

这次会议对我们公司起了好的作用。
Zhè cì huìyì duì wǒmen gōngsī qǐle hǎo de zuòyòng.
이번 회의는 우리 회사에 고무적인 작용을 했다.

吃这种药可能有副作用。
Chī zhè zhǒng yào kěnéng yǒu fùzuòyòng.
이 약을 먹으면 부작용이 생길지도 모른다.

0218 作者 zuòzhě 필자, 작가 유의 作家 zuòjiā

这本书的作者是三毛。
Zhè běn shū de zuòzhě shì Sānmáo.
이 책의 작가는 싼마오다.

인물 탐구 - 三毛 Sān Máo (1943~1991)

여류 작가. 본명은 천마오핑(陈懋平 Chén Màopíng). 중국에서 태어나 대만에서 자라고 활동했다. 대표작에는 《万水千山走遍 Wàn shuǐ qiān shān zǒubiàn》, 《撒哈拉的故事 Sāhālā de gùshi》, 《闹学记 Nàoxuéjì》 등과 시나리오 《滚滚红尘 Gǔngǔn hóngchén》 등이 있다.

0219 座位 zuòwèi 자리, 좌석 유의 座儿 zuòr

他一看到老人就让座位了。
Tā yí kàndào lǎorén jiù ràng zuòwèi le.
그는 어르신을 보자마자 자리를 양보했다.

由于图书馆座位有限，我每天早早去占座位。
Yóuyú túshūguǎn zuòwèi yǒuxiàn, wǒ měitiān zǎozāo qù zhàn zuòwèi.
도서관 자리가 제한적이라, 나는 매일 일찌감치 가서 자리를 잡는다.

대명사

0001 各 gè 각자, 각기, 여러 참고 各人 gèrén 각 개인, 各国 gèguó 각국

世上有各种各样的人。
Shìshàng yǒu gè zhǒng gè yàng de rén.
세상에는 다양한 사람들이 있다.

欢迎各位来宾光临！
Huānyíng gèwèi láibīn guānglín!
귀한 분들께서 찾아 주시어 영광입니다.

[단어] 来宾 láibīn 손님, 내빈

 관련 표현

各奔前程 gè bèn qián chéng 성 각자 제 갈 길을 가다

各行各业 gè háng gè yè 성 각종 직업

各色各样 gè sè gè yàng 성 각양각색

车行车路，马行马路 — 各行其是 헐후
chē xíng chēlù, mǎ xíng mǎlù — gè xíng qí shì
차는 차도로 다니고, 말은 마로로 다니다 — 각자 제 길로 다니다 : 각자가 다 자기 주장대로 하다, 사상이나 행동이 일치하지 않다

[단어] 马路 mǎlù 옛날에 말을 타고 가기 위해 만든 큰 길, 오늘날에는 찻길·대로의 뜻으로 쓰임

0002 另外 lìngwài 그 밖에, 별도로, 따로

대 앞에서 말한 것 외에, 그밖에

他不是以前的他了，现在变成另外一个人了。
Tā bú shì yǐqián de tā le, xiànzài biànchéng lìngwài yí ge rén le.
그는 예전의 그 사람이 아니야, 지금은 전혀 다른 사람이 되었다니까.

这台电脑还能用，另外的都坏了。
Zhè tái diànnǎo hái néng yòng, lìngwài de dōu huài le.
이 컴퓨터는 아직 쓸 수 있고, 그밖의 것은 모두 고장났다.

별도로, 달리, 따로

我另外还有急事，先走一步了。
Wǒ lìngwài hái yǒu jíshì, xiān zǒu yí bù le.
저는 별도로 또 급한 일이 있어서, 먼저 가겠습니다.

 이외에, 이밖에

旅行可以增长我们的见识，另外，也可以让我们了解当地的风土人情。
Lǚxíng kěyǐ zēngzhǎng wǒmen de jiànshi, lìngwài, yě kěyǐ ràng wǒmen liǎojiě dāngdì de fēngtǔ rénqíng.
여행은 지식을 늘릴 수 있을 뿐 아니라, 그밖에 그 지방의 풍토와 인심을 알 수 있게 한다.

[단어] 风土人情 fēngtǔ rénqíng 풍토와 인심

0003 其次 qícì 그 다음, 버금

▶ '首先…, 其次…' 형식으로 많이 쓴다.

她的学习成绩全班第一，其次是我。
Tā de xuéxí chéngjì quán bān dìyī, qícì shì wǒ.
그 애의 성적이 반에서 1등이고, 그 다음이 나다.

你想减肥，首先要少吃高热量的食物，其次要提高运动量。
Nǐ xiǎng jiǎnféi, shǒuxiān yào shǎo chī gāo rèliàng de shíwù, qícì yào tígāo yùndòngliàng.
네가 다이어트를 할 생각이라면, 우선은 고열량의 음식물을 적게 먹고, 다음은 운동량을 늘려야 해.

0004 一切 yíqiè 모든 것, 전부

▶ '一切(都)…', '一切…都' 형식으로 자주 쓴다.

这里的一切都很好，您就不用担心了。
Zhèlǐ de yíqiè dōu hěn hǎo, nín jiù búyòng dānxīn le.
여기는 모든 게 편안하니, 걱정하실 필요 없으세요.

一切困难都是暂时的。
Yíqiè kùnnan dōu shì zànshí de.
모든 어려움은 일시적인 것이다.

妈妈已经知道了一切。
Māma yǐjing zhīdàole yíqiè.
어머니께서 이미 다 알아 버리셨어.

관련 표현

目空一切 mù kōng yí qiè (성) 눈에 보이는 게 없다, 안하무인이다

 咱们 zánmen 우리 유의 我们 wǒmen

咱们谁跟谁呀，你需要钱就告诉我一声。
Zánmen shéi gēn shéi ya, nǐ xūyào qián jiù gàosu wǒ yìshēng.
우리가 무슨 사이니, 너 돈 필요하면 나한테 말하면 돼.

咱们是从小一起长大的青梅竹马。
Zánmen shì cóngxiǎo yìqǐ zhǎngdà de qīng méi zhú mǎ.
우리는 어릴 때부터 같이 자란 죽마고우예요.

[단어] **谁跟谁呀** shéi gēn shéi yā 우리가 누구냐 / **青梅竹马** qīng méi zhú mǎ (성) 죽마고우, 소꿉친구

▶咱으로 줄여서 쓸 수 있다.

你当官了，咱也得祝贺祝贺。
Nǐ dāngguān le, zán yě děi zhùhe zhùhe.
자네가 관직에 올랐으니, 우리가 축하해 줘야지.

咱们 vs 我们

咱们은 화자와 청자를 모두 포함하고, 我们은 화자가 속해 있는 편만 이야기한다. 咱们의 상대어는 '他们'이고 我们의 상대어는 '你们'이다.

咱们(我们)吃吧。 Zánmen(wǒmen) chī ba. 우리 먹죠. **(O)**

我们走了，你们继续谈吧。 우린 갈게, 너희들은 계속 얘기해.
Wǒmen zǒu le, nǐmen jìxù tán ba. **(O)**

咱们走了，你们继续谈吧。(X)

형용사

0001 安全 ānquán 안전하다 [BCT1] 반의 危险 wēixiǎn 위험하다

这里路窄车多，小学生上学不太安全。
Zhèlǐ lù zhǎi chē duō, xiǎoxuéshēng shàngxué bú tài ānquán.
이곳은 길이 좁고 차가 많아, 초등학생이 등교하기에는 그리 안전하지 않다.

0002 棒 bàng (수준이) 높다, (성적이) 뛰어나다

这篇文章写得太棒了。
Zhè piān wénzhāng xiě de tài bàng le.
이 글 정말 잘 썼다.

명 몽둥이, 방망이, 막대기 참고 棒球 bàngqiú 야구

他拿着木棒飞快地朝这边跑过来。
Tā názhe mùbàng fēikuài de cháo zhèbiān pǎoguolai.
그는 나무 몽둥이를 들고는 바람처럼 이쪽을 향해 달려왔다.

관련 표현

当头棒喝 dāng tóu bàng hè 성 따끔하게 충고하여 정신 차리게 하다

当头一棒 dāng tóu yí bàng 성 정수리에 일침을 가하다, 따끔한 경고를 하여 퍼뜩 깨닫게 하다

0003 笨 bèn 어리석다, 바보 같다, 굼뜨다, 무겁다

반의 聪明 cōngming 똑똑하다, 참고 笨蛋 bèndàn 바보

我这个人嘴很笨，不怎么会说话。
Wǒ zhège rén zuǐ hěn bèn, bù zěnme huì shuōhuà.
나는 말 주변이 없어서, 말을 잘 못해요.

谁说你笨，你一点儿都不笨。
Shéi shuō nǐ bèn, nǐ yìdiǎnr dōu bú bèn.
누가 너더러 멍청하대, 넌 조금도 멍청하지 않아.

妈妈已经知道了一切。
Māma yǐjing zhīdàole yíqiè.
어머니께서 이미 다 알아 버리셨어.

관련 표현

目空一切 mù kōng yí qiè 성 눈에 보이는 게 없다, 안하무인이다

咱们 zánmen 우리 유의 我们 wǒmen

咱们谁跟谁呀，你需要钱就告诉我一声。
Zánmen shéi gēn shéi ya, nǐ xūyào qián jiù gàosu wǒ yìshēng.
우리가 무슨 사이니, 너 돈 필요하면 나한테 말하면 돼.

咱们是从小一起长大的青梅竹马。
Zánmen shì cóngxiǎo yìqǐ zhǎngdà de qīng méi zhú mǎ.
우리는 어릴 때부터 같이 자란 죽마고우예요.

[단어] **谁跟谁呀** shéi gēn shéi yā 우리가 누구냐 / **青梅竹马** qīng méi zhú mǎ 성 죽마고우, 소꿉친구

▶咱으로 줄여서 쓸 수 있다.

你当官了，咱也得祝贺祝贺。
Nǐ dāngguān le, zán yě děi zhùhe zhùhe.
자네가 관직에 올랐으니, 우리가 축하해 줘야지.

> **咱们 vs 我们**
> 咱们은 화자와 청자를 모두 포함하고, 我们은 화자가 속해 있는 편만 이야기한다. 咱们의 상대어는 '他们'이고 我们의 상대어는 '你们'이다.
>
> **咱们(我们)吃吧。** Zánmen(wǒmen) chī ba. 우리 먹죠. (O)
>
> **我们走了，你们继续谈吧。** 우린 갈게, 너희들은 계속 얘기해.
> Wǒmen zǒu le, nǐmen jìxù tán ba. (O)
>
> **咱们走了，你们继续谈吧。** (X)

형용사

0001 安全 ānquán 안전하다 [BCT1] 반의 危险 wēixiǎn 위험하다

这里路窄车多，小学生上学不太安全。
Zhèlǐ lù zhǎi chē duō, xiǎoxuéshēng shàngxué bú tài ānquán.
이곳은 길이 좁고 차가 많아, 초등학생이 등교하기에는 그리 안전하지 않다.

0002 棒 bàng (수준이) 높다, (성적이) 뛰어나다

这篇文章写得太棒了。
Zhè piān wénzhāng xiě de tài bàng le.
이 글 정말 잘 썼다.

명 몽둥이, 방망이, 막대기 참고 棒球 bàngqiú 야구

他拿着木棒飞快地朝这边跑过来。
Tā názhe mùbàng fēikuài de cháo zhèbiān pǎoguolai.
그는 나무 몽둥이를 들고는 바람처럼 이쪽을 향해 달려왔다.

관련 표현

当头棒喝 dāng tóu bàng hè 성 따끔하게 충고하여 정신 차리게 하다
当头一棒 dāng tóu yí bàng 성 정수리에 일침을 가하다, 따끔한 경고를 하여 퍼뜩 깨닫게 하다

0003 笨 bèn 어리석다, 바보 같다, 굼뜨다, 무겁다
반의 聪明 cōngming 똑똑하다 참고 笨蛋 bèndàn 바보

我这个人嘴很笨，不怎么会说话。
Wǒ zhège rén zuǐ hěn bèn, bù zěnme huì shuōhuà.
나는 말 주변이 없어서, 말을 잘 못해요.

谁说你笨，你一点儿都不笨。
Shéi shuō nǐ bèn, nǐ yìdiǎnr dōu bú bèn.
누가 너더러 멍청하대, 넌 조금도 멍청하지 않아.

这个袋子太笨，你一个人抬不动。
Zhège dàizi tài bèn, nǐ yí ge rén táibudòng.
이 자루는 너무 무거워. 너 혼자서는 못 들어.

 관련 표현

笨鸟先飞 bèn niǎo xiān fēi 성 둔한 사람이 남에게 뒤질까 봐 먼저 행동한다

笨手笨脚 bèn shǒu bèn jiǎo 성 행동이 굼뜨다, 손발이 느리다

笨头笨脑 bèn tóu bèn nǎo 성 어리석다, 우둔하다

0004 差不多 chàbuduō (나이, 정도, 거리 등이) 거의 비슷하다, 그런대로 괜찮다

作业做得差不多了，不到半个小时就可以结束了。
Zuòyè zuò de chàbuduō le, bú dào bàn ge xiǎoshí jiù kěyǐ jiéshù le.
숙제는 거의 다 했어. 반 시간 안 돼 끝날 거야.

他跟我哥哥差不多大。
Tā gēn wǒ gēge chàbuduō dà.
그 사람은 우리 오빠와 비슷한 또래야.

你也不要太挑剔了，差不多就行。
Nǐ yě búyào tài tiāoti le, chàbuduō jiù xíng.
너도 너무 고르지 말고, 웬만하면 넘어가.

[단어] **挑剔** tiāotī 지나치게 트집 잡다

🟢 🖺 대체로, 거의

再向前走差不多五百米就可以到了。
Zài xiàng qián zǒu chàbuduō wǔbǎi mǐ jiù kěyǐ dào le.
앞으로 500미터쯤 더 가면 도착할 거예요.

 관련 표현

这还差不多。 Zhè hái chàbuduō. 진작 이렇게 했어야지.

0005 诚实 chéngshí (언행이) 성실하다, 진실하다, 참되다

유의 **老实** lǎoshi 반의 **虚假** xūjiǎ 거짓의, 허위의

我想找个诚实可靠的、不撒谎的人。
Wǒ xiǎng zhǎo ge chéngshí kěkào de、bù sāhuǎng de rén.
난 성실하고 믿을 만하고 거짓말 안 하는 사람을 만나고 싶어.

0006 粗心 cūxīn 부주의하다, 덜렁대다 반의 细心 xìxīn 세심하다, 면밀하다

你这么粗心，谁敢把重要的事交给你做啊！
Nǐ zhème cūxīn, shéi gǎn bǎ zhòngyào de shì jiāogěi nǐ zuò a!
네가 이렇게 덜렁대는데, 누가 너한테 중요한 일을 맡기려 하겠니?

관련 표현

粗心大意 cū xīn dà yì 성 부주의하다, 세심하지 못하다

0007 低 dī (높이, 수준이) 낮다 반의 高 gāo (높이, 수준이) 높다

他的声音有点儿低。
Tā de shēngyīn yǒudiǎnr dī.
그 사람 목소리는 약간 저음이에요.

听说他的法语水平很低。
Tīngshuō tā de Fǎyǔ shuǐpíng hěn dī.
그의 프랑스어 수준이 낮다고 하네요.

관련 표현

低三下四 dī sān xià sì 성 지위가 천하다, 굽실거리다
低人一等 dī rén yì děng 성 다른 사람보다 한 수 아래다, 지위가 낮다
七高八低 qī gāo bā dī 성 울퉁불퉁하다
眼高手低 yǎn gāo shǒu dī 성 눈은 높은데 능력은 그에 못 미친다

0008 烦恼 fánnǎo 고민하다, 마음 졸이다

遇到烦恼时，我喜欢一个人去散散步。
Yùdào fánnǎo shí, wǒ xǐhuan yí ge rén qù sànsanbù.
고민거리가 생겼을 때, 나는 혼자서 산책을 나선다.

관련 표현

自寻烦恼 zì xún fán nǎo 성 스스로 걱정거리를 만들다

0009 丰富 fēngfù 풍부하다 반의 贫乏 pínfá 가난하다, 부족하다

那本杂志的内容非常丰富。
Nà běn zázhì de nèiróng fēicháng fēngfù.
그 잡지의 내용은 아주 풍부하다.

동 풍부하게 하다, 넉넉하게 하다.

电影的出现丰富了人们的精神文化生活。
Diànyǐng de chūxiàn fēngfùle rénmen de jīngshén wénhuà shēnghuó.
영화의 출현으로 사람들의 정신 문화 생활이 풍요로워졌다.

관련 표현

丰富多彩 fēng fù duō cǎi 성 내용이 풍부하고 다채롭다

0010 复杂 fùzá 복잡하다 반의 简单 jiǎndān 간단하다

这件事情非常复杂，三两句话说不清楚。
Zhè jiàn shìqing fēicháng fùzá, sān liǎng jù huà shuōbuqīngchu.
이 일은 대단히 복잡해서, 몇 마디로 다 얘기할 수 없어요.

他怀着复杂的心情推开门，看着躺在病床上的妈妈。
Tā huáizhe fùzá de xīnqíng tuīkāi mén, kànzhe tǎngzài bìngchuáng shang de māma.
그는 복잡한 심정으로 문을 열고는, 병상에 누워 계신 어머니를 바라보았다.

0011 富 fù 풍부하다, 여유롭다 반의 贫 pín 가난하다.

他家很富，可他上学从不向父母要一分钱。
Tā jiā hěn fù, kě tā shàngxué cóng bú xiàng fùmǔ yào yì fēn qián.
그의 집은 부유했지만, 그는 학교 다닐 때 부모님한테 한 푼도 달라고 한 적이 없다.

동 부유하게 하다, 잘살게 하다

一部分地区、一部分人可以先富起来。
Yíbùfen dìqū、yíbùfen rén kěyǐ xiān fùqilai.
일부 지역과 일부분 사람들을 먼저 부유하게 한다.

관련 표현

春秋正富 chūn qiū zhèng fù 성 나이가 한창이다

富国强兵 fù guó qiáng bīng 성 부국강병

0012 共同 gòngtóng 공동의 참고 共同语言 gòngtóng yǔyán 공감대

这些都是大家共同努力的结果。
Zhèxiē dōu shì dàjiā gòngtóng nǔlì de jiéguǒ.
이것들은 모두 여러분이 공동 노력한 결과입니다.

0013 故意 gùyì 고의적이다 유의 有意 yǒuyì

他也不是故意的，你就原谅他一次吧。
Tā yě bú shì gùyì de, nǐ jiù yuánliàng tā yícì ba.
그 친구도 고의가 아니니, 자네가 한 번 용서하게나.

0014 合适 héshì 적당하다, 적합하다

拒绝别人，要找到合适、礼貌的方法。
Jùjué biérén, yào zhǎodào héshì、lǐmào de fāngfǎ.
다른 사람에게 거절을 표할 때는, 적절하고 예의 바른 방법을 찾아야 한다.

我这么说合适吗？
Wǒ zhème shuō héshì ma?
내가 이렇게 얘기하면 괜찮을까요?

0015 厚 hòu 두껍다 반의 薄 báo 얇다

他的脸皮真厚，天天来咱们家蹭吃蹭喝的。
Tā de liǎnpí zhēn hòu, tiāntiān lái zánmen jiā cèng chī cèng hē de.
저 친구 얼굴이 정말 두꺼워요. 날마다 우리 집에 와서 거저 먹고 마시고 하잖아요.

[단어] 蹭 cèng 빌붙다, 빈대 붙다

这么厚的书，我半年也看不完。
Zhème hòu de shū, wǒ bàn nián yě kànbuwán.
이렇게 두꺼운 책은 난 반 년이 걸려도 다 못 볼 거야.

0016 活泼 huópo 활발하다, 활기차다

我妹妹性格活泼开朗。
Wǒ mèimei xìnggé huópo kāiláng.
내 여동생은 성격이 활발하고 명랑해.

0017 积极 jījí 적극적이다, 의욕적이다

반의 消极 xiāojí 소극적이다, **참고** 积极性 jījíxìng 적극성, 열성

他是个积极向上的人,即使失败,也能从中找到好的一面。
Tā shì ge jījí xiàngshàng de rén, jíshǐ shībài, yě néng cóngzhōng zhǎodào hǎo de yímiàn.
그는 나아지기 위해 적극적으로 노력하는 사람이라, 실패한다 해도 그 안에서 좋은 면을 찾아내.

[단어] 向上 xiàngshàng 진보하다, 발전하다

我们要有个积极的人生态度。
Wǒmen yào yǒu ge jījí de rénshēng tàidù.
우리는 의욕적인 삶의 자세를 취해야 한다.

0018 激动 jīdòng 흥분하다, 감동하다 **유의** 感动 gǎndòng

世界杯半决赛时,进球后现场的球迷激动得站了起来。
Shìjièbēi bànjuésài shí, jìnqiú hòu xiànchǎng de qiúmí jīdòng de zhànle qǐlai.
월드컵 준결승에서, 골인이 되자 현장의 팬들이 흥분해서 벌떡 일어났다.

我收到你的信后,一激动就过来了。
Wǒ shōudào nǐ de xìn hòu, yì jīdòng jiù guòlai le.
나는 네 편지를 받고는 감동해서 바로 이렇게 달려왔어.

동 감동시키다

这是一个激动人心的剧本。
Zhè shì yí ge jīdòng rénxīn de jùběn.
이것은 사람을 감동시키는 희곡이다.

0019 假 jiǎ 가짜의, 거짓의 **반의** 真 zhēn 진짜의, 진실의

这幅画一看就是假的,根本不是齐白石的作品。
Zhè fú huà yí kàn jiù shì jiǎ de, gēnběn bú shì Qí Báishí de zuòpǐn.
이 그림은 딱 보니 가짜야, 절대 치바이스의 작품이 아니라고.

"假学历"成了一种社会现象。
"Jiǎ xuélì" chéngle yìzhǒng shèhuì xiànxiàng.
'가짜 학력'이 사회 현상의 하나가 되어 버렸다.

명jià 방학, 휴가

暑假 shǔjià 여름 방학 / **寒假** hánjià 겨울 방학 / **放假** fàngjià 방학하다
请假 qǐng//jià 휴가 내다 / **度假** dùjià 휴가를 보내다

🔖 관련 표현

假公济私 jiǎ gōng jì sī **성** 공적인 명의를 빌어서 자기 잇속을 채우다
假仁假义 jiǎ rén jiǎ yì **성** 위선적이다
假戏真做 jiǎ xì zhēn zuò **성** 가짜 일을 진짜 일처럼 하다, 가짜인 것이 진짜가 되다

0020 骄傲 jiāo'ào 거만하다, 자부심을 갖다 반의 谦虚 qiānxū 겸손하다

知识使人谦虚，无知使人骄傲。
Zhīshi shǐ rén qiānxū, wúzhī shǐ rén jiāo'ào.
지식은 사람을 겸손하게 하고, 무지는 사람을 거만하게 한다.

真的，有这样的儿子，我很骄傲。
Zhēn de, yǒu zhèyàng de érzi, wǒ hěn jiāo'ào.
정말로, 이런 아들이 있어서 난 자랑스러워요.

명 자랑, 긍지

举办奥运会是我们每个公民的骄傲。
Jǔbàn àoyùnhuì shì wǒmen měi ge gōngmín de jiāo'ào.
올림픽 개최는 우리 모든 국민의 자랑이다.

🔖 관련 표현

骄傲让人落后，谦虚让人进步
jiāo'ào ràng rén luòhòu, qiānxū ràng rén jìnbù
교만은 사람을 낙후시키고, 겸손은 사람을 발전시킨다.

0021 紧张 jǐnzhāng 긴장되다, 바쁘다, (물자가) 부족하다

明天是我第一次去面试，我很紧张。
Míngtiān shì wǒ dìyī cì qù miànshì, wǒ hěn jǐnzhāng.
내일은 내가 처음으로 면접을 보러 가는 날이라, 긴장이 된다.

最近手头有点儿紧张。
Zuìjìn shǒutóu yǒudiǎnr jǐnzhāng.
최근에 돈이 좀 달린다.

0022 精彩 jīngcǎi 뛰어나다, 훌륭하다

这场比赛非常精彩，双方都踢得很好。
Zhè chǎng bǐsài fēicháng jīngcǎi, shuāngfāng dōu tī de hěn hǎo.
이번 경기는 아주 훌륭했어. 양 팀 다 잘 차더라고.

真正的爱情让生活变得更精彩。
Zhēnzhèng de àiqíng ràng shēnghuó biàn de gèng jīngcǎi.
진정한 사랑은 삶을 더욱 멋지게 만든다.

0023 开心 kāixīn 즐겁다, 기쁘다

我跟你们在一起特别开心。
Wǒ gēn nǐmen zài yìqǐ tèbié kāixīn.
나는 너희들하고 같이 있으면 아주 즐거워.

🗨️ **관련 표현**

开心果 kāixīnguǒ 남을 즐겁게 하는 사람

开心丸 kāixīnwán 위로의 말

穷开心 qióng kāixīn 관용 억지로 마음을 달래다

0024 可怜 kělián 불쌍하다, 가엾다, (수량이 적거나 품질이 나빠) 초라하다

这个小孩儿从小就没有父母，真可怜。
Zhège xiǎoháir cóngxiǎo jiù méiyǒu fùmǔ, zhēn kělián.
이 아이는 어릴 때 부모를 잃어. 정말 가여워요.

这个商店的东西少得可怜。
Zhè ge shāngdiàn de dōngxi shǎo de kělián.
이 가게의 물건은 형편없이 적어.

🔵 불쌍히 여기다, 동정하다

大哥、大姐，请大家帮帮忙，多可怜可怜我吧。
Dàgē, dàjiě, qǐng dàjiā bāngbangmáng, duō kělian kělian wǒ ba.
형님, 누나, 여러분 좀 도와 주세요. 저를 불쌍히 여겨 주세요.

0025 可惜 kěxī 아깝다, 아쉽다

真可惜，你受伤了不能参加比赛。
Zhēn kěxī, nǐ shòushāngle bù néng cānjiā bǐsài.
네가 부상으로 시합에 출전하지 못하게 되어서 정말 안타까워.

如果放弃了这个机会，那就太可惜了。
Rúguǒ fàngqìle zhège jīhuì, nà jiù tài kěxī le.
만약에 이 기회를 포기한다면, 그건 너무 아쉬운 일이야.

0026 空 kōng 비어있다, 내용이 없다, 없다

这套房子空着没人住。
Zhè tào fángzi kōngzhe méi rén zhù.
이 집은 비어 있고 아무도 안 살아요.

众喙晓晓，空言无补。
Zhònghuì xiāoxiāo, kōng yán wú bǔ.
너도나도 말은 많지만, 공론은 일에 도움이 안 된다.

[단어] 空言无补 kōng yán wú bǔ 성 공론은 일하는 데 도움이 안 된다.

最近他们公司倒闭了，人财两空。
Zuìjìn tāmen gōngsī dǎobì le, réncái liǎng kōng.
최근에 그 회사가 도산해, 아무것도 남지 않았다.

[단어] 人财两空 rén cái liǎng kōn 성 사람도 재물도 모두 잃다, 아무것도 안 남다

명 kòng 틈, 짬, 겨를

我今天实在没空儿，咱们改天吧。
Wǒ jīntiān shízài méi kòngr, zánmen gǎitiān ba.
내가 오늘은 정말이지 짬이 없어, 우리 다음에 보자.

관련 표현

空空如也 kōng kōng rú yě 성 텅 비어 아무것도 없다

0027 苦 kǔ 쓰다, 고생스럽다

这个菜怎么这么苦呢，是不是放错什么了?
Zhège cài zěnme zhème kǔ ne, shì bu shì fàngcuò shénme le.
이 음식은 왜 이리 쓰지, 뭐 잘못 넣은 거 아냐?

现在日子虽然苦，但是我们还有希望。
Xiànzài rìzi suīrán kǔ, dànshì wǒmen hái yǒu xīwàng.
지금은 비록 사는 게 녹록지 않지만, 우리에겐 그래도 희망이 있어.

관련 표현

吃苦头 chī kǔtou `관용` 쓴맛을 보다, 고생을 겪다

苦不堪言 kǔ bù kān yán `성` 고통을 이루 다 말할 수 없다

苦口婆心 kǔ kǒu pó xīn `성` 마음에서 우러나오는 말로 거듭 충고하다

苦中作乐 kǔ zhōng zuò lè `성` 고생 속에서 즐거움을 찾다

劳苦功高 láo kǔ gōng gāo `성` 고생하여 큰 공을 세우다, 정말 애 많이 썼다

同甘共苦 tóng gān gòng kǔ `성` 동고동락(同苦同樂)하다

0028 **困** kùn 졸리다

我昨晚一夜没睡，今天上课的时候很困。
Wǒ zuówǎn yí yè méi shuì, jīntiān shàngkè de shíhou hěn kùn.
나는 어젯밤에 한숨도 못 자서, 오늘 수업할 때 엄청 졸렸어.

동 포위하다, 가두다

他被困在树上。
Tā bèi kùnzài shù shang.
그는 나무에 묶였다.

0029 **困难** kùnnan 어렵다, 힘들다

你有什么困难的事，及时告诉我，我会帮你解决。
Nǐ yǒu shénme kùnnan de shì, jíshí gàosu wǒ, wǒ huì bāng nǐ jiějué.
힘든 일 있으면 바로 나한테 얘기해, 내가 해결해 줄게.

爸爸生意失败后，家里过得很困难。
Bàba shēngyi shībài hòu, jiā li guò de hěn kùnnan.
아버지가 사업에 실패하신 후, 집안 형편이 어려워졌어요.

명 어려움, 고난

生活中我们会遇到种种困难。
Shēnghuó zhōng wǒmen huì yùdào zhǒngzhǒng kùnnan.
살아가는 동안 우리는 갖가지 어려움에 봉착하게 된다.

0030 辣 là 맵다 참고 辛辣 xīnlà 맵다, 麻辣 málà 맵고 얼얼하다

四川辣椒虽然很小，但非常辣。
Sìchuān làjiāo suīrán hěn xiǎo, dàn fēicháng là.
쓰추안 고추는 비록 작지만, 아주 맵다.

🔖 관련 표현

吃香的，喝辣的 chī xiāng de, hē là de 관용 좋은 것을 먹고 지내다, 잘 살다

0031 懒 lǎn 게으르다 반의 勤快 qínkuài, 勤奋 qínfèn 부지런하다

我这个人很懒，爱睡觉。
Wǒ zhège rén hěn lǎn, ài shuìjiào.
나는 게으르고 잠자는 것을 좋아해요.

▶ [고정구] 懒得… ~하기 귀찮아하다, ~하기 싫어하다

她身体不舒服，连话都懒得说。
Tā shēntǐ bù shūfu, lián huà dōu lǎn de shuō.
그녀는 몸이 안 좋아서, 말하는 것조차 귀찮았다.

这两天天气不好，我懒得出去。
Zhè liǎng tiān tiānqì bù hǎo, wǒ lǎn de chūqu.
요즘 날씨가 안 좋아서, 나는 나가기가 싫어.

0032 浪漫 làngmàn 낭만적이다 참고 浪漫主义 làngmàn zhǔyì 낭만주의

夏天是最浪漫的季节。
Xiàtiān shì zuì làngmàn de jìjié.
여름은 가장 낭만적인 계절이다.

这次去海南旅行非常浪漫。
Zhè cì qù Hǎinán lǚxíng fēicháng làngmàn.
이번 하이난 여행은 아주 낭만적이었어.

0033 冷静 lěngjìng 냉정하다, 차분하다

我可以理解你的心情，你先冷静下来再说，好吗?
Wǒ kěyǐ lǐjiě nǐ de xīnqíng, nǐ xiān lěngjìngxialai zài shuō, hǎo ma?
내가 네 기분이 어떤지 아니까, 마음을 좀 가라앉히고 냉정을 찾은 후에 다시 얘기하지 않을래?

请大家在关键时刻保持冷静!
Qǐng dàjiā zài guānjiàn shíkè bǎochí lěngjìng!
여러분, 중요한 순간에는 침착하세요!

0034 厉害 lìhai 대단하다

天气热得厉害,走一小段路就汗流浃背了。
Tiānqì rè de lìhai, zǒu yì xiǎo duàn lù jiù hàn liú jiā bèi le.
날씨가 얼마나 더운지, 조금 걸었는데도 땀을 흠뻑 흘렸어.

[단어] 汗流浃背 hàn liú jiā bèi **성** 땀이 등에 배다, 땀을 비 오듯 흘리다

没想到你太极拳打得这么厉害!
Méi xiǎngdào nǐ tàijíquán dǎ de zhème lìhai!
네 태극권 실력이 이 정도로 대단한 줄 몰랐어!

0035 凉快 liángkuai 서늘하다, 시원하다

秋风轻轻吹来,很凉快。
Qiūfēng qīngqīng chuīlái, hěn liángkuai.
가을바람이 솔솔 불어와 시원하다.

동 시원하게 하다

我们到那边的树荫下去凉快凉快吧。
Wǒmen dào nàbiān de shùyīn xia qù liángkuai liángkuai ba.
우리 저쪽 나무 그늘로 가서 땀 좀 식히자.

0036 流利 liúlì 유창하다

我真羡慕他会说一口流利的西班牙语。
Wǒ zhēn xiànmù tā huì shuō yì kǒu liúlì de Xībānyáyǔ.
나는 그 친구가 유창하게 스페인어를 하는 게 정말 부러워.

0037 乱 luàn 엉망이다, 어지럽다

你的房间乱得没法进去了,快收拾收拾!
Nǐ de fángjiān luàn de méi fǎ jìnqu le, kuài shōushi shōushi!
네 방은 너무 지저분해서 들어갈 수가 없어, 빨리 정리 좀 해!

最近我脑子里很乱。
Zuìjìn wǒ nǎozi li hěn luàn.
요즘 내 머릿속이 복잡해.

▶[부사어] 동사 앞에 부사어로 쓰여 '함부로'의 뜻을 나타낸다.

千万别乱说，这样会伤害别人的心。
Qiānwàn bié luàn shuō, zhèyàng huì shānghài biérén de xīn.
절대 함부로 얘기하지 마세요, 그러면 다른 이의 마음에 상처를 줄 수 있어요.

 관련 표현

乱了套了 luàn le tào le 관용 엉망이 되다, 어지러워지다

乱七八糟 luàn qī bā zāo 성 엉망진창이다, 뒤죽박죽이다

0038 麻烦 máfan 번거롭다

传真还没收到，麻烦你再发一次，好吗?
Chuánzhēn hái méi shōudào, máfan nǐ zài fā yí cì, hǎo ma?
팩스를 아직 못 받았어요. 번거로우시겠지만 다시 한 번 보내 주시겠어요?

今晚多几分钟的准备，明天少几分钟的麻烦。
Jīnwǎn duō jǐ fēnzhōng de zhǔnbèi, míngtiān shǎo jǐ fēnzhōng de máfan.
오늘 밤에 조금 더 준비하면, 내일 그만큼의 번거로움을 줄일 수 있다.

동 폐를 끼치다

不好意思，我又麻烦你了。
Bùhǎoyìsi, wǒ yòu máfan nǐ le.
죄송해요, 또 폐를 끼쳤네요.

 관련 표현

自找麻烦 zì zhǎo máfan 관용 귀찮은 일을 스스로 사서 하다

0039 马虎 mǎhu 대충하다

不管做什么事情，都要认真，不能马虎。
Bùguǎn zuò shénme shìqing, dōu yào rènzhēn, bù néng mǎhu.
무슨 일을 하든 진지하게 해야 해, 대충해서는 안 돼.

관련 표현

小猫洗脸 — 马马虎虎 xiǎo māo xǐliǎn — mǎ mǎ hū hū 헐후
새끼 고양이가 세수하다 — 건성으로 하다 : 적당히 하다, 대충대충 하다

0040 满 mǎn 가득하다

水倒七分、茶倒八分、酒倒满。
Shuǐ dào qī fēn、chá dào bā fēn、jiǔ dào mǎn.
물은 70퍼센트만 따르고, 차는 80퍼센트 따르고, 술은 가득 채워야지.

这个饭店客满了，我们去别的地方看看。
Zhège fàndiàn kè mǎn le, wǒmen qù bié de dìfang kànkan.
이 호텔은 손님이 꽉 찼어, 우리 다른 곳에 가 보자.

0041 美丽 měilì 아름답다 유의 美 měi, 漂亮 piàoliang

许多旅客都被美丽的风景吸引住了。
Xǔduō lǚkè dōu bèi měilì de fēngjǐng xīyǐnzhù le.
많은 여행객이 아름다운 풍경에 마음을 빼앗겼다.

0042 难受 nánshòu 견디기 어렵다, 슬프다

他知道事情做错了，心里很难受。
Tā zhīdào shìqing zuòcuò le, xīnli hěn nánshòu.
그는 일을 잘못 처리했다는 것을 알고는 마음이 안 좋았다.

我鼻子里好像进了一个东西，难受死了。
Wǒ bízi li hǎoxiàng jìnle yí ge dōngxi, nánshòusǐ le.
내 콧속에 뭐가 들어간 것 같아, 찝찝해 죽겠어.

0043 暖和 nuǎnhuo 따뜻하다

有时侯我躺在妈妈怀里睡觉，好暖和。
Yǒu shíhou wǒ tǎngzài māma huái li shuìjiào, hǎo nuǎnhuo.
때때로 나는 엄마 품에 안겨 잠을 자는데, 참 따뜻하다.

春天到了，天气也变暖和了。
Chūntiān dào le, tiānqì yě biàn nuǎnhuo le.
봄이 오니, 날씨도 따뜻해졌어요.

0044 普遍 pǔbiàn 보편적이다, 널리 퍼지다 [BCT1]

当今社会，学生上网是一个普遍的现象。
Dāngjīn shèhuì, xuésheng shàngwǎng shì yí ge pǔbiàn de xiànxiàng.
오늘날, 학생들이 인터넷에 접속하는 것은 보편적인 현상이죠.

姐弟恋不仅在香港十分普遍，内地也逐渐多了。
Jiědì liàn bùjǐn zài Xiānggǎng shífēn pǔbiàn, nèidì yě zhújiàn duō le.
연상녀-연하남 연애는 홍콩에서만 유행하는 것이 아니라, 대륙에서도 점점 많아지고 있다.

0045 轻 qīng 가볍다 반의 重 zhòng, 沉 chén 무겁다

这些很轻，我一个人拿得动。
Zhèxiē hěn qīng, wǒ yí ge rén nádedòng.
이것들은 가벼워서, 저 혼자서도 들 수 있어요.

他轻轻地拍了拍我的肩膀。
Tā qīngqīng de pāile pāi wǒ de jiānbǎng.
그는 가볍게 내 어깨를 툭툭 쳤다.

관련 표현

不知轻重 bù zhī qīng zhòng 성 언행에 분별이 없다

0046 轻松 qīngsōng 가볍다, 가뿐하다, 간단하다

换了工作后，我觉得轻松多了。
Huànle gōngzuò hòu, wǒ juéde qīngsōngduō le.
직장을 옮긴 후 업무가 많이 편해졌다.

동 긴장을 풀다, 편하게 하다

周末了，应该出去轻松轻松。
Zhōumò le, yīnggāi chūqu qīngsong qīngsong.
주말인데, 당연히 나가서 스트레스 좀 풀어야죠.

0047 穷 qióng 가난하다

小时候，家里很穷，到了春节才能穿上新衣服。
Xiǎoshíhou, jiā li hěn qióng, dàole Chūnjié cái néng chuānshang xīn yīfu.
어릴 땐, 집이 가난해서 설이나 되어야 새 옷을 입을 수 있었다.

因为祥子是个拉车的穷人，虎妞的父亲非常看不起他。
Yīnwèi Xiángzi shì ge lāchē de qióngrén, Hǔniū de fùqīn fēicháng kànbuqǐ tā.
시양즈는 인력거를 끄는 가난뱅이였기 때문에, 후니우의 아버지는 그를 엄청 무시했다.

[단어] 看不起 kànbuqǐ 무시하다, 깔보다

🔵 관련 표현

穷光蛋 qióngguāngdàn 가난뱅이
其乐无穷 qí lè wú qióng (성) 즐거움이 계속되다
穷极无聊 qióng jí wú liáo (성) (할 일이 없어서) 몹시 따분하다, 대단히 무료하다
穷思极想 qióng sī jí xiǎng (성) 온갖 궁리를 다 하다
穷途末路 qióng tú mò lù (성) 막다른 길에 다다르다, 궁지에 빠지다
穷追猛打 qióng zhuī měng dǎ (성) 끝까지 쫓아가서 때리다, 용서하지 않고 호되게 꾸짖다
一穷二白 yī qióng èr bái (성) 가난하여 아무것도 없다, 기초가 약하고 기반이 얕다

🔵 중국 문화 - 骆驼祥子 Luòtuo xiángzi

《骆驼祥子 Luòtuó xiángzi》는 老舍 Lǎoshě의 대표작 중 하나로 1920년대 말기 베이징의 서민 생활을 배경으로 한 소설이다. 우리의 문학 작품 현진건의 〈운수좋은 날〉과 비슷한 느낌을 풍긴다. 祥子 xiángzi는 이 소설의 주인공으로 인력거꾼이다. 虎妞 hǔniū와 단란한 가정을 꾸리지만 결국 난산(难产 nánchǎn)으로 아내를 잃는다.

0048 确实 quèshí 확실하다, 믿을 만하다 유의 确切 quèqiè

我不相信他的话，但是我没有确实的证据。
Wǒ bù xiāngxìn tā de huà, dànshì wǒ méiyǒu quèshí de zhèngjù.
나는 그의 말을 믿을 수가 없지만 나한테 확실한 증거가 없다.

🔵 (부) 확실히, 틀림없이

这个消息确实是从新闻报道中听来的。
Zhè ge xiāoxi quèshí shì cóng xīnwén bàodào zhōng tīnglai de.
이 소식은 확실히 뉴스 보도에서 들은 거야.

0049 热闹 rènao 번화하다, 북적거리다

这个地方非常热闹,每天都有很多人。
Zhège dìfang fēicháng rènao, měitiān dōu yǒu hěn duō rén.
이곳은 매우 번화한 곳이라, 날마다 많은 사람들로 북적인다.

동 즐겁게 하다, 분위기를 띄우다

你说个笑话让大伙儿热闹热闹吧。
Nǐ shuō ge xiàohuà ràng dàhuǒr rènao rènao ba.
네가 재미난 얘기 좀 해서 다들 즐겁게 좀 해 줘.

관련 표현

凑热闹 còu rènao **관용** 왁자지껄하게 놀다, 함께 모여 즐겁게 놀다
看热闹 kàn rènao **관용** 강 건너 불 보듯하다, 수수방관하다

0050 任何 rènhé 어떠한, 무슨

▶任何가 관형어로 쓰일 때, 뒤에 的를 함께 쓸 수 없다

你别以为他喜欢你,他这个人吧,对任何人都很好。
Nǐ bié yǐwéi tā xǐhuan nǐ, tā zhège rén ba, duì rènhé rén dōu hěn hǎo.
너 그 친구가 널 좋아한다고 생각하지 마, 그 친구 말야, 누구한테나 잘해 주거든.

他没有任何爱好,只有一个嗜好抽烟。
Tā méiyǒu rènhé àihào, zhǐ yǒu yí ge shìhào chōuyān.
그는 아무런 취미도 없는데, 담배 피우는 취미만 있어.

0051 深 shēn 깊다 **반의** 浅 qiǎn 얕다

这边的游泳池水比较深,适合大人游泳。
Zhèbiān de yóuyǒngchí shuǐ bǐjiào shēn, shìhé dàrén yóuyǒng.
이 수영장의 수심은 비교적 깊어서, 어른이 수영하기에 적합하다.

夜深了,街道上一个人影也没有 。
Yè shēn le, jiēdào shang yí ge rén yǐng yě méiyou.
밤이 깊어, 거리에는 사람 그림자 하나 보이지 않는다.

관련 표현

不知深浅 bù zhī shēn qiǎn **성** 분수를 모르다

0047 穷 qióng 가난하다

小时候，家里很穷，到了春节才能穿上新衣服。
Xiǎoshíhou, jiā li hěn qióng, dàole Chūnjié cái néng chuānshang xīn yīfu.
어릴 땐, 집이 가난해서 설이나 되어야 새 옷을 입을 수 있었다.

因为祥子是个拉车的穷人，虎妞的父亲非常看不起他。
Yīnwèi Xiángzi shì ge lāchē de qióngrén, Hǔniū de fùqīn fēicháng kànbuqǐ tā.
시앙즈는 인력거를 끄는 가난뱅이였기 때문에, 후니우의 아버지는 그를 엄청 무시했다.

[단어] **看不起** kànbuqǐ 무시하다, 깔보다

관련 표현

穷光蛋 qióngguāngdàn 가난뱅이
其乐无穷 qí lè wú qióng (성) 즐거움이 계속되다
穷极无聊 qióng jí wú liáo (성) (할 일이 없어서) 몹시 따분하다, 대단히 무료하다
穷思极想 qióng sī jí xiǎng (성) 온갖 궁리를 다 하다
穷途末路 qióng tú mò lù (성) 막다른 길에 다다르다, 궁지에 빠지다
穷追猛打 qióng zhuī měng dǎ (성) 끝까지 쫓아가서 때리다, 용서하지 않고 호되게 꾸짖다
一穷二白 yī qióng èr bái (성) 가난하여 아무것도 없다, 기초가 약하고 기반이 얕다

중국 문화 - 骆驼祥子 Luòtuo xiángzi

《骆驼祥子 Luòtuó xiángzi》는 老舍 Lǎoshě의 대표작 중 하나로 1920년대 말기 베이징의 서민 생활을 배경으로 한 소설이다. 우리의 문학 작품 현진건의 〈운수좋은 날〉과 비슷한 느낌을 풍긴다. 祥子 xiángzi는 이 소설의 주인공으로 인력거꾼이다. 虎妞 hǔniū와 단란한 가정을 꾸리지만 결국 난산(难产 nánchǎn)으로 아내를 잃는다.

0048 确实 quèshí 확실하다, 믿을 만하다 유의 确切 quèqiè

我不相信他的话，但是我没有确实的证据。
Wǒ bù xiāngxìn tā de huà, dànshì wǒ méiyǒu quèshí de zhèngjù.
나는 그의 말을 믿을 수가 없지만 나한테 확실한 증거가 없다.

(부) 확실히, 틀림없이

这个消息确实是从新闻报道中听来的。
Zhè ge xiāoxi quèshí shì cóng xīnwén bàodào zhōng tīnglai de.
이 소식은 확실히 뉴스 보도에서 들은 거야.

4급 형용사 **341**

0049 热闹 rènao 번화하다, 북적거리다

这个地方非常热闹，每天都有很多人。
Zhège dìfang fēicháng rènao, měitiān dōu yǒu hěn duō rén.
이곳은 매우 번화한 곳이라, 날마다 많은 사람들로 북적인다.

동 즐겁게 하다, 분위기를 띄우다

你说个笑话让大伙儿热闹热闹吧。
Nǐ shuō ge xiàohuà ràng dàhuǒr rènao rènao ba.
네가 재미난 얘기 좀 해서 다들 즐겁게 좀 해 줘.

관련 표현

凑热闹 còu rènao `관용` 왁자지껄하게 놀다, 함께 모여 즐겁게 놀다
看热闹 kàn rènao `관용` 강 건너 불 보듯하다, 수수방관하다

0050 任何 rènhé 어떠한, 무슨

▶ 任何가 관형어로 쓰일 때, 뒤에 的를 함께 쓸 수 없다

你别以为他喜欢你，他这个人吧，对任何人都很好。
Nǐ bié yǐwéi tā xǐhuan nǐ, tā zhège rén ba, duì rènhé rén dōu hěn hǎo.
너 그 친구가 널 좋아한다고 생각하지 마, 그 친구 말야, 누구한테나 잘해 주거든.

他没有任何爱好，只有一个嗜好抽烟。
Tā méiyǒu rènhé àihào, zhǐ yǒu yí ge shìhào chōuyān.
그는 아무런 취미도 없는데, 담배 피우는 취미만 있어.

0051 深 shēn 깊다 `반의` 浅 qiǎn 얕다

这边的游泳池水比较深，适合大人游泳。
Zhèbiān de yóuyǒngchí shuǐ bǐjiào shēn, shìhé dàrén yóuyǒng.
이 수영장의 수심은 비교적 깊어서, 어른이 수영하기에 적합하다.

夜深了，街道上一个人影也没有。
Yè shēn le, jiēdào shang yí ge rén yǐng yě méiyou.
밤이 깊어, 거리에는 사람 그림자 하나 보이지 않는다.

관련 표현

不知深浅 bù zhī shēn qiǎn `성` 분수를 모르다

深不可测 shēn bù kě cè (형) 깊이를 알 수 없다, 마음을 알 수 없다

水深火热 shuǐ shēn huǒ rè (형) 모진 고통, 극심한 고통, 도탄

0052 实际 shíjì 실질적이다, 실제적이다

根据实际情况，回答下列问题。
Gēnjù shíjì qíngkuàng, huídá xià liè wèntí.
실제 상황에 근거해, 아래 문제에 답해 주세요.

我们做事要结合实际，不能脱离现实。
Wǒmen zuò shì yào jiéhé shíjì, bù néng tuōlí xiànshí.
우리가 무슨 일을 할 때는 실질적인 것과 연결되어야지, 현실과 괴리되어서는 안 된다.

0053 实在 shízài 진실하다, 거짓이 없다

她是一个实实在在的好人，所以我百分之百相信她。
Tā shì yí ge shíshizàizài de hǎorén, suǒyǐ wǒ bǎifēnzhī bǎi xiāngxìn ta.
그녀는 거짓 없는 착한 사람이라, 나는 그녀를 100퍼센트 믿어요.

(부) 확실히, 정말로

我实在想不出更好的方法了。
Wǒ shízài xiǎngbuchū gèng hǎo de fāngfǎ le.
난 정말이지 더 좋은 방법이 떠오르지 않아요.

관련 표현

说实在的 shuō shízài de (관용) 솔직히 말해서

0054 熟悉 shúxī 잘 알다, 충분히 알다, 익숙하다

我对这儿的街道非常熟悉。
Wǒ duì zhèr de jiēdào fēicháng Shúxī.
내가 이 동네 길을 아주 잘 알아.

他和王博士比较熟悉。
Tā hé Wáng bóshì bǐjiào shúxī.
그 사람이 왕 박사와 좀 친해.

0055 帅 shuài 멋있다 ☐☐☐

他从小就是个美男子，长得真是帅呆了！
Tā cóngxiǎo jiù shì ge měinánzi, zhǎng de zhēnshi shuàidāi le!
그는 어릴 때부터 미남자였어. 정말이지 너무 잘 생겼어!

0056 顺利 shùnlì 순조롭다 ☐☐☐

这次出差很顺利，拿了很多订单
Zhè cì chūchāi hěn shùnlì, nále hěn duō dìngdān.
이번 출장은 순조로웠고, 주문을 많이 받았다.

他顺利地通过了导游考试。
Tā shùnlì de tōngguòle dǎoyóu kǎoshì.
그는 순조롭게 가이드 시험에 통과했다.

0057 酸 suān 시다 ☐☐☐

这个橘子酸酸的，酸得我牙齿都快掉了。
Zhège júzi suānsuān de, suān de wǒ yáchǐ dōu kuài diào le.
이 귤은 얼마나 신지, 이가 다 빠질 지경이야.

🔵 형 마음이 아프다, 몸이 시큰시큰 쑤시다

看完他的信，我的心很痛很酸。
Kànwán tā de xìn, wǒ de xīn hěn tòng hěn suān.
그의 편지를 읽고 나니 내 마음이 아프고 저려왔다.

我这几天总是感觉腿很酸。
Wǒ zhè jǐ tiān zǒngshì gǎnjué tuǐ hěn suān.
요 며칠 계속 다리가 쑤셔.

🔵 관련 표현

酸甜苦辣 suān tián kǔ là 성 여러 가지 맛, 세상 풍파를 비유

0058 所有 suǒyǒu 모든 유의 一切 yíqiè ☐☐☐

所有的问题都解决了，可以松一口气了。
Suǒyǒu de wèntí dōu jiějué le, kěyǐ sōng yì kǒu qì le.
모든 문제가 해결되어, 한시름 놓게 되었어요.

祝你在新的一年里，所有的梦想都能实现。
Zhù nǐ zài xīn de yì nián li, suǒyǒu de mèngxiǎng dōu néng shíxiàn.
새해에는 모든 꿈이 이루어지길 바랄게.

동 소유하다

我们没有土地所有权。
Wǒmen méiyǒu tǔdì suǒyǒuquán.
우리에겐 토지 소유권이 없다.

관련 표현

一无所有 yì wú suǒ yǒu **성** 가진 게 아무것도 없다. 아주 가난하다

所有 vs 一切

所有는 형용사로 명사를 수식할 때 '的'를 동반할 수 있지만, 一切는 '的'를 동반할 수 없다.
所有的人 suǒyǒu de rén (O) 모든 사람 / **一切的人** (X)

所有는 일정한 범위 안에 있는 모든 사물을 가리키고, 一切는 모종의 사물이 갖고 있는 유형이나 종류를 가리킨다.

所有的人都到了。 Suǒyǒu de rén dōu dào le. 모든 사람이 다 왔다.
一切困难都不怕。 Yíqiè kùnnan dōu bú pà. 모든 어려움이 두렵지 않다

0059 讨厌 tǎoyàn 싫다, 얄밉다

这人说话总是这么啰嗦，真讨厌！
Zhè rén shuōhuà zǒngshì zhème luōsuo, zhēn tǎoyàn!
이 친구는 늘 쓸데없는 말을 많이 해, 밉상이라니까!

[단어] 啰嗦 luōsuo 말이 많다, 수다스럽다

동 싫어하다, 미워하다

我最讨厌音乐课。
Wǒ zuì tǎoyàn yīnyuè kè.
나는 음악 시간이 가장 싫어.

0060 危险 wēixiǎn 위험하다 **반의** 安全 ānquán 안전하다

那里很危险，我不同意你一个人去。
Nàli hěn wēixiǎn, wǒ bù tóngyì nǐ yí ge rén qù.
거긴 위험해서, 난 너를 혼자 보낼 수 없어

在加油站使用打火机是很危险的。
Zài jiāyóuzhàn shǐyòng dǎhuǒjī shì hěn wēixiǎn de.
주유소에서 라이터를 사용하는 것은 위험하다.

[단어] 打火机 dǎhuǒjī 라이터

0061 无聊 wúliáo 무료하다, 따분하다, 한심하다

这里没事做，我感到十分无聊。
Zhèli méi shì zuò, wǒ gǎndào shífēn wúliáo.
여기선 할 일이 없으니까 난 참 무료하게 느껴져.

你这个人真无聊，整天说别人的坏话。
Nǐ zhège rén zhēn wúliáo, zhěngtiān shuō biérén de huàihuà.
너도 참 한심하다, 하루 종일 남의 험담이나 하고 말이야.

관련 표현

无聊到家了 wúliáo dàojiā le [관용] 대단히 무료하다, 몹시 따분하다

[단어] 到家 dàojiā 완벽해지다, 절정에 이르다

0062 咸 xián 짜다 [참고] 咸菜 xiáncài 장아찌

这个菜太咸了，我都不敢下筷子。
Zhège cài tài xián le, wǒ dōu bùgǎn xià kuàizi.
이 음식은 너무 짜서, 젓가락을 댈 엄두가 안 난다.

관련 표현

不咸不淡 bù xián bú dàn [성] (언행 등이) 똑 부러지지 않다, 미온하다

0063 相反 xiāngfǎn 상반되다

他们俩的性格相反，他是慢性子，而他爱人却是个急性子。
Tāmen liǎ de xìnggé xiāngfǎn, tā shì mànxìngzi, ér tā àirén què shì ge jíxìngzi.
그 둘의 성격은 반대인데, 그는 느긋한 사람이고, 그의 아내는 반대로 성질이 급한 사람이야.

▶[고정구] 跟…相反… ~과 반대로

跟你说的相反，他们公司管理得非常好。
Gēn nǐ shuō de xiāngfǎn, tāmen gōngsī guǎnlǐ de fēicháng hǎo.
네가 말한 것과는 반대로, 그 회사는 아주 관리가 잘 되었더라고.

0064 相同 xiāngtóng 서로 같다 유의 一样 yíyàng 같다

我和她的爱好相同，两个人都喜欢旅行。
Wǒ hé tā de àihào xiāngtóng, liǎng ge rén dōu xǐhuan lǚxíng.
나와 그녀의 취미는 같은데, 둘 다 여행을 좋아해.

0065 香 xiāng 냄새가 좋다, 맛있다, 입맛이 좋다

这是你做的菜？真香！
Zhè shì nǐ zuò de cài? Zhēn xiāng!
이거 네가 만든 거야? 냄새 죽이는 걸!

哇！好香啊！这是什么花？我也想买一束。
Wā! Hǎo xiāng a! Zhè shì shénme huā? Wǒ yě xiǎng mǎi yí shù.
와! 향기롭다! 이거 무슨 꽃이에요? 저도 한 다발 사고 싶어요.

这几天吃什么都不香。
Zhè jǐ tiān chī shénme dōu bù xiāng.
요즈음 뭘 먹어도 맛이 없어.

 관련 표현

古色古香 gǔ sè gǔ xiāng 성 (서화·건축물 등이) 고색창연하다

0066 详细 xiángxì 자세하다, 상세하다

这篇文章详细介绍了苗族的风俗习惯。
Zhè piān wénzhāng xiángxì jièshàole Miáozú de fēngsú xíguàn.
이 글은 묘족의 풍습을 자세히 소개하고 있다.

중국의 소수 민족 - 苗族（묘족）

苗族 Miáozú은 중국 소수 민족의 하나로, 주로 贵州省 Guìzhōu Shěng을 중심으로 云南 Yúnnán, 广西 Guǎngxī, 广东 Guǎngdōng, 湖南 Húnán, 湖北 Húběi, 重庆 Chóngqìng 등지에 분포한다. 묘족 출신 인물 중에는 유명 성악가 宋祖英 Sòng Zǔyīng이 있다.

0067 辛苦 xīnkǔ 고생스럽다, 수고스럽다

这么晚还要送外卖，你也太辛苦了。
Zhème wǎn hái yào sòng wàimài, nǐ yě tài xīnkǔ le.
이렇게 늦게까지 배달해 주시느라, 고생이 너무 많으세요.

[단어] 送外卖 sòng wàimài 음식을 배달하다

你最近又瘦了，是不是工作很辛苦？
Nǐ zuìjìn yòu shòu le, shì bu shì gōngzuò hěn xīnkǔ?
자네 최근에 더 야위었는데, 일이 너무 힘든 거 아니야?

🔍 관련 표현

千辛万苦 qiān xīn wàn kǔ 성 천신만고

0068 兴奋 xīngfèn 흥분하다, 기쁘다

一想到儿子得奖的事，他就兴奋得睡不着觉。
Yī xiǎngdào érzi déjiǎng de shì, tā jiù xīngfèn de shuìbuzháo jiào.
아들이 상 받은 일을 생각하니 그는 흥분이 되어서 잠이 안 왔다.

0069 幸福 xìngfú 행복하다

人的幸福标准各不相同，这个人感觉幸福，那个人并不一定感到幸福。
Rén de xìngfú biāozhǔn gè bù xiāngtóng, zhège rén gǎnjué xìngfú, nàge rén bìng bù yídìng gǎndào xìngfú.
사람들의 행복의 기준은 각기 달라서, 이 사람은 행복하다 느껴도 저 사람은 행복이라 느끼지 못할 수도 있다.

0070 许多 xǔduō 아주 많은, 대단히 많은 유의 很多 hěn duō, 好多 hǎo duō

夏天的夜晚，我们能看到许多星星。
Xiàtiān de yèwǎn, wǒmen néng kàndào xǔduō xīngxing.
여름 밤에 우리는 많은 별들을 볼 수 있다.

那时候，你很年轻、美丽，你的身边有许许多多的追求者。
Nà shíhou, nǐ hěn niánqīng、měilì, nǐ de shēnbiān yǒu xǔxǔduōduō de zhuīqiúzhě.
그 시절 너는 젊고 아름다워, 네 곁에는 너를 따라다니는 아이들로 넘쳐났지.

0071 严格 yángé 엄격하다

公司对产品质量要求十分严格。
Gōngsī duì chǎnpǐn zhìliàng yāoqiú shífēn yángé.
회사에서는 제품 품질에 대해 아주 엄격한 요구를 하고 있다.

她是一个严格的老师，学生们都怕她。
Tā shì yí ge yángé de lǎoshī, xuéshēngmen dōu pà tā.
그녀는 엄격한 선생님이라 학생들이 모두 무서워한다.

0072 严重 yánzhòng 심각하다

爷爷住院了，病情还很严重。
Yéye zhùyuàn le, bìngqíng hái hěn yánzhòng.
할아버지께서 입원하셨는데, 병세가 위중하시다

他工作上犯了严重的错误，所以被炒鱿鱼了。
Tā gōngzuò shang fànle yánzhòng de cuòwù, suǒyǐ bèi chǎo yóuyú le.
그는 업무상 심각한 과오를 범해서 해고되었다.

[단어] **炒鱿鱼** chǎo yóuyú 관용 해고하다

0073 永远 yǒngyuǎn 영원하다

▶ 동사 '没有' 앞에 위치할 수 있지만, 부정 부사 '没有' 앞에는 쓸 수 없다.

世上没有永远的朋友，也没有永远的敌人。
Shìshàng méiyǒu yǒngyuǎn de péngyou, yě méiyǒu yǒngyuǎn de dírén.
세상에는 영원한 친구도 없고, 영원한 적도 없다.

在父母的眼中，我们永远是个孩子。
Zài fùmǔ de yǎnzhōng, wǒmen yǒngyuǎn shì ge háizi.
부모님의 눈에 우리는 영원히 어린아이다.

0074 勇敢 yǒnggǎn 용감하다

他们兄弟俩都很勇敢。
Tāmen xiōngdì liǎ dōu hěn yǒnggǎn.
그 두 형제는 모두 용감하다.

他勇敢地接受了这项任务。
Tā yǒnggǎn de jiēshòule zhè xiàng rènwù.
그는 용감하게 이 임무를 받아들였다.

0075 优秀 yōuxiù 우수하다

她是个优秀的学生，从来不让老师失望。
Tā shì ge yōuxiù de xuésheng, cónglái bú ràng lǎoshī shīwàng.
그녀는 우수한 학생으로 지금까지 선생님을 실망시킨 적이 없다.

曹禺的许多优秀剧本都是在"五四运动"后出现的。
Cáo Yú de xǔduō yōuxiù jùběn dōu shì zài "Wǔ Sì yùndòng" hòu chūxiàn de.
차오위의 많은 뛰어난 희곡은 모두 5·4 운동 이후에 나온 것이다.

중국 문화 - 五四运动(5.4운동)

1919년 5월 4일 중국 베이징의 학생들을 중심으로 일어난 반제국·반봉건주의 애국 운동. 구민주주의 운동에서 신민주주의 운동으로 바뀌는 전환점이 되었다.
曹禺(Cáo Yú, 1910~1996) : 극작가. 《雷雨 Léiyǔ》, 《日出 Rìchū》, 《北京人 Běijīngrén》 등의 작품이 있다.

0076 幽默 yōumò 유머러스하다

我男朋友长得很一般，但非常幽默，让人高兴。
Wǒ nánpéngyou zhǎng de hěn yìbān, dàn fēicháng yōumò, ràng rén gāoxìng
내 남자 친구는 생긴 건 평범하지만 유머 감각이 아주 뛰어나서, 사람을 즐겁게 한다.

0077 友好 yǒuhǎo 우호적이다

她待人有礼，平易近人，跟大家都很友好。
Tā dài rén yǒu lǐ, píng yì jìn rén, gēn dàjiā dōu hěn yǒuhǎo.
그녀는 예의 있게 사람을 대하고, 붙임성이 좋으며, 모두에게 우호적이다.

[단어] 平易近人 píng yì jìn rén 성 붙임성이 좋다, 사귀기 쉽다

0078 有趣 yǒuqù 재미있다

这本书挺有趣的, 你也看看。
Zhè běn shū tǐng yǒuqù de, nǐ yě kànkan.
이 책 참 재밌어. 너도 읽어 봐.

生活中有趣的事儿还是很多的, 别老板着脸。
Shēnghuó zhōng yǒuqù de shìr háishì hěn duō de, bié lǎo bǎnzhe liǎn.
생활하다 보면 재미있는 일이 그래도 꽤 많잖아. 그렇게 못마땅한 얼굴 하지 마.

[단어] 板着脸 bǎnzhe liǎn 지르퉁하다

0079 愉快 yúkuài 유쾌하다 유의 快乐 kuàilè

我发现跟你聊天就会心情愉快、轻松。
Wǒ fāxiàn gēn nǐ liáotiān jiù huì xīnqíng yúkuài、qīngsōng.
나는 너랑 이야기하다 보면 기분이 좋아지고, 마음이 편해지는 걸 알았어.

祝大家周末愉快!
Zhù dàjiā zhōumò yúkuài!
여러분 주말 잘 보내세요!

0080 脏 zāng 더럽다 반의 干净 gānjìng 깨끗하다

这里太脏, 不能坐了。
Zhèlǐ tài zāng, bù néng zuò le.
여긴 너무 더러워서 앉을 수가 없어.

衣服被油弄脏了, 不好洗掉。
Yīfu bèi yóu nòngzāng le, bùhǎo xǐdiào.
옷에 기름이 묻으면 빼기 힘들어.

명 zàng 내장

肺脏 fèizàng 폐, 허파 / 肝脏 gānzàng 간 / 内脏 nèizàng 내장

肾脏 shènzàng 신장 / 五脏六腑 wǔ zàng liù fǔ 오장육부

心脏 xīnzàng 심장

0081 真正 zhēnzhèng 진정한, 참된

当你遇到困难时，才能知道谁是真正的朋友。
Dāng nǐ yùdào kùnnan shí, cái néng zhīdào shéi shì zhēnzhèng de péngyou.
네가 어려움에 처했을 때에 누가 진정한 친구인지 알 수 있어.

부 확실히, 진정으로

你做你真正喜欢的工作吧。
Nǐ zuò nǐ zhēnzhèng xǐhuan de gōngzuò ba.
넌 네가 진정으로 좋아하는 일을 하렴.

0082 正常 zhèngcháng 정상적이다

她看起来虽然很正常，但她是癌症病人。
Tā kànqilai suīrán hěn zhèngcháng, dàn tā shì áizhèng bìngrén.
그녀는 보기에는 비록 정상 같지만, 그녀는 암환자다.

除了正常上课，周末还要去补习班。
Chúle zhèngcháng shàngkè, zhōumò hái yào qù bǔxíbān.
정상 수업 외에 주말에는 학원에 가야 한다.

0083 正确 zhèngquè 정확하다 유의 准确 zhǔnquè

正确的选择是成功的基础。
Zhèngquè de xuǎnzé shì chénggōng de jīchǔ.
정확한 선택은 성공의 기초다.

李同学的答案非常正确，大家鼓掌！
Lǐ tóngxué de dá'àn fēicháng zhèngquè, dàjiā gǔzhǎng!
이 군의 답안이 아주 정확하군요. 모두 박수!

0084 正式 zhèngshì 정식의, 공식의 BCT1

我去年大学毕业，可一直没找到正式工作。
Wǒ qùnián dàxué bìyè, kě yìzhí méi zhǎodào zhèngshì gōngzuò.
나는 작년에 대학을 졸업했지만 줄곧 정규직을 구하지 못했다.

去相亲你穿得太正式了。
Qù xiāngqīn nǐ chuān de tài zhèngshì le.
소개팅 하러 가면서 너무 빼입었다 얘.

0085 直接 zhíjiē 직접적이다 반의 间接 jiānjiē 간접적이다

你就别再转移话题了，直接告诉我发生了什么事吧！
Nǐ jiù bié zài zhuǎnyí huàtí le, zhíjiē gàosu wǒ fāshēngle shénme shì ba!
너 화제 돌리지 말고, 무슨 일이 일어났는지 나한테 직접 알려 줘.

明天我直接去你们公司，你就不用来接我了。
Míngtiān wǒ zhíjiē qù nǐmen gōngsī, nǐ jiù búyòng lái jiē wǒ le.
내일 내가 직접 자네 회사로 갈게, 자네는 마중 나오지 말게나.

0086 重 zhòng 무겁다, 중시하다, 비중이 크다, 심하다

유의 沉 chén, 重视 zhòngshì 반의 轻 qīng 가볍다

这本书看着很薄，怎么这么重啊？
Zhè běn shū kànzhe hěn báo, zěnme zhème zhòng a?
이 책 보기엔 얇아 보이는데, 왜 이렇게 무거운 거야?

您言重了，我不敢当！
Nín yán zhòng le, wǒ bù gǎn dāng!
말씀이 과하십니다, 몸 둘 바를 모르겠습니다.

曹操崇仁重义之豪杰。
Cáo Cāo chóng rén zhòng yì zhī háojié.
조조는 인의를 숭상하고 의리를 중시하는 호걸이다.

这次你的任务就重了。
Zhè cì nǐ de rènwù jiù zhòng le.
이번에 자네 임무가 막중하네.

명 무게

这个箱子几斤重？
Zhège xiāngzi jǐ jīn zhòng?
이 박스는 무게가 얼마나 나가죠?

부 chóng 다시, 재차

文章我要重写一遍。
Wénzhāng wǒ yào chóng xiě yí biàn.
나는 글을 다시 한 번 쓸 거야.

我们可以重来吗?
Wǒmen kěyǐ chóng lái ma?
우리 다시 시작할 수 있을까?

관련 표현

礼轻情意重 lǐ qīng qíngyì zhòng 선물은 보잘것없지만, 그 성의는 갸륵하다

德高望重 dé gāo wàng zhòng （성） 덕망이 높다

头重脚轻 tóu zhòng jiǎo qīng （성） 기초가 튼튼하지 못하다, 사물이 전후·상하가 조화롭지 않다

义重如山 yì zhòng rú shān （성） 매우 의리가 있다

0087 著名 zhùmíng 유명하다 유의 有名 yǒumíng, 出名 chūmíng

牛顿是一位世界著名的科学家。
Niúdùn shì yí wèi shìjiè zhùmíng de kēxuéjiā.
뉴턴은 세계적으로 유명한 과학자다.

阿Q是中国伟大作家鲁迅的著名小说《阿Q正传》中的主角。
Ā Q shì Zhōngguó wěidà zuòjiā Lǔ Xùn de zhùmíng xiǎoshuō 《Ā Q zhèngzhuàn》 zhōng de zhǔjué.
아큐는 중국의 위대한 작가 루쉰의 유명한 소설 《아큐정전》 속의 주인공이다.

0088 准确 zhǔnquè 정확하다, 틀림없다 유의 正确 zhèngquè

他什么时候出国？你知道准确的日子吗？
Tā shénme shíhou chūguó? Nǐ zhīdào zhǔnquè de rìzi ma?
그 사람 언제 출국해? 너 정확한 날짜 알아?

她的汉语发音非常准确，像中国人。
Tā de Hànyǔ fāyīn fēicháng zhǔnquè, xiàng zhōngguórén.
그녀의 중국어 발음은 매우 정확해서, 중국 사람 같아.

0089 准时 zhǔnshí 시간을 정확히 지키다

你好，尼可，你来得还真准时啊！
Nǐ hǎo, Níkě, nǐ lái de hái zhēn zhǔnshí a!
안녕, 니콜. 너 정말 딱 맞춰 왔구나.

明早八点在操场集合，请大家准时到。
Míng zǎo bā diǎn zài cāochǎng jíhé, qǐng dàjiā zhǔnshí dào.
내일 아침 8시 운동장에서 집합하니까, 여러분 시간을 지키세요.

0090 仔细 zǐxì 자세하다, 상세하다, 세심하다

姐姐是个很仔细的人。
Jiějie shì ge hěn zǐxì de rén.
언니는 꼼꼼한 사람이다.

我都仔细检查过了，应该没问题。
Wǒ dōu zǐxì jiǎncháguo le, yīnggāi méi wèntí.
제가 자세히 검사했어요. 문제없어요.

0091 自然 zìrán 자연스럽다

生老病死是自然现象，是任何人都必须经历的过程。
Shēng lǎo bìng sǐ shì zìrán xiànxiàng, shì rènhé rén dōu bìxū jīnglì de guòchéng.
생로병사는 자연스러운 현상으로 누구나 반드시 겪는 과정이다.

명 자연

保护自然，保护环境，从我做起！
Bǎohù zìrán, bǎohù huánjìng, cóng wǒ zuòqǐ!
자연 보호, 환경 보호는 나부터!

부 자연히

你就别猜了，到时候你自然会知道的。
Nǐ jiù bié cāi le, dào shíhou nǐ zìrán huì zhīdào de.
괜히 넘겨짚지 말아요. 때가 되면 자연히 알게 될 거예요.

관련 표현

功到自然成 gōng dào zìrán chéng 속담 공을 들이면 자연히 성공한다

0001 得 děi ~해야 한다

▶ 得의 부정형을 만들 때는 '不用'이나 '甭'을 쓴다. '不得'라 할 수 없다.

我得回一趟老家。
Wǒ děi huí yí tàng lǎojiā.
난 고향 집에 한 번 다녀와야 해.

参加展会的事，我们得考虑考虑。
Cānjiā zhǎnhuì de shì, wǒmen děi kǎolǜkǎolǜ.
전시회 참가에 관한 일은 우리가 고려를 좀 해 봐야 해요.

▶ '어떤 동작을 하는 데 시간이 걸리다'라는 뜻을 나타내기도 한다.

坐机场班车去浦东机场得一个小时。
Zuò jīchǎng bānchē qù Pǔdōng jīchǎng děi yí ge xiǎoshí.
공항 리무진을 타고 푸둥 공항까지는 한 시간이 걸려요.

0002 敢 gǎn 감히 ~하다 [부정형: 不敢]

如果你总是不敢说，你的英语水平是不会提高的。
Rúguǒ nǐ zǒngshì bù gǎn shuō, nǐ de Yīngyǔ shuǐpíng shì bú huì tígāo de.
만약에 네가 늘 말하기를 겁낸다면, 너의 영어 실력은 향상되지 않을 거야.

我敢肯定，他就是校长。
Wǒ gǎn kěndìng, tā jiù shì xiàozhǎng.
확신컨대, 저분이 바로 교장 선생님이셔.

0001 安排 ānpái 안배하다, 배치하다, 준비하다 [BCT1]

这次出差，时间安排得很紧张。
Zhè cì chūchāi, shíjiān ānpái de hěn jǐnzhāng.
이번 출장은 스케줄이 아주 빡빡하게 잡혔다.

▶ 사람을 보내 어떤 일을 처리하다

公司安排唐主任去接客户。
Gōngsī ānpái Táng zhǔrèn qù jiē kèhù.
회사에서는 탕 주임을 보내 바이어를 마중하도록 했다.

[단어] 客户 kèhù 바이어

0002 保护 bǎohù 보호하다

野生动物的种类变得越来越少，所以我们要保护野生动物。
Yěshēng dòngwù de zhǒnglèi biàn de yuèláiyuè shǎo, suǒyǐ wǒmen yào bǎohù yěshēng dòngwù.
야생 동물의 종류가 갈수록 줄어들고 있으므로, 우리는 야생 동물을 보호해야 한다.

0003 保证 bǎozhèng 보증하다, 확신하다

我保证巴西队一定能进四强。
Wǒ bǎozhèng Bāxī duì yídìng néng jìn sì qiáng.
나는 브라질 팀이 반드시 4강에 들 거라 확신한다.

贵公司要保证产品质量。
Guì gōngsī yào bǎozhèng chǎnpǐn zhìliàng.
귀사에서는 제품의 품질을 보증해 주셔야 합니다.

관련 표현

保证金 bǎozhèngjīn 보증금 / 保证函 bǎozhènghán 보증서

0004 报名 bàomíng 등록하다, 신청하다

我想报名参加下个月的托福考试。
Wǒ xiǎng bàomíng cānjiā xià ge yuè de tuōfú kǎoshì.
다음 달에 있을 토플 시험에 참가 신청을 하려고 한다.

[단어] 托福 tuōfú 토플(TOEFL)

0005 抱 bào 안다, 포옹하다

宝宝，不哭了，过来，妈妈抱着你。
Bǎobao, bù kū le, guòlai, māma bàozhe nǐ.
아가야, 울지 말고, 이리 와, 엄마가 안아 줄게.

他抱着很多资料走进办公室来了。
Tā bàozhe hěn duō zīliào zǒujìn bàngōngshì lái le.
그는 많은 자료를 안고서 사무실로 들어왔다.

관련 표현

临时抱佛脚 línshí bào fó jiǎo [속담] 평소에 준비하고 있지 않다가, 때가 되어 급히 서두르다

0006 抱歉 bàoqiàn 미안해하다, 죄송하다 [BCT1] [유의] 道歉 dàoqiàn

抱歉，这么晚了打扰您休息了吧?
Bàoqiàn, zhème wǎnle dǎrǎo nín xiūxile ba?
죄송합니다. 너무 늦은 시간이라 어르신의 휴식을 방해했지요?

那件事，我感到很抱歉。
Nà jiàn shì, wǒ gǎndào hěn bàoqiàn.
그 일은 내가 참 미안하게 생각해.

0007 毕业 bì//yè 졸업하다

还有一个月，我们就要毕业了。
Hái yǒu yí ge yuè, wǒmen jiùyào bìyè le.
한 달만 있으면 우린 졸업을 해.

我是一零年毕的业，去年才找到工作。
Wǒ shì yī líng nián bì de yè, qùnián cái zhǎodào gōngzuò.
나는 2010년도에 졸업했는데, 작년에서야 직장을 구했어.

0008 表示 biǎoshì 나타내다, 표시하다

我已经向她表示过了。
Wǒ yǐjing xiàng tā biǎoshìguo le.
나는 이미 그녀에게 고백을 했어.

他对我们的要求表示不满意。
Tā duì wǒmen de yāoqiú biǎoshì bù mǎnyì.
그는 우리의 요구 사항에 대해 못마땅해 한다.

관련 표현

表示感谢 biǎoshì gǎnxiè 감사하다
表示歉意 biǎoshì qiànyì 미안함을 표하다
表示支持 biǎoshì zhīchí 지지하다

0009 表演 biǎoyǎn 공연하다 유의 演出 yǎnchū

你们今天表演得太好了，练习了多长时间了？
Nǐmen jīntiān biǎoyǎn de tài hǎo le, liànxíle duō cháng shíjiān le?
너희들 오늘 공연 아주 잘했어. 연습을 얼마나 한 거야?

명 공연

我们打算明天去看动物表演。
Wǒmen dǎsuan míngtiān qù kàn dòngwù biǎoyǎn.
우리는 내일 동물 쇼를 보러 가려고 해.

0010 表扬 biǎoyáng 칭찬하다 유의 称赞 chēngzàn

今天老师在同学们面前表扬了我，这让我特别高兴。
Jīntiān lǎoshī zài tóngxuémen miànqián biǎoyángle wǒ, zhè ràng wǒ tèbié gāoxìng.
오늘 선생님께서 반 친구들 앞에서 나를 칭찬해 주셔서, 나는 정말 기뻤어.

无论是大人还是孩子都喜欢受到表扬和鼓励。
Wúlùn shì dàrén háishi háizi dōu xǐhuan shòudào biǎoyáng hé gǔlì.
어른 아이 할 것 없이 모두 칭찬과 격려 받는 것을 좋아한다.

0011 擦 cā 닦다, 칠하다

大热天跑什么跑啊，来，快擦擦额头上的汗。
Dàrètiān pǎo shénme pǎo a, lái, kuài cāca étóu shang de hàn.
더워 죽겠는데 뛰긴 왜 뛰는 거니, 자, 어서 이마에 땀 좀 닦아.

有一次，我被老师罚擦了一个星期的黑板。
Yǒu yí cì, wǒ bèi lǎoshī fá cāle yí ge xīngqī de hēibǎn.
한 번은, 선생님께 1주일 동안 칠판 닦는 벌을 받았어.

관련 표현

擦肩而过 cā jiān ér guò 〈성〉 어깨를 스쳐 지나가다, 가까이 있으면서 인연이 닿지 않다

0012 猜 cāi 추측하다, 알아맞히다

我和朋友在上学的路上，经常玩儿猜谜语。
Wǒ hé péngyou zài shàngxué de lùshang, jīngcháng wánr cāi míyǔ.
나와 친구는 학교 가는 길에 자주 수수께끼 맞추기를 한다.

我们已经猜到了他肯定又是全班第一。
Wǒmen yǐjing cāidàole tā kěndìng yòu shì quán bān dìyī.
우리는 이미 그 친구가 또 반에서 일등할 거라는 걸 알았다.

0013 参观 cānguān 참관하다, 견학하다 [BCT1] 유의 访问 fǎngwèn 방문하다

今天我们全班学生都参观了国家博物馆。
Jīntiān wǒmen quán bān xuésheng dōu cānguānle guójiā bówùguǎn.
오늘 우리 반 전체 학생은 모두 국가 박물관을 견학했다.

通过参观这次展览会，让我进一步了解到新能源开发的重要性。
Tōngguò cānguān zhè cì zhǎnlǎnhuì, ràng wǒ jìn yí bù liǎojiědào xīn néngyuán kāifā de zhòngyàoxìng.
이번 전시회에 참가하면서, 나는 신에너지 개발의 중요성에 대해 더 깊이 알게 되었다.

参观 vs 访问

参观은 실제로 봄으로써 상황이나 설비에 대해 이해하는 것이고, 访问은 목적을 가지고 가서 보고, 사람이나 단체와 직접 접촉해 교류하는 것을 말한다. 访问은 '사람, 도시, 국가' 등을 목적어로 동반할 수 있지만, 参观은 이런 목적어를 동반할 수 없다.

参观贸易博览会 cānguān màoyì bólǎnhuì (O) 무역 박람회를 참관하다
访问贸易博览会 (X)

访问中国 fǎngwèn Zhōngguó (O) 중국을 방문하다
参观中国 (X)

0014 尝 cháng 맛보다, 인생을 경험하다

这是我的拿手菜, 你尝尝。
Zhè shì wǒ de náshǒucài, nǐ chángchang.
이건 내가 가장 잘하는 요리예요. 맛 좀 보세요.
[단어] 拿手菜 náshǒucà 가장 잘 만드는 음식

这几年, 我经历了许许多多的事情, 酸甜苦辣都尝遍了。
Zhè jǐ nián, wǒ jīnglìle xǔxuduōduō de shìqing, suān tián kǔ là dōu chángbiàn le.
요 몇 년, 나는 많은 일들을 겪었고, 인생의 쓴맛 단맛을 모두 맛봤다.

관련 표현

卧薪尝胆 wò xīn cháng dǎn (성) 와신상담, 원수를 갚거나 마음먹은 일을 이루기 위하여 온갖 어려움과 괴로움을 참고 견디다

0015 超过 chāoguò 초과하다, 넘어서다 [BCT1] 유의 超出 chāochū 넘다, 벗어나다

小时候妹妹比我矮, 现在却超过了我。
Xiǎoshíhou mèimei bǐ wǒ ǎi, xiànzài què chāoguòle wǒ.
어릴 때 여동생은 나보다 작았는데, 지금은 나보다 더 크다.

目前上海已经超过北京成为中国最活跃的经济中心。
Mùqián Shànghǎi yǐjing chāoguò Běijīng chéngwéi Zhōngguó zuì huóyuè de jīngjì zhōngxīn.
현재 상하이는 베이징을 넘어 중국에서 가장 활기찬 경제 중심이 되었다.

[단어] 活跃 huóyuè 활기차다, 활기 있다

超过 vs 超出

超过는 수량이 다른 사물보다 많거나 수준이 다른 사람을 능가하는 것을 말하고, 超出는 구체적인 기준이나 범위를 벗어난 것을 말한다. 超过는 추상 명사를 목적어로 동반할 수 없지만, 超出는 추상 명사를 목적어로 동반할 수 있다. 超过는 사람을 가리키는 목적어를 동반할 수 있지만, 超出는 이와 같은 목적어를 동반할 수 없다. 超过와 超出 모두 수량구를 동반할 수 있지만, 뜻은 달라진다.

今天的温度超过了40℃。 오늘 온도가 40도를 넘었어.
Jīntiān de wēndù chāoguòle sìshí shèshìdù.

超出的300元我来出。 초과분 300위엔은 내가 낼게.
Chāochū de sānbǎi yuán wǒ lái chū.

0016 成功 chénggōng 성공하다 반의 **失败** shībài 실패하다

有信心不一定成功，但没有信心一定不能成功。
Yǒu xìnxīn bù yídìng chénggōng, dàn méiyǒu xìnxīn yídìng bù néng chénggōng.
자신감이 있어도 반드시 성공하는 것은 아니지만, 자신감마저 없다면 반드시 성공하지 못할 것이다.

명 성공

坚持！成功就在前面。
Jiānchí! Chénggōng jiù zài qiánmiàn.
버티게! 성공이 바로 코앞에 있어.

> 관련 표현

失败是成功之母 shībài shì chénggōng zhī mǔ 실패는 성공의 어머니
马到成功 mǎ dào chéng gōng 성 순조롭고 신속하게 승리를 쟁취하다, 손쉽게 성공하다

0017 成为 chéngwéi ~이 되다

小时候，我想成为一名外交官。
Xiǎoshíhou, wǒ xiǎng chéngwéi yì míng wàijiāoguān.
어릴 때 나는 외교관이 되고 싶었어.

丽丽原来是他的同学，后来她成为了他的新娘。
Lìli yuánlái shì tā de tóngxué, hòulái tā chéngwéile tā de xīnniáng.
리리는 원래 그의 동창이었는데, 나중에 그녀는 그의 신부가 되었다.

0018 乘坐 chéngzuò (자동차·비행기 등을) 타다

这条游船可以乘坐二百六十位游客。
Zhè tiáo yóuchuán kěyǐ chéngzuò èrbǎi liùshí wèi yóukè.
이 유람선은 260명의 관광객을 태울 수 있다.

前往西安的旅客请注意，您乘坐的CA909次航班马上就要起飞了。
Qiánwǎng Xī'an de lǚkè qǐng zhùyì, nín chéngzuò de CA jiǔ líng jiǔ cì hángbān mǎshàng jiùyào qǐfēi le.
시안으로 가시는 승객께서는 주의하시기 바랍니다. 손님께서 탑승하실 CA909편이 곧 이륙할 예정입니다.

0019 吃惊 chī//jīng 놀라다

让我们吃惊的是，和她要结婚的人竟然是骗子。
Ràng wǒmen chījīng de shì, hé tā yào jiéhūn de rén jìngrán shì piànzi.
우리를 놀라게 한 것은, 그녀와 결혼하기로 한 사람이 사기꾼이라는 것이다.

一会儿妈妈看到我画的一定会大吃一惊的。
Yíhuìr māma kàndào wǒ huà de yídìng huì dà chī yì jīng de.
잠시 후에 엄마가 내가 그린 걸 보시면 틀림없이 깜짝 놀라실 거야.

0020 抽烟 chōu//yān 담배를 피우다 유의 吸烟 xīyān

人们都知道抽烟对身体不好，但是就不能戒烟。
Rénmen dōu zhīdào chōuyān duì shēntǐ bù hǎo, dànshì jiù bù néng jièyān.
사람들은 흡연이 몸에 안 좋다는 걸 다 알지만 끊지를 못한다.

有些人说，饭后抽一支烟，赛过活神仙。
Yǒuxiē rén shuō, fàn hòu chōu yì zhī yān, sàiguò huóshénxiān.
어떤 이들은 식후에 담배 한 대가 신선 놀음보다 더 좋다고 한다.

[단어] **赛过** sàiguò ~ 이상이다, ~보다 낫다 / **活神仙** huóshénxiān 살아 있는 신선, 유유자적한 생활을 하는 사람

관련 표현

吸烟室 xīyānshì 흡연실

0021 出差 chūchāi 출장 가다 [BCT1]

他经常去国外出差，大家称他"空中飞人"。
Tā jīngcháng qù guówài chūchāi, dàjiā chēng tā "kōngzhōng fēirén".
그는 자주 해외 출장을 나가기 때문에 모두들 그를 '비행 인간'이라 부른다.

0022 出发 chūfā 출발하다

明天上午九点半从北京火车站出发。
Míngtiān shàngwǔ jiǔ diǎn bàn cóng Běijīng huǒchēzhàn chūfā.
내일 오전 9시 반에 베이징 기차역에서 출발합니다.

出发时间还没定下来。
Chūfā shíjiān hái méi dìngxialai.
출발 시간은 아직 정해지지 않았어요.

0023 出生 chūshēng 태어나다

他出生在一个普通家庭。
Tā chūshēngzài yí ge pǔtōng jiātíng.
그는 평범한 가정에서 태어났다.

邓小平是1904年出生的。
Dèng Xiǎopíng shì yī jiǔ líng sì nián chūshēng de.
덩샤오핑은 1904년에 태어났다.

0024 出现 chūxiàn 출현하다, 생기다

如果出现新情况，马上就告诉我。
Rúguǒ chūxiàn xīn qíngkuàng, mǎshàng jiù gàosu wǒ.
만약 새로운 상황이 생기면 바로 나한테 알려 줘요.

他突然出现在我眼前。
Tā tūrán chūxiànzài wǒ yǎnqián.
그가 느닷없이 내 눈앞에 나타났다.

0025 存 cún 보존하다, 저금하다

这个不能带进超市，你去那边存一下吧。
Zhège bù néng dàijìn chāoshì, nǐ qù nàbiān cún yíxià ba.
이건 슈퍼마켓 안으로 가지고 들어갈 수 없습니다, 저쪽에 보관해 주세요.

把钱存银行还不如自己拿着。
Bǎ qián cún yínháng hái bùrú zìjǐ názhe.
돈을 은행에 저축하느니 그냥 내가 가지고 있는 게 나아요.

관련 표현

万古长存 wàn gǔ cháng cún 성 (훌륭한 정신이나 품성이) 영원히 빛나다

0026 打扮 dǎban 꾸미다, 치장하다

她今天打扮得真漂亮，真像是一名模特！
Tā jīntiān dǎban de zhēn piàoliang, zhēn xiàng shì yì míng mótè!
그녀는 오늘 정말 예쁘게 꾸몄다, 정말이지 꼭 모델 같아!

她爱打扮，每个月的工资几乎都花在买衣服上。
Tā ài dǎban, měi ge yuè de gōngzī jīhū dōu huāzài mǎi yīfu shang.
그녀는 멋 내는 걸 좋아해서, 매달 월급을 거의 옷 사는 데 다 써.

0027 打扰 dǎrǎo 폐를 끼치다, 귀찮게 하다

打扰一下，请问这个办公室有位朱丽叶小姐吗?
Dǎrǎo yíxià, qǐngwèn zhège bàngōngshì yǒu wèi Zhūlìyè xiǎojiě ma?
죄송합니다만, 이 사무실에 줄리엣 양이 계신가요?

孩子睡了，别打扰他。
Háizi shuì le, bié dǎrǎo ta.
아이가 잠들었으니, 귀찮게 하지 마세요.

0028 打印 dǎyìn 출력하다, 인쇄하다 [BCT1] 참고 打印机 dǎyìnjī 프린터

这些资料先不用打印出来，需要时我再告诉你。
Zhèxiē zīliào xiān bú yòng dǎyìnchulai, xūyào shí wǒ zài gàosu nǐ.
이 자료들은 우선 출력하지 마세요, 필요할 때 내가 다시 얘기할게요.

0029 打招呼 dǎ zhāohu 인사하다, 안부를 묻다, 통지하다

走的时候别忘了向老师打个招呼。
Zǒu de shíhou bié wàngle xiàng lǎoshī dǎ ge zhāohu.
갈 때 선생님께 인사 드리는 거 잊지 마.

这么重要的事你怎么不跟我们打招呼呢?
Zhème zhòngyào de shì nǐ zěnme bù gēn wǒmen dǎ zhāohu ne?
이렇게 중요한 일을 너는 왜 우리에게 알리지 않았니?

0030 打折 dǎ//zhé 할인하다 [BCT1]

这是新产品,不打折。
Zhè shì xīn chǎnpǐn, bù dǎzhé.
이것은 신제품이라 할인하지 않습니다.

全场打对折,我们多买几件吧。
Quánchǎng dǎ duìzhé, wǒmen duō mǎi jǐ jiàn ba.
물건 전체를 50퍼센트 할인한대. 우리 몇 벌 더 사자.

0031 打针 dǎ//zhēn 주사를 맞다(놓다)

在医院里,经常可以看到小孩子们因为打针而大哭。
Zài yīyuàn li, jīngcháng kěyǐ kàndào xiǎoháizimen yīnwèi dǎzhēn ér dà kū.
병원에서는 어린아이들이 주사를 맞고 엉엉 우는 것을 자주 볼 수 있다.

你的感冒不那么严重,打一个针,吃点药就好了。
Nǐ de gǎnmào bú nàme yánzhòng, dǎ yí ge zhēn, chī diǎn yào jiù hǎo le.
환자분의 감기는 그리 심각하지 않으니, 주사 한 대 맞고, 약을 좀 드시면 좋아질 겁니다.

관련 표현

针尖儿对麦芒 zhēnjiānr duì màimáng 관용 첨예하게 대립하여 서로 양보하지 않다, 팽팽하게 맞서다, 날카로운 사람끼리 맞서다

0032 戴 dài 착용하다, 쓰다

今天特别热,出门戴帽子吧。
Jīntiān tèbié rè, chūmén dài màozi ba.
오늘은 너무 더우니까 나갈 때 모자를 써.

你头上戴的发夹真漂亮。
Nǐ tóushang dài de fàjiā zhēn piàoliang.
네 머리에 꽂은 머리핀 정말 예쁘다.

[단어] 发夹 fàjiā 머리핀, 헤어핀

관련 표현

戴高帽儿 dài gāomàor 관용 치켜세우다

不共戴天 bú gòng dài tiān 성 같은 하늘 아래 살 수 없다, 불구대천, 원한이 깊다

戴罪立功 dài zuì lì gōng 성 공을 세워 속죄하다

0033 **当** dāng 담당하다, 맡다

你刚来这儿工作三年当了部长，这真不容易。
Nǐ gāng lái zhèr gōngzuò sān nián dāngle bùzhǎng, zhè zhēn bù róngyì.
자네 여기 와서 일한 지 3년 만에 부장이 되다니, 정말 대단해.

哎呀，我把盐当做糖了。
Āiyā, wǒ bǎ yán dāngzuò táng le.
어머나, 내가 소금을 설탕으로 알았지 뭐야.

형 dàng 적절하다

对不起，是我用词不当。
Duìbuqǐ, shì wǒ yòng cí bú dàng.
죄송해요, 제가 단어를 잘못 사용했습니다.

동 dàng ~에 필적하다, ~이라 생각하다, ~으로 삼다

以一当百。
Yǐ yí dàng bǎi
일당백

她把水果当饭吃。
Tā bǎ shuǐguǒ dàng fàn chī.
그녀는 과일을 밥으로 먹는다.

他当家里是旅馆。
Tā dàng jiā li shì lǚguǎn.
그는 집을 여관으로 생각한다.

4급 동사

🔵 관련 표현

当回事儿 dàng huí shìr 관용 중시하다, 진지하게 여기다

当务之急 dāng wù zhī jí 성 급선무

门当户对 mén dāng hù duì 성 혼인 관계에 있어서 남녀 두 집안이 엇비슷하다

0034 倒 dào 따르다, 거꾸로 되다, 뒤집히다

哥们，给我倒酒，好吗？
Gēmen, gěi wǒ dào jiǔ, hǎo ma?
자네, 나한테 술 좀 따라 주겠나?

垃圾桶满了，把它倒了。
Lājītǒng mǎn le, bǎ tā dào le.
휴지통이 꽉 찼어, 비워 버려.

不能把箱子倒过来，里面是玻璃杯。
Bù néng bǎ xiāngzi dàoguolai, lǐmiàn shì bōlíbēi.
박스를 거꾸로 놓으면 안돼요, 안에 유리잔이 들어 있어요.

倒车的时候必须看好行人。
Dào chē de shíhou bìxū kànhǎo xíngrén.
후진할 때는 꼭 행인을 잘 봐야 한다.

🔵 부 오히려

我倒无所谓，你去安慰他吧。
Wǒ dào wúsuǒwèi, nǐ qù ānwèi tā ba.
나는 괜찮아요, 저 친구를 위로해 주세요.

说实在的，我倒不反对这门喜事。
Shuō shízài de, wǒ dào bù fǎnduì zhè mén xǐshì.
솔직히, 나는 이 혼사를 반대하지 않아요.

🔵 동 dǎo 넘어지다, 망하다

由于台风的影响，街上的树都倒了。
Yóuyú táifēng de yǐngxiǎng, jiē shang de shù dōu dǎo le.
태풍의 영향으로 길가의 나무까지 쓰러졌다.

这个餐厅开了不到一年就倒了。
Zhè ge cāntīng kāile bú dào yì nián jiù dǎo le.
이 식당은 개업한 지 1년도 안 되어 망했다.

관련 표현

颠三倒四 diān sān dǎo sì 〈성〉 (말·행동·일처리 등이) 순서가 없다, 뒤죽박죽이다
倒背如流 dào bèi rú liú 〈성〉 시문을 매우 잘 알다, 시문을 막힘없이 줄줄 외우다
倒行逆施 dào xíng nì shī 〈성〉 도리에 어긋나는 짓을 하다, 시대의 흐름에 역행하다
排山倒海 pái shān dǎo hǎi 〈성〉 산을 밀어 치우고 바다를 뒤집어 엎다, 위세·위력이 대단하다

0035 **道歉** dào//qiàn 사과하다 [BCT1] 〈유의〉**抱歉** bàoqiàn

很抱歉，我家孩子不懂事，我代替他向你们道歉。
Hěn bàoqiàn, wǒ jiā háizi bù dǒngshì, wǒ dàitì tā xiàng nǐmen dàoqiàn.
대단히 죄송합니다. 우리 집 아이가 철이 없어서요. 제가 그 앨 대신해서 여러분께 사과 드립니다.

做错事情要及时向人家道个歉。
Zuòcuò shìqing yào jíshí xiàng rénjiā dào ge qiàn.
잘못을 했으면 제때 상대방에게 사과를 해야 한다.

道歉 vs 抱歉

道歉은 구체적인 행동으로 미안함을 표시하는 것이고, 抱歉은 미안한 마음을 갖고 있는 것이다. 道歉은 주로 '向…道歉' 형식으로 쓰며, 抱歉은 주로 '很, 非常, 十分' 등의 정도 부사를 동반한다.

我已经向他道过歉了。 난 이미 그에게 사과를 했어요.
Wǒ yǐjīng xiàng tā dàoguo qiàn le.

很抱歉，我没及时通知你。 죄송해요. 제가 제때 알려 드리지 못했습니다.
Hěn bàoqiàn, wǒ méi jíshí tōngzhī nǐ.

0036 **得意** déyì 득의양양하다, 만족스럽다 〈반의〉**失意** shīyì 실의하다

他很得意地跟我说，他考上出国考试了。
Tā hěn déyì de gēn wǒ shuō, tā kǎoshàng chūguó kàoshì le.
그는 의기양양하게 유학 시험에 붙었다고 내게 말했다.

看他那得意的样子，好像天下他最伟大。
Kàn tā nà déyì de yàngzi, hǎoxiàng tiānxià tā zuì wěidà.
저 친구 득의양양한 모습을 보니, 꼭 세상에서 자기가 가장 위대한 사람 같아 보이는 군.

관련 표현

春风得意 chūn fēng dé yì 〈성〉 일이 잘 풀려 즐거워하다
得意忘形 dé yì wàng xíng 〈성〉 조그만 성공에 자신의 처지를 잊다
得意洋洋 dé yì yáng yáng 〈성〉 득의양양하다
自鸣得意 zì míng dé yì 〈성〉 의기양양해하다, 우쭐거리다

0037 调查 diàochá 조사하다 [BCT1]

经过调查发现，越来越多的女性结婚后不愿意放弃工作。
Jīngguò diàochá fāxiàn, yuèláiyuè duō de nǚxìng jiéhūn hòu bú yuànyì fàngqì gōngzuò.
조사를 통해, 갈수록 많은 여성들이 결혼 후에 일을 그만두고 싶어하지 않는다는 것을 알게 되었다.

관련 표현

调查员 diàocháyuán 조사원 / **调查表** diàochábiǎo 조사표 / **抽样调查** chōuyàng diàochá 표본 추출 조사 / **现场调查** xiànchǎng diàochá 현장 조사

0038 掉 diào 떨어지다, 없어지다, 줄어들다, 돌리다

这样的天气恐怕枫叶都掉光了。
Zhèyàng de tiānqì kǒngpà fēngyè dōu diàoguāng le.
이런 날씨에는 아마도 단풍이 다 떨어질 거야.

衣服上的扣子怎么掉了一个？
Yīfu shang de kòuzi zěnme diàole yí ge?
옷 단추가 하나 떨어졌네?

新买的毛衣掉毛严重。
Xīn mǎi de máoyī diào máo yánzhòng.
새로 산 카디건의 털 빠짐이 장난 아닌데.

师傅，这里掉头，回到原来的地方去。
Shīfu, zhèli diàotóu, huídào yuánlái de dìfang qù.
기사님, 여기서 유턴해서 출발한 곳으로 가 주세요.

▶ [보어] 원래 있던 곳에서 떠나감을 나타낸다.

他们估计都跑掉了。
Tāmen gūjì dōu pǎodiào le.
그들은 아마도 다 도망쳤을 걸.

🔷 관련 표현

颠三倒四 diān sān dǎo sì 〈성〉 (말·행동·일처리 등이) 순서가 없다, 뒤죽박죽이다
倒背如流 dào bèi rú liú 〈성〉 시문을 매우 잘 알다, 시문을 막힘없이 줄줄 외우다
倒行逆施 dào xíng nì shī 〈성〉 도리에 어긋나는 짓을 하다, 시대의 흐름에 역행하다
排山倒海 pái shān dǎo hǎi 〈성〉 산을 밀어 치우고 바다를 뒤집어 엎다, 위세·위력이 대단하다

0035 **道歉** dào//qiàn 사과하다 [BCT1] 〈유의〉 抱歉 bàoqiàn

很抱歉，我家孩子不懂事，我代替他向你们道歉。
Hěn bàoqiàn, wǒ jiā háizi bù dǒngshì, wǒ dàitì tā xiàng nǐmen dàoqiàn.
대단히 죄송합니다. 우리 집 아이가 철이 없어서요. 제가 그 앨 대신해서 여러분께 사과 드립니다.

做错事情要及时向人家道个歉。
Zuòcuò shìqing yào jíshí xiàng rénjiā dào ge qiàn.
잘못을 했으면 제때 상대방에게 사과를 해야 한다.

道歉 vs 抱歉

道歉은 구체적인 행동으로 미안함을 표시하는 것이고, 抱歉은 미안한 마음을 갖고 있는 것이다. 道歉은 주로 '向…道歉' 형식으로 쓰며, 抱歉은 주로 '很, 非常, 十分' 등의 정도 부사를 동반한다.

我已经向他道过歉了。 난 이미 그에게 사과를 했어요.
Wǒ yǐjīng xiàng tā dàoguo qiàn le.

很抱歉，我没及时通知你。 죄송해요. 제가 제때 알려 드리지 못했습니다.
Hěn bàoqiàn, wǒ méi jíshí tōngzhī nǐ.

0036 **得意** déyì 득의양양하다, 만족스럽다 〈반의〉 失意 shīyì 실의하다

他很得意地跟我说，他考上出国考试了。
Tā hěn déyì de gēn wǒ shuō, tā kǎoshàng chūguó kàoshì le.
그는 의기양양하게 유학 시험에 붙었다고 내게 말했다.

看他那得意的样子，好像天下他最伟大。
Kàn tā nà déyì de yàngzi, hǎoxiàng tiānxià tā zuì wěidà.
저 친구 득의양양한 모습을 보니, 꼭 세상에서 자기가 가장 위대한 사람 같아 보이는 군.

관련 표현

春风得意 chūn fēng dé yì 〈성〉 일이 잘 풀려 즐거워하다
得意忘形 dé yì wàng xíng 〈성〉 조그만 성공에 자신의 처지를 잊다
得意洋洋 dé yì yáng yáng 〈성〉 득의양양하다
自鸣得意 zì míng dé yì 〈성〉 의기양양해하다, 우쭐거리다

0037 调查 diàochá 조사하다 [BCT1]

经过调查发现，越来越多的女性结婚后不愿意放弃工作。
Jīngguò diàochá fāxiàn, yuèláiyuè duō de nǚxìng jiéhūn hòu bú yuànyì fàngqì gōngzuò.
조사를 통해, 갈수록 많은 여성들이 결혼 후에 일을 그만두고 싶어하지 않는다는 것을 알게 되었다.

관련 표현

调查员 diàocháyuán 조사원 / **调查表** diàochábiǎo 조사표 / **抽样调查** chōuyàng diàochá 표본 추출 조사 / **现场调查** xiànchǎng diàochá 현장 조사

0038 掉 diào 떨어지다, 없어지다, 줄어들다, 돌리다

这样的天气恐怕枫叶都掉光了。
Zhèyàng de tiānqì kǒngpà fēngyè dōu diàoguāng le.
이런 날씨에는 아마도 단풍이 다 떨어질 거야.

衣服上的扣子怎么掉了一个?
Yīfu shang de kòuzi zěnme diàole yí ge?
옷 단추가 하나 떨어졌네?

新买的毛衣掉毛严重。
Xīn mǎi de máoyī diào máo yánzhòng.
새로 산 카디건의 털 빠짐이 장난 아닌데.

师傅，这里掉头，回到原来的地方去。
Shīfu, zhèli diàotóu, huídào yuánlái de dìfang qù.
기사님, 여기서 유턴해서 출발한 곳으로 가 주세요.

▶ [보어] 원래 있던 곳에서 떠나감을 나타낸다.

他们估计都跑掉了。
Tāmen gūjì dōu pǎodiào le.
그들은 아마도 다 도망쳤을 걸.

관련 표현

老掉牙 lǎo diào yá 〈관용〉 낡아빠지다, 고리타분하다
天上不会掉下馅饼 tiānshàng bú huì diàoxia xiànbǐng 〈관용〉 세상에 공짜는 없다

0039 丢 diū 잃어버리다, 방치하다

我把钱包丢在出租车上了。
Wǒ bǎ qiánbāo diūzài chūzūchē shang le.
나는 지갑을 택시에 놓고 내렸다.

我从来没丢过东西。
Wǒ cónglái méi diūguo dōngxi.
나는 한 번도 뭘 잃어버린 적이 없어.

他丢下手里的活儿就出去了。
Tā diūxià shǒuli de huór jiù chūqu le.
그는 하고 있던 일을 놓고 나가 버렸다.

관련 표현

丢面子 diū miànzi 체면을 잃다, 망신당하다
丢三落四 diū sān là sì 〈성〉 잘 빠뜨리다, 잘 잊어버리다
丢卒保车 diū zú bǎo jū 〈성〉 장기에서 졸(卒)을 버려서 차(車)를 지키다. 부차적인 것을 버리고 중요한 것을 지키다. (*이때 车는 'jū'로 읽는다.)

0040 堵车 dǔ//chē 차가 막히다

那个地方老堵车, 你最好坐地铁去。
Nàge dìfang lǎo dǔchē, nǐ zuìhǎo zuò dìtiě qù.
그곳은 늘 차가 막히니까 너는 지하철을 타고 가는 게 좋을 거야.

堵车堵了两个小时, 我连面试的时间都错过了。
Dǔchē dǔle liǎng ge xiǎoshí, wǒ lián miànshì de shíjiān dōu cuòguo le.
차가 두 시간이나 정체되는 바람에, 나는 면접 시간까지 놓쳤지 뭐야.

0041 发生 fāshēng 발생하다, 일어나다

今天班里发生了一件不愉快的事情。
Jīntiān bān li fāshēngle yí jiàn bù yúkuài de shìqing.
오늘 반에서 기분 안 좋은 일이 발생했다.

这里好像什么都没发生过。
Zhèli hǎoxiàng shénme dōu méi fāshēngguo.
여긴 마치 아무 일도 일어나지 않았던 것 같아요.

0042 发展 fāzhǎn 발전하다, 발전시키다 [BCT1]

这几年，这个城市发展得很快，知名度也高了。
Zhè jǐ nián, zhège chéngshì fāzhǎn de hěn kuài, zhīmíngdù yě gāo le.
근 몇 년 사이, 이 도시는 빠르게 발전했고, 지명도도 높아졌다.

外国优秀文学对中国现代文学的发展有很大影响。
Wàiguó yōuxiù wénxué duì Zhōngguó xiàndài wénxué de fāzhǎn yǒu hěn dà yǐngxiǎng.
외국의 우수한 문학은 중국 현대 문학의 발전에 큰 영향을 끼쳤다.

0043 翻译 fānyì 번역하다, 통역하다

金部长，您的资料我已经翻译完了。
Jīn bùzhǎng, nín de zīliào wǒ yǐjing fānyìwán le.
김 부장님, 부장님 자료는 이미 번역을 마쳤습니다.

명 번역(사), 통역(사)

给你们介绍一下，这位是我们公司的翻译。
Gěi nǐmen jièshào yíxià, zhè wèi shì wǒmen gōngsī de fānyì.
여러분께 소개해 드리지요. 이분은 우리 회사의 통역사입니다.

0044 反对 fǎnduì 반대하다 반의 同意 tóngyì, 赞成 zànchéng 동의하다

不能为了反对而反对。
Bù néng wèile fǎnduì ér fǎnduì.
반대를 위한 반대를 해서는 안 된다.

他们一直反对我们的意见。
Tāmen yìzhí fǎnduì wǒmen de yìjiàn.
그들은 계속 우리들의 의견에 반대하고 있다.

0045 放弃 fàngqì 포기하다, 버리다

你已经学了一年汉语,现在放弃是不是可惜呀?
Nǐ yǐjing xuéle yì nián Hànyǔ, xiànzài fàngqì shì bu shì kěxī ya?
넌 이미 1년 동안 중국어를 배웠는데, 지금 그만두면 아깝지 않을까?

0046 放暑假 fàng shǔjià 여름 방학을 하다

快要放暑假了,你们打算做什么?
Kuài yào fàng shǔjià le, nǐmen dǎsuan zuò shénme?
곧 여름 방학인데, 너희들 뭘 할 거니?

学校放了一个多月的暑假,麦克打算回国。
Xuéxiào fàngle yí ge duō yuè de shǔjià, Màikè dǎsuan huíguó.
학교가 한 달 넘게 여름 방학을 하기 때문에 마이크는 귀국할 생각이다.

0047 放松 fàngsōng 긴장을 풀다, 느슨하게 하다

周末了,大家一起放松一下吧!
Zhōumò le, dàjiā yìqǐ fàngsōng yíxià ba!
주말이네요, 우리 같이 기분을 풀어 봐요!

学习外语,一天也不能放松。
Xuéxí wàiyǔ, yìtiān yě bù néng fàngsōng.
외국어를 공부할 때는 하루라도 게으름을 피우면 안 된다.

0048 符合 fúhé 부합하다, 맞다

他的看法总是不符合实际。
Tā de kànfǎ zǒngshì bù fúhé shíjì.
그의 관점은 언제나 실제와 동떨어져 있다.

你们的产品符合顾客的要求。
Nǐmen de chǎnpǐn fúhé gùkè de yāoqiú.
귀사의 제품은 고객의 요구 조건에 맞군요.

0049 付款 fù//kuǎn 돈을 지불하다 [BCT2]

请到收银台结账付款。
Qǐng dào shōuyíntái jiézhàng fùkuǎn.
계산대에 가서서 계산해 주세요.

我朋友买了期房，已经付了40%。
Wǒ péngyou mǎile qīfáng, yǐjing fùle bǎifēnzhī sìshí.
내 친구는 분양 주택을 샀는데, 이미 40%를 지불했다.

[단어] 期房 qīfáng 분양 주택

0050 负责 fùzé 책임지다

我负责车间管理工作，有问题就找我。
Wǒ fùzé chējiān guǎnlǐ gōngzuò, yǒu wèntí jiù zhǎo wǒ.
제가 현장 관리 업무를 맡고 있으니, 문제가 있으면 저를 찾아오세요.

형 책임감이 강하다

他对工作认真负责的态度，值得我们一学。
Tā duì gōngzuò rènzhēn fùzé de tàidù, zhí de wǒmen yì xué.
그의 업무에 대한 진지하고 책임감 있는 태도는 우리가 배울 만하다.

0051 复印 fùyìn 복사하다 [BCT1] 참고 复印机 fùyìnjī 복사기

把这个文件复印十份，一会儿开会的时候发给大家。
Bǎ zhège wénjiàn fùyìn shí fèn, yíhuìr kāi huì de shíhou fāgěi dàjiā.
이 문서를 10부 복사해서, 잠시 후에 회의할 때 모두에게 나누어 주세요.

0052 改变 gǎibiàn 바꾸다

不能改变这个世界就改变自己。
Bù néng gǎibiàn zhège shìjiè jiù gǎibiàn zìjǐ.
세상을 바꿀 수 없다면 당신 자신을 변화시키세요.

环境可以改变人，一个人也改变另一个人。
Huánjìng kěyǐ gǎibiàn rén, yí ge rén yě gǎibiàn lìng yí ge rén.
환경은 사람을 변화시킬 수 있고, 한 개인도 다른 한 사람을 변화시킬 수 있다.

0053 干杯 gān//bēi 건배하다

干了这杯酒，我就先失陪了。
Gānle zhè bēi jiǔ, wǒ jiù xiān shīpéi le.
이 잔을 비우고, 저는 먼저 실례하겠습니다.

为了我们两家的合作成功，干杯！
Wèile wǒmen liǎng jiā de hézuò chénggōng, gānbēi!
우리 두 회사의 거래 성사를 위해, 건배!

0054 赶 gǎn 뒤쫓다, 서두르다, 내쫓다

现在出发就可以赶上火车。
Xiànzài chūfā jiù kěyǐ gǎnshàng huǒchē.
지금 출발하면 기차를 탈 수 있어요.

乞丐被赶走了。
Qǐgài bèi gǎnzǒu le.
거지가 쫓겨났다.

这两天好事坏事都赶到一起来了。
Zhè liǎngtiān hǎoshì huàishì dōu gǎndào yìqǐ lái le.
요즘 좋은 일 나쁜 일이 모두 한꺼번에 몰려왔다.

0055 感动 gǎndòng 감동하다, 감동을 받다, 감동시키다 유의 激动 jīdòng

你给我做的一切太让我感动了。
Nǐ gěi wǒ zuò de yíqiè tài ràng wǒ gǎndòng le.
당신이 나를 위해 해 주신 모든 것들이 나를 무척 감동시켰어요.

收到同学们准备的生日礼物，她感动得流泪了。
Shōudào tóngxuémen zhǔnbèi de shēngrì lǐwù, tā gǎndòng de liúlèi le.
친구들이 준비한 생일 선물을 받고, 그녀는 감동의 눈물을 흘렸다.

感动 vs 激动

激动의 주어와 목적어는 사람, 사상, 감정과 관계된 단어가 될 수 있지만, 感动의 주어와 목적어는 주로 사람과 관계된 단어이다. 感动은 종종 '受' 동사의 목적어가 되기도 하지만, 激动에는 이러한 용법이 없다.

很受感动 hěn shòu gǎndòng (O) 감동을 받았다 / **很受激动** (X)

0056 感觉 gǎnjué 느끼다

吃过药之后，我感觉好多了。
Chīguo yào zhīhòu, wǒ gǎnjué hǎoduō le.
약을 먹은 후에, 나는 훨씬 나아진 것 같았다.

명 감상, 느낌

不能只跟着感觉走，多思考才能不后悔。
Bù néng zhǐ gēnzhe gǎnjué zǒu, duō sīkǎo cái néng bú hòuhuǐ.
느낌에만 의존해서는 안 되고, 많이 생각해야 후회하지 않는다.

0057 感谢 gǎnxiè 감사하다

非常感谢贵公司对我们的信任。
Fēicháng gǎnxiè guì gōngsī duì wǒmen de xìnrèn.
귀사의 저희에 대한 신뢰에 진심으로 감사드립니다.

0058 干 gàn 하다 做 zuò, 作 zuò

今天我什么都不想干。
Jīntiān wǒ shénme dōu bù xiǎng gàn.
오늘 나는 아무것도 하고 싶지 않아.

他是干什么的?
Tā shì gàn shénme de?
저 사람은 뭐하는 사람이죠?

0059 购物 gòuwù 물건을 사다 BCT1

참고 购物中心 gòuwù zhōngxīn 쇼핑센터

现在网上购物已经成为了一种普遍的现象。
Xiànzài wǎngshàng gòuwù yǐjing chéngwéle yì zhǒng pǔbiàn de xiànxiàng.
오늘날 인터넷 쇼핑은 이미 보편적인 현상이 되었다.

购物对于女人来说，是一项永远不会累的运动。
Gòuwù duìyú nǚrén láishuō, shì yí xiàng yǒngyuǎn bú huì lèi de yùndòng.
쇼핑은 여인에게 있어, 영원히 지치지 않는 운동이다.

0060 够 gòu 충분하다, 닿다

这些菜够两个人吃三天了。
Zhèxiē cài gòu liǎng ge rén chī sān tiān le.
이 정도 음식이면 두 사람이 3일은 충분히 먹어요.

我已经够了，剩下的留着你们用吧。
Wǒ yǐjing gòu le, shèngxià de liúzhe nǐmen yòng ba.
나는 이미 충분하니, 남은 건 너희들이 두고 써.

부 매우

▶ 주로 '够…的(了)' 형식으로 쓴다.

这孩子够聪明的了，才四岁还会写字。
Zhè háizi gòu cōngming de le, cái sì suì hái huì xiězì.
이 아이는 엄청 똘똘해서, 네 살밖에 안 되었는데 글씨를 다 쓸 줄 안다니까.

▶ [보어] 동사 뒤에 쓰여 동작 또는 변화의 결과를 나타낸다.

我还没玩够，哥，我们再玩一个小时吧。
Wǒ hái méi wángòu, gē, wǒmen zài wán yí ge xiǎoshí ba.
난 아직 실컷 못 놀았어, 형, 우리 한 시간만 더 놀자.

관련 표현

不够意思 bú gòu yìsi 관용 (친구 간에) 의리가 없다, 성의가 부족하다
够可以的 gòu kěyǐ de 관용 대단하다, 너무하다

0061 估计 gūjì 예측하다, 추측하다

天上乌云密布，估计要下雨了。
Tiān shang wū yún mì bù, gūjì yào xiàyǔ le.
하늘에 먹구름이 잔뜩 낀 것이, 비가 오려나 봐.

[단어] 乌云密布 wū yún mì bù 먹구름이 짙게 깔리다

我估计这件事不能一两天就解决。
Wǒ gūjì zhè jiàn shì bù néng yìliǎng tiān jiù jiějué.
내가 보건대 이 일은 하루 이틀 만에 해결될 게 아니야.

[단어] 一两天 yìliǎng tiān 하루 이틀, 금명간

0062 鼓励 gǔlì 격려하다 ☐☐☐

他和以前一样对我很好，还经常鼓励我。
Tā hé yǐqián yíyàng duì wǒ hěn hǎo, hái jīngcháng gǔlì wǒ.
그는 예전같이 나에게 잘해 주고, 늘 나를 격려해 준다.

请大家给他鼓励鼓励吧。
Qǐng dàjiā gěi tā gǔligǔli ba.
여러분 그를 격려해 주세요.

0063 挂 guà 걸다 ☐☐☐

我们把这幅山水画挂在客厅里吧。
Wǒmen bǎ zhè fú shānshuǐhuà guàzài kètīng li ba.
우리 이 산수화를 거실에 걸어요.

那件事一直挂在心上，怎么也忘不了。
Nà jiàn shì yìzhí guàzài xīn shang, zěnme yě wàngbuliǎo.
그 일이 계속 마음속에 남아 아무리 노력해도 잊히지 않는다.

동 전화를 끊다

那我先挂了。
Nà wǒ xiān guà le.
그럼 내가 먼저 끊을게.

관련 표현

脸上挂不住 liǎn shang guàbuzhù **관용** 몹시 부끄러워 견딜 수가 없다, 쑥스럽다
不足挂齿 bù zú guà chǐ **성** 말할 것도 없다, 보잘것없다

0064 管理 guǎnlǐ 관리하다 [BCT1] ☐☐☐

我以前管理过一千人的工厂，要管理三、四百人应该没问题。
Wǒ yǐqián guǎnlǐguo yì qiān rén de gōngchǎng, yào guǎnlǐ sān、sìbǎi rén yīnggāi méi wèntí.
제가 전에 천 명 되는 공장을 관리해 봐서 3, 4백 명 관리하는 건 문제될 게 없습니다.

明星的博客是专门有人管理的。
Míngxīng de bókè shì zhuānmén yǒu rén guǎnlǐ de.
스타의 블로그는 전문적으로 누군가가 관리하는 거야.

[단어] 博客 bókè 블로그(blog)

0065 逛 guàng 돌아다니다, 구경하다

公司附近开了一家大卖场，我和同事们喜欢去那儿逛。
Gōngsī fùjìn kāile yì jiā dàmàichǎng, wǒ hé tóngshìmen xǐhuan qù nàr guàng.
회사 근처에 대형 마트가 생겨서, 나와 동료들은 그곳에 구경 가는 걸 좋아해.

[단어] **大卖场** dàmàichǎng (신조어) 대형 할인 마트, 창고형 매장

老天爷知道我们今天出来逛逛，天气变暖和了。
Lǎotiānyé zhīdào wǒmen jīntiān chūlai guàngguang, tiānqì biàn nuǎnhuo le.
하늘도 우리가 오늘 쇼핑 나온 걸 아시는지, 날씨가 따뜻해졌어.

관련 표현

东游西逛 dōng yóu xī guàng 〈성〉 이리저리 돌아다니다

0066 规定 guīdìng 규정하다 [BCT1]

公司规定员工每天上下班都要打卡。
Gōngsī guīdìng yuángōng měitiān shàngxiàbān dōu yào dǎkǎ.
회사에서는 직원들이 매일 출퇴근할 때 출근 카드를 찍도록 규정하고 있다.

명 규정

不好意思，这是我们商店的规定，我也没办法。
Bùhǎoyìsi, zhè shì wǒmen shāngdiàn de guīdìng, wǒ yě méi bànfǎ.
죄송합니다, 이건 저희 상점의 규정인지라 저도 어쩔 수가 없습니다.

0067 害羞 hài//xiū 부끄러워하다, 수줍어하다 유의 腼腆 miǎntiǎn

这孩子害羞得脸都变红了。
Zhè háizi hàixiū de liǎn dōu biànhóng le.
이 아이는 수줍은 나머지 얼굴까지 빨개졌다.

你们又不是不认识，害什么羞啊?
Nǐmen yòu bú shì bú rènshi, hài shénme xiū a?
서로 모르는 사이도 아닌데, 뭘 수줍어하고 그래요?

0068 合格 hégé 합격하다 [BCT1]

这门考试至少要达到60分才能合格。
Zhè mén kǎoshì zhìshǎo yào dádào liùshí fēn cái néng hégé.
이 시험은 최소한 60점은 되어야 합격합니다.

这是产品质量合格证书，请慢慢看一下。
Zhè shì chǎnpǐn zhìliàng hégé zhèngshū, qǐng mànmān kàn yíxià.
이것은 제품 품질 합격 증서입니다. 천천히 보세요.

0069 后悔 hòuhuǐ 후회하다

你可要想好了，别到时候后悔。
Nǐ kě yào xiǎnghǎo le, bié dào shíhou hòuhuǐ.
너 잘 생각해. 그때 가서 후회하지 말고.

我这一辈子最后悔的事情是不孝顺父母。
Wǒ zhè yíbèizi zuì hòuhuǐ de shìqing shì bú xiàoshùn fùmǔ.
내 평생 가장 후회스러운 일은 부모님께 효도하지 못한 것이네.

관련 표현

后悔莫及 hòu huǐ mò jí 성 후회막급이다, 후회해도 소용없다

0070 怀疑 huáiyí 의심하다 유의 疑心 yíxīn 반의 相信 xiāngxìn 믿다

我们可不能随便怀疑别人。
Wǒmen kě bù néng suíbiàn huáiyí biérén.
우리는 함부로 다른 사람을 의심해서는 안 된다.

0071 回忆 huíyì 기억하다, 추억하다 유의 记忆 jìyì 참고 回忆录 huíyìlù 회고록

我都毕业十年了，还经常回忆大学的美好时光。
Wǒ dōu bìyè shí nián le, hái jīngcháng huíyì dàxué de měihǎo shíguāng.
나는 졸업한 지 10년이 되었건만, 여전히 대학 시절의 즐거웠던 시간을 회상하곤 한다.

명 추억

旅行可以给我们留下美好的回忆。
Lǚxíng kěyǐ gěi wǒmen liúxià měihǎo de huíyì.
여행은 우리에게 아름다운 추억을 남겨 준다.

0072 获得 huòdé 얻다, 획득하다

这位选手在奥运会上获得金牌。
Zhè wèi xuǎnshǒu zài àoyùnhuì shang huòdé jīnpái.
이 선수는 올림픽에서 금메달을 땄어.

大学期间，我获得过六次奖学金。
Dàxué qījiān, wǒ huòdéguo liù cì jiǎngxuéjīn.
대학 시절, 나는 장학금을 여섯 차례 받았어.

0073 积累 jīlěi 쌓다, 축적하다 BCT2

学习语言就是一个不断积累的过程。
Xuéxí yǔyán jiù shì yí ge búduàn jīlěi de guòchéng.
언어를 공부하는 것은 꾸준히 축적해 가는 과정이다.

我参加这次比赛，主要是为了积累经验。
Wǒ cānjiā zhè cì bǐsài, zhǔyào shì wèile jīlěi jīngyàn.
내가 이번 시합에 참가한 것은 경험을 쌓기 위함이야.

0074 计划 jìhuà 계획하다 유의 打算 dǎsuan

你们就按照计划好的路线走吧，我们支持你们。
Nǐmen jiù ànzhào jìhuàhǎo de lùxiàn zǒu ba, wǒmen zhīchí nǐmen.
여러분은 계획한 노선을 따라 가세요, 우리는 여러분을 응원합니다.

명 계획

我们已经做好了下个月的生产计划。
Wǒmen yǐjing zuòhǎole xià ge yuè de shēngchǎn jìhuà.
우리는 이미 다음 달의 생산 계획을 세워 두었다.

관련 표현

计划没有变化快 jìhuà méiyǒu biànhuà kuài 관용 일을 계획대로 진행한다 해도 새로운 상황이 나타날 수 있으니 그에 맞게 대처해야 한다
(※ 이 관용어는 중국인들이 아주 많이 쓰는 표현입니다. 꼭 알아 두세요!)

0075 继续 jìxù 계속하다

我敢说他的成功会继续下去。
Wǒ gǎn shuō tā de chénggōng huì jìxùxiaqu.
저는 감히 그의 성공이 계속될 것이라 말할 수 있습니다.

我走了，大家继续讨论。
Wǒ zǒu le, dàjiā jìxù tǎolùn.
저는 갈게요. 여러분은 계속 토론하세요.

명 연속

今天是昨天的继续。
Jīntiān shì zuótiān de jìxù.
오늘의 어제의 연속이다.

0076 寄 jì 우편으로 부치다

我想把这些东西寄到新加坡去。
Wǒ xiǎng bǎ zhèxiē dōngxi jìdào Xīnjiāpō qù.
나는 이 물건들을 싱가포르에 보내려 합니다.

我朋友经常给我寄一些礼物。
Wǒ péngyou jīngcháng gěi wǒ jì yì xiē lǐwù.
내 친구는 자주 내게 선물을 부쳐온다.

0077 加班 jiā∥bān 잔업하다, 야근하다 [BCT1]

看来今天晚上又要加班了！
Kànlái jīntiān wǎnshang yòu yào jiābān le!
보아하니 오늘 밤에 또 야근을 해야겠군.

已经加了一个月班，我快累死了。
Yǐjing jiāle yí ge yuè bān, wǒ kuài lèisǐ le.
벌써 한 달째 야근이라. 난 피곤해 죽을 지경이야.

0078 坚持 jiānchí 견지하다, 고집하다(고수하다) 유의 保持 bǎochí, 维持 wéichí

希望你们不要放弃，坚持到底。
Xīwàng nǐmen búyào fàngqì, jiānchí dàodǐ.
여러분이 포기하지 않고, 끝까지 해 내길 바랍니다.

不管在什么情况下，我们一定要坚持原则。
Bùguǎn zài shénme qíngkuàng xia, wǒmen yídìng yào jiānchí yuánzé.
어떤 상황에서든, 우리는 원칙을 고수해야 합니다.

관련 표현

坚持不懈 jiān chí bú xiè 성 끝까지 견지하다

0079 减肥 jiǎn//féi 다이어트하다

我正在减肥，你看，我比以前瘦了没有?
Wǒ zhèngzài jiǎnféi, nǐ kàn, wǒ bǐ yǐqián shòule méiyou?
나 다이어트 중인데, 네가 보기에 내가 전보다 날씬해진 것 같니?

行了，你不用再减了。
Xíng le, nǐ bú yòng zài jiǎn le.
됐어, 살 더 빼지 마.

0080 减少 jiǎnshǎo 줄어들다, 감소하다

유의 减轻 jiǎnqīng 반의 增加 zēngjiā 증가하다, 늘리다

这样做可以减少很多麻烦。
Zhèyàng zuò kěyǐ jiǎnshǎo hěn duō máfan.
이렇게 하면 번거로움을 많이 줄일 수 있다.

这里发生地震以后，游客也确实减少了很多。
Zhèlǐ fāshēng dìzhèn yǐhòu, yóukè yě quèshí jiǎnshǎole hěn duō.
이곳에 지진이 발생한 후에, 여행객도 확실히 많이 줄었다.

0081 建议 jiànyì 건의하다, 제안하다 [BCT1]

车间问题我们向厂长建议过三次。
Chējiān wèntí wǒmen xiàng chǎngzhǎng jiànyìguo sān cì.
작업장 문제에 대해 우리는 공장장에게 세 번 건의했었다.

医生建议我老公戒烟。
Yīshēng jiànyì wǒ lǎogōng jièyān.
의사 선생님께서 내 남편에게 담배를 끊으라고 권유하셨다.

명 건의, 제안

请大家多多提出宝贵建议。
Qǐng dàjiā duōduō tíchū bǎoguì jiànyì.
여러분 좋은 의견을 많이 내 주세요.

0082 降低 jiàngdī 내리다, 낮추다

我公司正在想办法降低生产成本。
Wǒ gōngsī zhèngzài xiǎng bànfǎ jiàngdī shēngchǎn chéngběn.
우리 회사는 생산 원가를 낮출 방법을 모색 중이다.

从昨晚开始下大雪，气温又降低了不少。
Cóng zuówǎn kāishǐ xià dàxuě, qìwēn yòu jiàngdīle bùshǎo.
어젯밤부터 눈이 내리더니, 기온이 또 뚝 떨어졌다.

0083 降落 jiàngluò 착륙하다 참고 降落伞 jiàngluòsǎn 낙하산

受到大雾影响，飞机无法降落。
Shòudào dàwù yǐngxiǎng, fēijī wúfǎ jiàngluò.
짙은 안개의 영향으로 비행기가 착륙할 수가 없다.

老鹰在空中盘旋了几圈，又缓缓地降落在地上。
Lǎoyīng zài kōngzhōng pánxuánle jǐ quān, yòu huǎnhuān de jiàngluòzài dì shang.
매가 공중에서 몇 바퀴 선회하더니, 천천히 땅에 내려앉았다.

[단어] 挽回 wǎnhuí 만회하다, 돌이키다

0084 交 jiāo 사귀다, 건네다, 제출하다, 왕래하다, 외교 관계를 맺다

你把这些会议资料交给金部长。
Nǐ bǎ zhèxiē huìyì zīliào jiāogěi Jīn bùzhǎng.
자네 이 회의 자료들을 김 부장에게 전해 주게나.

我哥哥喜欢交朋友，所以全国各地都有他的朋友。
Wǒ gēge xǐhuan jiāo péngyou, suǒyǐ quánguó gèdì dōu yǒu tā de péngyou.
우리 오빠는 친구 사귀는 걸 좋아해서, 전국 각지에 다 친구가 있다.

관련 표현

忘年交 wàngniánjiāo 〔관용〕 나이를 뛰어넘어 허물없이 사귄 벗

君子之交淡若水 jūnzǐ zhī jiāo dàn ruò shuǐ 〔성〕 군자의 사귐은 담백하기가 물과 같다. 군자의 사귐은 영원히 변치 않는다.

失之交臂 shī zhī jiāo bì 〔성〕 눈앞에서 좋은 기회를 놓치다

远交近攻 yuǎn jiāo jìn gōng 〔성〕 먼 나라와 친교를 맺고 가까운 나라를 공격하다

0085 交流 jiāoliú 교류하다, (정보를) 교환하다 〔유의〕 交换 jiāohuàn

中日两国文化艺术界的交流越来越多。
Zhōng Rì liǎng guó wénhuà yìshùjiè de jiāoliú yuèláiyuè duō.
중일 양국 문화예술계의 교류가 갈수록 많아지고 있다.

我们几个同学经常交流学习经验。
Wǒmen jǐ ge tóngxué jīngcháng jiāoliú xuéxí jīngyàn.
우리 몇몇 친구들은 자주 학습 경험에 대해 정보를 교환한다.

0086 教育 jiàoyù 교육하다

老师教育我们:"不能以貌取人"。
Lǎoshī jiàoyù wǒmen: "bù néng yǐ mào qǔ rén".
선생님은 우리에게 "용모로 사람을 평가하지 마라"고 교육하셨다.

명 교육

家庭教育对孩子的影响很大。
Jiātíng jiàoyù duì háizi de yǐngxiǎng hěn dà.
가정 교육이 아이에게 미치는 영향이 크다.

0087 接受 jiēshòu 받아들이다, 받다 BCT1 〔유의〕 接收 jiēshōu

其实他从来没接受过专门教育。
Qíshí tā cónglái méi jiēshòuguo zhuānmén jiàoyù.
사실 그는 이제까지 한 번도 전문적인 교육을 받은 적이 없다.

这样的付款条件我们是不能接受的。
Zhèyàng de fùkuǎn tiáojiàn wǒmen shì bù néng jiēshòu de.
이런 지불 방식이라면 저희는 수락할 수가 없습니다.

接受 vs 接收

接受의 대상은 구체적인 사물이나 추상적인 사물이 될 수 있고, 接收의 대상은 구체적인 사람, 기관, 정보 등이 될 수 있다.

接受教育 jiēshòu jiàoyù (O) 교육을 받다 / **接收教育** jiēshōu jiàoyù (X)

接受는 동사 목적어를 동반할 수 있지만, 接收는 동사 목적어를 동반할 수 없다.

接受访问 jiēshòu fǎngwèn (O) 방문 받다 / **接收访问** jiēshōu fǎngwèn (X)
接收新生 jiēshōu xīnshēng (O) 신입생을 받다

0088 节约 jiéyuē 절약하다 유의 节省 jiéshěng

我们应该节约用水、节约用电。
Wǒmen yīnggāi jiéyuē yòng shuǐ、jiéyuē yòng diàn.
우리는 마땅히 물을 절약하고, 전기를 절약해야 한다.

节约 vs 节省

节约는 낭비하지 않고 꼭 쓸 것은 쓰되, 그렇지 않은 것은 아낀다는 뜻이고, 节省은 꼭 필요한 것도 줄이거나 안 쓰는 것을 말한다. 节约는 节省보다 그 사용 범위가 넓고, 중요한 '방침, 시행 규칙' 등에도 쓰인다.

节约型社会 jiéyuēxíng shèhuì (O) 절약형 사회 / **节省型社会** (X)
勤俭节约 qínjiǎnjiéyuē (O) 근검 절약하다 / **勤俭节省** (X)

节约(节省)资金 jiéyuē (jiéshěng) zījīn 자금을 절약하다
节约(节省)原料 jiéyuē (jiéshěng) yuánliào 원료를 절약하다

0089 解释 jiěshì 해명하다, 해설하다, 변명하다 유의 说明 shuōmíng

这次失败的原因，你得给大家解释一下。
Zhè cì shībài de yuányīn, nǐ děi gěi dàjiā jiěshì yíxià.
이번에 실패한 원인에 대해, 자네는 모두에게 해명해야 할 걸세.

你别解释了，我已经听腻了。
Nǐ bié jiěshì le, wǒ yǐjing tīngnì le.
변명 그만해. 난 이미 질렸어.

0090 进行 jìnxíng 진행하다

▶1음절 단어는 목적어로 올 수 없고, 동사 목적어 동반이 가능하다.

足球比赛正在进行，你快进来一起看吧。
Zúqiú bǐsài zhèngzài jìnxíng, nǐ kuài jìnlai yìqǐ kàn ba.
축구 경기가 한참 진행 중이야, 어서 들어와서 같이 보자.

大家把这两种电脑进行了比较。
Dàjiā bǎ zhè liǎng zhǒng diànnǎo jìnxíngle bǐjiào.
모두가 두 대의 컴퓨터를 비교해 보았다.

0091 禁止 jìnzhǐ 금지하다

飞机上禁止使用手机、笔记本电脑。
Fēijī shang jìnzhǐ shǐyòng shǒujī, bǐjìběn diànnǎo.
기내에서는 휴대 전화와 노트북 컴퓨터 사용을 금합니다.

禁止在会场内吸烟和大声喧哗。
Jìnzhǐ zài huìchǎng nèi xīyān hé dàshēng xuānhuá.
회의장 내 흡연과 큰 소리로 떠드는 것을 금합니다.

[단어] 喧哗 xuānhuá 떠들다, 소란을 피우다

0092 经历 jīnglì 겪다, 경험하다　유의 经验 jīngyàn

没有经历过风雨，怎能见到那美丽的彩虹?
Méiyou jīnglìguo fēngyǔ, zěnnéng jiàndào nà měilì de cǎihóng?
비바람(어려움)을 겪지 않고 어찌 아름다운 무지개(좋은 시절)를 볼 수 있겠니?

这几年来，他经历过很多大事。
Zhè jǐ nián lái, tā jīnglìguo hěn duō dàshì.
근 몇 년 동안, 그는 큰일을 많이 겪었다.

명 경험, 경력　유의 经验 jīngyàn

他在中国银行工作了八年，这就是他的经历。
Tā zài zhōngguó yínháng gōngzuòle bā nián, zhè jiù shì tā de jīnglì.
그는 중국은행에서 8년 근무했는데, 이것이 그의 경력이다.

> **经历 vs 经验**
>
> 经历는 친히 겪은 일이나 직접 눈으로 목격한 것을 말하고, 经验은 실천 속에서 얻은 지식이나 기능을 말한다.
>
> **我经历过一次地震。** Wǒ jīnglìguo yí cì dìzhèn 나는 지진을 한 번 겪었다.
> **我也经验过"寂寞和空虚"的重压。** 나도 '외로움과 공허함'의 중압에 시달려 봤어.
> Wǒ yě jīngyànguo "jìmò hé kōngxū" de zhòngyā.
>
> **革命经历** gémìng jīnglì 혁명 경험 / **介绍经验** jièshào jīngyàn 경험을 소개하다

0093 竞争 jìngzhēng 경쟁하다 [BCT2] 유의 竞赛 jìngsài

참고 竞争力 jìngzhēnglì 경쟁력

现在的社会是个竞争激烈的社会。
Xiànzài de shèhuì shì ge jìngzhēng jīliè de shèhuì.
오늘날의 사회는 경쟁이 치열한 사회다.

你不是我的竞争对手。
Nǐ bú shì wǒ de jìngzhēng duìshǒu.
너는 나의 경쟁 상대가 아니야.

0094 举 jǔ 들다, 제시하다

他举起石头追小偷。
Tā jǔqǐ shítou zhuī xiǎotōu.
그는 돌멩이를 들고 도둑을 쫓아갔다.

举个例子的话，可能更容易理解。
Jǔ ge lìzi dehuà, kěnéng gèng róngyì lǐjiě.
예를 들어 주면, 아마도 더 쉽게 이해가 될 거야.

 거동, 행동

你的一举一动我都知道。
Nǐ de yì jǔ yí dòng wǒ dōu zhīdào.
너의 일거수 일투족은 내가 다 알고 있어.

관련 표현

举手之劳 jǔ shǒu zhī láo 성 일을 쉽게 처리할 수 있다, 사소한 일

举一反三 jǔ yī fǎn sān ❸ 하나를 들으면 열을 알다
轻举妄动 qīng jǔ wàng dòng ❸ 경거망동하다
一举成名 yì jǔ chéng míng ❸ 일거에 성공하여 명성을 얻다, 단번에 이름을 날리다
一举两得 yì jǔ liǎng dé ❸ 일거양득, 일석이조

0095 举办 jǔbàn 열다, 개최하다 [BCT1] 유의 举行 jǔxíng

巴西即将举办2016年奥运会。
Bāxī jíjiāng jǔbàn èr líng yī liù nián àoyùnhuì.
브라질은 2016년 올림픽을 개최할 것이다.

韩星金秀贤明天在北京举办签名会。
Hánxīng Jīn Xiùxián míngtiān zài Běijīng jǔbàn qiānmínghuì.
한류 스타 김수현은 내일 베이징에서 사인회를 연다.

0096 举行 jǔxíng 거행하다 [BCT1] 유의 举办 jǔbàn

他们打算年底举行婚礼。
Tāmen dǎsuan niándǐ jǔxíng hūnlǐ.
그들은 연말에 결혼식을 올릴 생각이다.

音乐会在礼堂举行。
Yīnyuèhuì zài lǐtáng jǔxíng.
음악회는 강당에서 거행됩니다.

举行 vs 举办

举办은 어떤 일을 처리함에 중점을 두고, 举行은 어떤 일을 진행함에 중점을 둔다.
举办运动会 jǔbàn yùndònghuì 운동회를 개최하다
举行毕业典礼 jǔxíng bìyè diǎnlǐ 졸업식을 거행하다

일부 단어는 举办과 举行의 목적어가 될 수 있지만 그 뜻이 달라진다.
举办舞会 jǔbàn wǔhuì 무도회를 개최하다
举行舞会 jǔxíng wǔhuì 무도회를 진행하다

举行은 명사와 동사를 목적어로 동반한다.

0097 拒绝 jùjué 거절하다 [BCT1] [반의] 接受 jiēshòu 받아들이다

他拒绝了我的好意。
Tā jùjuéle wǒ de hǎoyì.
그는 내 호의를 거절했다.

我严词拒绝了她让我给他抄作业的要求。
Wǒ yáncí jùjuéle tā ràng wǒ gěi tā chāo zuòyè de yāoqiú.
나는 그 애가 숙제를 베끼게 해 달라는 부탁을 딱 잘라 거절했다.

[단어] 严词 yáncí 심한 말, 엄한 말

관련 표현

来者不拒 lái zhě bú jù [성] 오는 사람(사물)을 막지 않다

去者不追, 来者不拒 qùzhě bù zhuī, láizhě bú jù [성] 가는 사람 잡지 않고, 오는 사람은 말리지 않는다.

0098 开玩笑 kāi//wánxiào 농담하다

他平时很少和别人开玩笑。
Tā píngshí hěn shǎo hé biérén kāi wánxiào.
그는 평소에 다른 사람과 거의 농담을 하지 않는다.

我都快急死了, 你还跟我开什么玩笑啊!
Wǒ dōu kuài jísǐ le, nǐ hái gēn wǒ kāi shénme wánxiào a!
난 속이 타 죽을 지경인데, 넌 무슨 농담질이니!

관련 표현

开国际玩笑 kāi guójì wánxiào [관용] 아주 심한 농담을 하다

0099 考虑 kǎolǜ 고려하다 [유의] 思考 sīkǎo, 想 xiǎng

找工作, 光考虑工资也不行, 你得考虑将来的发展。
Zhǎo gōngzuò, guāng kǎolǜ gōngzī yě bù xíng, nǐ děi kǎolǜ jiānglái de fāzhǎn.
직장을 구할 때는 급여만 고려해서는 안 되고, 앞으로의 전망도 생각해야 한다.

她考虑了很久, 但还是拿不定主意。
Tā kǎolǜle hěn jiǔ, dàn háishi nábudìng zhǔyi.
그녀는 아주 오랫동안 생각했지만 여전히 결정을 내리지 못하고 있다.

0100 咳嗽 késou 기침하다

他感冒了，不停地咳嗽，还是让他去医院看看。
Tā gǎnmào le, bùtíng de késou, háishi ràng tā qù yīyuàn kànkan.
그 친구 감기에 걸려 계속 기침하더라, 병원에 가서 진찰 받아 보라고 해.

0101 肯定 kěndìng 인정하다, 단정하다 반의 否定 fǒudìng 부정하다

为了得到领导的肯定，他倍加努力地工作。
Wèile dédào lǐngdǎo de kěndìng, tā bèijiā nǔlì de gōngzuò.
상사의 인정을 받기 위해, 그는 몇 배나 열심히 일한다.

他参不参加比赛，我也不敢肯定。
Tā cān bù cānjiā bǐsài, wǒ yě bù gǎn kěndìng.
그 사람이 경기에 참가할 지 안 할지, 저도 뭐라 단정 못해요.

🔵 긍정적이다

希望能得到肯定的答复。
Xīwàng néng dédào kěndìng de dáfù.
긍정적인 답변을 들었으면 좋겠군요.

🔵 분명히, 확실히

你肯定记错了，我们说好十三号见面的。
Nǐ kěndìng jìcuò le, wǒmen shuōhǎo shísān hào jiànmiàn de.
너 분명히 잘못 기억한 거야, 우리는 13일에 만나기로 했어.

0102 拉 lā 끌다, 당기다

哥，你在前面拉，我在后面推。
Gē, nǐ zài qiánmiàn lā, wǒ zài hòumiàn tuī.
형, 형은 앞에서 끌어, 난 뒤에서 밀게.

▶ (차로) 운송하다

东西太多，一辆车拉不了。
Dōngxi tài duō, yí liàng chē lābuliǎo.
물건이 너무 많아, 차 한 대로는 안 돼.

▶ 켜다(연주하다)

她在拉小提琴。
Tā zài lā xiǎo tíqín.
그녀는 바이올린을 켜고 있다.

▶ (나쁜 일에) 관련시키다

我知道你们要做坏事，千万不要把我儿子拉到里面去。
Wǒ zhīdào nǐmen yào zuò huàishì, qiānwàn búyào bǎ wǒ érzi lādào lǐmiàn qù.
나는 너희들이 나쁜 일을 꾸미고 있는 걸 알아. 절대로 내 아들은 거기 끌어들이지 마라.

▶ 끌다, 끌어들이다

去旅游的时候，我们往往遇到拉客的人。
Qù lǚyóu de shíhou, wǒmen wǎngwǎng yùdào lākè de rén.
여행을 할 때 우리는 종종 호객 행위를 하는 이들을 만난다.

[단어] 拉客 lākè (여관·식당 등에서) 손님을 끌다

▶ (소변, 대변)을 보다, 설사하다

拉了三天，他瘦了六斤。
Lāle sān tiān, tā shòule liù jīn.
3일 동안 설사하더니, 그 친구 3kg이 빠졌어.

관련 표현

拉不下脸来 lābuxià liǎn lái 관용 인정상 거절하지 못하거나 싫은 내색을 못하다
拉长脸 lācháng liǎn 관용 화나고 기분 나쁜 모양, 시무룩한 얼굴을 하다
拉下脸 lāxià liǎn 관용 얼굴을 지푸리다, 불쾌한 표정을 짓다

0103 来不及 láibují 시간이 충분하지 않다, 시간에 댈 수 없다

都快九点钟了，再不走就来不及了。
Dōu kuài jiǔ diǎnzhōng le, zài bù zǒu jiù láibují le.
이미 9시가 다 되어 가는데, 더 머뭇거리다간 늦을 거야.

好好珍惜机会，错过了到时候哭都来不及！
Hǎohāo zhēnxī jīhuì, cuòguòle dào shíhou kū dōu láibují!
기회가 왔을 때 잘 잡아. 놓치고 나서 울고불고 해 봐야 소용없어.

0104 来得及 láidejí 시간이 충분하다, 시간에 댈 수 있다

你现在道歉还来得及，不然你会后悔的。
Nǐ xiànzài dàoqiàn hái láidejí, bùrán nǐ huì hòuhuǐ de.
네가 지금 사과하면 만회할 수 있지만, 그렇지 않으면 후회하게 될 거야.

今天上午客人太多了，我没来得及吃午饭。
Jīntiān shàngwǔ kèrén tài duō le, wǒ méi láidejí chī wǔfàn.
오늘 오전에 손님이 너무 많아서 나는 점심 먹을 시간도 없었어.

0105 来自 láizì ~으로부터 오다, ~에서 생겨나다

他是一个来自瑞士的留学生。
Tā shì yí ge láizì Ruìshì de liúxuésheng.
그는 스위스에서 온 유학생이야.

艺术灵感是来自于大自然的。
Yìshù línggǎn shì láizì yú dàzìrán de.
예술적인 영감은 대자연으로부터 온다.

[단어] 灵感 línggǎn 영감

0106 浪费 làngfèi 낭비하다 BCT1 반의 节约 jiéyuē 절약하다

你上下班要四个小时，这太浪费时间了。
Nǐ shàngxiàbān yào sì ge xiǎoshí, zhè tài làngfèi shíjiān le.
네가 출퇴근하는데 4시간을 쓴다는 건, 시간을 너무 낭비하는 거야.

企业最大的浪费是人力资源的浪费。
Qǐyè zuì dà de làngfèi shì rénlì zīyuán de làngfèi.
기업의 가장 큰 낭비는 인력 자원을 낭비하는 것이다.

관련 표현

铺张浪费 pū zhāng làng fèi 성 지나치게 겉치레하느라 재물과 인력을 낭비하다

0107 理发 lǐ//fà 이발하다

▶ 理发는 주로 남성에게 쓴다. 여성에게는 剪发 jiǎnfà, 烫发 tàngfà, 美发 měifà' 등을 쓴다.

我差不多两个月没理发了，现在头发长得乱乱的。
Wǒ chàbuduō liǎng ge yuè méi lǐfà le, xiànzài tóufa zhǎng de luànluān de.
난 거의 두 달 동안 이발을 안 해서 지금 너무 지저분해.

我去那个理发店理过两次发。
Wǒ qù nàge lǐfàdiàn lǐguo liǎng cì fà.
나는 그 이발소에서 두 번 이발했어.

0108 理解 lǐjiě 이해하다 유의 了解 liǎojiě

我可以理解你，要是我是你我也会这么做的。
Wǒ kěyǐ lǐjiě nǐ, yàoshi wǒ shì nǐ wǒ yě huì zhème zuò de.
난 너를 이해할 수 있어. 내가 너였어도 나 역시 그렇게 했을 거야.

学语言的时候，理解每一个词语是很难的。
Xué yǔyán de shíhou, lǐjiě měi yí ge cíyǔ shì hěn nán de.
언어를 배울 때, 단어를 하나하나 다 이해한다는 건 어려운 거야.

0109 例如 lìrú 예를 들다

中国有许多少数民族，例如壮族、蒙古族、回族、满族等。
Zhōngguó yǒu xǔduō shǎoshù mínzú, lìrú Zhuàngzú、Měnggǔzú、Huízú、Mǎnzú děng.
중국에는 많은 소수 민족이 있는데, 예를 들면 장족, 몽고족, 회족, 만주족 등이 있다.

我有很多兴趣爱好，例如滑雪、画画、下棋、爬山等等。
Wǒ yǒu hěn duō xìngqù àihào, lìrú huáxuě、huàhuà、xiàqí、páshān děngděng.
나는 많은 취미를 갖고 있는데, 예를 들어 스키 타기, 그림 그리기, 바둑 두기, 등산하기 등이야.

0110 联系 liánxì 연락하다 BCT1

我们以后经常联系吧。
Wǒmen yǐhòu jīngcháng liánxì ba.
우리 앞으로 자주 연락해요.

别忘了！你到韩国一定联系我。
Bié wàng le! Nǐ dào Hánguó yídìng liánxì wǒ.
한국에 오면 저한테 연락하는 거 잊지 마세요.

0111 留 liú 남다, 남기다

先生，里面请，这是给您留的座位。
Xiānsheng, lǐmiàn qǐng, zhè shì gěi nín liú de zuòwèi.
손님, 안으로 드시지요. 이곳은 손님을 위해 남겨 둔 좌석입니다.

我真想把你留下来，不知你是怎么想的。
Wǒ zhēn xiǎng bǎ nǐ liúxialai, bù zhī nǐ shì zěnme xiǎng de.
나는 정말이지 네가 안 갔으면 좋겠는데, 너는 어떻게 생각하는지 모르겠다.

관련 표현

留后路 liú hòulù 관용 빠져나갈 길을 만들어 두다

留面子 liú miànzi 관용 체면을 세워 주다

留一手 liú yì shǒu 관용 히든 카드를 남겨 두다

留有余地 liú yǒu yú dì 성 (다시 되돌릴) 여지를 남겨 두다, 말이나 행동이 신중하고 극단적이지 않다

0112 流行 liúxíng 유행하다

참고 流行语 liúxíngyǔ 유행어, 流行色 liúxíngsè 유행 컬러

这种发型是今年夏天最流行的。
Zhè zhǒng fàxíng shì jīnnián xiàtiān zuì liúxíng de.
이 헤어 스타일은 올 여름 가장 유행하는 것이에요.

你今天穿得很土，这种衣服已经不流行了。
Nǐ jīntiān chuān de hěn tǔ, zhè zhǒng yīfu yǐjing bù liúxíng le.
너 오늘 너무 촌스럽게 입었다 얘, 이런 옷은 이미 유행이 지났어.

0113 旅行 lǚxíng 여행하다 유의 旅游 lǚyóu

참고 旅行社 lǚxíngshè 여행사, 旅行团 lǚxíngtuán 여행단

▶ 旅行 뒤에는 장소 명사를 동반할 수 없다.

我们去欧洲蜜月旅行了一个月。
Wǒmen qù Ōuzhōu mìyuè lǚxíngle yí ge yuè.
우리는 유럽으로 한 달간 신혼여행을 갔었어요.

[단어] 去…蜜月旅行 qù…mìyuèlǚxíng ~로 신혼여행 떠나다

> **旅行 vs 旅游**
> 旅行은 업무상 혹은 여행을 목적으로 먼 지방으로 떠나는 것을 말하고, 旅游는 여행자체를 즐기기 위해 떠나는 것을 말한다.
>
> **环球旅行** huánqiú lǚxíng 세계 일주
> **旅游热点** lǚyóu rèdiǎn 인기 있는 관광 명소

0114 迷路 mí//lù 길을 잃다

我今天去故宫竟然迷路了。
Wǒ jīntiān qù Gùgōng jìngrán mílù le.
나는 오늘 자금성에 갔다가 뜻밖에도 길을 잃었지 뭐니.

我在人生十字路口迷了路,不知该往哪儿走。
Wǒ zài rénshēng shízì lùkǒu míle lù, bù zhī gāi wǎng nǎr zǒu.
나는 인생의 갈림길에서 길을 잃었어, 어디로 가야 할지 모르겠어.

[단어] **十字路口** shízì lùkǒu 사거리, 갈림길 / **该** gāi 마땅히 ~해야 한다

0115 免费 miǎnfèi 무료로 하다 [BCT1]

我公司给员工免费提供午餐。
Wǒ gōngsī gěi yuángōng miǎnfèi tígōng wǔcān.
우리 회사는 직원에게 무료로 점심을 제공한다.

这个公园对老人免费开放。
Zhège gōngyuán duì lǎorén miǎnfèi kāifàng.
이 공원은 노인 분들에게 공짜로 개방한다.

관련 표현

天下没有免费的午餐 xiānxià méiyǒu miǎnfèi de wǔcān 관용 세상에 공짜는 없다

0116 弄 nòng 하다, 만들다, 손에 넣다, 가지고 놀다, 뒤숭숭하게 만들다 유의 搞 gǎo

今天我不小心把他的手表弄坏了。
Jīntiān wǒ bù xiǎoxīn bǎ tā de shǒubiǎo nònghuài le.
내가 오늘 잘못해서 그 친구 시계를 고장 냈어.

你先喝点茶吧，我弄几个菜。
Nǐ xiān hē diǎn chá ba, wǒ nòng jǐ ge cài.
차 먼저 들고 있어요. 제가 요리 몇 가지 할게요.

你帮我弄几张去济州岛的机票，好吗?
Nǐ bāng wǒ nòng jǐ zhāng qù Jìzhōudǎo de jīpiào, hǎo ma?
자네 제주도 가는 비행기 표 몇 장만 구해 줄 수 있나?

你怎么也弄不过我。
Nǐ zěnme yě nòngbuguò wǒ.
넌 어쨌든 나를 어쩌지 못 해.

中东呼吸综合征弄得人心惶惶。
Zhōngdōng hūxī zōnghézhèng nòng de rénxīn huánghuáng.
메르스(MERS) 때문에 인심이 흉흉하다.

관련 표현

弄假成真 nòng jiǎ chéng zhēn 〈성〉 농담이 진담이 되다
弄巧成拙 nòng qiǎo chéng zhuō 〈성〉 재주를 부리려다 일을 망치다
弄虚作假 nòng xū zuò jiǎ 〈성〉 속임수를 쓰다, 거짓으로 꾸미다
吟风弄月 yín fēng nòng yuè 〈성〉 음풍 농월, 자연 경물에 대하여 시를 짓고 즐겁게 놀다, 시문 등의 내용이 현실과 동떨어지는 것을 비판함

0117 排队 pái∥duì 줄 서다

请大家排队检票。
Qǐng dàjiā páiduì jiǎnpiào.
여러분 줄을 서서 검표 받으세요.

学生们都排着队在操场上做操。
Xuéshengmen dōu páizhe duì zài cāochǎng shang zuò cāo.
학생들이 모두 줄을 지어 운동장에서 체조를 하고 있다.

0118 排列 páiliè 배열하다 [BCT1]

看着远处排列整齐的军队，就想起了当年。
Kànzhe yuǎnchù páiliè zhěngqí de jūnduì, jiù xiǎngqǐle dāngnián.
저 멀리 반듯하게 정렬해 있는 군대를 보니, 그때 일이 떠오르는군.

请把排行榜的图标重新排列一下吧。
Qǐng bǎ páihángbǎng de túbiāo chóngxīn páiliè yíxià ba.
순위 차트 도표를 다시 배열해 주세요.

[단어] 图标 túbiāo 도표, 그래프

0119 判断 pànduàn 판단하다 [BCT1]

请大家判断一下，谁是好人，谁是坏人。
Qǐng dàjiā pànduàn yíxià, shéi shì hǎorén, shéi shì huàirén.
여러분 누가 좋은 사람인지, 누가 나쁜 사람인지 판단해 보세요.

명 판단

他的判断非常准确，我们就按照他的意思做吧。
Tā de pànduàn fēicháng zhǔnquè, wǒmen jiù ànzhào tā de yìsi zuò ba.
그의 판단은 아주 정확하니, 우리 그 사람 뜻에 따라 하죠.

0120 陪 péi 동반하다, 모시다

你对那个地方不太熟悉，还是我陪你一起去吧。
Nǐ duì nàge dìfang bú tài shúxī, háishi wǒ péi nǐ yìqǐ qù ba.
넌 그 동네를 잘 모르니까, 내가 너랑 같이 가 줄게.

明天我陪你去逛街。
Míngtiān wǒ péi nǐ qù guàngjiē.
내일 내가 너랑 같이 쇼핑 가 줄게.

관련 표현

舍命陪君子 shě mìng péi jūnzǐ 목숨을 바쳐 군주를 모시다

0121 批评 pīpíng 비평하다, 비판하다, 꾸중하다 유의 批判 pīpàn

对经常迟到的员工，应该批评批评。
Duì jīngcháng chídào de yuángōng, yīnggāi pīpíng pīpíng.
지각을 자주 하는 직원에게는 당연히 싫은 소리 좀 해야죠.

명 비평, 비판, 꾸중

你们的批评我可以接受。
Nǐmen de pīpíng wǒ kěyǐ jiēshòu.
여러분의 쓴 소리를 달게 받아들이겠습니다.

0122 骗 piàn 속이다 **유의** 欺骗 qīpiàn

这些都是骗人的东西，你就别买了。
Zhèxiē dōu shì piàn rén de dōngxi, nǐ jiù bié mǎi le.
이것들은 다 사람을 속이는 거라고, 사지 마.

你又上当受骗了，怎么还相信他呢?
Nǐ yòu shàng dàng shòu piàn le, zěnme hái xiāngxìn tā ne?
너 그 친구한테 또 속았으면서, 어떻게 아직도 믿고 있냐?

[단어] 上当受骗 shàng dàng shòu piàn **성** 속임수에 빠지다

0123 破 pò 찢어지다, 깨지다, 파손하다

你的衣服怎么破了，是不是跟人家打架了?
Nǐ de yīfu zěnme pò le, shì bu shì gēn rénjiā dǎjià le?
네 옷이 왜 찢어져 있니, 다른 사람이랑 싸웠어?

我不小心打破了桌子上的花瓶。
Wǒ bùxiǎoxīn dǎpòle zhuōzi shang de huāpíng.
내가 잘못해서 탁자 위의 꽃병을 깼어.

这么包就牢不可破了。
Zhème bāo jiù láo bù kě pò le.
이렇게 포장하면 튼튼해서 파손되지 않아요.

동 (규정·기록·습관·제도 등을) 깨다, 갱신하다

希望你别破了我们的规矩。
Xīwàng nǐ bié pòle wǒmen de guīju.
네가 우리의 규정을 어기지 않았으면 해.

他的成绩破了学校记录。
Tā de chéngjì pòle xuéxiào jìlù.
그의 성적은 학교 기록을 갱신했다.

동 큰 돈을 잔돈으로 바꾸다

我这儿只有一百块钱，您能破开吗?
Wǒ zhèr zhǐ yǒu yì bǎi kuài qián, nín néng pòkāi ma?
저한테 백 위엔짜리만 있는데, 잔돈으로 바꿔 주실 수 있으세요?

동 진상을 드러내다

我们终于破了这扇门的谜儿了。
Wǒmen zhōngyú pòle zhè shǎn mén de mír le.
우리는 마침내 이 문의 비밀을 캐냈다.

형 형편없다, 낡다

这破地方，谁来这儿，谁就倒霉。
Zhè pò dìfang, shéi lái zhèr, shéi jiù dǎoméi.
이런 형편없는 곳에는, 오는 사람만 재수 없는 거지 뭐.

보 동사 뒤에 보어로 쓰여 과장의 어감을 나타낸다.

今天话说得太多了，嘴都说破了。
Jīntiān huà shuō de tài duō le, zuǐ dōu shuōpò le.
오늘 말을 너무 많이 했더니, 입이 다 아파요.

哎呀! 吓破了胆了，我以为出大事了呢。
Āiyā! Xiàpòle dǎn le, wǒ yǐwéi chū dà shì le ne.
옴마, 간 떨어질 뻔 했네, 난 또 큰일이나 났다고.

관련 표현

乘风破浪 chéng fēng pò làng **성** 어려움을 무릅쓰고 용감하게 나아가다. 사업이 빠르게 발전하다

家破人亡 jiā pò rén wáng **성** 가족이 참혹하게 불행을 당하다

破口大骂 pò kǒu dà mà **성** 큰 소리로 욕을 퍼붓다

破涕为笑 pò tì wéi xiào **성** 슬픔이 기쁨으로 바뀌다

势如破竹 shì rú pò zhú **성** 파죽지세, 대나무를 쪼개는 기세로 적을 무찌르다

0124 敲 qiāo 노크하다, 두드리다

你去看看，好像有人在敲门。
Nǐ qù kànkan, hǎoxiàng yǒu rén zài qiāo mén.
너 좀 나가 봐, 누가 문을 두드리는 것 같아.

我觉得他敲鼓敲得很好。
Wǒ juéde tā qiāogǔ qiāo de hěn hǎo.
난 저 애가 북을 잘 치는 것 같더라고.

관련 표현

半夜敲门不吃惊 bànyè qiāo mén bù chījīng 한밤중에 문을 두드려도 놀라지 않다, 양심에 찔리는 일을 하지 않다

敲竹杠 qiāo zhúgàng **관용** 남의 약점을 이용하거나 구실을 붙여 바가지 씌우다.

敲锣打鼓 qiāo luó dǎ gǔ **성** 경축하는 시끌벅적한 장면, 야단법석을 떨다

0125 取 qǔ 받다, 취하다

现在街上有很多自动取款机，取钱特别方便。
Xiànzài jiē shang yǒu hěn duō zìdòng qǔkuǎnjī, qǔ qián tèbié fāngbiàn.
요즘은 거리에 현금 자동 인출기가 많아서, 돈 찾기가 아주 쉬워.

[단어] **自动取款机** zìdòng qǔkuǎnjī 현금 자동 인출기

你的照片下午过来取就行。
Nǐ de zhàopiàn xiàwǔ guòlai qǔ jiù xíng.
손님 사진은 오후에 찾으러 오시면 되겠어요.

관련 표현

见之不取，思之千里 jiàn zhī bù qǔ, sī zhī qiān lǐ 기회가 왔을 때 잡지 못하면, 이후에는 다시 얻기 힘들다

取长补短 qǔ cháng bǔ duǎn (성) 장점을 취하고 단점을 보완하다

取而代之 qǔ ér dài zhī (성) 남의 권력과 지위를 빼앗고 그를 대신하다, 다른 것으로 대체하다

取之不尽 qǔ zhī bú jìn (성) 아무리 써도 없어지지 않는다

去粗取精 qù cū qǔ jīng (성) 형편없고 쓸모없는 것은 버리고 유용한 부분을 취하다

0126 缺少 quēshǎo 부족하다 [BCT1] 유의 缺乏 quēfá

手机是生活中不可缺少的必需品。
Shǒujī shì shēnghuó zhōng bùkě quēshǎo de bìxūpǐn.
휴대 전화는 생활하는 데에 없어서는 안 되는 필수품이지요.

我是单身贵族，我家什么都有，就缺少一个人。
Wǒ shì dānshēn guìzú, wǒ jiā shénme dōu yǒu, jiù quēshǎo yí ge rén.
나는 화려한 싱글이라 집에 뭐든 다 있는데, 사람만 하나 부족하네요.

[단어] **单身贵族** dānshēn guìzú 화려한 싱글

관련 표현

缺一不可 quē yī bù kě (성) 조금이라도 모자라면 안 된다

缺衣少食 quē yī shǎo shí (성) 생활이 어렵다

0127 扔 rēng 버리다, 던지다

开车时，不要随意往车外扔垃圾。
Kāichē shí, búyào suíyì wǎng chē wài rēng lājī.
운전할 때, 함부로 차 밖으로 쓰레기를 버리지 마세요.

请把球扔给我。
Qǐng bǎ qiú rēnggěi wǒ.
공을 저에게 던져 주세요.

0128 散步 sàn//bù 산책하다, 산보하다

雨过后空气特别好，我们出去散步吧。
Yǔ guòhòu kōngqì tèbié hǎo, wǒmen chūqu sànbù ba.
비가 온 후라 공기가 아주 좋네요. 우리 산책 가요.

公园里有很多人，有的散散步、有的打太极拳，还有的画画。
Gōngyuán li yǒu hěn duō rén, yǒu de sànsanbù, yǒu de dǎ tàijíquán, hái yǒu de huàhuà.
공원에 사람이 많은데, 어떤 이들은 산책을 하고, 어떤 이들은 태극권을 하고, 또 어떤 이들은 그림을 그린다.

0129 伤心 shāng//xīn 상심하다, 슬퍼하다 유의 难过 nánguò

我看这件事不值得你这么伤心。
Wǒ kàn zhè jiàn shì bù zhídé nǐ zhème shāngxīn.
내가 보기엔 이 일이 네가 그렇게 상심할 정도는 아닌 것 같아.

我曾经被他伤透了心，可我还是原谅他了。
Wǒ céngjīng bèi tā shāngtòule xīn, kě wǒ háishi yuánliàng tā le.
나는 전에 그 사람한테 크게 상처 받은 적이 있는데, 그래도 그를 용서했어.

伤心 vs 难过

伤心과 难过는 비슷한 뜻으로 정도 부사의 수식을 받으며 서로 바꾸어 쓸 수도 있다.
我很伤心(难过)。 Wǒ hěn shāngxīn(nánguò). 난 슬퍼.

伤心은 보어로 쓸 수 있지만, 难过는 보어로 쓸 수 없다.
她哭得很伤心。 Tā kū de hěn shāngxīn. 그녀는 서럽게 울었다. (O)
她哭得很难过。 (X)

伤心은 이합사로도 쓰인다.
我被他伤透了心。 Wǒ bèi tā shāngtòu xīn le. 나는 그 사람한테 큰 상처를 받았어.

0130 商量 shāngliang 상의하다 유의 协商 xiéshāng

价格的事我得跟公司领导商量。
Jiàgé de shì wǒ děi gēn gōngsī lǐngdǎo shāngliang.
가격 문제는 제가 회사 윗분들과 상의해 봐야 합니다.

我们一家人商量了商量，决定五一去云南玩儿。
Wǒmen yì jiā rén shāngliangle shāngliang, juédìng Wǔ Yī qù Yúnnán wánr.
우리 가족은 상의한 결과, 노동절에 윈난으로 놀러 가기로 했어요.

0131 申请 shēnqǐng 신청하다 [BCT1] 유의 申请书 shēnqǐngshū

我申请了国家奖学金，可没有申请上。
Wǒ shēnqǐngle guójiā jiǎngxuéjīn, kě méiyou shēnqǐngshàng.
나는 국가 장학금을 신청했는데, 못 받았어.

他申请加入经济人协会。
Tā shēnqǐng jiārù jīngjìrén xiéhuì.
그는 경제인협회에 가입 신청했다.

 신청서

你的申请交给有关部门了吗?
Nǐ de shēnqǐng jiāogěi yǒuguān bùmén le ma?
자네 신청서는 관련 부서에 제출했어?

你最好写一份补助申请。
Nǐ zuìhǎo xiě yí fèn bǔzhù shēnqǐng
자네는 보조금 신청서를 작성하는 것이 좋겠어.

0132 省 shěng 절약하다, 아끼다

早晨的机票便宜，我们早点儿出发可以省很多钱。
Zǎochén de jīpiào piányi, wǒmen zǎodiǎnr chūfā kěyǐ shěng hěn duō qián.
아침 비행기표가 싸니까, 우리가 일찍 출발하면 돈을 많이 절약할 수 있어.

许代理跟他们的关系很好，她去办肯定省事。
Xǔ dàilǐ gēn tāmen de guānxì hěn hǎo, tā qù bàn kěndìng shěng shì.
허 대리가 그들과 친하니까, 그녀가 가서 처리하면 틀림없이 일이 쉬워질 거예요.

명 성(행정 구역)

山东省的省会是济南。
Shāndōng Shěng de shěnghuì shì Jǐnán.
산동 성의 성도는 지난이다.

> 관련 표현

省吃俭用 shěng chī jiǎn yòng **성** 아껴 먹고 아껴 쓰다

0133 剩 shèng 남다, 남기다

菜剩得太多了，我们打包吧。
Cài shèng de tài duō le, wǒmen dǎbāo ba.
음식이 너무 많이 남았네요, 우리 싸 가죠.

剩下的钱呢，你自己留着用吧。
Shèngxià de qián ne, nǐ zìjǐ liúzhe yòng ba.
남은 돈은 말야, 자네가 쓰도록 하게.

0134 失败 shībài 실패하다, 패배하다

我可以接受失败，但是我决不接受放弃。
Wǒ kěyǐ jiēshòu shībài, dànshì wǒ jué bù jiēshòu fàngqì.
나는 패배는 인정할 수 있지만, 포기는 절대 할 수 없어.

昨天相亲又没成功，太失败了我。
Zuótiān xiāngqīn yòu méi chénggōng, tài shībài lě wǒ.
어제 소개팅도 불발이야, 너무 비참해.

> 관련 표현

败家子 bàijiāzǐ **관용** 집안을 망치는 자식, 가산을 탕진하는 자식

0135 失望 shīwàng 실망하다

她说我让她失望了。
Tā shuō wǒ ràng tā shīwàng le.
그녀는 내가 자기를 실망시켰다고 했다.

⑤ 낙담하다 유의 绝望 juéwàng 반의 希望 xīwàng 희망하다, 바라다

看着他失望的样子，我真不知怎么安慰他呢。
Kànzhe tā shīwàng de yàngzi, wǒ zhēn bù zhī zěnme ānwèi tā ne.
그 애가 낙담하고 있는 것을 보니, 내가 어떻게 위로를 해 줘야 할지 정말 모르겠어요.

0136 使 shǐ 사용하다, ~에게 ~하게 하다 유의 叫 jiào, 让 ràng

他的钢笔我使过，真棒！
Tā de gāngbǐ wǒ shǐguo, zhēn bàng!
그 애 만년필을 내가 써 봤는데, 끝내줘!

这件事情使我觉得非常难过。
Zhè jiàn shìqing shǐ wǒ juéde fēicháng nánguò.
이 일은 나를 매우 슬프게 만들었다.

🗣 관련 표현

使眼色 shǐ yǎnsè 눈짓을 하다, 곁눈을 주다

0137 使用 shǐyòng 사용하다

我爷爷真时髦！他还使用智能手机买东西。
Wǒ yéye zhēn shímáo! Tā hái yòng zhìnéng shǒujī mǎi dōngxi.
우리 할아버지는 세련되셨어! 스마트폰으로 쇼핑도 하신다니까.

[단어] **时髦** shímáo 유행이다, 최신식이다, 현대적이다

我们必须合理使用公司资金。
Wǒmen bìxū hélǐ shǐyòng gōngsī zījīn.
우리는 반드시 회사 자금을 합리적으로 사용해야 한다.

0138 适合 shìhé 적합하다 유의 合适 héshì, 适应 shìyìng

韩老师的上课方式很适合我。
Hán lǎoshī de shàngkè fāngshì hěn shìhé wǒ.
한 선생님의 수업 방식은 나에게 잘 맞아.

我不适合这份工作，打算辞职。
Wǒ bú shìhé zhè fèn gōngzuò, dǎsuan cízhí.
나는 이 업무에 맞지 않아서, 사표 낼 생각이야.

适合 vs 合适

合适는 형용사이기 때문에 목적어를 동반할 수 없고, 适合는 동사이기 때문에 목적어를 동반할 수 있다.

这件衣服适合你穿。 이 옷은 너한테 어울려.
Zhè jiàn yīfu shìhé nǐ chuān.

这件衣服你穿很合适。 이 옷은 네가 입으니 어울리는구나.
Zhè jiàn yīfu nǐ chuān hěn héshì.

0139 **适应** shìyìng 적응하다 유의 适合 shìhé

不能让环境去适应你，只有你去适应环境。
Bù néng ràng huánjìng qù shìyìng nǐ, zhǐyǒu nǐ qù shìyìng huánjìng.
환경을 너에게 맞추긴 힘들어, 네가 환경에 적응해야지.

他对新事物、新环境的适应能力很强。
Tā duì xīn shìwù, xīn huáijìng de shìyìng nénglì hěn qiáng.
그는 새로운 것과 새로운 환경에 대한 적응 능력이 뛰어나다.

适合 vs 适应

适合는 주로 'A 适合 B' 형식으로 쓰여 'A가 B에 어울리다'라는 뜻을 나타내고, 适应은 주로 'A 适应 B' 형식으로 쓰여 'A가 주동적으로 B에 적응하고 맞추다'라는 뜻을 나타낸다. 이때, A는 주로 사람이 되며, B는 환경, 기후, 습관, 필요 등을 나타낸다.

这里太干燥，很多人难以适应。
Zhèlǐ tài gānzào, hěn duō rén nányǐ shìyìng.
여기는 너무 건조해서, 많은 사람들이 적응하기 힘들다.

这种气候适合种苹果。 이런 기후는 사과를 심는데 적합하다.
Zhè zhǒng qìhòu shìhé zhòng píngguǒ.

0140 **收** shōu 받다, 거두다, 마감하다

这是我的一点点心意，请收下！
Zhè shì wǒ de yìdiǎndiǎn xīnyì, qǐng shōuxià.
이건 저의 작은 성의입니다, 받아 주세요.

他隔三天来我们小区收废品。
Tā gé sān tiān lái wǒmen xiǎoqū shōu fèipǐn.
그는 3일에 한 번씩 우리 아파트 단지에 와서 폐품을 수집한다.

他们一直干到天黑才收工回家。
Tāmen yìzhí gàndào tiān hēi cái shōugōng huíjiā.
그들은 날이 저물어서야 하던 일을 정리하고 귀가했다.

관련 표현

鸣金收兵 míng jīn shōu bīng 성 징을 울려 군사를 철수시켜 전투를 끝내다, 경기나 일을 마치다

0141 收拾 shōushi 정리하다, 치우다, 벌을 주다, 가만두지 않다

快把会议室收拾一下，一会儿有客户要来。
Kuài bǎ huìyìshì shōushi yíxià, yíhuìr yǒu kèhù yào lái.
얼른 회의실 정리 좀 하세요, 곧 있으면 바이어가 오십니다.

行李收拾得差不多了吧？再检查一下，有没有落下的。
Xíngli shōushi de chàbuduōle ba? Zài jiǎnchá yíxià, yǒu méiyǒu làxià de.
짐은 거의 다 꾸렸지? 다시 살펴 봐, 빠뜨린 거 없는지.

[단어] 落 là 빠뜨리다, 누락하다

我们得收拾收拾他。
Wǒmen děi shōushi shōushi tā.
우리는 저 녀석에게 벌을 좀 줘야 해.

敌军被我军收拾干净了。
Díjūn bèi wǒ jūn shōushigānjìng le.
적군이 아군에 의해 소탕되었다.

관련 표현

不可收拾 bù kě shōushi 성 일이 수습할 수 없는 지경에 이르다

0142 受不了 shòubuliǎo 견딜 수 없다, 참을 수 없다

连着下了五天雨，真让人受不了。
Liánzhe xiàle wǔ tiān yǔ, zhēng ràng rén shòubuliǎo.
5일 동안 연달아 비가 오니까, 정말 지겨워.

学习压力让他有些受不了。
Xuéxí yālì ràng tā yǒuxiē shòubuliǎo.
공부 스트레스가 그를 좀 힘들게 한다.

0143 受到 shòudào 받다, 봉착하다 유의 遭到 zāodào

今天我受到了老师的批评。
Jīntiān wǒ shòudàole lǎoshī de pīpíng.
오늘 나는 선생님께 꾸중을 들었다.

他们的演出受到观众们的好评。
Tāmen de yǎnchū shòudào guānzhòngmen de hǎopíng.
그들의 공연은 관중의 호평을 받았다.

> **受到 vs 遭到**
>
> 受到와 遭到 모두 안 좋거나 불리한 일에 봉착했을 때 쓸 수 있다. 遭到는 반드시 불행한 일에만 사용되고, 受到는 좋은 일에도 쓸 수 있다.
>
> **每个人都会遭到失败。** 누구나 실패할 수 있다.
> Měi ge rén dōu huì zāodào shībài.
>
> **他在短期内受到了上司和同事的重视。**
> Tā zài duǎnqī nèi shòudàole shàngsī hé tóngshì de zhòngshì.
> 그는 단기간 내에 상사와 동료의 인정을 받았다.

0144 输 shū 지다 반의 赢 yíng 이기다

英国队又输给阿根廷队了。
Yīngguó duì yòu shūgěi Āgēntíng duì le.
영국 팀은 또 아르헨티나 팀에게 졌다.

其实谁赢谁输都不重要，重要的是比赛精彩。
Qíshí shéi yíng shéi shū dōu bú zhòngyào, zhòngyào de shì bǐsài jīngcǎi.
사실 누가 지고 누가 이기는 것은 중요하지 않아, 중요한 것은 경기가 재미있어야 한다는 것이지.

0145 说明 shuōmíng 설명하다 [BCT1] 유의 解释 jiěshì

你跟客户说明的时候，一定要加这一点。
Nǐ gēn kèhù shuōmíng de shíhou, yídìng yào jiā zhè yì diǎn.
자네가 바이어한테 설명할 때 반드시 이 점을 덧붙이게나.

▶ ~라 할 수 있다

她今天不来，就说明她不肯帮忙。
Tā jīntiān bù lái, jiù shuōmíng tā bù kěn bāngmáng.
그녀가 오늘 오지 않은 것은, 그녀가 돕지 않으려는 뜻이라 할 수 있다.

명 설명

使用洗衣机前请仔细阅读说明书。
Shǐyòng xǐyījī qián qǐng zǐxì yuèdú shuōmíngshū.
세탁기를 사용하기 전에 설명서를 자세히 읽어 보세요.

> **说明 vs 解释**
>
> 두 단어 모두 '분명하게 말하다'라는 뜻인데, '解释'에는 '변명하다'라는 뜻이 포함되어 있다. 说明은 '~을 증명하다'라는 뜻으로 쓰이지만, 解释에는 이러한 뜻이 없다.
>
> **产品说明书(O)** chǎnpǐn shuōmíngshū 제품 설명서
> **产品解释书(X)** chǎnpǐn jiěshìshū

0146 死 sǐ 죽다

虽然他已经死了，可是他说的话却刻在我心中。
Suīrán tā yǐjing sǐ le, kěshì tā shuō de huà què kèzài wǒ xīnzhōng.
비록 그는 이미 세상을 떠났지만, 그가 한 말은 내 가슴에 깊이 남아 있다.

▶ 엄하다

家长有时对子女管得太死。
Jiāzhǎng yǒushí duì zǐnǚ guǎn de tài sǐ.
가장들은 때때로 자녀를 너무 엄하게 대한다.

▶ [보어] 정도가 심함을 표현한다.

哎呀，热死了！
Āiyā, rèsǐ le!
아이구, 더워 죽겠네!

🔸 **관련 표현**

见死不救 jiàn sǐ bú jiù 성 죽어 가는 것을 보고도 구하지 않다, 냉혹하고 매정하다

九死一生 jiǔ sǐ yì shēng 성 구사일생, 어려움 속에서 요행히 살아남다

你死我活 nǐ sǐ wǒ huó 성 결사적으로, 목숨을 걸고

生离死别 shēng lí sǐ bié 성 다시 만나기 어려운 이별, 영원한 이별

生死之交 shēng sǐ zhī jiāo 성 생사를 같이하는 벗

死不瞑目 sǐ bù míng mù 성 죽어도 눈을 감지 못하다, 목적을 달성하지 않고는 절대 포기하지 못하다

死去活来 sǐ qù huó lái 성 죽었다 살아나다, 반죽음이 되다

🔸 **관련 표현 - 죽음**

上西天 shàng xītiān / **上天堂** shàng tiāntáng / **老了** lǎo le / **去了** qù le / **走了** zǒu le / **不在了** bú zài le / **去世** qùshì / **逝世** shìshì / **过世** guòshì / **归天** guītiān / **驾崩** jiàbēng 황제, 임금의 죽음 / **涅槃** nièpán 열반에 들다 / **见马克思去了** jiàn mǎkèsī qù le

0147 随着 suízhe ~에 따르다

随着质量的提高，他们公司的订单越来越多了。
Suízhe zhìliàng de tígāo, tāmen gōngsī de dìngdān yuèláiyuè duō le.
품질의 향상에 따라, 그 회사의 주문량도 갈수록 늘고 있다.

随着社会的发展，语言也发生变化。
Suízhe shèhuì de fāzhǎn, yǔyán yě fāshēng biànhuà.
사회가 발전하면서, 언어에도 변화가 생겼다.

0148 抬 tái 고개를 들다, 들어 올리다

抬头看我，我想跟你说几句。
Tái tóu kàn wǒ, wǒ xiǎng gēn nǐ shuō jǐ jù.
고개 들고 나를 봐, 내가 너한테 몇 마디 해야겠어.

你把井里的吊桶抬上来。
Nǐ bǎ jǐng li de diàotǒng táishanglai.
너 우물 안의 두레박을 들어 올리렴.

관련 표현

抬不起头来 tái bu qǐ tóu lái `관용` 부끄럽거나 창피해서 고개를 들 수가 없다

0149 谈 tán 이야기하다 `유의` 聊 liáo

昨天我们谈到天快亮的时候。
Zuótiān wǒmen tándào tiān kuài liàng de shíhou.
어제 우리는 동틀 무렵까지 이야기를 했어.

今天有空儿吗? 我想跟你谈一件事。
Jīntiān yǒu kòngr ma? Wǒ xiǎng gēn nǐ tán yí jiàn shì.
오늘 짬 좀 나? 내가 너하고 얘기할 게 하나 있는데.

관련 표현

谈恋爱 tán liàn'ài 연애하다

谈不上 tánbushàng `관용` ~이라 할 수 없다

谈得来 tándelái `관용` 서로 말이 통하다

老生常谈 lǎo shēng cháng tán `성` 상투적인 말, 신선한 내용이 없는 케케묵은 이야기

谈何容易 tán hé róng yì `성` 말처럼 그렇게 쉽지는 않다

谈情说爱 tán qíng shuō ài `성` 연애하다

茶馆里说山海经 — 谈天说地 `헐후`
cháguǎn li shuō Shānhǎijīng — tán tiān shuō dì
찻집에서 산해경을 얘기하다 — 이것저것 끝없이 이야기하다 : 이야기의 주제가 풍부하다, 별 이야기를 다 하다

> **tip** 《山海经(산해경)》: 고대의 지리·동식물·광산·신화·무술(巫术)·종교에 대해 기록한 선진(先秦)의 문헌.

0150 弹钢琴 tán gāngqín 피아노를 치다

理查德克莱德曼弹钢琴的声音真好听。
Lǐchádé Kèláidémàn tán gāngqín de shēngyīn zhēn hǎotīng.
리차드 클라이더만이 피아노 치는 소리는 정말 듣기 좋아.

[단어] 理查德克莱德曼 Lǐchádé Kèláidémàn 리차드 클라이더만(Richard Clayderman), 피아니스트

관련 표현

对牛弹琴 duì niú tán qín 〈성〉 쇠귀에 경 읽기

老太太学弹钢琴 — 手忙脚乱 lǎo tàitai xué tán gāngqín — shǒu máng jiǎo luàn 〈헐후〉 할머니가 피아노를 배우다 — 갈피를 못 잡다 : (일처리에) 두서가 없다, 갈팡질팡하다

0151 **躺** tǎng 눕다

你不要躺沙发上睡，快进屋去睡吧。
Nǐ búyào tǎng shāfā shang shuì, kuài jìn wū qù shuì ba.
너 쇼파에 누워 자지 말고, 얼른 방에 들어가서 자.

你身体不舒服，回宿舍躺一会儿，剩下的就包在我身上。
Nǐ shēntǐ bù shūfu, huí sùshè tǎng yíhuìr, shèngxià de jiù bāozài wǒ shēnshang.
너 몸이 안 좋으면 기숙사로 들어가 좀 누워 있어. 나머지는 내가 알아서 할게.

0152 **讨论** tǎolùn 토론하다 〈유의〉谈论 tánlùn

我们正在讨论招聘问题。
Wǒmen zhèngzài tǎolùn zhāopìn wèntí.
우리는 구인 문제에 대해 토론 중입니다.

讨论的时间和地点明天通知你们。
Tǎolùn de shíjiān hé dìdiǎn míngtiān tōngzhī nǐmen.
토론 시간과 장소는 내일 여러분께 알려 드릴게요.

명 토론

今天的讨论就到这儿结束，大家辛苦了！
Jīntiān de tǎolùn jiù dào zhèr jiéshù, dàjiā xīnkǔ le!
오늘 토론은 여기까지 하겠습니다. 여러분 수고하셨습니다.

0153 **提** tí 들다, 끌어올리다, 이야기를 꺼내다

村民们要到很远的地方提水喝。
Cūnmínmen yào dào hěn yuǎn de dìfang tí shuǐ hē.
마을 사람들은 먼 곳에서 물을 길어다 마셔야 한다.

这事儿咱谁都别再提了。
Zhè shìr zán shéi dōu bié zài tí le.
이 일에 대해선 누구도 다시는 얘기하지 말자고.

他两手各提着一个袋子进来了。
Tā liǎng shǒu gè tízhe yí ge dàizi jìnlai le.
그는 양손에 각각 자루 하나씩을 들고 들어왔다.

관련 표현

旧事重提 jiù shì chóng tí 성 지난 일을 다시 꺼내다

0154 提供 tígōng 제공하다 BCT1

公司给员工提供了学习一门外语的机会。
Gōngsī gěi yuángōng tígōngle xuéxí yì mén wàiyǔ de jīhuì.
회사에서 직원들에게 외국어 한 가지를 배울 수 있는 기회를 주었다.

我们可以按照贵司提供的样品生产产品。
Wǒmen kěyǐ ànzhào guìsī tígōng de yàngpǐn shēngchǎn chǎnpǐn.
우리는 귀사가 제공한 샘플에 따라 제품을 생산할 수 있습니다.

0155 提前 tíqián (예정보다 시간을) 앞당기다 BCT1

提前做好准备，可以减少出错。
Tíqián zuòhǎo zhǔnbèi, kěyǐ jiǎnshǎo chūcuò.
미리 준비하면, 실수를 줄일 수 있다.

今天的演出7点开始，你们提前半个小时到剧场就行。
Jīntiān de yǎnchū qī diǎn kāishǐ, nǐmen tíqián bàn ge xiǎoshí dào jùchǎng jiù xíng.
오늘 공연은 7시에 시작하니까, 여러분은 30분 앞당겨 극장에 오면 되겠어요.

0156 提醒 tíxǐng 일깨우다, 알리다

我明天有重要会议，麻烦你到时候提醒我，好吗？
Wǒ míngtiān yǒu zhòngyào huìyì, máfan nǐ dào shíhou tíxǐng wǒ, hǎo ma?
내가 내일 중요한 회의가 있으니, 미안하지만 그때 나한테 좀 알려 줄래요?

谢谢提醒我，否则我就赶不上飞机了。
Xièxie tíxǐng wǒ, fǒuzé wǒ jiù gǎnbushàng fēijī le.
알려 줘서 고마워요. 아니었음 비행기를 놓쳤을 거예요.

0157 填空 tián//kòng 빈칸을 채우다, 직위를 메우다

这些填空题对他来说小菜一碟。
Zhèxiē tiánkòngtí duì tā láishuō xiǎo cài yì dié.
빈칸 채우기 문제는 그한테는 식은 죽 먹기다.

[단어] 小菜一碟 xiǎo cài yì dié 관용 식은 죽 먹기, 누워서 떡 먹기

王秘书辞职了，我得找个人来填这个空。
Wáng mìshū cízhí le, wǒ děi zhǎo ge rén lái tián zhège kòng.
왕 비서가 퇴사를 했으니 나는 사람을 구해 공석을 메워야 해요.

0158 停 tíng 멈추다, 중지하다, 세우다, 머물다

雨停了，太阳又出来了。
Yǔ tíng le, tàiyáng yòu chūlai le.
비가 그치고, 해가 다시 고개를 내밀었다.

师傅，到了，停车吧。
Shīfu, dào le, tíng chē ba.
기사님, 도착했어요. 차 세워 주세요.

我们走走停停，晚上9点才到家。
Wǒmen zǒuzoutíngting, wǎnshang jiǔ diǎn cái dào jiā.
우리는 쉬엄쉬엄 가느라 밤 9시가 되어서야 집에 도착했다.

0159 通过 tōngguò 건너가다, 통과하다, 시험에 합격하다 유의 经过 jīngguò

火车通过了南京长江大桥。
Huǒchē tōngguòle Nánjīng Chángjiāng dàqiáo.
기차는 난징 양쯔강 대교를 건너갔다.

[단어] 南京长江大桥 Nánjīng Chángjiāng dàqiáo 양쯔강 대교

这次并购必须通过董事会的批准。
Zhè cì bìnggòu bìxū tōngguò dǒngshìhuì de pīzhǔn.
이번 인수 합병은 반드시 이사회의 허가를 거쳐야 한다.

[단어] 并购 bìnggòu 인수 합병 / 董事会 dǒngshìhuì 이사회 / 批准 pīzhǔn 허가하다

这次出国留学考试我又没通过。
Zhè cì chūguó liúxué kǎoshì wǒ yòu méi tōngguò.
이번 유학 시험에 나는 또 떨어졌다.

전 ~을 통해

通过北京的老朋友，我得知了他的消息。
Tōngguò Běijīng de lǎopéngyou, wǒ dézhīle tā de xiāoxi.
베이징에 있는 옛 친구를 통해, 나는 그의 소식을 들었다.

0160 通知 tōngzhī 통지하다 [BCT1] 유의 告诉 gàosu

你去通知李老师来开会。
Nǐ qù tōngzhī Lǐ lǎoshī lái kāihuì.
자네 이 선생님께 회의하러 오시라고 알려 드리게.

我收到了清华大学的录取通知书。
Wǒ shōudàole Qīnghuá dàxué de lùqǔ tōngzhīshū.
나는 청화 대학의 입학 통지서를 받았다.

0161 同情 tóngqíng 동정하다, 동감한다

我很同情农民工兄弟，我也是在农村长大的。
Wǒ hěn tóngqíng nóngmíngōng xiōngdì, wǒ yě shì zài nóngcūn zhǎngdà de.
나는 농민공들의 애환을 잘 압니다. 나도 농촌에서 자랐으니까요.

[단어] 农民工 nóngmíngōng 농촌을 떠나 도시로 진출하여 건축·운수 등에 종사하는 노동자

她是个富有同情心的好孩子，经常主动帮助别人。
Tā shì ge fùyǒu tóngqíngxīn de hǎo háizi, jīngcháng zhǔdòng bāngzhù biérén.
그 애는 동정심이 많은 착한 아이라, 늘 주동적으로 다른 사람을 도와줘요.

0162 推 tuī 밀다, 뒤로 미루다 반의 拉 lā 당기다

路很滑，只能推着车走。
Lù hěn huá, zhǐnéng tuīzhe chē zǒu.
길이 미끄러워서 자전거를 끌고 갈 수밖에 없다.

他为了照顾孩子，把别的事情都推了。
Tā wèile zhàogù háizi, bǎ bié de shìqing dōu tuī le.
그는 아이를 돌보기 위해 다른 일은 모두 미뤄 놓았다.

관련 표현

推三阻四 tuī sān zǔ sì 〈성〉 갖가지 핑계를 대며 거절하다

0163 推迟 tuīchí 연기하다, 뒤로 미루다 BCT1

由于天气原因，开幕式不得不推迟。
Yóuyú tiānqì yuányīn, kāimùshì bùdébù tuīchí.
날씨로 인해, 개막식을 연기할 수밖에 없겠습니다.

画展准备得很顺利，不需要推迟。
Huàzhǎn zhǔnbèi de hěn shùnlì, bù xūyào tuīchí.
그림 전시회 준비는 순조롭게 되고 있어요, 연기할 필요 없겠어요.

0164 脱 tuō 벗다, (피부 등이) 벗겨지다

快把脏衣服脱了，换干净的。
Kuài bǎ zāng yīfu tuō le, huàn gānjìng de.
빨리 더러워진 옷 벗어 놓고, 깨끗한 걸로 갈아 입어.

刚才他摔倒了，膝盖上脱了一层皮。
Gāngcái tā shuāidǎo le, xīgài shang tuōle yì céng pí.
방금 전에 그 애가 넘어졌는데, 무릎이 살짝 까졌어요.

관련 표현

生姜脱不了辣味儿 — 本性难移 shēngjiāng tuōbuliǎo làwèir — běn xìng nán yí 〈헐후〉 생강은 매운 맛을 없애지 못한다 — 본성은 바꾸기 어렵다 : 제 버릇 개 못 준다

脱口而出 tuō kǒu ér chū 〈성〉 깊이 생각하지 않고 나오는 대로 말하다

脱胎换骨 tuō tāi huàn gǔ 〈성〉 환골탈태, 완전히 딴 사람이 되다

脱颖而出 tuō yǐng ér chū 〈성〉 자기의 재능을 전부 드러내다, 두각을 나타내다

> **tip** 脱颖而出 : 조(赵)나라 평원군(平原君)과 문객 모수(毛遂)의 대화에서 유래된 성어다. 조나라가 진(秦)나라의 공격을 받았을 때, 평원군이 초(楚)나라로 지원을 요청하러 가려는데, 문객인 모수가 같이 가겠다고 나서자 평원군이 능력이 없음을 들어 거절했다. 이때 모수는 송곳 끝이 주머니를 뚫고 나온다는 예를 들며 평원군을 설득해 평원군과 함께 초나라로 떠났으며, 이후 평원군의 참모로 활동했다.

0165 污染 wūrǎn 오염되다, 오염시키다 [BCT1]

참고 污染指数 wūrǎn zhǐshù 오염 지수

这个村的水已经污染得不能喝了。
Zhè ge cūn de shuǐ yǐjing wūrǎn de bù néng hē le.
이 마을의 물은 이미 오염되어 마실 수가 없다.

0166 无 wú 없다, ~이 아니다

水虽然无色无味，但没有水人们就活不下去。
Shuǐ suīrán wú sè wú wèi, dàn méiyǒu shuǐ rénmen jiù huóbu xiàqu.
물은 비록 무색무미지만, 물이 없으면 사람은 살 수가 없다.

关于你的问题我无法回答。
Guānyú nǐ de wèntí wǒ wúfǎ huídá.
너의 질문에 난 대답을 할 수 없구나.

▶ '无…无…' 형식으로 써서 '없다'는 뜻을 강조한다.

无边无际 wú biān wú jì 끝없이 넓다

无儿无女 wú ér wú nǚ 아들도 없고 딸도 없다.

无情无义 wú qíng wú yì 성 아무런 감정도 없다, 무심하다

관련 표현

无地自容 wú dì zì róng 성 부끄러워 쥐구멍에라도 들어가고 싶은 지경이다

无法无天 wú fǎ wú tiān 성 제멋대로 온갖 악행을 저지르다

无关大局 wú guān dà jú 성 큰 국면에는 영향을 미치지 않다

无话可说 wú huà kě shuō 성 할 말이 없다, 해명(변명)할 여지가 없다

无家可归 wú jiā kě guī 성 돌아갈 집이 없다, 몸 둘 곳이 없다

无事生非 wú shì shēng fēi 성 공연히 말썽거리를 만들다, 공연히 생트집을 잡다

0167 误会 wùhuì 오해하다 [유의] 误解 wùjiě

喂！你说到哪儿去了？可能你误会我的意思了。
Wèi! Nǐ shuōdào nǎr qù le? Kěnéng nǐ wùhuì wǒ de yìsi le.
여보세요! 지금 무슨 말씀 하시는 거예요? 아무래도 제 뜻을 오해하신 모양이군요.

명 오해

这完全是一场误会，真不知怎么解决才好。
Zhè wánquán shì yì chǎng wùhuì, zhēn bù zhī zěnme jiějué cái hǎo.
이건 완전히 오해야. 어떻게 수습해야 할지 난감하군 그래.

0168 吸引 xīyǐn 빨아들이다, 관심을 끌다

我被她那热情、活泼的性格吸引住了。
Wǒ bèi tā nà rèqíng、huópō de xìnggé xīyǐnzhù le.
나는 그녀의 다정하고, 활발한 성격에 끌렸다.

这款手机外观很吸引人，可是价钱太高。
Zhè kuǎn shǒujī wàiguān hěn xīyǐn rén, kěshì jiàqián tài gāo.
이 휴대 전화는 외관은 맘에 드는데, 가격이 너무 비싸.

0169 羡慕 xiànmù 부러워하다

他吧，吃再多也不胖，我真羡慕他。
Tā ba, chī zài duō yě bú pàng, wǒ zhēn xiànmù tā.
그 친구 말야. 아무리 많이 먹어도 살이 안 쪄, 정말 부러워 죽겠어.

光羡慕别人是没用的，还不如自己去努力。
Guāng xiànmù biérén shì méi yòng de, hái bùrú zìjǐ qù nǔlì.
남을 부러워만 해 봐야 소용없어. 스스로 노력하는 게 백 번 낫지.

0170 响 xiǎng 울리다

你的手机又响了，快去接吧。
Nǐ de shǒujī yòu xiǎng le, kuài qù jiē ba.
네 휴대 전화 벨이 또 울리잖아. 빨리 가서 받아.

형 소리가 크다

除夕，鞭炮声响极了，我三更半夜被吵醒了。
Chúxī, biānpàoshēng xiǎngjí le, wǒ sāngēng bànyè bèi chǎoxǐng le.
섣달그믐 밤, 폭죽 소리가 얼마나 큰지, 난 한밤중에 시끄러워서 깼다.

관련 표현

一声不响 yì shēng bù xiǎng **성** 아무 소리도 내지 않다

一个巴掌拍不响 — 孤掌难鸣 yí ge bāzhang pāi bù xiǎng — gū zhǎng nán míng **헐후** 한 쪽 손바닥만 치면 소리가 나지 않는다 — 고장난명: 손바닥도 마주쳐야 소리가 난다, 세력이 약해 일을 이루지 못하다

0171 笑话 xiàohuà 비웃다, 조소하다

我不大会说话，我怕你们笑话我。
Wǒ bú dà huì shuōhuà, wǒ pà nǐmen xiàohuà wǒ.
저는 말 주변이 별로 없어서, 여러분이 비웃지나 않을까 겁나네요.

别在很多人面前笑话别人。
Bié zài hěn duō rén miànqián xiàohuà biérén.
많은 사람들 앞에서 다른 사람을 조소하지 마세요.

명 우스운 이야기, 우스갯소리

听了她的笑话，孩子们都大笑起来。
Tīngle tā de xiàohuà, háizimen dōu dà xiàoqilai.
그녀가 해 주는 재미있는 이야기를 듣고 아이들은 크게 웃기 시작했다.

我酒量不好怕喝醉了闹笑话。
Wǒ jiǔliàng bù hǎo pà hēzuìle nào xiàohuà.
제가 주량이 약하다 보니 술에 취해 실수나 하지 않을까 걱정됩니다.

[단어] **闹笑话** nào xiàohuà (모르거나 경험 부족으로) 웃음을 자아내다, 웃음거리가 되다

0172 行 xíng 가다, 여행가다, 유행하다, 괜찮다

三人行，必有我师。
Sān rén xíng, bì yǒu wǒ shī.
세 사람이 길을 가면, 그 중에는 반드시 나의 스승이 있다.

这次的行程安排得很紧张。
Zhè cì de xíngchéng ānpái de hěn jǐnzhāng.
이번 여정은 빡빡하게 짜였다.

超短裙曾风行一时。
Chāoduǎnqún céng fēng xíng yì shí.
미니스커트는 한때 유행했다.

行啊，我可以跟你一起去。
Xíng a, wǒ kěyǐ gēn nǐ yìqǐ qù.
그래, 내가 너랑 같이 가 줄게.

형 능력 있다

你真行，又开了一家饭馆。
Nǐ zhēn xíng, yòu kāile yì jiā fànguǎn.
자네 정말 대단하군. 식당을 하나 또 내다니.

명 여정

千里之行，始于足下。
Qiān lǐ zhī xíng, shǐ yú zú xià.
천리 길도 한 걸음부터.

这次非洲之行，真令人难忘。
Zhè cì Fēizhōu zhī xíng, zhēn lìng rén nánwàng.
이번 아프리카 여행은 정말 잊을 수가 없어.

명 háng 열, 행, 줄

一页有二十三行。
Yí yè yǒu èrshísān háng.
한 쪽은 23행입니다.

请念一下第三行到第十行。
Qǐng niàn yíxià dì sān háng dào dì shí háng.
3행에서 10행까지 읽으세요.

명 háng 업종, 직업

我不是干这行的。
Wǒ bú shì gàn zhè háng de.
저는 이 업종에 종사하지 않습니다.

관련 표현

行百里者半九十 xíng bǎilǐzhě bàn jiǔ shí **속담** 백 리 길을 가는 사람은 구십 리를 반으로 잡는다. 일은 성공이 가까울수록 더욱 어려워진다

0173 醒 xǐng 잠에서 깨다, 정신 차리다

你醒醒，再不走就赶不上班车了。
Nǐ xǐngxing, zài bù zǒu jiù gǎnbushàng bānchē le.
얼른 일어나요, 더 늦으면 셔틀버스 놓쳐요.

等他酒醒了你再问也不迟啊。
Děng tā jiǔxǐng le nǐ zài wèn yě bù chí a.
그 친구가 술에서 깨어나면 물어봐도 늦지 않아.

관련 표현

昏迷不醒 hūn mí bù xǐng (성) 정신을 잃고 깨어나지 못하다

0174 修理 xiūlǐ 수리하다, 수선하다, 정리하다, (손을) 봐주다

我爸爸会修理各种家电。
Wǒ bàba huì xiūlǐ gèzhǒng jiādiàn.
우리 아빠는 각종 가전 제품을 고칠 수 있으시다.

你的头发太长了，该修理了。
Nǐ de tóufa tài cháng le, gāi xiūlǐ le.
너 머리카락이 너무 길었다. 좀 다듬어야겠어.

他再耍赖一次，我就把他修理修理。
Tā zài shuǎlài yí cì, wǒ jiù bǎ tā xiūli xiūli.
저 자가 한 번만 더 까불면, 내가 손 좀 봐주지.

[단어] 耍赖 shuǎlài 생떼를 쓰다, 행패부리다

0175 研究 yánjiū 연구하다, 고려하다 [유의] 研究所 yánjiūsuǒ 연구소

李教授对教学法研究得很深。
Lǐ jiàoshòu duì jiàoxuéfǎ yánjiū de hěn shēn.
이 교수님은 교수법에 대해 깊이 연구하셨다.

这个问题我先研究几天再说吧。
Zhège wèntí wǒ xiān yánjiū jǐ tiān zài shuō ba.
이 문제는 내가 며칠 동안 생각해 보고 다시 얘기합시다.

0176 演出 yǎnchū 공연하다

俄罗斯国家芭蕾舞团访华演出《天鹅湖》。
Éluósī guójiā bāléiwǔtuán fǎnghuá yǎnchū《Tiān'é Hú》.
러시아 국립 발레단이 〈백조의 호수〉를 내중 공연한다.

명 공연

今天的演出非常成功。
Jīntiān de yǎnchū fēicháng chénggōng.
오늘 공연은 아주 성공적이었다.

0177 养成 yǎngchéng 기르다, 형성하다

我们要养成言行一致，诚实守信的好习惯。
Wǒmen yào yǎngchéng yán xíng yízhì, chéngshí shǒuxìn de hǎo xíguàn.
우리는 언행일치하고, 성실하게 신용을 지키는 좋은 습관을 길러야 해.

跟坏人在一起，时间久了，就会养成一些坏习惯。
Gēn huàirén zài yìqǐ, shíjiān jiǔ le, jiù huì yǎngchéng yìxiē huài xíguàn.
나쁜 사람과 어울려 오래 지나면 자연히 나쁜 습관이 생기게 마련이다.

0178 邀请 yāoqǐng 초청하다, 요청하다

非常感谢您接受我们的邀请。
Fēicháng gǎnxiè nín jiēshòu wǒmen de yāoqǐng.
저희들의 요청을 수락해 주셔서 진심으로 감사드립니다.

今天我们很高兴地邀请到了张朝阳先生，参加我们的节目。
Jīntiān wǒmen hěn gāoxìng de yāoqǐngdàole Zhāng Cháoyáng xiānsheng, cānjiā wǒmen de jiémù.
오늘 저희는 기쁜 마음으로 장차오양 선생님을 저희 프로그램에 모시게 되었습니다.

tip 张朝阳 : (1964~). 중국의 대표적인 포털 사이트 소호(搜狐, www.sohu.com)의 대표이사.

0179 以为 yǐwéi ~인 줄 알다, ~이라 생각하다

▶ '以为…原来' 형식으로 많이 쓰이며, '~라 생각했는데, 알고 보니 ~'의 뜻을 나타낸다.

我们都以为他容易找到工作呢。
Wǒmen dōu yǐwéi tā róngyi zhǎodào gōngzuò ne.
우리는 모두 그 친구가 쉽게 직장을 구할 거라 생각했다.

我以为他是日本人，原来他是中国人。
Wǒ yǐwéi tā shì rìběnrén, yuánlái tā shì zhōngguórén.
난 그 친구가 일본인인 줄 알았는데, 알고 보니 중국인이었네.

0180 引起 yǐnqǐ 일으키다, 야기시키다 유의 造成 zàochéng

博客1998年出现在美国后引起了人们的极大兴趣。
Bókè yī jiǔ jiǔ bā nián chūxiàn zài Měiguó hòu yǐnqǐle rénmen de jídà xìngqù.
블로그는 1998년 미국에서 출현한 후에 사람들의 지대한 관심을 불러일으켰다.

希望我们的新产品引起顾客的注意。
Xīwàng wǒmen de xīn chǎnpǐn yǐnqǐ gùkè de zhùyì.
우리 신제품이 고객의 관심을 받았으면 좋겠군요.

0181 赢 yíng 이기다, 이익을 얻다 반의 输 shū 지다

昨天的足球比赛，巴西队赢了吧?
Zuótiān de zúqiú bǐsài, Bāxī duì yíngle ba?
어제 축구 시합에서 브라질 팀이 이겼지?

今年我们公司开始赢利了。
Jīnnián wǒmen gōngsī kāishǐ yínglì le.
올해부터 우리 회사는 수익을 얻기 시작했어.

0182 应聘 yìngpìn 지원하다 반의 招聘 zhāopìn 채용하다

公司招收一名采购科长，没想到这么多人来应聘。
Gōngsī zhāoshōu yì míng cǎigòu kēzhǎng, méi xiǎng dào zhème duō rén lái yìngpìn.
회사에서 구매과장 한 명을 뽑는데, 이렇게 많은 사람들이 지원할 줄 몰랐어.

[단어] 招收 zhāoshōu 모집하다

0183 预习 yùxí 예습하다 반의 复习 fùxí 복습하다

我觉得课前预习比课后复习还重要。
Wǒ juéde kèqián yùxí bǐ kèhòu fùxí hái zhòngyào.
나는 수업 전에 예습하는 게 수업 끝나고 복습하는 것보다 더 중요한 것 같아.

0184 原谅 yuánliàng 용서하다 유의 饶恕 ráoshù

他还是个孩子，你就原谅他吧。
Tā hái shì ge háizi, nǐ jiù yuánliàng tā ba.
그 애는 아직 어린애잖니, 네가 그 앨 용서하렴.

真是抱歉，请大家原谅！
Zhēnshi bàoqiàn, qǐng dàjiā yuánliàng!
정말 죄송합니다. 여러분 용서해 주세요.

0185 阅读 yuèdú 열독하다, 읽다, 보다

他的阅读速度很快，估计比我快两倍。
Tā de yuèdú sùdù hěn kuài, gūjì bǐ wǒ kuài liǎng bèi.
그 친구 읽기 속도가 엄청 빨라, 나보다 두 배는 빠를 걸.

0186 允许 yǔnxǔ 허락하다, 허가하다

妈妈允许我玩儿电脑和看电视。
Māma yǔnxǔ wǒ wánr diànnǎo hé kàn diànshì.
엄마는 내가 컴퓨터를 하고 텔레비전 보는 것을 허락하셨다.

我们这个餐厅规定是不允许拿小费的。
Wǒmen zhège cāntīng guīdìng shì bù yǔnxǔ ná xiǎofèi de.
저희 식당 규정은 팁을 받지 않는 것입니다.

[단어] 小费 xiǎofèi 팁

0187 增加 zēngjiā 증가하다 BCT1 유의 增长 zēngzhǎng

这家厂今年的产量比去年增加了20%。
Zhè jiā chǎng jīnnián de chǎnliàng bǐ qùnián zēngjiāle bǎifēnzhī èrshí.
이 공장의 올해 생산량은 작년보다 20% 증가했다.

0188 占线 zhànxiàn 통화중이다

今天我给他打了好多次电话，都在占线。
Jīntiān wǒ gěi tā dǎle hǎo duō cì diànhuà, dōu zài zhànxiàn.
오늘 내가 그에게 몇 번이나 전화했는데, 다 통화중이더라고.

0189 招聘 zhāopìn 채용하다 [BCT2] 반의 应聘 yìngpìn 지원하다

他们公司招聘总经理秘书，我想去试试。
Tāmen gōngsī zhāopìn zǒngjīnglǐ mìshù, wǒ xiǎng qù shìshi.
그 회사에서 사장님 비서를 채용하더라고, 나도 한 번 해 볼까 해.

我从网上看到了贵公司的招聘广告。
Wǒ cóng wǎngshàng kàndàole guìgōngsī de zhāopìn guǎnggào.
저는 인터넷에서 귀사의 구인 광고를 보았습니다.

0190 照 zhào 비추다, 비치다, 찍다

早晨醒来阳光正好照在我身上。
Zǎochén xǐnglái yángguāng zhènghǎo zhàozài wǒ shēnshang.
아침에 깨어나니 햇살이 마침 내 몸을 비추고 있었다.

姐姐，你快照镜子看看!
Jiějie, nǐ kuài zhào jìngzi kànkan!
언니, 얼른 거울 좀 봐 봐.

这张照片照得不错。
Zhè zhāng zhàopiàn zhào de búcuò.
이 사진 잘 찍었는데.

0191 整理 zhěnglǐ 정리하다

这些都是没有整理过的资料。
Zhèxiē dōu shì méiyou zhěnglǐguo de zīliào.
이것들은 모두 정리가 되지 않은 자료입니다.

我整理了公司的经营状况。
Wǒ zhěnglǐle gōngsī de jīngyíng zhuàngkuàng.
나는 회사의 경영 실태를 정리했다.

0192 证明 zhèngmíng 증명하다 [BCT1] 유의 证实 zhèngshí

出国的时候用护照证明自己的身份。
Chūguó de shíhou yòng hùzhào zhèngmíng zìjǐ de shēnfèn.
출국할 때는 여권으로 본인의 신분을 증명한다.

洪律师帮他证明了他没有任何罪。
Hóng lǜshī bāng tā zhèngmíngle tā méiyǒu rènhé zuì.
홍 변호사는 그가 아무 죄도 없음을 증명했다.

명 증명

银行贷款需要身份证、收入证明、财产证明。
Yínháng dàikuǎn xūyào shēnfènzhèng、shōurù zhèngmíng、cáichǎn zhèngmíng.
은행 대출에는 신분증, 수입 증명, 재산 증명이 필요하다.

0193 支持 zhīchí 지지하다, 응원하다 유의 支援 zhīyuán

非常感谢您的支持和帮助!
Fēicháng gǎnxiè nín de zhīchí hé bāngzhù!
당신의 응원과 도움에 진심으로 감사드립니다.

希望全体市民大力支持市政府的工作。
Xīwàng quántǐ shìmín dà lì zhīchí shìzhèngfǔ de gōngzuò.
모든 시민이 시청 업무에 적극적인 지지를 해 주셨으면 합니다.

0194 值得 zhídé ~할 가치가 있다

这部电影很好看,值得一看。
Zhè bù diànyǐng hěn hǎokàn, zhídé yí kàn.
이 영화는 잘 되었어, 한 번 볼만해.

只要质量好,多花点儿钱也值得。
Zhǐyào zhìliàng hǎo, duō huā diǎnr qián yě zhídé.
품질만 좋다면 돈을 조금 더 써도 괜찮아.

0195 指 zhǐ 가리키다, 지적하다, 어떤 뜻을 나타내다

时针指着十二点。
Shízhēn zhǐzhe shí'èr diǎn.
시침이 12시를 가리키고 있다.

大多数人都不愿意别人指出自己的缺点。
Dàduōshù rén dōu bú yuànyì biérén zhǐchū zìjǐ de quēdiǎn.
대부분의 사람들은 다른 사람이 자신의 결점을 지적하는 것을 원하지 않는다.

这句话指的是谁?
Zhè jù huà zhǐ de shì shéi?
이 말은 누구를 뜻하는 거지?

명 손가락

听说手指很长，手艺很好。
Tīngshuō shǒuzhǐ hěn cháng, shǒuyì hěn hǎo.
손가락이 길면 손재주가 좋다고 하더라고.

관련 표현

指鹿为马 zhǐ lù wéi mǎ **성** 사슴을 가리켜 말이라고 하다, 고의로 흑백을 전도하다
指手画脚 zhǐ shǒu huà jiǎo **성** 손짓 발짓하다, 무책임하게 함부로 이러쿵저러쿵하다
指天画地 zhǐ tiān huà dì **성** 함부로 행동하다, 함부로 말하다
三十晚上盼初一—指日可待 sānshí wǎnshang pàn chūyī — zhǐ rì kě dài
헐후 30일 밤에 초하루를 기다리다 — 실현될 날이 머지않았다 : 곧 실현되다

0196 重视 zhòngshì 중시하다, 중히 여기다 **유의** 注重 zhùzhòng

你千万不要太重视别人对你的看法。
Nǐ qiānwàn búyào tài zhòngshì biérén duì nǐ de kànfǎ.
다른 사람이 널 어떻게 보는가에 너무 연연하지 마.

要重视平时的积累，一口吃不成个胖子。
Yào zhòngshì píngshí de jīlěi, yì kǒu chī bù chéng ge pàngzi.
평소에 꾸준히 쌓아가는 것을 중시해야 해, 첫술에 배부를 수는 없으니까.

0197 祝贺 zhùhè 축하하다

祝贺你得了第一名。
Zhùhè nǐ déle dìyī míng.
1등한 거 축하해.

你考上复旦大学研究生了? 祝贺你!
Nǐ kǎoshàng Fùdàn dàxué yánjiūshēng le? Zhùhè nǐ!
복단대학 대학원 시험에 붙었다고? 축하하네.

🇨🇳 중국의 유명 대학

北京大学 Běijīng dàxué 북경대학 / **复旦大学** Fùdān dàxué 복단대학
清华大学 Qīnghuá dàxué 청화대학 / **浙江大学** Zhèjiāng dàxué 절강대학
中国人民大学 Zhōngguó rénmín dàxué 중국인민대학
南开大学 Nánkāi dàxué 남개대학 / **武汉大学** Wǔhàn dàxué 무한대학
上海交通大学 Shànghǎi jiāotōng dàxué 상해교통대학

0198 转 zhuǎn 몸을 돌리다, (방향·위치·형세·상황 등이) 바뀌다

他看到我转身就走了。
Tā kàndào wǒ zhuǎn shēn jiù zǒu le.
그는 나를 보고는 뒤돌아 가 버렸다.

请转207分机。
Qǐng zhuǎn èr líng qī fēnjī.
내선 207번으로 돌려 주세요.

明天白天，晴转多云。
Míngtiān báitiān, qíng zhuǎn duō yún.
내일 낮에는 맑았다가 구름이 많이 끼겠습니다.

▶ zhuàn 돌다, 돌아다니다

我整天忙得团团转。
Wǒ zhěngtiān máng de tuántuánzhuàn.
난 하루 종일 바빠 죽을 지경이야.

[단어] **团团转** tuántuánzhuàn 빙빙 돌다, 쩔쩔매다

这里是商业区，我们去转转吧。
Zhèli shì shāngyèqū, wǒmen qù zhuànzhuan ba.
여기는 쇼핑가니까 좀 둘러보자고.

[단어] **商业区** shāngyèqū 상업 지구, 쇼핑가, 상점가

0199 赚 zhuàn 벌다 유의 **挣** zhèng

她做服装生意赚了不少钱。
Tā zuò fúzhuāng shēngyi zhuànle bùshǎo qián.
그녀는 의류 사업을 해서 돈을 많이 벌었다.

[단어] **服装** fúzhuāng 의류, 의복

学习成绩好坏与做生意赚钱完全是两码事。
Xuéxí chéngjì hǎohuài yǔ zuò shēngyì zhuàn qián wánquán shì liǎngmǎshì.
학습 성적이 좋고 나쁨과 사업해서 돈을 버는 것은 완전히 별개다.

[단어] 两码事 liǎngmǎshì 관용 서로 별개의 일

赚 vs 挣

赚은 일정한 자본을 가지고 돈을 불려 나가는 것을 말하고, 挣은 노동을 해서 돈을 벌어 들이는 것을 말한다.

我一年能赚到三十万元。 나는 1년 동안 30만 위엔을 벌어요.
Wǒ yì nián néng zhuàndào sānshí wàn yuán.

我得挣钱养家。 난 돈을 벌어 가족을 부양해야 해요.
Wǒ děi zhèng qián yǎng jiā.

0200 自信 zìxìn 자신하다

我自信这次比赛我一定得冠军。
Wǒ zìxìn zhè cì bǐsài wǒ yídìng dé guànjūn.
나는 이번 시합에서 꼭 우승할 거라 자신한다.

형 자신 있다 참고 自信心 zìxìnxīn 자신감

我觉得自信的人最美丽。
Wǒ juéde zìxìn de rén zuì měilì.
나는 자신 있는 사람이 가장 멋지더라고.

4位应聘者都很自信地回答了考官的问题。
Sì wèi yìngpìnzhě dōu hěn zìxìn de huídále kǎoguān de wèntí.
4명의 응시자 모두 면접관의 물음에 자신 있게 답했다.

0201 总结 zǒngjié 정리하다, 총괄하다, 총결산하다 [BCT1]

我们总结了这半年的生产情况。
Wǒmen zǒngjiéle zhè bàn nián de shēngchǎn qíngkuàng.
우리는 이번 반 년 동안의 생산 정황을 정리했다.

其实，他说了这么多，总结起来就是三个字：对不起。
Qíshí, tā shuōle zhème duō, zǒngjiéqilai jiù shì sān ge zì: duìbuqǐ.
사실, 그 친구가 말은 많이 했지만, 결국 세 글자로 정리가 되지 : 미안해.

명 최종 평가, 결론

那份总结今天能写完，等我写完后发到您的信箱里。
Nà fèn zǒngjié jīntiān néng xiěwán, děng wǒ xiěwán hòu fādào nín de xìnxiāng li.
최종 평가서는 오늘 다 쓸 수 있어요. 다 쓰면 메일로 보내 드릴게요.

0202 租 zū 임대하다, 빌리다, 세를 내다 참고 月租 yuèzū 월세

我要租三室一厅的房子，随时都可以搬过来。
Wǒ yào zū sān shì yì tīng de fángzi, suíshí dōu kěyǐ bānguolai.
저는 방 3개에 거실이 딸린 집을 구하고요, 언제든 이사 올 수 있어요.

房租不算贵，一个月一千五。
Fángzū bú suàn guì, yí ge yuè yìqiān wǔ.
월세가 비싼 편은 아니네요. 한 달에 1500위엔이면.

0203 尊重 zūnzhòng 존중하다 유의 尊敬 zūnjìng

我们公司的老总很尊重员工的意见。
Wǒmen gōngsī de lǎozǒng hěn zūnzhòng yuángōng de yìjiàn.
우리 회사 사장님은 직원의 의견을 존중하신다.

想得到别人的尊重，应该先去尊重别人。
Xiǎng dédào biérén de zūnzhòng, yīnggāi xiān qù zūnzhòng biérén.
다른 사람의 존중을 받고 싶으면, 먼저 남을 존중해야 한다.

부사

0001 按时 ànshí 제 시간에 [BCT1] 유의 及时 jíshí, 准时 zhǔnshí

你按时吃药，多喝水，过几天再过来检查。
Nǐ ànshí chī yào, duō hē shuǐ, guò jǐ tiān zài guòlai jiǎnchá.
약을 제 시간에 먹고, 물 많이 마시고, 며칠 지나 다시 검사 받으러 오세요.

作为一个学生，我们应该按时上学。
Zuòwéi yí ge xuésheng, wǒmen yīnggāi ànshí shàngxué.
학생으로서 우리는 마땅히 제시간에 등교해야 한다.

0002 本来 běnlái 본래, 원래 유의 原来 yuánlái

▶本来는 주어 앞에 쓸 수 있다.

本来他想回美国，后来还是留在中国了。
Běnlái tā xiǎng huí měiguó, hòulái háishi liúzài Zhōngguó le.
원래 그 친구는 미국으로 돌아가려 했었는데, 나중엔 그냥 중국에 남더라고.

🔵 부 마땅히, 응당

这个本来就是你的，现在它终于找到主人了。
Zhège běnlái jiù shì nǐ de, xiànzài tā zhōngyú zhǎodào zhǔrén le.
이건 원래부터 네 것이었어, 지금 그게 마침내 주인을 찾았구나.

🔵 형 원래의

这件衣服本来的颜色是红的。
Zhè jiàn yīfu běnlái de yánsè shì hóng de.
이 옷의 원래 색깔은 빨간색이었어.

🗨 관련 표현

本来面目 běn lái miàn mù 성 본래의 모습, 진면목

不得不 bùdébù 부득이, 부득불 ☐☐☐

我是不得不这么做的，并不是故意的。
Wǒ shì bùdébù zhème zuò de, bìng bú shì gùyì de.
저는 부득이 이렇게 한 거예요, 결코 고의가 아니예요.

有时候我们不得不做一些不愿意的事情。
Yǒu shíhou wǒmen bùdébù zuò yìxiē bú yuànyì de shìqing.
때때로 우리는 부득이하게 원치 않는 일을 하게 된다.

 重新 chóngxīn 다시, 새로이 ☐☐☐

我从今以后要重新做人，做一个负责任的人。
Wǒ cóng jīn yǐhòu yào chóngxīn zuò rén, zuò yí ge fù zérèn de rén.
나는 오늘부터 새롭게 다시 태어나, 책임감 있는 사람이 될 거예요.

一次次失败不算什么，什么时候重新开始都不算晚。
Yí cìcì shībài bú suàn shénme, shénme shíhou chóngxīn kāishǐ dōu bú suàn wǎn.
몇 번 실패하느냐는 중요하지 않아, 언제든 다시 시작하면 늦은 게 아니야.

0005 **从来** cónglái 지금껏, 여태껏 유의 向来 xiànglái ☐☐☐

▶주로 '从来不…, 从来没…' 형식으로 많이 쓰인다.

我从来没有学过乐器，也从来没有学过声乐。
Wǒ cónglái méiyou xuéguo yuèqì, yě cónglái méiyou xuéguo shēngyuè.
나는 한 번도 악기를 배워 본 적이 없고, 성악도 배워 본 적이 없어요.

我从来不吃辣的。
Wǒ cónglái bù chī là de.
나는 여태껏 매운 건 입에 안 댔어요.

 大概 dàgài 대략, 아마도 유의 大约 dàyuē ☐☐☐

我们大概9点钟到北京首都机场。
Wǒmen dàgài jiǔ diǎnzhōng dào Běijīng shǒudū jīchǎng.
우리는 대충 9시쯤 베이징 수도 공항에 도착할 거야.

명 대강, 줄거리

你不用解释了，我也知道个大概。
Nǐ búyòng jiěshì le, wǒ yě zhīdào ge dàgài.
설명할 것 없어. 나도 대강은 알고 있어.

명 대충의

这件事我记不太清楚，只是有个大概的印象。
Zhè jiàn shì wǒ jì bú tài qīngchu, zhǐshì yǒu ge dàgài de yìnxiàng.
이 일은 잘 기억이 안 나고, 그저 대충 그랬다는 인상만 있어.

0007 大约 dàyuē 대략, 아마도 　유의　 大概 dàgài

她大约是去学校了。
Tā dàyuē shì qù xuéxiào le.
그녀는 아마도 학교에 갔을 거야.

这个饭店离东方明珠大约有十公里。
Zhège fàndiàn lí Dōngfāngmíngzhū dàyuē yǒu shí gōnglǐ.
이 호텔은 동방명주에서 대략 10km 떨어져 있어요.

大约 vs 大概

大概와 大约 모두 '대략'의 뜻을 나타낸다. 大概는 문어와 구어에 모두 쓰이고, 大约는 주로 문어에 쓰인다. 大概에는 '대강'의 뜻이 들어 있지만, 大约에는 이러한 뜻이 없다.

大概的印象 dàgài de yìnxiàng (O) 전체적인 인상
大约的印象 dàyuē de yìnxiàng (X)

0008 到底 dàodǐ 도대체, 아무래도

到底谁来过这儿呢，莫名其妙！
Dàodǐ shéi láiguo zhèr ne, mò míng qí miào!
도대체 누가 여기 왔던 거지? 정말 이상하군!

[단어] 莫名其妙 mò míng qí miào 영문을 알 수 없다

你到底来不来啊？你得说清楚。
Nǐ dàodǐ lái bu lái a? Nǐ děi shuōqingchu.
너 도대체 올 거야 말 거야? 확실히 말해.

▶ 결국, 마침내 유의 终于 zhōngyú

经过几个月的努力，问题到底解决了。
Jīngguò jǐ ge yuè de nǔlì, wèntí dàodǐ jiějué le.
몇 달 동안의 노력 끝에 문제가 마침내 해결되었다.

▶ 필경, 어쨌든 유의 毕竟 bìjìng : '到底是…' 형식으로 많이 쓰인다.

到底是学过5年汉语，他汉语说得非常流利。
Dàodǐ shì xuéguo wǔ nián hànyǔ, tā hànyǔ shuō de fēicháng liúlì.
어쨌든 중국어를 5년 동안 공부하더니, 저 친구 중국어가 꽤 유창하네.

▶[보어] '끝까지'의 뜻을 나타낸다.

说到底
Shuō dàodǐ
끝까지 말하다 / 근본적인 것을 말하다

进行到底
Jìnxíng dàodǐ
끝까지 진행하다

0009 刚 gāng 막, 지금, 방금

他刚起床。
Tā gāng qǐchuáng.
그는 방금 일어났다.

这件事我刚知道。
Zhè jiàn shì wǒ gāng zhīdào.
이 일을 나는 지금 알았어.

참고 刚刚 gānggāng 부 막, 방금

▶刚刚 뒤에 부정 부사를 동반할 수 없다.

我刚刚收到他寄来的东西。
Wǒ gānggāng shōudào tā jìlái de dōngxi.
나는 방금 그 친구가 부친 물건을 받았다.

0010 光 guāng 단지, 오직

他光吃肉，不吃别的菜。
Tā guāng chī ròu, bù chī bié de cài.
그는 고기만 먹고 다른 음식은 안 먹는다.

光说有什么用呢?
Guāng shuō yǒu shénme yòng ne?
말로만 하면 무슨 소용이야?

명 빛

屋里没有光，黑黑的，这样对身体不好。
Wū li méiyǒu guāng, hēihēi de, zhèyàng duì shēntǐ bù hǎo.
방 안에 빛이 안 들어 어두컴컴하네. 이러면 건강에 안 좋아.

동 드러내다, 벗겨지다

这么冷的天，这些孩子还光着双脚，他们不冷吗?
Zhème lěng de tiān, zhèxiē háizi hái guāngzhe shuāng jiǎo, tāmen bù lěng ma?
이렇게 추운 날, 저 녀석들 발을 다 내놓고 있는데, 안 춥나?

형 아무것도 없이 텅 비다, 하나도 남지 않다

我妹妹把零花钱都花光了。
Wǒ mèimei bǎ línghuāqián dōu huāguāng le.
내 여동생은 용돈을 다 써 버렸다.

家里的葡萄酒都被哥哥喝光了。
Jiā li de pútaojiǔ dōu bèi gēge hēguāng le.
집에 있던 와인은 오빠가 다 마셔 버렸다.

관련 표현

一寸光阴一寸金 yí cùn guāngyīn yí cùn jīn **성** 시간은 금이다

0011 好像 hǎoxiàng 마치 ~인 것 같다 **유의** 好比 hǎobǐ, 如同 rútóng

▶ 好像은 주어 앞뒤에 다 쓸 수 있다.

他最近好像换了手机，我还不知道他的新号。
Tā zuìjìn hǎoxiàng huànle shǒujī, wǒ hái bù zhīdào tā de xīnhào.
그 친구 최근에 휴대 전화를 바꾼 것 같은데, 난 아직 그 친구 새 전화번호를 몰라.

好像她不喜欢热闹的地方。
Hǎoxiàng tā bù xǐhuan rènao de dìfang.
그녀는 북적거리는 곳을 좋아하지 않는 것 같더라고.

0012 互相 hùxiāng 서로 유의 相互 xiānghù

同学之间应该互相帮助，才能共同进步。
Tóngxué zhījiān yīnggāi hùxiāng bāngzhù, cái néng gòngtóng jìnbù.
반 친구들 사이엔 당연히 서로 도와야 같이 발전할 수 있다.

互相 vs 相互

두 단어 모두 부사어로 쓰인다.
互相关心 hùxiāng guānxīn / **相互关心** xiānghù guānxīn 서로 관심을 갖다

相互는 관형어로 쓰일 수 있지만, 互相은 관형어로 쓰일 수 없다.
互相感情 hùxiāng gǎnqíng (X) / **相互感情** xiānghù gǎnqíng (O) 서로의 감정

0013 及时 jíshí 제때에, 시기적절하게, 즉시, 곧바로
유의 按时 ànshí, 准时 zhǔnshí

情况有什么变化，及时告诉我们。
Qíngkuàng yǒu shénme biànhuà, jíshí gàosu wǒmen.
상황에 무슨 변화가 생기면 바로 우리한테 알려 주세요.

형 때가 맞다, 적절하다

你们来得真及时，否则问题可大了。
Nǐmen lái de zhēn jíshí, fǒuzé wèntí kě dà le.
너희들이 딱 맞춰 왔기 망정이지, 아니었으면 문제가 커졌을 거야.

🔎 관련 표현

及时行乐 jí shí xíng lè 성 시기를 놓치지 않고 즐기다

按时 vs 及时 vs 准时

按时는 '예정되었거나 규정된 시간'을 말하고, 及时는 상황에 따라 '꼭 필요한 그때'를 말하고, 准时는 '정확한 시간'을 말한다. 及时에는 '바로'의 뜻이 들어 있지만, 按时와 准时에는 이러한 뜻이 없다. 及时와 准时는 형용사이므로 정도 부사의 수식을 받을 수 있다.

按时吃药 ànshí chīyào 시간 맞춰 약을 먹다
及时通知 jíshí tōngzhī 제때 알려주다
准时到达 zhǔnshí dàodá 제 시간에 도착하다

0014 接着 jiēzhe 이어서, 연이어

他先进来，你接着进来吧。
Tā xiān jìnlai, nǐ jiēzhe jìnlai ba.
그가 먼저 들어오고, 네가 뒤이어 들어오면 돼.

접 이어서

干完厨房，接着她又打扫起卫生间来。
Gànwán chúfáng, jiēzhe tā yòu dǎsǎoqǐ wèishēngjiān lái.
주방 일을 마치고, 이어서 그녀는 화장실 청소를 시작했다.

동 받다, 손으로 받다, 계속되다

她接着老公的大衣，让他去吃饭。
Tā jiēzhe lǎogōng de dàyī, ràng tā qù chīfàn.
그는 남편의 코트를 받아 들고, 가서 밥을 먹으라고 했다.

学生们一个接着一个鱼贯而入，秩序井然。
Xuéshengmen yí ge jiēzhe yí ge yú guàn ér rù, zhìxù jǐngrán.
학생들이 하나씩 순서대로 들어가는 모습이 질서 정연하다.

[단어] **鱼贯而入** yú guàn ér rù **성** 순서대로 줄지어 들어가다 / **井然** jǐngrán 잘 정돈되어 있다, 정연하다

0015 竟然 jìngrán 뜻밖에, 의외로 유의 居然 jūrán

从国外买回来的礼物竟然是中国制造的。
Cóng guówài mǎihuilai de lǐwù jìngrán shì Zhōngguó zhìzào de.
외국에서 사온 선물이 뜻밖에도 Made in China인 거 있지.

0016 究竟 jiūjìng 도대체, 결국, 아무래도 유의 到底 dàodǐ

我们想了很久，也想不明白他究竟是怎么想的。
Wǒmen xiǎngle hěn jiǔ, yě xiǎngbumíngbai tā jiūjìng shì zěnme xiǎng de.
우리가 한참 동안 생각을 해 봤지만, 그 친구가 도대체 어떤 생각을 하는지 모르겠어.

他究竟还年轻，伤恢复得特别快。
Tā jiūjìng hái niánqīng, shāng huīfù de tèbié kuài.
그 친구 아무래도 젊다 보니, 상처가 회복되는 것도 엄청 빨라.

▶ '吗'를 쓰는 의문문에는 '究竟'을 쓸 수 없다.

你究竟去吗? (×)

你究竟去不去? (○)
Nǐ jiūjìng qù bu qù?
너 갈 거야 안 갈 거야?

명 경위, 결말

不管什么事，他总爱问个究竟。
Bùguǎn shénme shì, tā zǒng ài wèn ge jiūjìng.
무슨 일이건 그는 경위를 따져 묻는다.

관련 표현

问个究竟 wèn ge jiūjìng **관용** 자초지종을 따지다, 결말을 캐다

0017 **恐怕** kǒngpà 아마도 ~일 것이다

东西这么多，恐怕你得换一个大点儿的行李箱。
Dōngxi zhème duō, kǒngpà nǐ děi huàn yí ge dà diǎnr de xínglixiāng.
물건이 너무 많아, 너 아무래도 여행 가방을 좀 큰 것으로 바꿔야겠다.

现在改变主意恐怕来不及了。
Xiànzài gǎibiàn zhǔyi kǒngpà láibují le.
지금 생각을 바꾸면 아마도 늦을 거야.

0018 **难道** nándào 설마 ~겠는가?

▶ 주로 '难道…吗?' 형식으로 많이 쓰는데, 문장 끝의 '吗'는 생략하기도 한다.

难道我认错人了吗?
Nándào wǒ rèncuò rénle ma?
설마 내가 사람을 잘못 봤겠어요?

你难道还不知道我对你的真心?
Nǐ nándào hái bù zhīdào wǒ duì nǐ de zhēnxīn?
너 설마 너에 대한 내 진심을 아직도 모르는 건 아니겠지?

0019 偶尔 ǒu'ěr 때때로, 가끔, 간혹 유의 偶然 ǒurán

这个茶馆很安静，我偶尔和朋友过来坐坐。
Zhège cháguǎn hěn ānjìng, wǒ ǒu'ěr hé péngyou guòlai zuòzuo.
이 찻집은 조용해서, 나는 가끔 친구와 찾아온다.

0020 千万 qiānwàn 부디, 절대, 아무쪼록, 제발 유의 万万 wànwàn

这件事千万不要告诉妈妈，如果妈妈知道了，那就糟糕了。
Zhè jiàn shì qiānwàn búyào gàosu māma, rúguǒ māma zhīdào le, nà jiù zāogāo le.
이 일은 제발 엄마한테 말씀 드리지 마, 엄마가 아시면 큰일 나.

> **千万 vs 万万**
>
> 千万은 '반드시'의 뜻으로 긍정문과 부정문에 고루 쓸 수 있지만, 万万은 '절대로, 어쨌든'의 뜻으로 부정문에만 쓴다. 千万은 '要, 别, 不能, 不要, 不可' 등과 같이 쓰이고, 万万은 '不能, 不要, 不可' 등과 같이 쓰인다. 万万은 평서문에 '不可能, 想不到, 没想到' 등과 같이 쓰이기도 한다.
>
> **大家千万要小心。** 여러분 부디 조심하세요.
> Dàjiā qiānwàn yào xiǎoxīn.
>
> **这是万万不可能的。** 이건 절대로 불가능한 거예요.
> Zhè shì wànwàn bù kěnéng de.

0021 却 què 도리어, 오히려, 반대로 유의 倒 dào

▶ 역접 복문에 쓰여 '역접'의 어감을 강조한다.

我们俩虽然是亲姐妹，但性格却不一样。
Wǒmen liǎ suīrán shì qīn jiěmèi, dàn xìnggé què bù yíyàng.
우리가 비록 친 자매이긴 하지만, 성격은 오히려 딴판이야.

他看见老友们，想笑却又笑不出来。
Tā kànjiàn lǎoyǒumen, xiǎng xiào què yòu xiàobuchūlái.
그는 옛 친구들을 보고는 웃고 싶었지만 되레 웃음이 나지 않았다.

0022 仍然 réngrán 여전히 유의 照样 zhàoyàng

几年不见，他仍然像以前一样帅、热情。
Jǐ nián bú jiàn, tā réngrán xiàng yǐqián yíyàng shuài、rèqíng.
몇 년 동안 못 봤는데도, 그는 여전히 멋지고 다정했다.

中秋节过去了，他仍然没有消息。
Zhōngqiūjié guòqu le, tā réngrán méiyǒu xiāoxi.
추석이 지났건만, 그는 여전히 소식이 없다.

0023 稍微 shāowēi 조금, 약간

咖啡稍微苦，再加点糖就好了。
Kāfēi shāowēi kǔ, zài jiā diǎn táng jiù hǎo le.
커피가 약간 쓰네요. 설탕을 조금 더 넣으면 되겠어요.

她是一个很聪明的孩子，只要稍微努力，就能名列前茅。
Tā shì yí ge hěn cōngming de háizi, zhǐyào shāowēi nǔlì, jiù néng míng liè qián máo.
그 애는 똘똘한 아이라서, 조금만 노력한다면 우수한 성적을 거둘 수 있습니다.

[단어] 名列前茅 míng liè qián máo 성 성적이 선두에 있다

0024 甚至 shènzhì 심지어

我甚至连他的一张照片都没有。
Wǒ shènzhì lián tā de yì zhāng zhàopiàn dōu méiyou.
나는 심지어 그의 사진 한 장조차 가지고 있지 않다.

접 ~까지도

▶ 점층 복문에 '不但(不仅)…甚至…' 형식으로 쓰인다.

我们这儿，不但大人，甚至连五六岁的小孩儿都会游泳。
Wǒmen zhèr, búdàn dàrén, shènzhì lián wǔliù suì de xiǎoháir dōu huì yóuyǒng.
우리 동네에서는 어른뿐 아니라, 심지어 대여섯 살 된 아이까지도 모두 수영을 할 수 있어요.

0025 十分 shífēn 매우, 대단히

这个消息，自然使他十分高兴。
Zhège xiāoxi, zìrán shǐ tā shífēn gāoxìng.
이 소식은 자연히 그를 매우 기쁘게 했다.

这是一个十分复杂的问题，我估计很难解决。
Zhè shì yí ge shífēn fùzá de wèntí, wǒ gūjì hěn nán jiějué.
이건 아주 복잡한 문제라, 내가 보기엔 해결하기 힘들 것 같아요.

0026 是否 shìfǒu ~인지 아닌지 유의 是不是 shì bu shì

你是否还记得那首歌？
Nǐ shìfǒu hái jìde nà shǒu gē?
네가 아직도 그 노래를 기억하고 있을까?

明天你是否依然爱我？
Míngtiān nǐ shìfǒu yīrán ài wǒ?
내일도 너는 여전히 나를 사랑할까?

[단어] **依然** yīrán 여전히

0027 首先 shǒuxiān 가장 먼저, 우선

一说到"香港演员"，大家首先想到谁？
Yì shuōdào "Xiānggǎng yǎnyuán", dàjiā shǒuxiān xiǎngdào shéi?
'홍콩 배우'를 얘기할 때, 여러분은 가장 먼저 누가 떠오르세요?

🔵 먼저, 우선

▶ 연속 복문에 '首先…, 其次(第二)…', '首先…然后…' 형식으로 쓰인다.

我们首先调查一下这里的情况，然后再解决这里的环境污染问题。
Wǒmen shǒuxiān diàochá yíxià zhèlǐ de qíngkuàng, ránhòu zài jiějué zhèlǐ de huánjìng wūrǎn wèntí.
우리는 우선 이곳의 상황에 대해 조사하고, 그 다음에 이곳의 환경 오염 문제를 다시 해결할 겁니다

0028 顺便 shùnbiàn ~하는 김에

你去小卖部,顺便给我买一听可乐,好吗?
Nǐ qù xiǎomàibù, shùnbiàn gěi wǒ mǎi yì tīng kělè, hǎo ma?
너 매점 가는 김에 나한테 캔 콜라 하나만 사다 줄래?

我正好要回宿舍,顺便帮你把书带回去吧。
Wǒ zhènghǎo yào huí sùshè, shùnbiàn bāng nǐ bǎ shū dàihuiqu ba.
내가 마침 기숙사로 돌아가거든, 가는 김에 네 책도 가지고 갈게.

0029 随便 suíbiàn 자유롭게, 마음대로

▶ 부사어로 쓰일 때 '地'를 붙이지 않는다.

这里菜很多,你们就随便点吧。
Zhèli cài hěn duō, nǐmen jiù suíbiàn diǎn ba.
여긴 요리가 많으니까, 너희들 마음대로 주문해.

 함부로 하다, 제멋대로 하다

他说话太随便了。
Tā shuōhuà tài suíbiàn le.
그는 말을 너무 함부로 한다.

 suí//biàn 마음대로 하다

随你的便吧,想去哪儿就去哪儿。
Suí nǐ de biàn ba, xiǎng qù nǎr jiù qù nǎr.
네 맘대로 해, 가고 싶은 곳에 가.

0030 挺 tǐng 매우

▶ 주로 '挺…的' 형식으로 쓰인다.

他对我挺好的,而且总是让我哈哈大笑。
Tā duì wǒ tǐng hǎo de, érqiě zǒngshì ràng wǒ hāhā dàxiào.
그는 나에게 아주 잘해 줄 뿐 아니라, 늘 날 웃게 만든다.

你做得挺好,我们都很满意。
Nǐ zuò de tǐng hǎo, wǒmen dōu hěn mǎnyi.
자네 아주 잘했네, 우린 모두 만족하고 있어.

⑧ 지탱하다, 참다, 반듯하게 펴다

师傅，快照吧，我挺不住了。
Shīfu, kuài zhào ba, wǒ tǐngbuzhù le.
기사님, 빨리 좀 찍으세요. 못 견디겠어요.

挺着脖子走路，大声说话大声笑。
Tǐngzhe bózi zǒulù, dàshēng shuōhuà dàshēng xiào.
목에 힘주고 걷고, 큰 소리로 말하고 큰 소리로 웃기.

0031 完全 wánquán 완전히, 절대

我也觉得成熟不成熟跟年龄大小完全没关系。
Wǒ yě juéde chéngshú bù chéngshú gēn niánlíng dàxiǎo wánquán méi guānxi.
나 역시 성숙하거나 성숙하지 못한 건 나이가 많고 적음과 절대 관계가 없다고 생각해.

他的病已经完全好了。
Tā de bìng yǐjing wánquán hǎo le.
그의 병은 이미 완전히 나았다.

⑱ 완전하다, 충분하다

关于中美贸易方面的资料不完全，重新调查一下。
Guānyú Zhōng Měi màoyì fāngmiàn de zīliào bù wánquán, chóngxīn diàochá yíxià.
중미 무역 방면의 자료가 불충분하니, 다시 조사하세요.

0032 往往 wǎngwǎng 자주, 종종

▶ 어떤 상황에 대한 정리, 규칙성을 나타냄.

刚学汉语的人往往觉得汉字非常难。
Gāng xué hànyǔ de rén wǎngwǎng juéde hànzì fēicháng nán.
막 중국어를 배우기 시작한 사람들은 종종 중국어가 아주 어렵게 느껴진다.

▶ 어떤 조건하에서 출현할 수 있는 결과를 나타냄.

有朋友来的时候，他往往陪他们去附近的风景区。
Yǒu péngyou lái de shíhou, tā wǎngwǎng péi tāmen qù fùjìn de fēngjǐngqū.
친구가 올 때면, 그는 종종 친구들을 데리고 근처 관광지에 간다.

관련 표현

来来往往 láilai wǎngwǎng 왕래하다

0033 也许 yěxǔ 어쩌면, 아마도

▶ '상황이 어떠할 것이다'라는 가능성을 예측하며, 주어 앞뒤에 위치한다.

你也许不明白他这么做的原因。
Nǐ yěxǔ bù míngbai tā zhème zuò de yuányīn.
너는 아마도 그가 이렇게 한 원인에 대해 이해하지 못할 거야.

也许他今天太忙，不来了。
Yěxǔ tā jīntiān tài máng, bù lái le.
어쩌면 그 사람 오늘 너무 바빠서, 안 올 거야.

▶ 상의하는 어감을 나타낸다.

A : **你说这次活动我来合适吗?**
Nǐ shuō zhè cì huódòng wǒ lái héshì ma?
네가 보기에 이번 행사에 내가 와도 될 것 같니?

B : **也许你来他们会更高兴。**
Yěxǔ nǐ lái tāmen huì gèng gāoxìng.
아마도 네가 오면 그 친구들이 더 좋아할 걸.

0034 尤其 yóuqí 특히, 특별히 유의 特别 tèbié

他喜欢文学，尤其喜欢法国文学。
Tā xǐhuan wénxué, yóuqí xǐhuan Fǎguó wénxué.
그는 문학을 좋아하는데, 특히 프랑스 문학을 좋아한다.

这种鞋很好，很受顾客的欢迎，尤其是中年人。
Zhè zhǒng xié hěn hǎo, hěn shòu gùkè de huānyíng, yóuqí shì zhōngniánrén.
이 신발이 좋아요, 손님들한테 인기가 많은데, 특히 중년 고객들에게 인기가 많죠.

0035 原来 yuánlái 원래는, 처음에는, 알고 보니 유의 本来 běnlái

他家原来有三口人，去年领养了一个女孩儿，现在四口人了。
Tā jiā yuánlái yǒu sān kǒu rén, qùnián lǐngyǎngle yí ge nǚháir, xiànzài sì kǒu rén le.
그 집엔 원래 세 식구였는데, 작년에 여자 아이를 하나 입양해서, 지금은 네 식구가 되었죠.

他原来不像现在这样，他变了。
Tā yuánlái bú xiàng xiànzài zhèyàng, tā biàn le.
그 사람 원래는 지금 같지 않았는데, 변했더라고.

🔵 부 전에 몰랐던 상황이나 이유를 새롭게 알게 되었다는 뜻을 나타낸다.

宿舍里一个人也没有，原来他们都去看电影了。
Sùshè li yí ge rén yě méiyou, yuánlái tāmen dōu qù kàn diànyǐng le.
기숙사에 한 사람도 없더니, 다들 영화 보러 간 거였군.

我以为张兄来了呢，原来是你！
Wǒ yǐwéi Zhāng xiōng láile ne, yuánlái shì nǐ!
난 장 형이 온 줄 알았더니, 네가 왔구나!

🔵 형 과거의, 변하지 않은

他原来的名字叫"东东"，现在叫"青青"。
Tā yuánlái de míngzi jiào "Dōngdong", xiànzài jiào "Qīngqing".
그의 원래 이름은 '동동'이었는데, 지금은 '칭칭'이라 부른다.

我们去年就搬家了，不住在原来的地方。
Wǒmen qùnián jiù bānjiā le, bú zhùzài yuánlái de dìfang.
우리는 작년에 이사를 해서, 옛날에 살던 곳에 살지 않아요.

0036 正好 zhènghǎo 마침, 때마침

你要是喜欢看电影，我这里正好有两张票。
Nǐ yàoshi xǐhuan kàn diànyǐng, wǒ zhèli zhènghǎo yǒu liǎng zhāng piào.
네가 영화 보는 걸 좋아하면, 나한테 마침 표 두 장이 있어.

现在有七个了，加上你正好八个。
Xiànzài yǒu qī ge le, jiāshàng nǐ zhènghǎo bā ge.
지금은 7명인데, 너까지 합치면 딱 8명이네.

형 알맞다, 적당하다, 딱 맞다, 딱 좋다

你买的这套西服大小正好。
Nǐ mǎi de zhè tào xīfú dàxiǎo zhènghǎo.
당신이 사 준 양복이 사이즈가 딱 맞아.

你来得正好，我准备一会儿去找你呢。
Nǐ lái de zhènghǎo, wǒ zhǔnbèi yíhuìr qù zhǎo nǐ ne.
너 마침 잘 왔다, 내가 널 찾아가려고 했거든.

0037 只好 zhǐhǎo 하는 수 없이

这里没有人行横道，我们只好过天桥。
Zhèli méiyǒu rénxíng héngdào, wǒmen zhǐhǎo guò tiānqiáo.
여기엔 횡단보도가 없어서, 우린 육교를 건너야만 해.

现在银行都下班了，你的钱只好明天汇过去。
Xiànzài yínháng dōu xiàbān le, nǐ de qián zhǐhǎo míngtiān huìguoqu.
지금은 은행이 문을 닫아서, 네 돈을 내일 부쳐야 할 것 같아.

[단어] 汇 huì 송금하다

0038 至少 zhìshǎo 최소한, 적어도 유의 起码 qǐmǎ

就算全世界都否定了我，至少还有我家人会支持我。
Jiùsuàn quán shìjiè dōu fǒudìngle wǒ, zhìshǎo hái yǒu wǒ jiārén huì zhīchí wǒ.
온 세상이 나를 인정하지 않는다 해도, 적어도 우리 가족은 나를 응원할 것이다.

我看，每个月的房租、交通费、电话费、上网费再加上水电费等至少得一千块钱。
Wǒ kàn, měi ge yuè de fángzū、jiāotōngfèi、diànhuàfèi、shàngwǎngfèi zài jiāshàng shuǐdiànfèi děng zhìshǎo děi yìqiān kuài qián.
내가 보니까, 매달 월세, 교통비, 전화 요금, 인터넷 요금, 거기에 공과금까지 합치면 최소한 1,000위엔은 있어야 해.

0035 原来 yuánlái 원래는, 처음에는, 알고 보니 유의 本来 běnlái

他家原来有三口人，去年领养了一个女孩儿，现在四口人了。
Tā jiā yuánlái yǒu sān kǒu rén, qùnián lǐngyǎngle yí ge nǚháir, xiànzài sì kǒu rén le.
그 집엔 원래 세 식구였는데, 작년에 여자 아이를 하나 입양해서, 지금은 네 식구가 되었죠.

他原来不像现在这样，他变了。
Tā yuánlái bú xiàng xiànzài zhèyàng, tā biàn le.
그 사람 원래는 지금 같지 않았는데, 변했더라고.

🔵 부 전에 몰랐던 상황이나 이유를 새롭게 알게 되었다는 뜻을 나타낸다.

宿舍里一个人也没有，原来他们都去看电影了。
Sùshè li yí ge rén yě méiyou, yuánlái tāmen dōu qù kàn diànyǐng le.
기숙사에 한 사람도 없더니, 다들 영화 보러 간 거였군.

我以为张兄来了呢，原来是你！
Wǒ yǐwéi Zhāng xiōng láile ne, yuánlái shì nǐ!
난 장 형이 온 줄 알았더니, 네가 왔구나!

🔵 형 과거의, 변하지 않은

他原来的名字叫"东东"，现在叫"青青"。
Tā yuánlái de míngzì jiào "Dōngdong", xiànzài jiào "Qīngqing".
그의 원래 이름은 '둥둥'이었는데, 지금은 '칭칭'이라 부른다.

我们去年就搬家了，不住在原来的地方。
Wǒmen qùnián jiù bānjiā le, bú zhùzài yuánlái de dìfang.
우리는 작년에 이사를 해서, 옛날에 살던 곳에 살지 않아요.

0036 正好 zhènghǎo 마침, 때마침

你要是喜欢看电影，我这里正好有两张票。
Nǐ yàoshi xǐhuan kàn diànyǐng, wǒ zhèli zhènghao yǒu liǎng zhāng piào.
네가 영화 보는 걸 좋아하면, 나한테 마침 표 두 장이 있어.

现在有七个了，加上你正好八个。
Xiànzài yǒu qī ge le, jiāshàng nǐ zhènghǎo bā ge.
지금은 7명인데, 너까지 합치면 딱 8명이네.

형 알맞다, 적당하다, 딱 맞다, 딱 좋다

你买的这套西服大小正好。
Nǐ mǎi de zhè tào xīfú dàxiǎo zhènghǎo.
당신이 사 준 양복이 사이즈가 딱 맞아.

你来得正好，我准备一会儿去找你呢。
Nǐ lái de zhènghǎo, wǒ zhǔnbèi yíhuìr qù zhǎo nǐ ne.
너 마침 잘 왔다, 내가 널 찾아가려고 했거든.

0037 只好 zhǐhǎo 하는 수 없이

这里没有人行横道，我们只好过天桥。
Zhèli méiyǒu rénxíng héngdào, wǒmen zhǐhǎo guò tiānqiáo.
여기엔 횡단보도가 없어서, 우린 육교를 건너야만 해.

现在银行都下班了，你的钱只好明天汇过去。
Xiànzài yíngháng dōu xiàbān le, nǐ de qián zhǐhǎo míngtiān huìguoqu.
지금은 은행이 문을 닫아서, 네 돈을 내일 부쳐야 할 것 같아.

[단어] 汇 huì 송금하다

0038 至少 zhìshǎo 최소한, 적어도 **유의** 起码 qǐmǎ

就算全世界都否定了我，至少还有我家人会支持我。
Jiùsuàn quán shìjiè dōu fǒudìngle wǒ, zhìshǎo hái yǒu wǒ jiārén huì zhīchí wǒ.
온 세상이 나를 인정하지 않는다 해도, 적어도 우리 가족은 나를 응원할 것이다.

我看，每个月的房租、交通费、电话费、上网费再加上水电费等至少得一千块钱。
Wǒ kàn, měi ge yuè de fángzū、jiāotōngfèi、diànhuàfèi、shàngwǎngfèi zài jiāshàng shuǐdiànfèi děng zhìshǎo děi yìqiān kuài qián.
내가 보니까, 매달 월세, 교통비, 전화 요금, 인터넷 요금, 거기에 공과금까지 합치면 최소한 1,000위엔은 있어야 해.

0039 专门 zhuānmén 특별히 유의 专程 zhuānchéng

爸爸的右腿不太方便，这双鞋是专门为爸爸做的。
Bàba de yòutuǐ bútài fāngbiàn, zhè shuāng xié shì zhuānmén wèi bàba zuò de.
아버지의 오른쪽 다리가 별로 좋지 않아서, 이 신발은 특별히 아버지를 위해 만든 것이다.

这是一篇专门研究杜甫诗歌的硕士论文。
Zhè shì yì piān zhuānmén yánjiū Dù Fǔ shīgē de shuòshì lùnwén.
이것은 전문적으로 두보의 시에 대해 연구한 석사 논문이다.

tip 杜甫 : 두보(712~770). 중국 당(唐)나라 시대의 저명한 시인, 시성(诗圣)이라 불림.

🟢 형 전문적이다

公司在生产方面缺少几个专门人才。
Gōngsī zài shēngchǎn fāngmiàn quēshǎo jǐ ge zhuānmén réncái.
회사에는 생산쪽 전문 인재가 몇 명 부족하다.

0040 最好 zuìhǎo ~하는 것이 가장 좋다

好像要下雨了，你最好过一会儿再出门。
Hǎoxiàng yào xiàyǔ le, nǐ zuìhǎo guò yíhuìr zài chūmén.
비가 올 것 같으니, 너 조금 있다가 나가는 게 좋겠어.

今天家里客人多，你最好过来帮忙。
Jīntiān jiā li kèrén duō, nǐ zuìhǎo guòlai bāngmáng.
오늘 집에 손님이 많이 오시니까, 네가 좀 와서 도와주면 좋겠다.

전치사

0001 按照 ànzhào ~에 따라, ~대로 유의 根据 gēnjù

我们可以按照贵公司的要求重新安排一下。
Wǒmen kěyǐ ànzhào guì gōngsī de yāoqiú chóngxīn ānpái yíxià.
우리는 귀사의 요구에 따라 다시 조정할 수 있습니다.

你就按照你的想法去做吧。
Nǐ jiù ànzhào nǐ de xiǎngfǎ qù zuò ba.
넌 그냥 네 생각대로 해.

按照 vs 根据

按照는 어떤 기준이나 원칙에 따라 행동을 하는 것을 말하고, 根据는 어떤 것을 기초(근거)로 삼아 행동을 하거나 결론을 얻는 것을 말한다. 按照는 뒤에 '순서, 시간, 기한, 비례, 범위'에 관련된 단어를 동반할 수 있다. 根据는 명사로도 쓰인다.

按照计划去做 ànzhào jìhuà qù zuò 계획에 따라 실행하다
根据调查分析情况 조사 내용에 근거해 상황을 분석하다
gēnjù diàochá fēnxī qíngkuàng

0002 对于 duìyú ~에 대해서

对于这个问题，劝你还是重新考虑考虑。
Duìyú zhège wèntí, quàn nǐ háishi chóngxīn kǎolǜ kǎolǜ.
이 문제에 대해서는 네가 다시 잘 생각해 보는 게 좋겠어.

对于这件事，他一直是守口如瓶。
Duìyú zhè jiàn shì, tā yìzhí shì shǒu kǒu rú píng.
이 일에 대해 그는 입을 꾹 다물고 있다.

[단어] 守口如瓶 shǒu kǒu rú píng 성 비밀을 지키다

春节对于中国人来说是非常重要的。
Chūnjié Duìyú zhōngguórén láishuō shì fēicháng zhòngyào de.
설은 중국인에게 있어 아주 중요하다.

连 lián ~조차도

▶ 강조 용법으로 '连…都(也), 何况…' 형식으로 많이 쓰인다.

• 주어를 강조함.

连三岁的小孩儿都知道，何况大人呢?
Lián sān suì de xiǎoháir dōu zhīdào, hékuàng dàrén ne?
세 살짜리 아이들도 다 아는데, 하물며 어른이야!

• 목적어를 강조함.

连一个石头都搬不动，怎么能搬这座山呢?
Lián yí ge shítou dōu bānbudòng, zěnme néng bān zhè zuò shān ne?
돌멩이 하나도 못 옮기는데, 어떻게 이 산을 옮겨요?

🟢 계속하여, 연이어

连着下了三天雨了，只能呆在家里，太郁闷了。
Liánzhe xiàle sān tiān yǔ le, zhǐnéng dāizài jiā li, tài yùmèn le.
연이어 3일째 비가 내려, 집에만 있으려니까, 너무 우울해.

[단어] **郁闷** yùmèn 우울하다

 以 yǐ ~으로써, ~을 가지고, ~을 근거로

今天我就以茶代酒。
Jīntiān wǒ jiù yǐ chá dài jiǔ.
오늘은 제가 차로써 술을 대신하겠습니다.

[단어] **以茶代酒** yǐ chá dài jiǔ 차로 술을 대신하다

我想以一个普通朋友的身份跟你说几句。
Wǒ xiǎng yǐ yí ge pǔtōng péngyou de shēnfèn gēn nǐ shuō jǐ jù.
나는 보통 친구의 신분으로 자네에게 몇 마디 하고 싶군.

▶ [고정구] 以…为… : ~을 ~으로 삼다

民以食为天。
Mín yǐ shí wéi tiān.
백성은 먹을 것을 하늘로 삼는다.

做事应该以人为本。
Zuò shì yīnggāi yǐ rén wéi běn.
일을 할 때는 사람이 우선이 되어야 한다.

▶ 방위사 앞에서 제한적인 뜻을 나타냄.

十年以前我在澳大利亚住过。
Shí nián yǐqián wǒ zài Àodàlìyà zhùguo.
10년 전에 나는 호주에서 살았었다.

관련 표현

以毒攻毒 yǐ dú gōng dú (성) 독으로 독을 다스리다, 다른 악인으로 악인을 물리치다

以攻为守 yǐ gōng wéi shǒu (성) 공격을 최선의 수비로 삼다

以假乱真 yǐ jiǎ luàn zhēn (성) 속임수를 써서 진상을 은폐하다

以理服人 yǐ lǐ fú rén (성) 이치에 맞게 남을 설득하다

以牙还牙 yǐ yá huán yá (성) 힘에는 힘으로 맞서다, 서로 첨예하게 대립하여 조금도 물러섬이 없다

以一当十 yǐ yī dāng shí (성) 한 사람이 열 사람을 상대하다, 일당십, 적은 수의 병력으로 많은 적을 상대하여 선전하다

0005 由 yóu ~이(동작 주체 강조), ~에서부터

中华民族共由56个民族组成，其中汉族人口最多。
Zhōnghuá mínzú gòng yóu wǔshíliù ge mínzú zǔchéng, qízhōng Hànzú rénkǒu zuì duō.
중화 민족은 56개의 민족으로 이루어져 있는데, 그중 한족의 인구가 가장 많다.

吃住由我公司负责安排。
Chī zhù yóu wǒ gōngsī fùzé ānpái.
숙식은 폐사에서 책임지고 준비하겠습니다.

(동) ~에게 달려 있다

我只是告诉你一声，信不信由你。
Wǒ zhǐshì gàosu nǐ yì shēng, xìn bu xìn yóu nǐ.
난 그저 너한테 알려 주는 것이니, 믿고 안 믿고는 너한테 달렸어.

관련 표현

由他去 yóu tā qù (관용) 알아서 하게 해라

听天由命 tīng tiān yóu mìng (성) 운명을 하늘에 맡기다, 운에 맡기다

由浅入深 yóu qiǎn rù shēn (성) 인식이 얕은 곳에서부터 심오한 뜻으로 들어가다, 표면적인 현상에서부터 사물의 본질로 들어가다

0006 与 yǔ ~과 유의 和 hé, 同 tóng

与幽默的人聊天，总是很快乐。
Yǔ yōumò de rén liáotiān, zǒngshì hěn kuàilè.
유머 감각이 있는 사람과 얘기를 나누면, 늘 즐겁다.

他的想法与众不同。
Tā de xiǎngfǎ yǔ zhòng bù tóng.
그의 생각은 남과 다르다.

[단어] **与众不同** yǔ zhòng bù tóng 뭇 사람과 다르다, 남다르다

전 ~과

生与死，这是人生的两大重要问题。
Shēng yǔ sǐ, zhè shì rénshēng de liǎng dà zhòngyào wèntí.
삶과 죽음, 이것은 인생에서 가장 중요한 두 가지 문제다.

관련 표현

与时俱进 yǔ shí jù jìn 성 시대와 발맞춰 나가다

与世无争 yǔ shì wú zhēng 성 초탈하고 활달하다, 욕심이 없다

0001 比如 bǐrú 예를 들면, 예컨대 유의 譬如 pìrú

有时候我们需要放松一下自己，比如今天。
Yǒu shíhou wǒmen xūyào fàngsōng yíxià zìjǐ, bǐrú jīntiān.
때때로 우리는 자신을 풀어 줄 필요가 있는데, 예를 들면 오늘 같은 날이지.

比如家庭和工作的问题，你更重视哪一个?
Bǐrú jiātíng hé gōngzuò de wèntí, nǐ gèng zhòngshì nǎ yí ge?
예를 들어 가정과 직장의 문제에서, 자네는 어느 걸 더 중요하게 보나?

0002 并且 bìngqiě 또한, 그리고, 게다가 유의 而且 érqiě

▶ 점층 복문의 뒷절에 쓰인다. '不但…并且…'로, 혹은 '并且' 단독으로 쓰이기도 한다.

我能做得到，并且做得很好。
Wǒ néng zuòdedào, bìngqiě zuò de hěn hǎo.
전 할 수 있고, 게다가 잘할 수 있어요.

这里不但风景美丽，并且气候宜人。
Zhèli búdàn fēngjǐng měilì, bìngqiě qìhòu yírén.
이곳은 풍경이 아름다울 뿐 아니라, 기후도 알맞다.

[단어] 气候宜人 qìhòu yírén (기후가) 알맞다, 쾌적하다

并且 vs 而且

并且와 而且는 모두 동사, 형용사절을 연결할 수 있으며, 并且는 문어에 많이 쓰이고, 而且는 문어와 구어에 고루 쓰인다. 并且는 주로 동사를 연결하고, 而且는 주로 형용사를 연결한다.

他现在理解并且支持我了。 그는 지금은 나를 이해하고 응원한다.
Tā xiànzài lǐjiě bìngqiě zhīchí wǒ le.

这个包好看而且便宜。 이 가방은 예쁘면서 싸다
Zhè ge bāo hǎokàn érqiě piányi.

0003 不过 búguò 그런데, 하지만

▶ 조 가벼운 역접의 어감을 띤다.

去是想去，不过没有时间了。
Qù shì xiǎng qù, búguò méiyǒu shíjiān le.
가고 싶긴 하지만, 시간이 없어.

这个人很面熟，不过一时想不起来。
Zhège rén hěn miànshú, búguò yìshí xiǎngbuqǐlái.
이 사람 아주 낯이 익어. 그런데 잠시 생각이 나질 않는군.

부 더 이상 ~할 수 없다

这么做再好不过了。
Zhème zuò zài hǎo búguò le.
이렇게 하면 더 이상 좋을 수 없다.

부 ~에 불과하다

▶ '(只)不过…而已(罢了)' 형식으로 쓰인다.

这只不过是开玩笑而已，你也别放在心上。
Zhè zhǐ búguò shì kāi wánxiào éryǐ, nǐ yě bié fàngzài xīnshang.
이건 그냥 농담일 뿐이야. 너도 맘속에 두지 마.

我们什么都没买，不过看看罢了。
Wǒmen shénme dōu méi mǎi, búguò kànkan bà le.
우리는 아무것도 안 사고, 그저 보기만 했을 뿐이야.

관련 표현

不过如此 bú guò rú cǐ 성 그저 이러할 뿐이다, 이런 정도에 지나지 않는다

0004 不管 bùguǎn ~에 관계없이, ~을 막론하고 유의 无论 wúlùn, 不论 búlùn

▶ 조건 복문에 쓰여 '어떤 조건이든 상관없이'의 뜻을 나타낸다.

不管什么人，都不能准确地预测股市。
Bùguǎn shénme rén, dōu bù néng zhǔnquè de yùcè gǔshì.
누가 되었든, 주식 시장을 정확히 예측할 수는 없어.

[단어] 预测 yùcè 예측하다 BCT1 / 股市 gǔshì 주식시장, 주가 BCT2

不管怎么说，他还是你的大哥。
Bùguǎn zěnme shuō, tā háishi nǐ de dàgē.
뭐라 해도, 그 사람은 네 큰형이야.

관련 표현

不管三七二十一 bùguǎn sān qī èrshíyī 관용 다짜고짜, 앞뒤 가리지 않고

0005 **不仅** bùjǐn ~일 뿐만 아니라 유의 **不但** búdàn

▶ 점층 복문의 앞절에 쓰인다. '不仅(仅)…也…' 형식으로 많이 쓴다.

这里的梨不仅产量高，质量也很好。
Zhèlǐ de lí bùjǐn chǎnliàng gāo, zhìliàng yě hěn hǎo.
이곳의 배는 수확량이 많을 뿐만 아니라 품질도 좋다.

这不仅仅是你一个人的事，也是大家的事。
Zhè bùjǐnjǐn shì nǐ yí ge rén de shì, yě shì dàjiā de shì.
이건 네 개인의 일일 뿐만 아니라, 모두의 일이기도 해.

0006 **而** ér ~하고, ~이다, ~지만, ~해서

▶ [병렬 관계] 不是…而是… : ~이 아니라 ~이다

我不是不想回答，而是不会回答。
Wǒ búshì bùxiǎng huídá, érshì bú huì huídá.
나는 대답하기 싫은 게 아니라, 대답할 수 없는 거야.

▶ [연속 관계] ~하고

我妹妹有一双大而圆的眼睛。
Wǒ mèimei yǒu yì shuāng dà ér yuán de yǎnjing.
내 여동생은 크고 동그란 눈을 가졌다.

▶ [점층 관계] ~하기도 하다

这个孩子聪明而又可爱。
Zhège háizi cōngming ér yòu kě'ài.
이 아이는 총명하고 귀엽기까지 하다.

▶ [역접 관계] 그러나

我一直在车站等你回来，而你却没有出现。
Wǒ yìzhí zài chēzhàn děng nǐ huílai, ér nǐ què méiyou chūxiàn.
나는 줄곧 정거장에서 네가 돌아오길 기다렸지만, 너는 나타나지 않았다.

他送给我一件生日礼物，但我故意视而不见。
Tā sònggěi wǒ yí jiàn shēngrì lǐwù, dàn wǒ gùyì shì ér bú jiàn.
그가 나에게 생일 선물을 주었지만, 나는 일부러 못 본 척했다.

[단어] 视而不见 shì ér bú jià 성 보아도 보이지 않다, 보고도 못 본 척하다

▶ [인과 관계] ~하기에, 그래서 ~하다

这个世上因你而精彩。
Zhège shìshàng yīn nǐ ér jīngcǎi.
이 세상이 너로 인해 아름답구나.

▶ [목적 관계] 为…而… : ~을 위해 ~하다

他为学习英语而到加拿大去。
Tā wèi xuéxí yīngyǔ ér dào Jiānádà qù.
그는 영어 공부를 하기 위해 캐나다에 갔다.

▶ [고정구] '由…而…' 형식으로 쓰여, '어떤 단계에서 다른 단계로 넘어가다'의 뜻을 나타낸다.

由春而夏，由夏而秋，时间过得真快。
Yóu chūn ér xià, yóu xià ér qiū, shíjiān guò de zhēn kuài.
봄에서 여름으로, 여름에서 가을로, 시간은 참 빨리도 가네.

관련 표현

一而再，再而三 yì ér zài, zài ér sān 성 몇 번이고 되풀이하다

0007 否则 fǒuzé 그렇지 않으면 유의 不然 bùrán, 要不 yàobù

▶ 가설, 역접 복문에 쓰인다. 뒷절에 쓰여 '만약 그렇지 않았다면'의 뜻을 나타낸다. '否则的话'로 쓸 수 있다.

他一定有重要的事，否则不会不来。
Tā yídìng yǒu zhòngyào de shì, fǒuzé bú huì bù lái.
그 사람 틀림없이 중요한 일이 있을 거야, 그렇지 않으면 오지 않을 리 없어.

他们都出去了吧，否则怎么没人接电话？
Tāmen dōu chūqule ba, fǒuzé zěnme méi rén jiē diànhuà?
그 사람들 다 나갔나 봐요, 아니면 전화를 받지 않을 리가 없잖아요?

0008 即使 jíshǐ 설령 ~일지라도 유의 尽管 jǐnguǎn

▶ 양보의 뜻을 갖는 가정 복문에 쓰인다. '即使…也…'로 많이 쓰임. 即使가 전제하는 가정 상황은 '아직 일어나지 않았거나, 지어냈거나 불가능한' 일이다.

即使雪下得再大，我们也要准时出发。
Jíshǐ xuě xià de zài dà, wǒmen yě yào zhǔnshí chūfā.
설령 눈이 더 많이 온다 해도, 우리는 정시에 출발한다.

即使失败，我也不会后悔，因为我曾经努力过。
Jíshǐ shībài, wǒ yě bú huì hòuhuǐ, yīnwèi wǒ céngjīng nǔlìguo.
설령 실패한다 해도 난 후회하지 않을 거야. 왜냐하면 나는 노력했으니까.

0009 既然 jìrán ~한 바에, ~한 이상

▶ 복문의 앞절에 쓰여 '이미 이런 상황이 되었으니'의 뜻을 나타낸다. 뒷절에서 결론을 제시한다. '既然…就(也 / 还…)' 형식으로 쓰인다.

既然你已经决定去，我就不说什么了。
Jìrán nǐ yǐjing juédìng qù, wǒ jiù bù shuō shénme le.
기왕 네가 가기로 했으니, 난 참견하지 않겠어.

既然来了，你就多住几天吧。
Jìrán lái le, nǐ jiù duō zhù jǐ tiān ba.
이왕 왔으니, 며칠 더 있다 가.

0010 尽管 jǐnguǎn 비록 ~지만, ~이라 할지라도 유의 虽然 suīrán

▶ 역접 복문에 쓰인다. '尽管…但是(可是 / 然而 / 却 / 也 / 还)…' 형식으로 많이 쓴다.

尽管困难很多，他们还是来了。
jǐnguǎn kùnnan hěn duō, tāmen háishi lái le.
어려움이 많았음에도 불구하고, 그들은 왔다.

🅑 부 얼마든지, 맘껏

有困难尽管说，我一定会尽力帮助你。
Yǒu kùnnan jǐnguǎn shuō, wǒ yídìng huì jìnlì bāngzhù nǐ.
어려운 일 있으면 얼마든지 말해, 내가 힘닿는 데까지 도울게.

他送给我一件生日礼物，但我故意视而不见。
Tā sònggěi wǒ yí jiàn shēngrì lǐwù, dàn wǒ gùyì shì ér bú jiàn.
그가 나에게 생일 선물을 주었지만, 나는 일부러 못 본 척했다.

[단어] 视而不见 shì ér bú jiàn 성 보아도 보이지 않다, 보고도 못 본 척하다

▶[인과 관계] ~하기에, 그래서 ~하다

这个世上因你而精彩。
Zhège shìshàng yīn nǐ ér jīngcǎi.
이 세상이 너로 인해 아름답구나.

▶[목적 관계] 为…而… : ~을 위해 ~하다

他为学习英语而到加拿大去。
Tā wèi xuéxí yīngyǔ ér dào Jiānádà qù.
그는 영어 공부를 하기 위해 캐나다에 갔다.

▶[고정구] '由…而…' 형식으로 쓰여, '어떤 단계에서 다른 단계로 넘어가다'의 뜻을 나타낸다.

由春而夏，由夏而秋，时间过得真快。
Yóu chūn ér xià, yóu xià ér qiū, shíjiān guò de zhēn kuài.
봄에서 여름으로, 여름에서 가을로, 시간은 참 빨리도 가네.

관련 표현

一而再，再而三 yì ér zài, zài ér sān 성 몇 번이고 되풀이하다

0007 **否则** fǒuzé 그렇지 않으면 유의 不然 bùrán, 要不 yàobù

▶가설, 역접 복문에 쓰인다. 뒷절에 쓰여 '만약 그렇지 않았다면'의 뜻을 나타낸다. '否则的话'로 쓸 수 있다.

他一定有重要的事，否则不会不来。
Tā yídìng yǒu zhòngyào de shì, fǒuzé bú huì bù lái.
그 사람 틀림없이 중요한 일이 있을 거야, 그렇지 않으면 오지 않을 리 없어.

他们都出去了吧，否则怎么没人接电话？
Tāmen dōu chūqule ba, fǒuzé zěnme méi rén jiē diànhuà?
그 사람들 다 나갔나 봐요, 아니면 전화를 받지 않을 리가 없잖아요?

0008 即使 jíshǐ 설령 ~일지라도 유의 尽管 jǐnguǎn

▶ 양보의 뜻을 갖는 가정 복문에 쓰인다. '即使…也…'로 많이 쓰임. 即使가 전제하는 가정 상황은 '아직 일어나지 않았거나, 지어냈거나 불가능한' 일이다.

即使雪下得再大，我们也要准时出发。
Jíshǐ xuě xià de zài dà, wǒmen yě yào zhǔnshí chūfā.
설령 눈이 더 많이 온다 해도, 우리는 정시에 출발한다.

即使失败，我也不会后悔，因为我曾经努力过。
Jíshǐ shībài, wǒ yě bú huì hòuhuǐ, yīnwèi wǒ céngjīng nǔlìguo.
설령 실패한다 해도 난 후회하지 않을 거야. 왜냐하면 나는 노력했으니까.

0009 既然 jìrán ~한 바에, ~한 이상

▶ 복문의 앞절에 쓰여 '이미 이런 상황이 되었으니'의 뜻을 나타낸다. 뒷절에서 결론을 제시한다. '既然…就(也 / 还…)' 형식으로 쓰인다.

既然你已经决定去，我就不说什么了。
Jìrán nǐ yǐjing juédìng qù, wǒ jiù bù shuō shénme le.
기왕 네가 가기로 했으니, 난 참견하지 않겠어.

既然来了，你就多住几天吧。
Jìrán lái le, nǐ jiù duō zhù jǐ tiān ba.
이왕 왔으니, 며칠 더 있다 가.

0010 尽管 jǐnguǎn 비록 ~지만, ~이라 할지라도 유의 虽然 suīrán

▶ 역접 복문에 쓰인다. '尽管…但是(可是 / 然而 / 却 / 也 / 还)…' 형식으로 많이 쓴다.

尽管困难很多，他们还是来了。
jǐnguǎn kùnnan hěn duō, tāmen háishi lái le.
어려움이 많았음에도 불구하고, 그들은 왔다.

부 얼마든지, 맘껏

有困难尽管说，我一定会尽力帮助你。
Yǒu kùnnan jǐnguǎn shuō, wǒ yídìng huì jìnlì bāngzhù nǐ.
어려운 일 있으면 얼마든지 말해. 내가 힘닿는 데까지 도울게.

0011 可是 kěshì 그러나 유의 可 kě, 但是 dànshì, 但 dàn

▶ 역접 복문에 쓰인다. '虽然(尽管)…可是…'의 형식으로 쓰인다.

他人很聪明，可是很骄傲。
Tā rén hěn cōngming, kěshì hěn jiāo'ào.
그 사람은 똑똑하긴 하지만 거만해.

我可以告诉你这道题怎么做，可是不能告诉你答案。
Wǒ kěyǐ gàosu nǐ zhè dào tí zěnme zuò, kěshì bù néng gàosu nǐ dá'àn.
나는 이 문제를 어떻게 푸는지는 가르쳐 줄 수 있지만, 답안을 알려 줄 수는 없어.

0012 然而 rán'ér 그러나, 하지만

▶ 역접 복문에 쓰이고, 강조할 부분을 '然而' 뒤에 놓는다.

我们都住在北京，然而却不怎么见面。
Wǒmen dōu zhù zài Běijīng, rán'ér què bù zěnme jiànmiàn.
우리는 모두 베이징에 살지만, 자주 만나지는 않아.

他今天发高烧，然而他仍然到学校上课。
Tā jīntiān fā gāoshāo, rán'ér tā réngrán dào xuéxiào shàngkè.
그는 오늘 고열이 났지만, 그래도 수업을 받으러 학교에 왔다.

0013 无论 wúlùn ~에 상관없이, ~에 관계없이 유의 不管 bùguǎn, 不论 búlùn

▶ 조건 복문에 쓰여 '어떤 상황에도 상관없이'의 뜻을 나타낸다. 문어체에 많이 쓴다.

无论上什么课，他都非常认真。
Wúlùn shàng shénme kè, tā dōu fēicháng rènzhēn.
무슨 과목이든 그는 매우 열심히 공부한다.

无论遇到什么困难，都能勇敢面对！
Wúlùn yùdào shénme kùnnan, dōu néng yǒnggǎn miànduì!
어떤 어려움이 닥치더라도, 용감하게 맞서야 한다.

▶ [고정구] 无论如何 wúlùn rúhé : 어쨌든, 어떻게 해서든지
'无论如何'에서 '无论'은 '不管, 不论'과 바꿔 쓸 수 없다.

无论如何，你们都要去。
Wúlùn rúhé, nǐmen dōu yào qù.
어쨌든 너희들 모두 가야 해.

0014 要是 yàoshi 만약, 만일 [유의] 如果 rúguǒ, 假如 jiǎrú

▶ 가설 복문에 쓰인다. '要是…的话…就…' 형식으로 쓸 수 있다.

要是你累了，那今天就不用去了。
Yàoshi nǐ lèi le, nà jīntiān jiù búyòng qù le.
네가 피곤하면, 오늘은 갈 필요 없어.

要是没有你的话，我一个人搬不动了。
Yàoshi méiyǒu nǐ de huà, wǒ yí ge rén bānbudòng le.
네가 없었으면, 나 혼자서는 못 옮겼을 거야.

0015 因此 yīncǐ 그래서, 그리하여

▶ 인과 복문의 뒷절에 쓰인다. '由于… 因此…' 형식으로 많이 쓴다.

苏州是一座水上城市，因此有人把它比作"东方威尼斯"。
Sūzhōu shì yí zuò shuǐshàng chéngshì, yīncǐ yǒu rén bǎ tā bǐzuò "dōngfāng Wēinísī".
쑤저우는 수상 도시이기 때문에, 어떤 이는 쑤저우를 '동방의 베니스'라 한다

这本书很有趣，因此我一口气把它看完了。
Zhè běn shū hěn yǒuqù, yīncǐ wǒ yìkǒuqì bǎ tā kànwán le.
이 책이 재미있어서, 나는 단번에 다 읽어 버렸다.

[단어] 一口气 yìkǒuqì [관용] 단숨에, 단번에, 한번에

0016 由于 yóuyú ~ 때문에 [유의] 因为 yīnwèi

▶ 인과 복문의 앞절에 쓰여 원인을 나타낸다. 주어 앞뒤에 쓸 수 있다. '由于…因此(因而 / 所以)…' 형식으로 쓰인다.

由于工作忙，所以一直没回老家看父母。
Yóuyú gōngzuò máng, suǒyǐ yìzhí méi huí lǎojiā kàn fùmǔ.
일이 바빠서, 계속 부모님을 뵈러 고향에 가지 못했다.

由于今天是周末，来参观花展的人很多。
Yóuyú jīntiān shì zhōumò, lái cānguān huāzhǎn de rén hěn duō.
오늘이 주말이기 때문에, 꽃박람회를 보러 온 사람이 많다.

> **由于 vs 因为**
> 因为와 由于 모두 인과 관계 복문에서 원인을 나타내는데, 因为는 문어와 구어에 고루 쓰이고, 由于는 주로 문어에 쓰인다. 因为는 복문의 뒷절에 쓰여 원인을 표현하기도 하지만, 由于는 복문의 앞절에만 위치한다.
>
> **空气是看不见的，因为它没有颜色。** 공기를 볼 수 없는 건, 공기는 색이 없기 때문이다.
> Kōngqì shì kànbujiàn de, yīnwèi tā méiyǒu yánsè.
>
> **由于(因为)工作关系，他们俩经常见面。** 업무 때문에, 그 둘은 자주 만난다.
> Yóuyú (yīnwèi) gōngzuò guānxi, tāmen liǎ jīngcháng jiànmiàn.

0017 于是 yúshì 그래서

▶ 연속 복문에 쓰인다.

人们知道"年"怕"响"、怕"红"、怕"火"，于是每到腊月三十日，家家户户都放鞭炮，贴春联，挂红灯。
Rénmen zhīdào "nián" pà "xiǎng", pà "hóng", pà "huǒ", yúshì měi dào là yuè sānshí rì, jiājiāhùhù dōu fàng biānpào, tiē chūnlián, guà hóngdēng.
사람들은 '연'이 '소리', '붉은색', '불'을 무서워한다는 것을 알고는, 12월 30일만 되면 집집마다 폭죽을 터뜨리고, 춘련을 붙이고, 홍등을 걸었다.

tip 年 : 중국 고대 전설 속의 괴수로 섣달그믐날마다 나타나 인명을 해쳤다고 함

0018 只要 zhǐyào ~하기만 하면 참고 只有 zhǐyǒu ~해야만

▶ 조건 복문에 쓰인다. '只要…就…' 형식으로 쓰여, '~하기만 한다면, ~할 수 있다'의 뜻을 나타낸다.

只要我们不断努力，就能成功。
Zhǐyào wǒmen búduàn nǔlì, jiù néng chénggōng.
우리가 꾸준히 노력하면 성공할 수 있다.

只要打两针，你的病就能好起来。
Zhǐyào dǎ liǎng zhēn, nǐ de bìng jiù néng hǎoqilai.
주사 두 대만 맞으면, 네 병은 좋아질 거야.

只要 vs 只有

충분 조건과 필요 조건을 나타내는 접속사로, 只要는 '只要 A 就(便) B' 형식으로 쓰여, '만약에 A 조건만 충족된다면, 바로 B할 수 있다'라는 뜻을 나타내고, 只有는 '只有 A 才 B' 형식으로 쓰여, '반드시 A 해야만 비로소 B 할 수 있다'라는 뜻을 나타낸다.

只要吃了药，你的病就会好的。 약을 먹기만 하면, 네 병은 나을 거야.
Zhǐyào chīle yào, nǐ de bìng jiù huì hǎo de.

只有走这条路才能到他家。 이 길로 가야만 그의 집에 갈 수 있어.
Zhǐyǒu zǒu zhè tiáo lù cái néng dào tā jiā.

양사

0001 倍 bèi 배, 갑절, 곱절

▶ 주의 : 중국에서는 一倍와 两倍가 모두 '두 배'라는 뜻으로 쓰인다.

九是三的三倍。
Jiǔ shì sān de sān bèi.
9는 3의 세 배다.

今年的水果产量比去年提高了一倍。
Jīnnián de shuǐguǒ chǎnliàng bǐ qùnián tígāole yí bèi.
올해 과일 수확량이 작년보다 두 배로 늘었다.

관련 표현

事半功倍 shì bàn gōng bèi 관용 적은 노력으로 많은 성과를 올리다

身价百倍 shēn jià bǎi bèi 성 명망이나 지위가 크게 향상되다, 몸값이 크게 오르다

0002 遍 biàn 번, 회

▶ 주로 처음과 끝이 있는 소설, 문장, 영화 등에 쓰인다.

小说 xiǎoshuō 소설 / 文章 wénzhāng 문장 / 电影 diànyǐng 영화

我已经看了三遍《水浒传》，有机会你也看看。
Wǒ yǐjing kànle sān biàn 《Shuǐhǔzhuàn》, yǒu jīhuì nǐ yě kànkan.
나는 이미 《수호전》을 세 번이나 봤어, 기회 되면 너도 읽어 봐.

형 두루 퍼지다

他喜欢旅游，所以几乎走遍了全中国。
Tā xǐhuan lǚyóu, suǒyǐ jīhū zǒubiànle quán Zhōngguó.
그는 여행을 좋아해서, 전 중국을 거의 다 돌았어.

0003 场 cháng 번, 차례

▶ 날씨, 전쟁 등 일정 시간 동안의 과정이 들어가는 동작에 쓰여 횟수를 나타냄.

雨 yǔ 비 / 雪 xuě 눈 / 露 lù 이슬 / 霜 shuāng 서리 / 战争 zhànzhēng 전쟁

昨天晚上下了一场大雨，城里就停电了。
Zuótiān wǎnshang xiàle yì cháng dà yǔ, chéng li jiù tíngdiàn le.
어젯밤에 많은 비가 내려, 시내가 정전이 되었다.

英法两国之间发生了一场大战—百年战争。
YīngFǎ liǎngguó zhījiān fāshēngle yì cháng dàzhàn — Bǎi nián zhànzhēng.
영국과 프랑스 사이에 큰 전쟁이 일어났는데 — 백 년 전쟁이다.

[단어] 百年战争 Bǎi nián zhànzhēng (1337년~ 1453년) 이 전쟁에서 프랑스가 승리함.

▶ chǎng 시험에 쓰여 횟수를 나타냄.

今天上午考了一场英语。
Jīntiān shàngwǔ kǎole yì chǎng yīngyǔ.
오늘 오전에 영어 시험을 봤다.

▶ chǎng 문화·체육 활동의 횟수를 나타냄.

第二场比赛10点开始。
Dì'èr chǎng bǐsài shí diǎn kāishǐ.
두 번째 경기는 10시에 시작합니다.

昨天我们看了一场电影。
Zuótiān wǒmen kànle yì chǎng diànyǐng.
어제 우리는 영화를 한 편 보았다.

0004 份 fèn 부

▶ 신문, 잡지, 문서, 세트로 된 물건을 셀 때 쓴다.

你去书店，顺便给我买一份杂志。
Nǐ qù shūdiàn, shùnbiàn gěi wǒ mǎi yí fèn zázhì.
너 서점 가는 김에 나한테 잡지 한 권만 사다 줘.

명 몫, 배당

他喜欢吃烤肉，一个人能吃三人份的烤肉。
Tā xǐhuan chī kǎoròu, yí ge rén néng chī sān rénfèn de kǎoròu.
그는 불고기를 좋아해서, 혼자서 3인분을 먹는다니까.

▶ [고정구] 在…份上… : ~을 생각해서, ~임을 감안해서

看在咱们是朋友份上，你就帮我写了吧。
Kàn zài zánmen shì péngyou fèn shàng, nǐ jiù bāng wǒ xiěle ba.
우리가 친구인 걸 생각해서, 네가 나 대신 좀 써 주라.

0005 棵 kē 그루, 포기

▶ 나무, 배추 등을 셀 때 쓴다.

草 cǎo 풀 / 葱 cōng 파 / 树 shù 나무 / 白菜 báicài 배추

植树节，我们在院子里种了几棵小树。
Zhíshùjié, wǒmen zài yuànzi li zhòngle jǐ kē xiǎoshù.
식목일에 우리는 마당에 묘목 몇 그루를 심었다.

0006 秒 miǎo 초

生命中的每一秒都不能浪费。
Shēngmìng zhōng de měi yì miǎo dōu bù néng làngfèi.
살아 있는 동안의 매 1초도 낭비하면 안 된다.

比别人多付出一秒钟，就比别人更接近成功。
Bǐ biérén duō fùchū yì miǎozhōng, jiù bǐ biérén gèng jiējìn chénggōng.
남보다 1초 더 노력하면, 남보다 더 성공에 가까워진다.

0007 篇 piān 편

▶ 시·문장(글)·논문 등을 말할 때 쓴다.

文章 wénzhāng 문장 / 论文 lùnwén 논문

他在《国家地理杂志》上发表了一篇论文。
Tā zài 《Guójiā dìlǐ zázhì》 shang fābiǎole yì piān lùnwén
그는 〈National Geographic Magazine〉에 논문을 한 편 발표했다.

▶ (작품의) 편(篇)과 장(章).

《诗经》共分风、雅、颂三大部分。
《Shījīng》 gòng fēn fēng, yǎ, sòng sān dà bùfen.
《시경》은 풍(160편), 아(105편), 송(40편) 세 부분으로 나뉘어져 있다.

0008 台 tái 대

▶ 가전 제품을 세는 단위로 쓴다.

夏天快到了，我们也应该买台空调了。
Xiàtiān kuài dào le, wǒmen yě yīnggāi mǎi tái kōngtiáo le.
곧 여름이 오니, 우리도 에어컨 한 대 사야겠어요.

0009 趟 tàng 차례, 번

▶ 왕복의 뜻을 나타낸다.

她不小心忘带了一份文件，只好又回家了一趟。
Tā bù xiǎoxīn wàngdàile yí fèn wénjiàn, zhǐhǎo yòu huíjiāle yí tàng.
그녀는 실수로 문서 하나를 빠뜨리는 바람에, 하는 수 없이 집에 다시 돌아와야 했다.

我上星期去了一趟青岛。
Wǒ shàngxīngqī qùle yí tàng Qīngdǎo.
나는 지난 주에 칭다오에 갔었어.

0010 页 yè 페이지, 쪽

上次老师讲到第一百零三页了。
Shàngcì lǎoshī jiǎngdào dì yìbǎi líng sān yè le.
지난번에 선생님께서는 103쪽까지 설명하셨어요.

你的文章我一页一页地看了，写得不错。
Nǐ de wénzhāng wǒ yíyè yíyè de kàn le, xiě de búcuò.
네 글은 내가 한 쪽 한 쪽 봤는데, 잘 썼더구나.

0011 座 zuò 동, 채

▶ 다리, 산, 도시 등 크고 고정된 사물을 셀 때 쓴다.

城市 chéngshì 도시 / 岛 dǎo 섬 / 宫殿 gōngdiàn 궁전 / 桥 qiáo 다리

我家前面有一座山，又高又大。
Wǒ jiā qiánmian yǒu yí zuò shān, yòu gāo yòu dà.
우리 집 앞쪽에 산이 하나 있는데, 높고 크다

这座城市的夜景真的很美。
Zhè zuò chéngshì de yèjǐng zhēnde hěn měi.
이 도시의 야경은 참으로 아름답다.

수사

0001 百分之 bǎifēnzhī 백분의 유의 百分比 bǎifēnbǐ 백분율

这次考试的合格率只有百分之二点六。
Zhè cì kǎoshì de hégélǜ zhǐ yǒu bǎifēnzhī èr diǎn liù.
이번 시험의 합격률이 겨우 2.6퍼센트밖에 안 된다.

天才是百分之一的灵感加上百分之九十九的汗水。
Tiāncái shì bǎifēnzhī yī de línggǎn jiāshàng bǎifēnzhī jiǔshíjiǔ de hànshuǐ.
천재는 1퍼센트의 영감에 99퍼센트의 노력이 합쳐져 만들어진다.

[단어] 灵感 영감 línggǎn / 汗水 hànshuǐ 땀방울, 노력

0002 俩 liǎ 둘, 2

▶ 俩은 两个를 합쳐 부르는 말로, 뒤에 '个'나 다른 양사를 쓸 수 없다.

仔细一看，他们俩确实有点儿像。
Zǐxì yí kàn, tāmen liǎ quèshí yǒudiǎnr xiàng.
자세히 보니, 저 친구 둘이 확실히 좀 닮았네.

我们俩有共同的爱好。
Wǒmen liǎ yǒu gòngtóng de àihào.
우리 둘은 같은 취미를 가지고 있어.

 관련 표현

仨一群，俩一伙 sā yì qún, liǎ yì huǒ 관용 두세 명씩 무리를 이루다, 삼삼오오 모이다

조사

0001 等 děng 등, 따위

中国有宁夏回族自治区、内蒙古自治区等五个自治区。
Zhōngguó yǒu Níngxià huízú zìzhìqū、Nèiměnggǔ zìzhìqū děng wǔ ge zìzhìqū.
중국에는 닝시아 회족 자치구, 네이멍구 자치구 등 다섯 개의 자치구가 있다.

tip 5개 자치구

①内蒙古自治区 Nèiménggǔ zìzhìqū (呼和浩特 Hūhéhàotè：1947)
②新疆维吾尔自治区 Xīnjiāng Wéiwú'ěr zìzhìqū (乌鲁木齐 Wūlǔmùqí：1955)
③广西壮族自治区 Guǎngxī Zhuàngzú zìzhìqū (南宁 Nánníng：1958)
④宁夏回族自治区 Níngxià Huízú zìzhìqū (银川 Yínchuān：1958)
⑤西藏自治区 Xīzàng zìzhìqū (拉萨 Lāsà：1965)

▶[等等] 等等 뒤에는 목적어가 올 수 없다.

很多水果中都有维生素C，例如西红柿、樱桃、草莓等等。
Hěn duō shuǐguǒ zhōng dōu yǒu wéishēngsù C, lìrú xīhóngshì、yīngtáo、cǎoméi děngděng.
많은 과일 속에는 비타민C가 들어 있는데, 예를 들면, 토마토, 앵두, 딸기 등이다.

▶[等等等等] 等等은 중복해서 말할 수 있다.

这个商店里有衣服、鞋、礼品等等等等。
Zhège shāngdiàn li yǒu yīfu、xié、lǐpǐn děngděng děngděng.
이 상점에는 옷, 신, 선물용품 등등이 있다.

0002 呀 ya 어기 조사

▶의문, 강조, 열거를 나타냄, 'a, o, i, u, ü + 啊'일 때는 啊가 呀로 변한다.

这是谁呀？
Zhè shì shéi ya?
이게 누구야?

他呀，是个工作狂，几乎天天开夜车。
Tā ya, shì ge gōngzuòkuáng, jīhū tiāntiān kāi yèchē.
그 친구 말야, 일벌레야, 거의 매일 밤을 샌다고.

감 yā 놀라움, 의아함을 나타냄

呀，你真的回来了？
Yā, nǐ zhēn de huílai le?
어머나, 너 정말 돌아왔어?

呀，你说我们怎么办？
Yā, nǐ shuō wǒmen zěnme bàn?
아, 우리 어쩜 좋지?

0003 **之** zhī ~의 **유의** 的 de   □□□

▶ 之 뒤에는 대부분 1음절 단어가 동반된다.

你对我来说是无价之宝，任何人都代替不了你。
Nǐ duì wǒ láishuō shì wú jià zhī bǎo, rènhé rén dōu dàitìbuliǎo nǐ.
너는 나한테 그 무엇과도 바꿀 수 없는 소중한 보물이야. 그 누구도 너를 대신할 수 없어.

[단어] 无价之宝 wú jià zhī bǎo **성** 만값을 매길 수 없는 보물

这次欧洲之行非常棒，很美好，很开心，很浪漫。
Zhè cì Ōuzhōu zhī xíng fēcháng bàng, hěn měihǎo, hěn kāixīn, hěn làngmàn.
이번 유럽행은 정말 멋졌어, 아름답고, 즐겁고 낭만적이었지.

▶ [고정 형식] 之 + 방위사 구조 : 之 뒤에 방위사를 동반해 명사형을 만든다.

…**之后** zhīhòu ~후 / …**之间** zhījiān ~사이 / …**之类** zhīlèi ~류, ~등
…**之内** zhīnèi ~이내 / …**之上** zhīshàng ~의 위 / …**之外** zhīwài ~외, ~밖에

之 vs 的

之와 的 모두 구조 조사로, 之는 문어에, 的는 구어에 많이 쓴다. 之 뒤에는 1음절 단어가, 的 뒤에는 2음절 단어가 자주 동반된다.

다음과 같은 상황에서는 之를 的로 쓸 수 없다.

百分之三十 bǎifēnzhī sānshí 30% / **其中之一** qízhōng zhī yī 그중의 하나

的는 다른 단어와 결합해 명사형을 만들기도 한다.

我的 wǒ de 내 것 / **白的** bái de 흰색 / **说的** shuō de 말한 것